国家社科基金重大项目资助(项目批准号:12&ZD123)
复旦大学"985工程"三期整体推进人文学科
研究项目资助(项目批准号:2011RWXKZD007)

杜威中期著作
1899—1924

复旦大学杜威与美国哲学研究中心 组译

杜威全集

Collected works of John Dewey

1923至1924年间的
期刊文章、论文及杂记

第十五卷

1923—1924

汪堂家 张奇峰 王巧贞 叶子 译

华东师范大学出版社

The Middle Works of John Dewey, 1899 – 1924
Volume Fifteen: Essays on Politics and Society 1923 – 1924
By John Dewey
Edited by Jo Ann Boydston
Copyright © 1988 by Southern Illinois University Press
Published by agreement with Southern Illinois University Press, 1915 University Press Drive, SIUC. Mail Code 6806, Carbondale, IL 62901, USA
Simplified Chinese translation copyright © 2012 by East China Normal University Press Ltd
All rights reserved.

上海市版权局著作权合同登记　图字:09 - 2004 - 377 号

《杜威全集》中期著作(1899—1924)

主　　编　乔·安·博伊兹顿(Jo Ann Boydston)
文本顾问　弗雷德森·鲍尔斯(Fredson Bowers)　弗吉尼亚大学　荣誉退休

编辑顾问委员会成员
刘易斯·E·哈恩(Lewis E. Hahn)　主席　南伊利诺伊大学
乔·R·伯内特(Joe R. Burnett)　伊利诺伊大学
S·莫里斯·埃姆斯(S. Morris Eames)　南伊利诺伊大学
威廉·R·麦肯齐(William R. McKenzie)　南伊利诺伊大学

文本编辑　安妮·夏普(Anne Sharpe)

《杜威全集》中文版编辑委员会

主　编　刘放桐
副主编　俞吾金　童世骏　汪堂家（常务）

编辑委员会（按姓氏笔画排序）

万俊人	冯　俊	江　怡	孙有中
刘放桐	朱志方	朱杰人	张国清
吴晓明	陈亚军	汪堂家	沈丁立
赵敦华	俞吾金	韩　震	童世骏

目 录

中文版序 / 1
导言 / 1

论文 / 1
基础 / 3
康德诞辰两百年祭 / 8
传统、形而上学与道德 / 13
价值、喜好与思想 / 18
对哲学讨论的一些评论 / 25
一个病态的世界 / 37
科学、信念与公众 / 41
伦理与国际关系 / 45
逻辑方法与法律 / 55
我们应当加入国际联盟吗 / 65
对洛夫乔伊"我们应该加入国际联盟吗"的回应 / 69
美国要加入国际法庭吗 / 72
政治联合还是法律合作 / 87
如果战争是非法的 / 92
战争的非法化不是什么 / 96

战争与战争法规 / 102

神权国家的世俗化 / 107

安卡拉,新首都 / 112

土耳其的悲剧 / 116

在土耳其的外国学校 / 120

学校作为发展儿童社会意识和社会理想的手段 / 125

教育的社会目的 / 132

教育中的个性 / 141

任课教师 / 149

学校为什么目的而存在 / 156

文化与教育中的职业精神 / 159

使教育成为学生的事务 / 163

人文学院的前景 / 165

人文学院及其敌人 / 170

书评 / 177

中国与西方——评《中国问题》 / 179

怀疑论与非理性信仰:一种系统哲学的导论——评《怀疑论与非理性信仰》 / 183

关于语言对思想影响的研究,以及对符号学的研究
　——评《意义的意义》 / 187

或然性、爱与逻辑:哲学论文——评《或然性、爱与逻辑》 / 190

大纲:社会制度与道德研究 / 193

导论 / 195

第一部分　关于影响社会形式和善的过程的研究 / 210

第二部分　社会结构和机构——政治的和法律的 / 227

关于土耳其教育的报告与建议 / 231

导言 / 233

1. 规划 / 234
2. 公共教育部的组织 / 235
3. 教师的培训和待遇 / 238
4. 学校体系 / 242
5. 健康和卫生 / 245
6. 学校纪律 / 246
7. 杂记 / 246

杂记 / 249
关于土耳其教育的预备报告 / 251
《对个体建构性的有意控制》导言 / 256
为了文化 / 263
杜威为拉佛勒特助威 / 264
关于经院哲学的声明 / 265

附录 / 267
1. 哲学反思的动机的主要类型 / 269
2. 为一种无价值的价值论作辩护 / 281
3. 时间、意义与超越性 / 290
4. 一条关于杜威教授知识论的评论 / 307
5. 我们应该加入国际联盟吗 / 312
6. 美国应当加入国际法庭吗 / 316
7. 战争的非法化 / 330
8. 关于土耳其教育的预备报告的电报稿 / 341
9. 关于现今哲学界对经院哲学的态度的通信 / 344

文本研究资料 / 347
文本说明 / 349
文本注释 / 366

校勘表 / 367

行末连字符列表 / 389

引文中实质用词的变化 / 391

杜威的参考书目 / 396

索引 / 405

译后记 / 427

中文版序

《杜威全集》中文版终于由华东师范大学出版社出版了。作为这一项目的发起人,我当然为此高兴,但更关心它能否得到我国学界和广大读者的认可,并在相关的学术研究中起到预期作用。后者直接关涉到对杜威思想及其重要性的合理认识,这有赖专家们的研究。我愿借此机会对杜威其人、其思想的基本倾向和影响以及研究杜威哲学的意义等问题谈些看法,以期抛砖引玉。考虑到中国学界以往对杜威思想的消极方面谈论得很多,在这方面大家已非常熟悉。我在此主要谈其积极方面,但这并非认为可以忽视其消极方面。

一、杜威其人

约翰·杜威(John Dewey,1859—1952)是美国哲学发展中最有代表性的人物。他不仅进一步阐释并发展了由皮尔士创立、由詹姆斯系统化的实用主义哲学的基本理论,而且将其运用于社会、政治、文化、教育、伦理、心理、逻辑、科学技术、艺术、宗教等众多人文和社会科学领域的研究,并在这些领域提出了重要创见。他在这些领域的不少论著,被西方各该领域的专家视为经典之作。它们不仅对促进这些领域的理论研究起过重要的作用,在这些领域的实践中也产生过深刻的影响。杜威由此被认为是美国思想史上最具影响的学者,甚至被认为是美国的精神象征;在整个西方世界,他也被公认是20世纪少数几个最伟大的思想家之一。

杜威出生于佛蒙特州伯灵顿市一个杂货店商人家庭。他于1875年进佛蒙特大学,开始受到进化论的影响。1879年,他毕业后先后在一所中学和一所乡村学校教书。这时他阅读了大量哲学著作,深受当时美国圣路易黑格尔学派刊物《思辨哲学杂志》的影响,1882年在该刊发表了《唯物主义的形而上学假定》和《斯宾诺莎的泛神论》二文,很受鼓舞,从此决定以哲学为业。同年,他成了约翰·霍普金斯大学的哲学研究生,在此听了皮尔士的逻辑讲座,不过当时对他影响最大的是黑格尔派哲学家莫里斯(George Sylvester Morris)和实验心理学家霍尔(G. Stanley Hall)。两年后,他以《康德的心理学》论文取得哲学博士学位。

1884年,杜威到密歇根大学教哲学,在此任职10年(其间1888年在明尼苏达大学)。初期,他的哲学观点大体上接近黑格尔主义。他对心理学研究很感兴趣,并使之融化于其哲学研究中。这种研究,促使他由黑格尔主义转向实用主义。在这方面,当时已出版并享有盛誉的詹姆斯的《心理学原理》对他产生了强烈的影响。杜威对心理学的研究,又促使他进一步去研究教育学。他主张用心理学观点去进行教学,并认为应当把教育实验当作哲学在实际生活中的运用的重要内容。

1894年,杜威应聘到芝加哥大学,后曾任该校哲学系主任。他在此任教也是10年。1896年,他在此创办了有名的实验学校。这个学校抛弃传统的教学法,不片面注重书本,而更为强调接触实际生活;不片面注重理论知识的传授,而更为强调实际技能的训练。杜威后来所一再倡导的"教育就是生活,而不是生活的准备"、"从做中学"等口号,就是对这种教学法的概括。杜威在芝加哥时期,已是美国思想界一位引人注目的人物。他团聚了一批志同道合者(包括在密歇根大学就与他共事的塔夫茨、米德),形成了美国实用主义运动中著名的芝加哥学派。杜威称他们共同撰写的《逻辑理论研究》(1903年)一书是工具主义学派的"第一个宣言",它标志着杜威已从整体上由黑格尔主义转向了实用主义。

从1905年起,杜威转到纽约哥伦比亚大学任教,直到1930年以荣誉教授退休。他以后的活动也仍以此为中心。这一时期不仅是他的学术活动的鼎盛期(他的大部分有代表性的论著都是在这一时期问世的),也是他参与各种社会和政治活动最频繁且声望最卓著的时期。他把两者有机地结合在一起。他对各种社会现实问题的评论和讲演,往往成为他的学术活动的重要组成部分。从1919年起,杜威开始了一系列国外讲学旅行,到过日本、墨西哥、俄罗斯、土耳其等国。"五四"前夕,他到了中国,在北京、南京、上海、广州等十多个城市作过系列讲演,1921年7月返美。

杜威一生出版了40种著作，发表了700多篇论文，内容涉及哲学、社会、政治、教育、伦理、心理、逻辑、文化、艺术、宗教等各个方面。其主要论著有：《学校与社会》(1899年)、《伦理学》(1908年与塔夫茨合著，1932年修订)、《达尔文主义对哲学的影响》(1910年)、《我们如何思维》(1910年)、《实验逻辑论文集》(1910年)、《哲学的改造》(1920年)、《人性与行为》(1922年)、《经验与自然》(1925年)、《公众及其问题》(1927年)、《确定性的寻求》(1929年)、《新旧个人主义》(1930年)、《作为经验的艺术》(1934年)、《共同的信仰》(1934年)、《逻辑：探究的理论》(1938年)、《经验与教育》(1938年)、《自由与文化》(1939年)、《评价理论》(1939年)、《人的问题》(1946年)、《认知与所知》(1949年与本特雷合著)等等。

二、杜威哲学的基本倾向

杜威在各个领域的思想都与他的哲学密切相关。它们不只是他的哲学的具体运用，有时甚至就是他的哲学的直接体现。我们在此不拟具体介绍他的思想的各个方面和他的哲学的各个部分，仅概略地揭示他的哲学的基本倾向。杜威哲学的各个部分，以及他的思想的各个方面，大体上都可从他的哲学的基本倾向中得到解释。这种基本倾向从其积极意义上说，主要表现为如下三点：

第一，杜威把对现实生活和实践的关注当作哲学的根本意义所在。

在现代西方各派哲学中，杜威哲学最为反对以抽象、独断、脱离实际等为特征的传统形而上学，最为肯定哲学应当面向人的现实生活和实践。如何通过人本身的行为、行动、实践(即他所谓以生活和历史为双重内容的经验)来妥善处理人与其所面对的现实世界(自然和社会环境)，以及人与人之间的关系，是杜威哲学最为关注的根本问题。杜威哲学从不同的角度说有不同的名称，例如，当他强调实验和探究的方法在其哲学中的重要意义时，称其哲学为实验主义(Experimentalism)；当他谈到思想、观念的真理性在于它们能充当引起人们的行动的工具时，称其哲学为工具主义(Instrumentalism)；当他谈到经验的存在论意义，而经验就是作为有机体的人与其自然环境的相互作用时，称其哲学为经验自然主义(Empirical Naturalism)。贯彻于所有这些称呼的概念是行动、行为、实践。杜威哲学的各个方面，都在于从实践出发并引向实践。这并不意味着实践就是一切。实践的目的是改善经验，即改善人与其自然和社会环境的关系，一句话，改善人的生活和生存条件。

杜威对实践的解释当然有片面性。例如，他没有看到人类的物质生产活动在人的实践中的基础作用，更没有科学地说明实践的社会性；但他把实践看作是全部哲学研究的核心，认为存在论、认识论、方法论等问题的研究都不能脱离实践，都具有实践的意义，则在一定意义上是合理的。

值得一提的是：与胡塞尔、海德格尔等人通过曲折的道路返回生活世界不同，与只关注逻辑和语言的意义分析的分析哲学家也不同，杜威的哲学直接面向现实生活和实践。杜威一生在哲学上所关注的，不是去建构庞大的体系，而是满腔热情地从哲学上去探究人在现实生活和实践的各个领域所面临的各种问题及其解决办法。在杜威的全部论著中，关于政治、社会、文化、教育、心理、道德、价值、科学技术、审美和宗教等各个领域的具体问题的论述占了绝大部分。他的哲学的精粹和生命力，大多是在这些论述中表现出来的。

第二，杜威的哲学改造适应和引领了西方哲学由近代到现代转向的潮流。

19世纪中期以来，西方哲学发展出现了根本性的变更，以建构无所不包的体系为特征的近代哲学受到了广泛的批判，以超越传统的实体性形而上学和二元论为特征的现代哲学开始出现，并越来越占主导地位。多数哲学流派各以特有的方式，力图使哲学研究在不同程度上从抽象化的自在的自然界或绝对化的观念世界返回到人的现实生活世界，企图以此摆脱近代哲学所陷入的种种困境，为哲学的发展开辟新道路。西方哲学由近代到现代的这种转折，不能简单归结为由唯物主义转向唯心主义、由进步转向反动，而包含了哲学思维方式上一次具有划时代意义的转型。它标志着西方哲学发展到了一个新的、更高的阶段。杜威在哲学上的改造，不仅适应了而且在一定意义上引领了这一转型的潮流。

杜威曾像康德那样，把他在哲学上的改造称为"哥白尼革命"（Copernican revolution）。但他认为康德对人的理智的能动性过分强调，以致使它脱离了作为其存在背景的自然。而在他看来，人只有在其与自然的相互作用中才有能动作用，甚至才能存在。哲学上的真正的哥白尼革命，正在于肯定这种交互作用。如果说康德的中心是心灵，那么杜威的新的中心是自然进程中所发生的人与自然的交互作用。正如地球或太阳并不是绝对的中心一样，自我或世界、心灵或自然都不是这样的中心。一切中心都存在于交互作用之中，都只具有相对的意义。可见，杜威所谓哲学中的哥白尼革命，就是以他所主张的心物、主客、经验自然等的交互作用、或者说人的现实生活和实践来既取代客体中心论，也取代主体中心论。他也是在这种意义上,既反对忽视主体的能动性的旧的唯物主义,也反对忽视自然作为存在的根据和作用的旧的唯心主义。

不是把先验的主体或自在的客体、而是把主客的相互作用当作哲学的出发点;不是局限于建构实体性的、无所不包的体系,而是通过行动、实践来超越这样的体系;不是转向纯粹的意识世界或脱离了人的纯粹的自然界,而是转向与人和自然界、精神和物质、理性和非理性等等都有着无限牵涉的生活世界,这大体上就是杜威哲学改造的主要意义;而这在一定程度上,也正是多数西方哲学由近代到现代转向的主要意义。杜威由此体现和引领了这种转向。

第三,杜威的哲学改造与马克思在哲学上的革命变更存在某些相通之处。

西方哲学从近代到现代的转向与马克思在哲学上的革命变更的政治背景大不相同,二者必然存在原则性区别;但二者发生于大致相同的历史时代,具有共同的历史和文化背景,因而又必然存在相通之处。如果我们能够肯定杜威的哲学改造适应并引领了西方哲学从近代到现代转向的潮流,那就必须肯定杜威的哲学改造与马克思在哲学上的革命变更必然同样既有原则区别,又有相通之处。后者突出地表现在,二者都把实践当作哲学的根本意义而加以强调。马克思正是通过这种强调而得以超越旧唯物主义和唯心主义辩证法的界限,把唯物主义和辩证法有机地统一起来,建立了唯物辩证法。杜威在这些方面与马克思相距甚远。但是,他毕竟用实践来解释经验而使他的经验自然主义超越了纯粹自然主义和思辨唯心主义的界限,并由此提出了一系列超越近代哲学范围的思想。

杜威的经验自然主义并不否定自然界在人类经验以外自在地存在,不否定在人类出现以前地球和宇宙早已存在,而只是认为人的对象世界只能是人所遭遇到(经验到)的世界,这在一定程度上类似于马克思所指的与纯粹自然主义的自在世界不同的人化世界,即现实生活世界。杜威否定唯物主义,但他只是在把唯物主义归结为纯粹自然主义的唯物主义的意义上去否定唯物主义。杜威强调经验的能动性,但他不把经验看作可以离开自然(环境)而独立存在的精神实体或精神力量,而强调经验总是处于与自然、环境的统一之中,并与自然、环境发生相互作用。这与传统的唯心主义经验论也是不同的,倒是与马克思关于主客观的统一和相互作用的观点虽有原则区别,却又有相通之处。

杜威是在黑格尔影响下开始哲学活动的。他在转向实用主义以后,虽然抛弃了黑格尔的绝对唯心主义,甚至也拒绝了黑格尔的辩证法,但是在他的理论中又保留着某些辩证法的要素。例如,他把经验、自然和社会等都看作是统一整体,其间都存在着多种多样的联系;他在达尔文进化论的影响下,明确肯定世界(人类社会和自然界)处于不断进化和发展的过程之中。他所强调的连续性(如经验与自然的连续、人与世界的连续、身心的连续、个人与社会的连续等等)概念,在一定程度上就是统一整体的概念、进化和发展的概念。这种概念虽与马克思的辩证法不能相提并论,但毕竟也有相通之处。

三、杜威哲学的积极影响

杜威实用主义哲学对现实生活和实践的强调,对西方哲学从近代到现代转向的潮流的适应和引领,特别是它在一些重要方面与马克思哲学的相通,说明它在一定程度上体现了时代精神发展的要求。正因为如此,它必然是一种在一定范围内能发生积极影响的哲学。

实用主义在美国的积极影响,可以用美国人民在不长的历史时期里几乎从空地上把美国建设成为世界的超级大国来说明。实用主义当然不是美国唯一的哲学,但它却是美国最有代表性的哲学。实用主义产生以前的许多美国思想家(特别是富兰克林、杰斐逊等启蒙思想家),大多已具有实用主义的某些特征,在一定意义上为实用主义的正式形成作了思想准备。实用主义产生以后,传入美国的欧洲各国哲学虽然能在美国哲学中占有一席之地,其中分析哲学在较长时期甚至能在哲学讲坛上占有支配地位;但是,它们几乎都毫无例外地迟早被实用主义同化,成为整个实用主义运动的组成部分。当代美国实用主义者莫利斯说:逻辑经验主义、英国语言分析哲学、现象学、存在主义同实用主义"在性质上是协同一致的",它们"每一种所强调的,实际上是实用主义运动作为一个整体范围之内的中心问题之一"[1]。就实际影响来说,实用主义在美国哲学中始终占有优势地位。桑塔亚那等一些美国思想家也承认,美国人不管其口头上拥护的是什么样的哲学,但是从他们的内心和生活来说都是实用主义者。只有实用主义,才是美国建国以来长期形成的一种民族精神的象征。而实用主义的最大特色,就是把哲学从玄虚的抽象王国转向人所面对的现实生活世界。实用主义的主旨就在

---

[1] Morris, Charles W. *The Pragmatic Movement in American Philosophy*. New York: George Braziller, 1970, p. 148.

指引人们如何去面对现实生活世界,解决他们所面临的各种疑虑和困扰。实用主义当然具有各种局限性,人们也可以而且应当从各种角度去批判它,马克思主义者更应当划清与实用主义的界限;但从思想理论根源上说,正是实用主义促使美国能够在许多方面取得成功,这大概是一个不争的事实。

在美国以外,实用主义同样能发生重要的影响。与杜威等人的哲学同时代的欧洲哲学尽管不称为实用主义,但正如莫利斯说的那样,它们同实用主义"在性质上是协同一致的"。如果说它们各自在某些特定方面、在一定程度上体现了现代西方社会的时代特征,实用主义则较为综合地体现了这些特征。换言之,就体现时代特征来说,被欧洲各个哲学流派特殊地体现的,为实用主义所一般地体现了。正因为如此,实用主义能较其他现代西方哲学流派发生更为广泛的影响。

杜威的实用主义在中国也发生过重要的影响。早在"五四"时期,杜威就成了在中国最具影响的西方思想家。从外在原因上说,这是由于胡适、蒋梦麟、陶行知等他在中国的著名弟子对他作了广泛的宣扬;杜威本人在"五四"时期也来华讲学,遍访了中国东西南北十多个城市。这使他的思想为中国广大知识界所熟知。然而,更重要的原因是:他在理论中所包含的科学和民主精神,正好与"五四"时期中国先进知识分子倡导科学和民主的潮流相一致。另外,他的讲演不局限于纯哲学的思辨而尤其关注现实问题,这也与中国先进分子的社会改革的现实要求相一致。正是这种一致,使杜威的理论受到了投入"五四"新文化运动和社会改革的各阶层人士的普遍欢迎,从而使他在中国各地的讲演往往引起某种程度的轰动效应。杜威本人也由此受到很大鼓舞,原本只是一次短期的顺道访华也因此被延长到两年多。胡适在杜威起程回国时写的《杜威先生与中国》一文中曾谈到:"我们可以说,自从中国与西方文化接触以来,没有一个外国学者在中国思想界的影响有杜威先生这样大的。我们还可以说,在最近的将来几十年中,也未必有别个西洋学者在中国的影响可以比杜威先生还大的。"[①]作为杜威的信徒,胡适所作的评价可能偏高。但就其对中国社会的现实层面的影响来说,除了马克思主义者以外,也许的确没有其他现代西方思想家可以与杜威相比。

尽管杜威的实用主义与马克思主义有原则区别,但"五四"时期中国马克思主义者对杜威及其实用主义并未简单否定。陈独秀那时就肯定了实用主义的某

---

① 引自《胡适哲学思想资料选》(上),华东师范大学出版社1981年版,第181页。

些观点,甚至还成为杜威在广州讲学活动的主持人。1919年,李大钊和胡适关于"问题与主义"的著名论战,固然表现了马克思主义与实用主义的原则分歧,但李大钊既批评了胡适的片面性,又指出自己的观点有的和胡适"完全相同",有的"稍有差异"。他们当时的争论并未越出新文化运动统一战线这个总的范围,在倡导科学和民主精神上毋宁说大体一致。毛泽东在其青年时代也推崇胡适和杜威。

"五四"以后,随着国内形势的重大变化,上述统一战线趋向分裂。20世纪30年代后期,由于受到苏联对杜威态度骤变的影响,中国马克思主义者对杜威也近乎于全盘否定了。20世纪50年代中期,为了确立马克思主义在思想文化领域的主导地位,从上而下发动了一场对实用主义全盘否定的大规模批判运动。它在一定程度上达到了预期的政治目的,但在理论上却存在着很大的片面性。当时多数批判论著脱离了杜威等人的理论实际,形成了一种对西方思潮"左"的批判模式,并在中国学术界起着支配作用。从此以后,人们在对杜威等现代西方思想家、对实用主义等现代西方思潮的评判中,往往是政治标准取代了学术标准,简单否定取代了具体分析。杜威等西方学者及其理论的真实面貌就因此而被扭曲了。

对杜威等西方思想家及其理论的简单否定,势必造成多方面的消极后果。其中最突出的有两点:一是使马克思主义及其指导下的思想理论领域在一定程度上与当代世界及其思想文化的发展脱节,使前者处于封闭状态,从而妨碍其得到更大的丰富和发展;二是由于扭曲了马克思主义哲学和现代西方哲学的关系,忽视了二者在某些方面存在的共通之处,在批判杜威哲学等现代西方哲学的名义下扭曲了马克思主义哲学一些最重要的学说,例如关于真理的实践检验、关于主客观统一、关于个人与社会的关系等学说都存在这种情况。这种理论上的混乱导致实践方向上的混乱,甚至在一定程度上导致实践上的挫折。

需要说明的是:肯定杜威实用主义的积极作用并不意味着否定其消极作用,也不意味着简单否定中国学界以往对实用主义的批判。以往被作为市侩哲学、庸人哲学、极端个人主义哲学的实用主义不仅是存在的,而且在一些人群中一直发生着重要的影响。资产阶级庸人、投机商、政客以及各种形式的机会主义者所奉行的哲学,正是这样的实用主义。对这样的实用主义进行坚定的批判,是完全正当的。但是,如果对杜威的哲学作具体研究,就会发觉他的理论与这样的实用主义毕竟有着重大的区别。杜威自己就一再批判了这类庸俗习气和极端个人主义。如果简单地把杜威哲学归结为这样的实用主义,那在很大程度上就是把杜威所批判的哲学当作是他自己的哲学。

四、杜威哲学研究在当代中国的积极意义

改革开放以来,中国政治和思想文化上的"左"的路线得到纠正,哲学研究出现了求真务实的新气象,包括杜威实用主义在内的现代西方哲学研究得到了恢复和发展。以1988年全国实用主义学术讨论会为转折点,对杜威等人的实用主义的全盘否定倾向得到了克服,如何重新评价其在中国思想文化建设中的作用的问题也越来越受到学界的关注,对杜威等人的实用主义的研究由此进入了一个新阶段。"五四"时期,由于杜威的学说正好与当时中国的新文化运动相契合,起过重要的积极作用;今天的中国学界,由于对马克思主义哲学和现代西方哲学都已有了更为全面和深刻的理解,对杜威的思想的研究也会更加深入和具体,更能区别其中的精华和糟粕,这对促进中国的思想文化建设会产生更为积极的作用。

对杜威哲学的重新研究在当代中国的积极意义,至少包括如下三个方面:

第一,有利于对马克思主义哲学有更为全面和深刻的理解。

这是因为,杜威哲学和马克思的哲学虽有原则性区别,但二者在一些重要方面有相通之处。这主要表现在二者都批判和超越了以抽象、思辨、脱离实际等为特征的传统形而上学;都强调对现实生活和实践的关注在哲学中的决定性作用;都肯定任何观念和理论的真理性的标准是它们是否经得起实践的检验;都认为科学真理的获得是一个不断提出假设、又不断进行实验的发展过程;都认为社会历史同样是一个不断发展的过程,社会应当不断地进行改造,使之越来越能符合满足人的需要和人的全面发展的目标;都认为每一个人的自由是一切人取得自由的条件,同时个人又应当对社会负责,私利应当服从公益;都提出了使所有人共同幸福的社会理想,等等。在这些方面将马克思主义与杜威的实用主义作比较研究,既能更好地揭示它们作为不同阶级的哲学的差异,又能更好地发现二者作为同时代的哲学的共性,从而使人们既能更好地划清马克思主义和实用主义的界限,又能通过批判地借鉴后者可能包含的积极成果来丰富和发展马克思主义。

第二，有利于对中国传统文化的批判继承。

杜威哲学和中国传统文化有着两种不同的联系。以儒家为代表的中国传统文化是一种前资本主义文化，没有西方资本主义文化的理性主义特质，不会具有因把理性绝对化而导致的绝对理性主义和思辨形而上学等弊端；但未充分经理性思维的熏陶又是中国传统文化的缺陷，不利于自然科学的发展，更不利于人的个性的发展和自由民主等意识的形成。正因为如此，以儒家为代表的中国传统文化往往被历代封建统治阶级神圣化和神秘化，成为他们的意识形态，后者阻碍了中国科学技术的发展、人民的觉醒和社会历史的进步。"五四"新文化运动的主要矛头就是针对儒家文化作为封建意识形态的方面，以此来为以民主和科学精神为特征的新文化开辟道路。杜威哲学正是以倡导民主和科学为重要特征的。杜威来到中国时，正好碰上"五四"新文化运动，他成了这一运动的支持者。他的学说对于批判作为封建意识形态的儒学，自然也起了促进作用。

但是，儒家文化并不等于封建文化；孔子提出的以"仁"为核心的儒学本身并不是统治阶级的意识形态。直到汉武帝实行"罢黜百家，独尊儒术"的政策以后，儒学才取得了独特的官方地位，由此被历代封建帝王当作维护其统治的精神工具。即使如此，也不能否定儒学在学理上的意义。它既可以被封建统治阶级所利用，又能为广大民众所接受，成为他们的生活信念和道德准则。历代学者对儒学的发挥，也都具有这种二重性。正因为如此，儒学除了被封建统治阶级利用外，还能不断发扬光大，成为中华民族宝贵的思想文化遗产。儒学所强调的"以人为本"、"经世致用"、"公而忘私"、"以和为贵"、"己所不欲，勿施于人"等观念，具有超越时代和阶级的普世意义。新文化运动的代表人物并不反对这些观念，而这些观念与杜威哲学的某些观念在一定程度上是相通的。杜威哲学在"五四"时期之所以能为中国广大知识分子接受，在一定程度上正是因为中国文化传统中已有与杜威哲学相通的成分。正因为如此，研究杜威的实用主义思想，对于更清晰地理解儒家思想，特别是分清其中具有普世价值的成分与被神圣化和神秘化的成分，发扬前者，拒斥后者，能起到促进作用。

第三，有利于促进对各门社会人文学科的研究。

杜威的哲学活动的一个突出特点，是他非常自觉地超越纯粹哲学思辨的范围而扩及各门社会人文学科。我们上面曾谈到，在杜威的全部论著中，关于政治、社会、文化、教育、道德、心理、逻辑、科学技术、审美和宗教等各个领域的具体问题的论述占了绝大部分。他不只是把他的哲学观点运用于这些学科的研究，而且是通过对这些学科的研究更明确和更透彻地把他的哲学观点阐释出来。反过来说，他对这些学科的研究都不是孤立地进行的，而是通过其基本哲学观点的具体运用而与其他相关学科联系起来，从而把对这些学科的研究形成为一个有机整体，并由此使他对这些学科的研究可能具有某些独创意义。

例如，杜威极其关注教育问题并在这方面作了大量论述，除了贯彻他对现实生活和实践的重视这个基本哲学倾向、由此强调在实践中学习在整个教学过程中的决定作用以外，他还把教育与心理、道德、社会、政治等因素紧密地结合在一起，从而使教育的内容更加丰富、全面。他的教育思想也由此得到了更为广泛的认同，被公认为是当代西方最具影响的教育学家。值得一提的是：无论在中国还是在苏联，杜威在教育上的影响几乎经久不衰。即使是在政治和意识形态影响极为深刻的年代，杜威提出的许多教育思想依然能不同程度地被人肯定。陶行知的教育思想在中国就一直得到肯定，而陶行知的教育思想被公认为主要来源于杜威。

我们这样说，并不是全盘肯定杜威。无论是在哲学和教育或其他方面，杜威都有很大的局限性，需要我们通过具体研究加以识别。但与其他现代西方哲学家相比，杜威是最善于把哲学的一般理论与其他人文社会学科密切结合起来、使之相互渗透和相互促进的哲学家，这大概是不可否认的事实。在这方面，很是值得我们借鉴。

五、关于《杜威全集》中文版的翻译和出版

要在中国开展对杜威思想的研究，一个重要的条件是有完备的和翻译准确的杜威论著。中国学者早在"五四"时期就开始从事这方面的工作。当时杜威在华的讲演，为许多报刊广泛译载并汇集成册出版。"五四"以后，杜威的新著的翻译出版仍在继续。即使是杜威在中国受到严厉批判的年代，他的一些主要论著也作为供批判的材料公开或内部出版。杜威部分重要著作的英文原版，在中国一些大的图书馆里也可以找到。从对杜威哲学的一般性研究来说，材料问题不是主要障碍。但是，如果想要对杜威作全面研究或某些专题研究，特别是对他所涉及的人文和社会广泛领域的研究，这些材料就显得不足了。加上杜威论著的原有中译本出现于不同的历史年代，标准不一，有的译本存在不准确或疏漏之

处,难以为据。更为重要的是,在杜威的论著中,论文(包括书评、杂录、教学大纲等)占大部分,它们极少译成中文,原文也很难找到。为了进一步开展对杜威的研究,就需要进一步解决材料问题。

2003年,在复旦大学举行的一次大型实用主义国际学术讨论会上,我建议在复旦大学建立杜威研究中心并由该中心来主持翻译《杜威全集》,得到与会专家的赞许,复旦大学的有关领导也明确表示支持。2004年初,复旦大学正式批准以哲学学院外国哲学学科为基础,建立杜威与美国哲学研究中心,挂靠哲学学院。研究中心立即策划《杜威全集》的翻译。华东师范大学出版社朱杰人社长对出版《杜威全集》中文版表示了极大的兴趣,希望由该社出版。经过多次协商,我们与华东师范大学出版社达成了翻译出版协议,由此开始了我们后来的合作。

《杜威全集》(Collected works of John Dewey)由美国杜威研究中心(设在南伊利诺伊大学)组织全美研究杜威最著名的专家,经30年(1961—1991)的努力,集体编辑而成,乔·安·博伊兹顿(Jo Ann Boydston)任主编。全集分早、中、晚三期,共37卷。早期5卷,为1882—1898年的论著;中期15卷,为1899—1924年的论著;晚期17卷,为1925—1953年的论著。各卷前面都有一篇导言,分别由在这方面最有声望的美国学者撰写。另外,还出了一卷索引。这样共为38卷。尽管杜威的思想清晰明确,但文字表达相当晦涩古奥,又涉及人文、社会等众多学科;要将其准确流畅地翻译出来,是一项极其庞大和困难的任务,必须争取国内同行专家来共同完成。我们旋即与中国社会科学院哲学研究所、北京大学、清华大学、中国人民大学、北京师范大学、南京大学、浙江大学、武汉大学、北京外国语大学,以及华东师范大学和上海社会科学院哲学研究所等兄弟单位的专家联系,得到了他们参与翻译的承诺,这给了我们很大的鼓舞。

《杜威全集》英文版分精装和平装两种版本,两者的正文(包括页码)完全相同。平装本略去了精装本中的"文本的校勘原则和程序"等部分编辑技术性内容。为了力求全面,我们按照精装本翻译。由于《杜威全集》篇幅浩繁,有一千多万字,参加翻译的专家有几十人。尽管我们向大家提出在译名等各方面尽可能统一,但各人见解不一,很难做到完全统一。为了便于读者查阅,我们在索引卷中把同一词不同的译名都列出,读者通过查阅边码即原文页码不难找到原词。为了确保译文质量,特别是不出明显的差错,我们一般要求每一卷都由两人以上参与,互校译文。译者译完以后,由复旦大学杜威与美国哲学研究中心初审。如无明显的差错,交由出版社聘请译校人员逐字逐句校对,并请较有经验的专家抽查,提出意见,退回译者复核。经出版社按照编辑流程加工处理后,再由研究中心终审定稿。尽管采取了一系列较为严密的措施,但很难完全避免缺点和错误,我们衷心地希望专家和读者提出意见。

  复旦大学杜威与美国哲学研究中心的工作是在哲学学院和国外马克思主义与国外思潮创新基地的支持下进行的,学院和基地的不少成员参与了《杜威全集》的翻译。为了使研究中心更好地开展工作,校领导还确定研究中心与美国研究创新基地挂钩,由该基地给予必要的支持。《杜威全集》中文版编委会由参与翻译的复旦大学和各个兄弟单位的专家共同组成,他们都一直关心着研究中心的工作。俞吾金教授和童世骏教授作为编委会副主编,对《杜威全集》的翻译工作作出了重要的贡献。汪堂家教授作为常务副主编,更是为《杜威全集》的翻译工作尽心尽力,承担了大量具体的组织和审校工作。华东师范大学出版社的编辑人员一直与我们有着良好的合作,她们默默无闻地在组织与审校等方面做了大量的工作,在此一并表示衷心的感谢。

刘放桐
2010 年 6 月 11 日

导　言

卡尔·科恩（Carl Cohen）

I.

"只有当哲学不再成为处理哲学家们各种问题的手段，而变成一种由哲学家们发展起来的、用来处理涉及人的各种问题的方法时，哲学才会复兴。"杜威在1917年问世的《哲学复兴的需要》（The Need for a Recovery of Philosophy）一文中表达的这一坚定信念，乃是几十年来激发他灵感的源泉——但在他漫长的一生中，其他年份的活动并没有像1923—1924年的活动那样，清楚地证明这种原则的力量——本卷的内容就是在这段时间里完成并原原本本地予以发表的。

我们发现，在此，杜威正在做他自己的哲学观要求他做的工作：以深刻的反思和党派的狂热丰富政治论述；教导教师们用仁爱欣赏的态度来面对他们平常在教室中碰到的问题；为国外的政府提供明智的建议；清楚地审视其他重要思想家的著作；防止自己受到一些强硬人物的猛烈攻击，并且为捍卫他认为重要的原则而进行反击。

我们见证了杜威不同的心境，他时而愤慨，决心揭露国际上的不义，并尽力纠正它；时而恼怒，断然拒绝那些他认为不公正和不合理的批评；时而和善和热心，积极地支持那些忙于养家糊口的劳工。他批评和称赞并用，试图从政府、政治家和哲学家那里获得最佳结果。他总是深入思考，探究运动和争论的基础，诚实考量它们的价值和自己的信念。

尽管几十年过去了，但这些论文中所反映出来的很多论战依然与我们现今的时代密切相关。甚至有些初看上去似乎已经过时的小争论，在这些篇章中也获得了生机,这恰恰是因为杜威具有一种能够将这方面的内容与争辩结合起来的技巧,而这一争论具有长久的趣味。纵观本卷,他一直都在处理人的问题,并且以一种自觉的哲学精神从事这个工作。理智、远见、成长——这些永远构成他的著作的关键概念——在此处获得了最具教育意义的范例。

这些都是杜威年过六旬以后的作品。此时,他已获得世界性的声誉,而在他的前面还有超过30年有创造力的学术生涯。然而,杜威最为人所知的重要著作都未出现在本卷。《哲学的改造》(Reconstruction in Philosophy)(1920年)和《人性与行为》(Human Nature and Conduct)(1922年)刚刚出版;《确定性的寻求》(The Quest for Certainty)(1929年)和《作为经验的艺术》(Art as Experience)(1934年)还没有问世,后者是他长时间哲学思考的产物;《经验与自然》(Experience and Nature)(1925年)即将出版。但是,这一卷中所收录的许多鲜为人知且已被大多数人遗忘的短文,却为我们提供了一幅关于杜威如何持续努力的精彩画面。这些论文使我们洞察到他的实践的理想主义和斗争精神,而这是那些哲学宏文所没有的。分享他对人类生活质量所表达的关切的每个公民,而不单是杜威哲学的研习者,将在这些文章中得到满足。无论读者的具体政治判断如何,他都将在此享受一场盛宴。

为了增强这种享受,这个导论的任务就是勾勒出争论出现的背景。由于多种原因,我将不再重述杜威在论证中传达的哲学立场。首先,在这些文章中,杜威本人对其所依据的基本原则提供了恰当的重述,因而在这里对此进行重述是多余的——鉴于在这个系列的其他几卷的导论[特别值得注意的是悉尼·胡克(Sidney Hook)和我的最近过世的同事及朋友查尔斯·L·史蒂文森(Charles L. Stevenson)所写的导论]中已有透彻的分析和完美的阐述,这样做尤其显得多余。

其次,在这卷中出现的争论绝大部分是以政策为中心展开的。不注意杜威所阐述的这些现实问题,可能意味着不忠实它们的精神。公共政策的议题并非是短暂的,对杜威来说,这是形成好的哲学的素材。因此,就像杜威自己所做的那样,不仅通过严肃地关注用一般术语来表达的抽象主张,而且通过关注国际关系的基本要点、教育的基本要点、科学和神学的基本要点,其更宏观的看法得到了最大的尊重。

再次,也许是最主要的一点,即读者会面对各式各样的作品,并很可能希望基于更大的原则来衡量自己的判断。杜威对我们最有帮助的不是说教，而是澄清。因此，我的主要目标是对这一卷中出现的各种议题和争论提供一个纲要、一张知识地图。通过它们，我们可以最佳地了解杜威试图利用的原则。

II.

为了便于井井有条地展开讨论，我们可以将本卷所包含的许多内容分为五个部分。第一部分是一组所谓的纯哲学论文——尽管它们的纯粹性远远不像康德所说的那样，脱离了所有经验的内容。这些论文是与一些哲学家和杜威急于反驳或纠正的哲学主张所进行的战斗。第二部分是一系列引人注目的短论，它们讨论国际政治的热点问题——主要涉及国际联盟(League of Nations)①、永久国际正义法庭(Permanet Court of International Justice)，以及争取宣布战争为非法(outlaw war)的运动。第三部分是讨论土耳其——它的问题、它的未来以及它所需要的教育制度的一系列文章。在这段时间里，杜威在土耳其待了两个月，它已经被证明是一次有巨大影响的访问。第四部分是一系列关于教育的论文，其中最重要的是给教师们的演讲，它们表达了杜威对于教育者角色(这也是他终身关注的问题)的一些深刻信念。第五部分，即最后一部分，是一些杂论的汇集——其中有对重要哲学著作的评论，有道德哲学教育大纲，有对政治运动和候选人的公开声明。在附录部分，可以看到这一时期杜威论敌们的基本文章，要么是别人回应他，要么是他回应别人。

我将就这些作品的每一部分稍稍谈点看法。我将重点放在政治方面，因为在杜威生命的这一段时间，政治活动占据了中心地位。我的目标与其说是宣布判断，不如说是让读者自行作出判断。

III.

作为一个态度温和、彬彬有礼的人，杜威通常会被看作一个专注于思考的典型的学院中人。这个形象并非完全不准确，但它的确错失了当代许多思想家非常喜爱的杜威活动的重要方面：他的好斗精神。哲学原则不仅需要提出和解释，而且需要辩护。尤其要防止那些善于表达的哲学家的攻击，这些哲学家在杜威

---

① 以下简称"国联"。——译者

看来，无法明白他的哲学主张的力量或者对其哲学主张所作的正确解释。

在这几年中，杜威主要的哲学对手是阿瑟·O·洛夫乔伊（Arthur O. Lovejoy）。他是一位博学之人，也是一位优秀和思想深邃的哲学家。洛夫乔伊的主要著作是《存在的巨链》(*The Great Chain of Being*)（1936年），他后来持一种非自然主义的立场，这种立场与杜威的立场有明显的分歧。洛夫乔伊和杜威都毫不迟疑地表明了他们之间的重大分歧，或者进行了尖锐的交锋。在这一卷中的几篇文章，表现了杜威如何享受洛夫乔伊所发出的挑战。

在《哲学杂志》(*Journal of Philosophy*)和其他一些地方，洛夫乔伊猛烈地抨击杜威（参看附录3）。一个主要的目标就是杜威工具主义的知识论。因为洛夫乔伊相信，知识要成为可能，就必须有超越认知者经验的实体存在。由于杜威的工具主义将知识当作认知者经验的一个方面，它就不可能公正地对待已知事物的独立性和它们的客观实在性。与此相反，杜威相信，在虚假的客观性的名义下，洛夫乔伊已经落入将知识和认知者分裂的传统陷阱之中。这种二元论却是杜威想要极力避免的（*bete noir*），也是他经常批判的。杜威继续有力地进行论证说，在洛夫乔伊的例子中，这种二元论把过去与现在、现在与未来割裂开来了。正如读者将会看到的那样，双方都利牙相向，考验对方的勇气。

其他争论也非常激烈。后来成为杰出人物的斯特林·兰普雷希特（Sterling Lamprecht）教授，当时还是杜威年轻的同事，也以对杜威著作的批判加入了这场争论。在不同的哲学问题——哲学反思的真正动力、判断在评价过程中的作用方面——还有一些其他有能力的哲学家，如大卫·W·普劳尔（David W. Prall）、丹尼尔·S·罗宾逊（Daniel S. Robinson）也对杜威举剑相向。杜威就像达尔达戈亚（d'Artagnan）一样，遭受各个方面的进攻。本卷的第一批文章中收录了所有这些文章。那些乐于对哲学论据进行取舍的人，将会发现这些论文的挑战性和有趣性。其间论证的问题是极其重要的。格外有趣并且在所有方面都值得称赞的是，里面充满了论证所追求的那种真诚和谦恭。如果有些人认为杜威太热衷于世俗的问题，那么，他在这个方面也表明自己（没有抛弃实际的关切）是哲学家中的哲学家。有些人可能会假定杜威那难以置信的作品产量——毕竟这仅仅是《杜威中期著作》的第15卷——会导致他在表述中过于草率，但这些人将会在此发现他的论证的严密性、他对语词与短语的精心选择（他及其对手都是如此），以及对它们作出的恰当解释。他就是一只老虎、一只顽强的老虎。

本卷的这个部分始于关于科学和神学的表面冲突以及关于康德的一些温和短论,这些短论极佳地展示了接下来将要进行的哲学辩论的更大框架。他对宗教和哲学中的基础主义(fundamentalism)的考察,本应发表在《新共和》(*New Republic*)的文章中;那时候,这本杂志因对当代问题的深入分析而闻名于世,今天依然如此。杜威通过学术性的期刊,对哲学家们讲话,也对普通公众讲话,但其言语里并不给人颐指气使的印象。

IV.

杜威在1923年到1924年之间最感兴趣的问题是战争以及预防战争的问题。他令人信服地证明:要想达到这个伟大的目的,只有通过深刻地改变——扭转——普通公民和政治家所采取的对待战争的态度。杜威成了一场新运动——旨在宣布战争为非法的运动——最著名的发言人。

杜威于1923年3月在《外交》(*Foreign Affairs*)杂志上发表的《伦理和国际关系》(*Ethics and International Relations*)(见本卷第53—64页①)一文,首先为这场运动喝彩。正如他指出的那样,这场运动旨在找出一种方法,使道德判断在国际事务中真正地起作用。"战争要多蠢就有多蠢",杜威写道,但为什么它还在持续呢?是什么因素阻碍了道德习惯和道德理想在此领域的运用?在国内事务中,我们不断地检验我们的法律和规则;我们发现,立法不停地发生变化:尝试新的观念,批评旧的方式,反复制定计划。相反,在国际领域,这种事情很少,或者几乎没有发生过;国家仍一如既往地行事,仿佛国际关系的法则完全不受任何变化的影响。法律——不是作为抽象的绝对原则,而是作为社会假定在具体情境中发挥作用——在国际领域明显缺乏,这颇让人气恼。杜威设想,为了弥补这个严重的缺陷,就要将法律体系(jurisprudence)的力量从较小范围推广到更大的范围。他相信,这个工作值得他耗费最大的精力;并且,他毫不吝惜这些精力。

只有充分考虑到两个连续的事态(一个是私人的,一个是公众的),我们才能真正地理解杜威的活动战略和战术。这种私人背景,是由杜威与萨蒙·O·列文森(Salmon O. Levinson)持续的通信构成的。列文森是一位成功的芝加哥律师,是美国战争非法化委员会(American Committee to Outlaw War)的组织者和

---

① 指英文原版书页码,即本书边码,下同——译者

主席,他热衷于公众服务。与列文森的通信,证明了杜威充沛的精力。列文森缺少杜威的哲学深度、敏锐和智力资源——但他永不疲倦,全身心地投入这项事业。他的信件是政治分析和战术性建议的源头——尤其重要的是充满激励。杜威的信件都相当简短,他的精力投入到下面的论文中。列文森刺激了杜威的写作,他称赞杜威的作品,利用杜威的作品。他就像托钵僧(Dervish)一样,在每个政治团体中周旋;而在每个政治团体中,他找到了推进战争非法化运动的入口。"毫无疑问,你正在针对任何人的不法行为,做一项最英勇的工作",列文森在1923年3月28日写给杜威的信中写道:"你全方位地发动猛烈打击。"①在数月后的另一封信中,列文森表达了他深深的感激之情:"我简直不能告诉你,我有多么感激你,你从一开始就为我生命中最强有力的梦想提供了卓越的合作。"②在同一年的11月3日,他写给杜威的另一封信再次表达了他最衷心的称赞:"你最新的文章一直是你最好的文章。"③尽管经常卧床不起和处于痛苦之中,列文森给予杜威很多支持和激励——他已全身心地投入公共领域。④

在公共领域,气氛却是高度紧张。战争的非法化只是吸引美国公众注意的三种相互竞争的运动之一。众议院和总统[哈丁(Harding)以及从1923年8月继任的柯立芝(Coolidge)]在用什么方法达到永久和平这一光荣目标的问题上,受到观点相互冲突的提倡者的压力,结果则是令人困惑的混乱争论。

1. 国际联盟在当时是稳固地建立起来的现实。成功地反对美国加入国联的运动,由马萨诸塞州的参议员卡波特·洛奇(Cabot Lodge)和爱达荷州的威廉姆·博哈(William Borah)领导。尽管在当时有很强的声音督促美国加入国联,但这个问题在当时还远未消失。杜威的观点——由于一些需要简短解释的原因——却并不在其列,他反对美国加入国联。

2. 永久国际正义法庭是第二个竞争者。它与国联同时创立,但在运作上却

---

① 列文森写给杜威的信,萨蒙·O·列文森文章专辑,芝加哥大学,约瑟夫·里根斯坦图书馆藏。
② 1923年10月4日,列文森写给杜威的信。
③ 1923年11月3日列文森写给杜威的信。
④ 杜威给列文森的自传[《列文森和巴黎公约》(S. O. Levinson and the Pact of Paris),芝加哥:芝加哥大学出版社,1942年]写了序言。在序言的开头,他这样写道:"以任何方式和任何能力与列文森交往,都是一种珍贵的特权。当它与国家间的和平这一事业相联系的时候,这种交往尤其具有重要的价值。列文森为这项事业贡献了他最好和持久的思想和精力。这刺激——事实上,这是一种激励——与他那过人的充沛精力相联系。"

很不相同。有些人恳求美国参加这个法庭的工作,而另一些人则谴责它。关于这个问题,近些年讨论得颇为热烈,杜威则持否定态度。

3. 杜威认为,国联和国际法庭与他所从事的**战争非法化**(*Outlawry of War*)运动不一致——这是他反对它们的主要理由。这种不一致的本质(或正如杜威的批评者所宣称的那样,它的不真实性)是随后辩论的核心。

对于这些相互冲突的论证的价值预判,将会减少回顾这些辩论所能得到的益处。然而,更多地了解当时的情境和主要的参与者,对读者是有益的。辩论的双方总共有六位主要人物,每方三位。

正如我们所看到那样,支持战争的非法化以及反对国联和国际法庭一方的是约翰·杜威和萨蒙·列文森,同他们一起的,还有一位重要的和有影响力的人物:爱达荷州的共和党人、参议员威廉姆·博哈,他坚定不移地反对美国加入国联,从而使他被当作一个孤立主义者。然而,博哈正是参议院 441 号决议(1923 年 2 月 14 日被提出)的主要发起人,如果这个决议被采纳,那么将会增加美国众议院对战争非法化的支持。博哈的计划有三部分:a)缔结一个普遍的条约,使得战争成为"受国家间的法律制约的公共犯罪",制订"一个庄严的协定或条约来约束"每一个国家,"以便控诉和惩罚与其相关的国际战争的发动者或煽动者以及战争的受益者";b)创建"以国家间平等和正义为基础的和平的国际法规则,并依照当时的状况增强、扩大、调整以及废止";以及 c)创建"一个司法机制来取代战争……一个国际法庭在形式上或在本质上,是以我们的联邦最高法院(Federal Supreme Court)为模型的。它对我们主权州之间的争论具有司法裁决权,建立这种拥有积极的司法权的法庭来听取和裁决所有由法规或者条约确定的纯粹国际争端"。

这类计划——毫无疑问,它的细节要通过国际会议和协商来调整——在它的倡议者看来,是这三个可能的步骤中显然最进步、最彻底的步骤。参议员博哈严厉地反对美国加入国联,部分是因为(在他看来)加入国联必然会以侵害我们国家的主权为代价。在这项事业中,博哈被看作是一位不太可能的盟友——然而,他是盟友。

国联的辩护者发现了博哈内心怀疑的明显改变。有些人一度并不相信,他或者他的选民会真正支持一个国际条约,约束美国去做他自己的决议要求做的事情。杜威的正直是无可置疑的;但很多人相信,他的许多盟友之所以支持战争非法化运动,主要是因为这个运动的主张和国联不一致,这种不一致给了他们反对美国加入国联的有利证据。

在这场波及甚广的辩论中,支持加入国联的人中有很多重量级的人物,其中最老练的是瓦尔特·李普曼(Walter Lippmann)。他既是一位道德哲学家,也是一位有很高声望的政治分析家。1923年,李普曼在《大西洋月刊》(*Atlantic Monthly*)上发表的文章《战争的非法化》(The Outlawy of War)(参见附录7)是一篇对杜威战争非法化运动进行严厉批评的文章。在某种程度上,它激起了杜威的竭力反驳:《战争的非法化不是什么》(What Outlaway of War is Not)(第115—121页)和《战争与战争法规》(War and Code of Law)(第122—127页),这两篇文章都于1923年10月发表在《新共和》上。①

尽管亲国联的力量还得到首席大法官塔夫特(Chief Justice Taft)、大学校长艾略特(Eliot)和罗威尔(Lowell)以及其他一些知名人物的支持,杜威不得不面对的三位拥护者中最难对付的一位无疑是可敬的洛夫乔伊。在1923年3月发表在《新共和》杂志上的《我们应该加入国际联盟吗?》(Shall We Join the League of Nations)一文中(参见附录5),洛夫乔伊直接列举了杜威反对加入国联的例子,这迫使杜威不得不写一封长信进行回应,这封信同样发表在《新共和》上(第83—86页)。

在这个领域,杜威的第三位对手是曼雷·奥特墨·哈德逊(Manley O. Hudson),他是坚决支持美国加入永久国际正义法庭的一员干将。1923年5月,在波士顿举行的"一位论派平信徒联盟"(Unitarian Laymen's League),杜威和哈德逊进行了一场大辩论。发表在《基督教的世纪》(*Christian Century*)杂志上的辩论双方的文章,都可以在本卷中找到(第87—104页以及附录6)。

我不能离开这个领域——在那里,用心的读者将会发现,自己时而支持这一方,时而支持另一方——除非我简单地指出杜威反对加入国联和国际法庭的原因,在当时以及今天回想起来,很多人认为它们代表了最进步和最有希望的事

---

① 在杜威—列文森的通信中,他们详细讨论了李普曼的这篇文章。列文森个人资助重印和派发了杜威在《新共和》上发表的大量文章,他将李普曼—杜威的争论作为一个整体再现出来,确信杜威对李普曼批评的反驳被证明是最有效的。然而,他们决定不要这样做,因为对李普曼细致分析的呈现可能会使读者发生"困惑"。本卷收录了这些文章,所以读者很可能会得出结论说:至少,这个决定在战术上是明智的。李普曼关于非法战争运动的攻击非常尖锐,当然不会毫无价值。

业。在杜威的思想中，反对这两个机构是紧密相关的。但是，相较于对国际法庭的批评，他更加反对加入国联。因为他相信，由于国际法庭和国联有组织上的联系，国际法庭的成员可能会迫使我们赞同那些让杜威厌恶的国联的原则，因而加入永久国际正义法庭不仅完全是无效的，甚至可能更糟。在他看来，国际法庭确认了我们对现存国际法体系的接受，这套国际法体系承认，甚至在某些方面赞同用战争作为国际政策的一种工具。杜威认为，更好的办法就是远离这些东西。

卷入与战争干预相关的政策，是杜威反对加入国联的重要方面。这些反对意见又被他自己的以下信念所强化：(1)要求加入国联的请求，主要是出于情绪和考虑欠妥；并且(2)在国联内部，幕后操纵者的诡计①不可避免地要将美国拖到政治权力的网络，而杜威坚称，这正是我们应该带头消灭的东西；此外，(3)杜威认为，由于无力解决欧洲和近东出现的真正的国际危机，国联已经证明了自身的无效。他相信，国联并不是像它的鼓吹者所宣称的那种国际和平缔造者。杜威声称，国联甚至不能成为在那个大厅里被不可靠地代表的民族的合法代言人；最糟糕的是，(4)国联与《凡赛尔条约》(Treaty of Versailles)②强加于他国的严重的不正义纠缠不清。而杜威认为，纠正这些不正义，正是我们持久的责任，但如果作为国联的一员变成他们强制的同谋者，我们就不可能履行这个责任。

那么，该如何打破旧有的方式呢？我们该如何做那些我们试图去做的事情，即如何使我们的道德理想在国际关系中发挥作用呢？这里，我们只要简单地回顾一下反对战争的《凯洛格-白里安公约》(Kellogg-Briand Pact)就足够了。六年后，这个公约被美国、法国以及其他一些同盟国家正式采纳，但并没有达到它所追求的目标。③ 但是，那表明杜威在此呈现的论证中遭到了误解吗？这些政策问题的论辩双方都是有着高智商和极深信念之人，他们中哪些人的论证最好呢？

---

① 在杜威看来，这主要是由法国引起的。通过操纵国联，法国人为他们对德国鲁尔区的侵占得到了国际许可。
② 亦译"凡尔赛和约"。——译者
③ 《巴黎公约》(the Pact of Paris)：1928年8月27日生效的停止战争公约，《列文森和巴黎公约》，第354—355页。这个公约由美国、法国、比利时、英国、捷克斯洛伐克、德国、意大利、日本和波兰的代表签署。这个公约有两个实质性的条款如下：条款1：缔约各国代表他们本国尊敬的人民庄严地宣布他们谴责使用战争手段来解决国际争端，并在他们的相互关系中废止以战争作为工具的国际政策；条款2：缔约各国赞同，无论其性质和根源如何，缔约国之间出现的一切争端，除了和平的方法之外，不得寻求任何其他的方法来解决争端或冲突。

在宣布这些经过深思熟虑的判断时，读者将受到挑战。

V.

在本卷中，吸引杜威注意力的一个主要对象是土耳其。① 这部分证明了杜威对国际关系问题广泛的兴趣。土耳其当时的情形特别有意思——极其困难，同时又极有希望。奥斯曼帝国的残余已经被推翻，在1920年被基马尔·阿塔库尔卡②所领导的进步现代派政权所取代。土耳其在从古代向现代过渡的道路中摇摆不定，没有什么能证明有比教育青年人更重要的事情了。新政府将目光投向了美国，邀请杜威作为客人到土耳其访问数月，考察土耳其的学校体系，就学校的改进和现代化为新政府提供一些建议。

杜威接受了这个热情的邀请。他在1924年7月到达土耳其。他在土耳其呆了两个月，在此期间，他近距离地观察和倾听，以独特的活力和建设性的态度进行咨询和建议。现在读者手中一些非常有趣的短文，就源于这次非常令人激动的访问。

通过对土耳其问题的深思熟虑，杜威从未丧失希望，却也从不乐观。在此，他又一次强调有必要制订计划和展开试验以提供一些原则，这些原则被表述为理想而那些理想在个人和共同体的生活中产生了实际影响。将一个最近还在由苏丹(Sultanate)统治的中世纪神权政体改选为西方模式的现代国家，同时要保持其文化传统的丰富性，这绝非易事。如何鼓励变革，同时减轻变革的阵痛；如何保持旧传统中最好的东西，同时引进新事物中最好的东西，这是杜威准备解决的任务——他很清楚地知道，这个过程会被证明是多么艰巨！

杜威羡慕土耳其人生活的很多方面，但他绝不容许作为客人的良好举止使他的批判能力变得迟钝。作为一个外来者，他对土耳其人生活的理解是不完全的，为他提供消息的人有时会具有欺骗性，但他从来没有被愚弄过。自始至终，他的目标都是找到那些能够同时为土耳其人和西方人的领袖热情接受的主题。他的核心观点似乎可以在《神权国家的世俗化》(Secularizing a Theocracy)中的

---

① 杜威在本卷中所谈到的土耳其事务出现在分隔开的两个地方：在1924年9月、10月、11月和12月发表在《新共和》上的文章，出现在本卷的第128页—149页；杜威的《关于土耳其教育的报告与建议》(Report and Recommendation upon Turkish Education)，出现在本卷的第275—297页。
② 基马尔·阿塔库尔卡(Kemal Atakurk)，土耳其共和国缔造者。——译者

两句话中得到表达:

> 连绵不断的战争给土耳其——一个清一色的和团结的民族——在过去四个世纪中第一次留下了一种新的精神,这种精神甚至影响到了偏远的农民。他们尤其希望有一个自由和独立的土耳其;他们是极端的民族主义者,他们相信自由的土耳其和现代化的土耳其是同一个土耳其。(第131页)

在杜威看来,土耳其的现代化不过是一次"英勇冒险"(第138页),就像他常常认为的那样。这是一个通过人类的努力和理智能够实现的、具有无穷潜力的重要领域。杜威关于土耳其的文章,是一个敏锐的哲学旅行者的反思。

杜威在土耳其冒险活动的高峰是他的《关于土耳其教育的报告和建议》(第273—297页),它的形成是他的土耳其之行的主要目的。这份丢失了很长时间的不同寻常的文件,在本卷第一次以英文重刊。那么,现在我们为什么要关心几十年前土耳其学校的问题呢?从一个已经改变许久的国家,以及对这些教育体系的陈旧分析之中,我们能够得到什么有价值的东西呢?我认为,这份报告的价值是十分巨大的,甚至是本卷中最重要的单篇文献。它直接说出了现在以及未来很多年所有发展中国家教育体系面临的问题。

在解释这个看法之前,我先简要地讲一下关于这个报告两个一般性的观察。首先,它是清楚与简洁说明的典范。它结构严整,表达清晰,甚至没有一个多余的词句。第二,它体现(embodies,从字面上看,指"给……以实质内容")了公众教育的完整理论。杜威天才的一个方面就是他能够通过运用手边问题所呈现的具体材料,指出通向理想目标的道路。在19世纪20年代,土耳其面临的问题是多方面的。雄心高远、贫穷、管理的集中化和普遍的无序混杂在一起,构成了土耳其教育体系的特征,这也是在发展的初期阶段国立学校的原型。以不到30页的篇幅,杜威为所有发展中国家的教育者奉上了一本手册(enchiridion)。

在杜威看来,公立学校体系是习惯和观念的来源,是理智品格或性格的来源,这些都为自治(self-government)准备了青年公民。对于一个其公民习惯了由上级管理的国家来说,民主并不是一件可以轻松穿上的政治外衣。如何鼓励独立的判断、经济的主动性以及科学和艺术的才能呢?政府和内阁的政策能够真正促进个人在这些方面的成长吗?是的,它们可以;杜威为立即向那些伟大的目标进发,提供了一个包含战略和战术要素的计划。

他的建议是从政府领导的角色本身入手的。杜威讨论了项目发展、教育与其他政府功能(特别是经济功能)之间的关系,及其持续学习的重要作用。杜威具体地提出了教育部的合理组织结构,认为它包含一些适当的部门——图书馆维护、学校建设、信息等。杜威还解释了在不同区域和不同类型的学校之间,学校制度对统一性的需要和对多样性的需要之间的张力,甚至通过一些实例,揭示了解决这些张力的关键之所在。

这个报告包括三个主要论题——正确地对待教师,明智地组织学校,学生的卫生保健。他颠倒顺序,对每部分三言两语地介绍一下,这样做反倒使读者渴望了解整体。

(A) 在杜威看来,在土耳其学生的学校生活中,有两方面亟待提高:他们的身体健康和被迫学习的精神。就第一点而言,有两个方面相互关联:一方面要改善这个群体的公共卫生和营养状况,另一方面要促进理智和道德的发展。在杜威看来,这既是一个机遇,也是一个挑战。在此,他写的是土耳其,但并不仅仅局限于土耳其。关于第二方面,学习的精神问题,杜威力主抛弃以往以记忆和机械服从为主的老习惯,他突出了学生更多地参与学校事务所起的教育作用。

(B) 学校体系的组织是一个非常困难的事情——在旧土耳其就是如此——教育长久以来主要是培养社会高层的领导能力,而较少关注大众的学习需要。这种历史的不均衡,形成了小学教育和中等教育在整个学校体系中事实上从属于那些只对少数人开放的高等教育。杜威坚称,在这种情形下,急需依照年级和类型重组学校。每一级教学的设计(例如,在小学阶段)必须保证那些由于经济原因无法继续深造的人可以获得学习的全部益处。与此类似的问题,也在不同类型的学校出现;在旧的体系中,职业学校和农校往往被忽视。当为培养殖民地领导者的教育体系被刚刚摆脱了殖民统治的新政府所继承时,学校组织的目标就成了问题。这些问题今天同样伴随着我们。目前的任务,就是要将公共教育与真正公众的日常生活相结合。

(C) 教师是这项事务的核心。在考虑如何对待教师的问题上,杜威并不掩饰他的观点。杜威认为,在土耳其的教育体系中,最紧迫的需要就是给学校的老师合理的报酬,并为他们提供得体的生活条件。此处的土耳其既是现实,也是象征:如果教育系统不能吸引并留住那些需要全身心关注学生成长的能人,并且国家也不珍视他们的话,其他所有的东西都是徒然。因此,杜威谈到了工资水准、校长的权威等问题。好的理论和艰苦的实践在任何地方都没有被更明智地结合在一起。根据我的判断,《关于土耳其教育的报告和建议》是杜威在本卷论著所代表的这段时间里最好的思想结晶。

VI.

  教育及其哲学基础和正确的原则,是杜威一生所关注的问题。这也是在20世纪20年代早期作为哥伦比亚大学教师学院(Columbia's Teachers College)杰出教授时,杜威的学术工作的核心问题。在关于教育的所有方面,杜威是多产的且闻名世界。

  在本卷中,十几篇文章是关于教育哲学的。已有大量论著涉及杜威在这个领域的理论,我们几乎不需要超出人们就《关于土耳其教育的报告和建议》所讲到的内容,对它们作进一步的介绍。然而,如果将这些文章(第150—211页)按组分类,读者可能会觉得更有帮助。

  这些论文可以分为三组。第一组,也是最重要的一组,是他在1922年9月,在马萨诸塞州布里奇沃特(Bridgewater, Massachusetts)为师范学院教师会议所作的一系列演讲的文字稿。当时,杜威讲了三个精心选择的主题:第一个是关于教育的社会目标(social aims),第二个是教育中的个性(individuality),第三个是教育中任课教师的作用(role of the classroom teacher)。第三个主题是这个三重奏中的佳作,又一次强调了理论与实践之间的传统鸿沟。无论在过去还是在今天,教师大部分的日常职责被认为是执行教学计划和与其配套的其他课程指令。计划和执行之间的分离妨碍了那些有天赋的教师施展才华,使教育工作陷入僵化,扼杀了应当作为学生榜样的教师的自由。杜威写道,教师"不能像厨房里的厨师那样,照着一本烹饪书,根据书里菜谱的比例混合配料,而不知道为什么要这样做或那样做,或者期待做出任何发现和改进。真正的厨师要创造出所有我们爱吃的、改进了的菜肴。学习过程中的持久改进,必须是任课教师奉献、检验、创造和明智地进行实验的结果"(第186页)。

  并且,在同一篇论文的另一个地方,杜威在更普遍的意义上指出了教师的作用。他写道:"所有制度、组织和行政机构的支撑,实际上大大确保了任课教师更加有效地完成他或她的工作。的确,现实的教育,无论实际的教学与学习

方式如何,都是在教室里通过师生之间积极的理智和道德上的接触而进行的。"(第182页)

直接面向普通大众的文章和演讲[例如,出现在《纽约时报》(New York Times)上的文章和在哥伦比亚大学的公开演讲]构成了第二组有关教育哲学的文章。杜威质问:"公立学校的目的是什么?""如何才能光大和丰富职业精神?"在此,杜威意向中的听众不仅是职业教育者,而且是那些受过教育的人们。

人文学院(liberal college)、它的前景及其敌人是有关教育的第三组文章的主题。关于这个主题,杜威在半个世纪以前就不可思议准确地预见到我们今天人文学院的境况。人文教育(liberal arts)永远的敌人就是那样一些人,他们认为学习的任务从本质上已经完成,剩下的事情只是将学到的东西传给青年人,而没有看到自由在其中所处的关键地位。但是,只有当一个学院的教工和学生不仅在正规指导的领域,而且在从事学习的所有方面获得真正的自由时,这个学院才能够成为真正的人文(liberal)学院。对理智生活而言,人文学院是自由之家。它必须保护其成员在所有事务上的自由,包括他们个人在道德、宗教或其他社会事务上的信念。而无法认识到自由在其中的中心地位对人文学院来说是一个威胁,这个威胁可能来自内部,也可能来自外部。它来自所有那些"将假设替换成教条,将学习与宣传相混淆"(第209页)之人。因而,正统的东西妨碍了非常需要无偏见地加以探究的科目。

因为,一个学院要成为自由的学院,并不取决于它在政治或经济问题上所采取的那种流行的所谓"自由的"观点。杜威自己的观点当然也可以这样描述。他在政治和教育上都是自由派,①但他要我们警惕任何一种观点都可能发生僵化,包括"自由派的观点"在内。良好的判断并不取决于它们与以前固定的**任何内容,不管这种内容多么"自由"或者"保守"**;左派的正统和右派的正统一样糟糕。只有当理智的方法自由地遵循论证的引导,它才是可靠的。反对任何教条和僵化是真正的自由学习的关键所在。杜威总结说,人文学院的希望在于"自由思想的增长以及思想和探求标准的完善"(第211页)。

---

① 杜威对参议员罗伯特·拉佛勒特(Robert La Follette)的支持,刊登在1924年10月的《纽约时报》上,可以在第317页中找到。

VII.

我要对本卷后半部分出现的"杂记"作三点评论,并以此为这个导言作结。

首先,在本卷中,附录部分(第323—422页)扮演着重要的角色。因为在这些年中,杜威将大量的精力投入了政治和哲学论辩。只有与其论敌的论证相比较,杜威论证的力量以及论证中的缺陷才能被完全理解。在本卷正文和附录之间自由地转换,按照年代顺序交替地阅读杜威及其论敌的文章,将使我们充分地欣赏这些不断进行的战斗。

第二,在上面得到热情赞扬的《关于土耳其教育的报告和建议》作为独立的篇章出现在本卷中,但读过杜威发表在《新共和》上的、关于土耳其更大问题的文章(出现在第128—149页)之后,立即阅读上述文献可能会得到很大的收获。

第三,也是最后,本卷只有四篇书评。它们都显示出简练而又大度的特点,其中并无太多的论证,却提供了大量的洞见。在这些书评中,杜威并不打算与作者争论,而是深入挖掘他们的论题,将它们放在一个更大的视角中阐发他们的事业。这四篇书评的突出特点,是杜威所关心的作者——罗素、桑塔耶那、奥格登(C. K. Ogden)和理查兹(I. A. Richards)、皮尔士(Charles Sanders Peirce)及其著作的状况。这四篇书评中的三篇都是名著:《怀疑论与非理性信仰》(Skepticism and Animal Faith)、《意义的意义》(The Meaning of Meaning),以及《或然性、爱与逻辑》(Chance, Love, and Logic)。

杜威对这些卓越人物自信的批评、对他们观点的保留,以及对它们的分析的建议——所有这些看起来都非常自然、恰当。杜威时代的许多重要哲学著作,大多成为他分析、研究的对象。他如饥似渴地向所有这些伟大的同行者学习,但其中没有人成为他的导师。

论　文

基础①

一个古老的故事说,在道德和社会的论战中,选取合适的名称就能赢得一半的胜利。在基础主义者(Foundamentlist)那里,对关键词的选择——不管是否能赢得一半的胜利——占据了他们十分之九的精力,甚至是百分之九十九的精力。人类对某种坚实的、不可动摇的基础的追求,是首要的和不可满足的。许多哲学家将寻求确定性原则作为他们的主要追求。他们之所以寻找确定性,不是因为他们是哲学家,而是因为他们是人。确定性仅仅是被赋予人的特殊欲望的对象的名称,而这种欲望是对不会被打扰的港湾的欲望,是对不会被动摇的支柱的欲望。基础的观念正好回应了人类对于可靠性的追求,它存在的基础就是人类对周围世界不确定性的感知(尽管人类在一个动荡的世界里过着不确定的生活)。

虽然人们把自己依持的这种确定性看得如此一成不变,但它随种族、气候、时代和性格的不同而不同。从历史上有关基础和终极事物的各种哲学和宗教观念来看,除非以循环的方式,似乎很难对基础进行明确的定义。它们给许多生活于烦恼和动荡中的人带来了一种稳定感、安全感和宁静感。历史上曾经有一批人甚至把怀疑提升到这样一种程度,以致怀疑不再是一种折磨人的困惑,不再是对灵魂的纷扰。对他们来说,怀疑是一种终极活动,没有任何东西能够影响它。单纯的怀疑活动成为一种神圣的仪式:怀疑提供了对牢固的和不可动摇的东西

---

① 首次发表于《新共和》,第 37 期(1924 年),第 275 页—276 页;重刊于《人物与事件》(*Characters and Events*),约瑟夫·拉特纳编(纽约:亨利·霍尔特出版公司,1929 年),第 2 卷,第 453—458 页。

的必要意识。

有两种做法同样不可取：一种是忘记了人类本性必须有某种依持的东西，另一种是幻想自己所偏爱的基本原则是能给他人带来稳定性和可靠性的唯一原则。至于名称的存在，使得基础主义者在与论敌论战时大占便宜。只要指出对手所依据的东西是偶然的而不具有稳固的基础，他们就能很快反败为胜。在现在这种状况下，他们并未提出这样的问题：什么样的真理和信念可能提供必要的基本原则？相反，他们已经创造了一个前提，即他们的真理和信念是基础的唯一分支。我们可以听到他们在每个方面重复那样一句话：要么接受我们的原则，要么什么都不是。

在基础主义与作为教会宗派内部潮流的现代主义之间，一方对战略基地的这种抢夺，似乎不会引起外界的很大兴趣：这场战争是内战，是国内战争。但是，不应混淆那些总是涉及公共利益的争论。对那种处于危险中的东西，应当保持清醒的头脑。给争论各方冠上的那些名称，就是争论尚未得到澄清的证据，没有真正加入争论。因此，一场极大地激发民众的想象并唤起公众兴趣的争论（在第一页就包含宗教），很可能只是在需要光的地方制造了大量的热和烟雾。

很明显，基础主义与现代主义之间不存在内在矛盾。现代主义与传统主义有共同的论题。传统观念和新的发现各自对于人生的主张，是一个尚未解决并且对生活方式极为重要的问题。两方面都有许多话要说。但是，人们几乎尚未将它作为一个理智上的问题。认为这个问题已经开始得到解决，则牵涉到某种特殊传统和某种特殊发现的问题，比如，摩西的创世说传统与进化原理的发现相对立。如果这一争论表现为写实主义与象征主义之间的争论，那么，这种争论还具有启发性和重要意义。毫无疑问，有些事物要以写实的形式来处理，或者丝毫不必以这种方式来处理（单纯的事实就是如此）。还有一些事物天然适合于诗歌，在那里，想象和情感的外衣有助于领悟其中的意义。忠实的态度要求以写实的形式处理第一类事物。可是，只有没有文化的文盲，才会坚持认为要把诗意的象征转换为平实的散文提供给读者。如今，各种宗教信仰的分界线应该划在哪里呢？

在现今的宗教，特别是在基督教中，什么东西才是要加以接受的事实呢？就其履行了传播道德真理并鼓励人们在生活中遵循这些真理的职能而言，象征有何价值呢？如果现存的争论的确能完全消除诸如此类的问题，那么，它的成果就会超出一派对另一派的胜利。那些追随这种讨论的人会发现,这个争论无处不在;但在我看来,他们会发现人们并未清楚地面对过这个争论。对基础主义和现代主义之间的争论的这种描述,往往不过是制造费解而已。

再者,人们会发现,这场争论牵涉到教会权威的要求与个人的自由判断之争。这个争论可能是普通人最感兴趣的争论,他明白,在教会内,争论正在激烈地进行。这是大部分人已经熟悉了的争论;他们在政治中已经碰到过这种争论。他们已经习惯于认为政治权威主义和个人自由主义之间的冲突是政治史中最基本的事实。但是,这个争论是否正被明确地纳入现有的争议,这是值得怀疑的。如果一个人想找到关于制度高于个人的坚定表述,那么,他就不得不越过圣公会的高教会派而直接去找罗马天主教教会。如果一个人想找到对于个人信仰自由的斩钉截铁的表述,他通常就不得不超越甚至最自由的新教教会的束缚。因此,折衷含混的表述,模糊限制的规定,就像雾气一样笼罩着新教教会内部的讨论。

传统主义者和字义派信徒(literalist)——我无法扭曲我的良知,将他们称为基础主义者①——断定明白无误地写在《圣经》中的话是权威的真理。但是,那些没有记录下来的解释,尤其是没有任何这样的文献集成能像《圣经》一样在历史中传播得如此久远。在新教中,与绝对无误的文献相一致的绝对正确的解释者在哪里呢?如果那是救赎的灵魂,那么,在救赎这一事实的启发下,为何圣徒的证言会如此不同呢?如果那是过去教会会议、教会法院、长老会和秘密集会的权威,那么,继续解释的力量为什么会丧失呢?为什么他们的继任者每年、每周不使用最新获得的知识来发布公告,指出无可争辩的圣言的正确解释呢?既然这个过程意味着训练和信息,为什么不尽可能地鼓励探究和讨论呢?——不是以自由主义的名义,而是以给后人留下关于如何正确理解无需质疑的权威这一最重要之事的名义。

当一个人采取自己的立场时,这些问题表现出令人费解的困惑,这种困惑也笼罩着传统主义派别的思维。通过否认现在的人和任何人类团体的绝对无误,他们事实上在颂扬那些生活在几个世纪之前,生活在无知泛滥、丝毫没有科学探究方法,充满不宽容和刻骨仇恨的时代的人的绝对无误。显而易见,在那时候,在许多事例中的对象与其说是为了发现真理,不如说是为了打倒对手。

---

① 亦译"基要主义者"。——译者

另一方面，在自由派这边也几乎找不到一个能让人愿意持之以恒地加以贯彻的、对于方法和标准的清楚表述。他使自己融入某个教会。由此，他明显地相信团体的传统和组织的宗教价值。我们很惊奇地发现，如此多的人都被这个论证牵着鼻子走：如果一个神职人员不接受其所属教会的信仰——在大部分人所理解的意义上，或者在被那些具有主要权威的人所理解的意义上，他就应该被"扫地出门"(get out)。仅仅因为他投身于团体组织并发现自己在精神上和它是一致的，他坚持，这是他的教堂，他属于那儿，并确信它会有更加光明的前景。这样的人也许由于怀有过高的希望或过强的情感而遭到责备，但几乎不会被人责备不够忠诚，也许他们会由于太过忠诚而感到痛苦。在任何情况下，为了澄清情况，自由的异议分子需要回答的问题是他们如何看待教会。在何种程度上，教会是一个教义的机构呢？在何种程度上，教会是一个社会道德机构呢？或者，如果答案是教会为精神的目的而存在的，那么，肯定需要对"精神的"意思做某种了解；这种了解需要比在自由派的圈子内流行的观念更为清楚，也许还要一个更明确的概念来描述有组织的教会和精神之间的关系。

如果在现有形势下，出于宗教的目的而组建的团体的性质和职责是一种"基础"，另一个同样重要的基础则是断定和检验真理的方法。那些盗用了基础主义者名称的传统主义者和字义派信徒们，当然也不承认在他们的教义与空洞的、黑暗的、毫无希望的不确定性和不安定之间的中间环节。除非他们重新进入理智的生活，否则将永远不会意识到已经有越来越多的人在探究、观察、实验以及形成假设和遵照假设的**方法**时找到可靠性。这些人并不会由于任何特殊信仰的颠覆而心神不安，因为他们保留着程序上的安全。借用另一个语境的话说，他们可以说尽管这个方法消灭了我最珍爱的信念，然而，我将依旧信任它。这种意识的增长（即便只是糊里糊涂的增长），也会成为大批人对有组织的宗教日益冷漠的原因。这不是因为他们对这种或那种教义感到兴奋，而是因为他们对真理的捍卫已经让位于获得和检验信仰的**方法**。在后一种基础中，他们静享理智和情感的平和。

那么，依照这种特殊的基本原则，现代主义的团体在教会中站在哪一边呢？他们设想什么东西会成为信仰的最终来源、权威和标准呢？即便一个人怀着世界上最美好的愿望，与他们一道反对字义派传统主义者，他除了得到对这个问题模模糊糊的回答之外，很难从他们那里得到任何其他的东西。从外面看现在的争论,人们可能会相信,它是完全有益的、人道的和起解放作用的;人们也可能相信,它将为宽容和思想开放提供更加真诚和直接的经验和表达。人们还可能相信,它并没有完成任何基础的东西,除非自由抗议的异议分子至少在以下两点上澄清他们的思想:一个特别组织的团体和教会这样的特别机构(无论该教会是什么)与宗教经验的关系是什么呢?在宗教中,信仰占据什么样的位置,以及通过何种方法才能获得和检验真的信仰呢?

康德诞辰两百年祭①

我的一位同事曾经建议说,哲学期刊应该把那些旧书、把哲学经典送出去评审,要像对待刚刚出版的著作那样对它们进行批评。如果我们能实行这个建议,那么,这个策略将因为揭示了书中哪些东西经受了时间的考验,以及哪些东西适应了当代的趣味与风尚而引人注目。今年 4 月,就是康德诞辰两百年的纪念日,可以将这种方法应用到这位在过去 75 年间一直作为德国思想的《圣经》的思想家身上。然而,这也显示了任务的艰巨性。自早期幸运的希腊人所生活的时代以来,绝大部分哲学家背着以前的著作家的沉重包袱,并且好像需要带着他们的仪器设备。但是,没有任何一位哲学家像康德一样,有意识地承担了这个重负。他对他阅读过的每位其他哲学家的回忆都充满着焦虑,以至于很想采用一位本科生的说法。当问及这位本科生对康德的兴趣何在时,他回答说,唯一吸引他的是康德如何走到了这一步。

有很多思想家对其先辈们充满敬意,也有一些思想家至少看起来毫不关心过去,他们急于从一个全新的起点开始。康德的命运不管是喜是悲,都要融这两种气质于一身。就其对过去思想之基础的态度而言,他几乎无法反对他的同时代人给他取的"完全的摧毁者"这个绰号;当然,他本可以补充说,他只是为了在更稳固的基础上重建而进行摧毁。但同时,他所写的几乎所有句子都被指责具有以前的思想的影子。这些陈旧的东西构成了他的词汇表。这就是有关康德著

---

① 首次发表于《新共和》,第 38 期(1924 年),第 254—256 页;再版时以"伊曼努尔·康德"(Immanuel Kant)为标题,收入《人物与事件》(纽约:亨利·霍尔特出版公司,1929 年),第 1 卷,第 63—68 页。

作的专门评注汗牛充栋的原因。但是,那些词汇同样影响了他看待世界的方式,也影响了他对哲学问题和哲学争论的理解——正像词汇表可能做的那样。有时候,人们可能想知道康德是否曾经直面过生活的事实或者自然的事实,或者说,除了借助以前的思想家所说、所想之外,他是否还以其他的方式直面过生活的事实或者自然的事实?我的意思并非说康德在这方面是独一无二的。哲学家和其他职业的专家一样,都被困在他们所操作的理智机器上。理智上的准备是必不可少的;它抓住了我们,已经成为直接观察和解释的手段的东西成了自在的目的。

康德在这方面并不是特例,而只是尤为突出。他所处的时代并不是一个具有强烈历史意识的时代,我们几乎不能指望他会使用一种历史的解释方法。他使用了一些突出的特点,他对历史图式的了解使他熟悉这些特点;甚至当他彻底改变了它们的含义时,依然通过传统的用法保留了约定俗成的术语——例如,他在采用亚里士多德和经院哲学的术语"质料"和"形式"时就是如此。他对他所研究过的每一位作家的观念都非常敏感。他回应了休谟(Hume)、沙夫茨伯里(Shaftesbury)、伯克(Burke)和卢梭(Rousseau),以及他极为同情的其他思想家。他对第一手的经验,对大众的经验,显然反应迟钝。甚至他对旨在实现共和制的自由和平等而进行的社会政治变革的明显偏好,似乎是以他对卢梭和其他思想家的理智回应为条件的,而不是对他碰到的事情的直接回应。

同时,他为哲学思考带来了一个全新的方向。这一点毫无疑问。他通过数学的和概念的推理,终结了达到有关存在的事物(无论是灵魂、外在的自然,或者是上帝)的结论的旧有尝试。它所提供的原因已经被现代数学家们所削弱,但结果却依旧:是具体的经验自身而不是逻辑概念,保证了关于存在的事物的陈述的真实性。同时,通过表明它所依赖的感觉需要思想的触角伸向任何地方,他粉碎了传统的经验论。然而,他的工作的这一部分在某种程度上说,都是技术性和专业性的。人的重要事情是:他是为了信念体系而作出了这些改变,这种信念体系使得根据牛顿模式而设想的机械力学在所有事实上,在思维要求干预的所有事情上,占有绝对的统治地位;但是,他保留了涉及人类道德和宗教兴趣的更高的理想领域,这个领域与科学毫无关系,科学对此必须保持沉默。这就是他的伟大成就:为两个领域划界,一个是机械力学的领域,另一个是道德自由和信仰的领域;它们相互联系但又相互独立,一个在另一个的边界开始。

因此，康德在他自己的时代，无论是对他自己，还是对许多人来说，都是革命性的。他教导我们，理智并没有可靠的途径进入对人最为重要的那些事物，进入传统哲学已经关注的那些事物：上帝、灵魂和不朽，甚至包括作为一个客观独立整体的宇宙。从这种观点看，所有以前的哲学都走上了一条错路，它们一直在试图完成不可能完成的任务。但是，康德觉得，证明了这个结论的批评也证明了一个科学知识无法把握的领域的存在，道德经验的必要性让我们确信这样一个超出了偶然性领域的存在。尽管如此，他依然在他的批评和构建中运用了传统哲学的特点、术语和问题。他将它们重新分类，形成一个新的范式；但是，他并未从新观念的最终来源——第一手经验的实在性——的全新的个人利用中吸取灵感。事实上，他在说，看看过去的哲学家所关注的理智碎片吧；看看除了借助根深蒂固的幻觉之外，这些碎片如何没有结合起来形成一个世界图画。现在，请依据我的指导，用我的方式将它们结合在一起，看看它们如何完整和有条理地拼成一幅单一的图画。

毫无疑问，康德对传统的同情与革命的意图结合起来所产生的结果有利于他的声誉的提高，有利于他的论著在上个世纪（很大程度上在他自己的国家）发生巨大的影响，并在某种程度上将这种影响扩展到全世界。但是，它也有悲剧的一面。通过划分事物来解决问题，将它们放在因为不能接触、所以不可能发生冲突的不同地方，这是一种危险的做法。对很多人来说，令人非常惬意的是，知道他们能够像在现象界所期望的那样科学地并以力学的方式认识事物，同时又能够完整地保留更高的理想价值的世界。在那里，自由而非机械必然性占统治地位。但是，这种惬意所付出的代价却极其高昂。在这个王国（regime）中，科学研究在知识阶层中成了技术性职业，但它在道德领域中毫无用处；在那里，最需要的是通过科学来生殖，它只在物质工具和机器方面产生果实，而这些工具和机器在物质领域被用于世俗的目的；在那个领域，我们已在很大程度上拥有世界。道德成了公式化的东西，它经常在自身内显得很崇高，但完全不能在理智上或实践中有效地转变成日常生活世界中的事物。

自从 16 世纪以来，欧洲知识界的问题大致成为在继承下来的传统与新科学方法和结果之间发生的冲突，甚至连市井小民有时也意识到这种冲突。在教会内部的基础主义和现代主义之争中，我们可以看到类似的冲突。每个哲学家也在某个思想层面碰到这个问题。

在科学和工业之外，西方世界的一些理论继承自精神的理念论(spiritual idealism)，这一理论早在古希腊就已得到表述，其后被基督教会纳入教父和经院学者的教义中。但是，科学的观念似乎指向一个和这种哲学所描述的完全不同的世界。欧洲世界的情感、宗教和道德生活——当然，在文化上，美国也是它的一部分——在很大程度上，还有它的艺术活动和成就，已经深深地同科学所怀疑的这种自然观和生命观纠缠不清。

从笛卡尔(Descartes)到孔德(Comte)、斯宾塞(Spencer)和柏格森(Bergson)以来的每一位哲学家，以这样或那样的形式提出了五花八门的术语。体现在西方更高的生活方式中的传统与新科学，可以在那里相遇和汇合——这是调和的模式，是一方对另一方攻击的模式，是通过强加给这方或那方的不同程度的投降而进行妥协的模式。

康德敏感地感到了问题所在，并且勇敢地尝试解决它。但对我们很多人来说，似乎越来越清楚的是，他的方法和结论只是推迟了必不可少地和真诚地面对问题的时间。对他同时代的人来说，他是毁灭性的革命者，如今几乎完全站在保守派一边。革命性的东西主要是一种专业上和技术上的事情，只是将某些观点和争论从宇宙的自然转向了人的本性；它并没有给我们的精神留下任何需要加以面对的经验困境的崭新观念。它也不能帮助人们在道德领域使用科学。这种转换只是那些取悦于专业唯智主义者的理智技巧(tours de force)之一，它唤起热情的支持，同时又激起激烈的反对。

但是，人类的最终结局仅仅是将理念世界和事实世界、道德实践和科学知识、渴望和必然性完全分开而已。毫无疑问，我们以前将它们之间的关系弄得混淆不清。每一方在经验中的地位和作用，以及它们之间的关系都需要澄清。但有人可能会问，这种混淆是否比澄清和彻底分开更能给人以希望呢？混淆至少意味着交错和联系，而这种联系会使合作成为可能。

分离使具体的事务领域从属于人们以宿命论的方式来理解的机械领域。它鼓励机械的权威以及机械的服从和规训，但它也给基于机械服从的生活平添了超尘脱俗的理想的光辉。这往好处说，平添了温情的光辉；往坏处说，平添了狂热而又死寂的光辉。康德是一个虔敬的、诚实的和心地善良的人，在一定程度上，也是一个现实的人。但是，对他的影响及其结果的纪录却可能使人想知道，这些品质，甚至在与勤于求知和不懈反思结合起来时，是否能够弥补那种理智上的不足。只有当一个思想家亲自参加他所处时代的知识活动和各种争论(我并不是说它的实践活动)时,才会出现这种理智。不了解人们的所说所想,理智的参与将不可能深入。但是,康德和人们撰写的关于他的无数著作,为那种过于专业化和技术化的知识成见的可怕后果树立了墓碑;这种成见只能借媒介通过过去表达的问题观看世界,通过死去的思想家所提出的辨别方法观看世界。理智的革命并不必然是一件好事,但从一开始就通过服从陈旧的传统思想来进行妥协的革命一定是件坏事。传统的革命毕竟依然停留在传统的范围之内,那种革命对既想现代又想保守的人来说是一种恩惠,对那些既想要科学又想以过去认可的方式保持理想主义的人来说是一种恩惠。但是,它只能推迟清算之日。在某种真正的意义上说,第一次世界大战可能是对康德主义思想的清算,并且从今以后,对他的兴趣显然会变得越来越像古籍研究。

传统、形而上学与道德①

在罗宾逊(Daniel Sommer Robinson)教授最近的文章《哲学反思的动机的主要类型》(The Chief Types of Motivation to Philosophic Reflection)②一文中,他将我视为"哲学本身已经完全屈从于社会变革的一种工具的地位"这一类型的明显例子;而用以支持这种划分的证据引自我的一篇文章的一段话,该文的题目为《哲学复兴的需要》(《杜威中期著作》,第10卷,第3—48页)。这段话是:"这篇文章可以被看作一种尝试,即推进把哲学从过分紧密、独一无二地依附于传统问题的状态中解放出来。这不是想对已经提出的各种解决方案进行批评,而是提出一个关于在科学和社会生活的现有条件下一些问题所具有的真实性问题。"对这段引文,罗宾逊博士补充了下述评论:"我们能提供比这种说法更好的证据,以证明进行哲学反思的社会学类型的动机的存在吗?新的社会问题仿佛将摧毁长久的哲学问题的恰当性!"(本卷第333—334页)

"长久的"(perennial)这个形容词似乎是在肯定问题,而新的问题几乎不可能摧毁长久以来的问题,但文本说的是"传统的"问题。我有时很好奇,有些思想家是否不会把永恒的东西,或者至少不会把长久的东西与传统的东西相混淆;然而,我完全没有准备坦率地承认这种等同。此外,我的文本描述了有关现代条件对传统问题的影响的假设。它并没有建议抛弃传统问题,而只是试图通过谈论

---

① 首次发表于《哲学杂志》(Journal of Philosophy),第20卷(1923年),第187—192页。这篇文章所回应的罗宾逊的文章,参见本卷附录1。
② 《哲学杂志》,第20卷,第2期,第29—41页。

摆脱对它们"过分的单独依附"的过程来减缓转折的痛苦。但是,罗宾逊博士却无视我所提供的这种便利。这个断奶的过程,在他的解释中被当成了摧毁。此外,我的文章认为,科学的现状就是对传统问题进行质疑。但由于罗宾逊博士的目标只是为读者提供一个社会学类型的动机的例子,对科学的参照就不见了。我的文章说的是社会条件,而他将此解释为社会问题——这是一个更重大的更改,因为罗宾逊博士的整个讨论背景都假设了社会学的动机完全与治疗和矫正现有的疾病有关,而"社会条件"这个词语意味着社会的进步可能将传统的问题置于一个完全不同的情境之中。最后,显示人类本性的词语"社会的"被缩小成为专业的术语"社会学的"。

省略和更改暗示了 Middletown 这个词从 Moses(摩西)一词的著名的语义派生过程,将"oses"删掉,然后加上"iddletown"就成了。我并不是说删除和更改是有意而为之的,相反,甚至在它们被指出时,它们对罗宾逊博士而言并无任何意义。但是,如果一个怀着非功利的科学的动机进行写作的哲学家不愿做研究那段引文之含义这种谦卑的工作,那么,我们怎么能期望他的哲学能探测"实在的无限海洋的深处,而人类的小舟在这个海洋中颠簸不已"呢?(本卷第 337 页)

争论的焦点并不是一种个人问题;①在最广泛的意义上,它关系到哲学和形而上学与道德之间的关系。这是最古老的问题之一,可能也是最能引起我们长久兴趣的问题之一。如果任何问题都值得非功利地探究其主要内容(内容的表现会满足其中的结论),那么,这就是问题所在。注意这个悖论:通过支持非功利的科学探究的主张来反对那些他认为会恶意攻击这种探究的人的主张,罗宾逊博士以不涉及事实而只涉及"动机"的方式解决了这个问题!他的标准是一个道德标准,并且依照许多道德学家的看法,即便是从道德的观点看,也是一个狭隘的道德标准。

这是一个值得进行严肃反思的似是而非的倒置。我不想极端地说,这意味着对承认哲学和形而上学中的道德论争的涵义表示厌恶,而这种厌恶表明了要

---

① 然而,就其个性方面而言,我可以指出,罗宾逊博士引用的这段文字包含了下面这句话:"毫无疑问,我讨论的有局限的对象会产生一个夸大的印象,即我相信当前的许多哲学运动都是不自然的。"更进一步的限定是,历史的探究方式通过一种不太受到限制的对象彰显如下事实:"过去讨论过而现在继续加以讨论的这些问题,只有在它们自己的背景中才成为真正的问题。"也可以这样来表述:"思考各种哲学体系的重要贡献,也是一项令人愉快的任务。"但是,这些体系作为一个整体,是不可能依赖成熟而丰富的观念的(《杜威中期著作》,第 10 卷,第 4—5 页)。读者可以自行判断将"非功利的"与粗鄙的"社会学动机"进行对比的公正性。

保护某种特定的道德并使其免受检验的愿望,也表明了要保护对最终之善的本性的某种先入之见并使其免受检验的愿望。但明显的是,当人们尝试诉诸动机来解决争论时,会在不进行批判性审查的情况下,将某些道德上的先入之见视为理所当然的东西。罗宾逊博士说:"对哲学反思而言,为知识而知识是唯一适当而且有价值的动机,并且这就是科学的动机。"(本卷第 337 页)①这一点可以被证明是真的。但不管真假如何,任何东西都不能掩盖它是价值判断这一事实,而关于非功利的科学探究的观念要求的是通过检验主要内容来决定真假,而不能通过诉诸动机来决定真假。从目前的状况看,我们常把罗宾逊博士自己关于道德真理的*片面之词*(*ipse dixit*)作为真理。在一篇文章中,再次将道德排除在哲学之外!我认为,"非功利的"是一个与精神相关的道德词汇,正是在精神中探究得以顺利地进行。但是,正如罗宾逊博士自己所使用的那样,它意味着道德探究自身并不能非功利地进行,只有从"为了知识而知识"才是"有价值的"这一不可动摇的信念出发,探究才可能是非功利的。人们可能会假设,知识中的结果以及知识的*结果*(*results in and of knowledge*)可能要根据"知识实际上是什么"这个问题来决定。一些人得出结论说,"为知识而知识"表示在生活中起作用的知识,我们为何要假定这些人必定是从特定的道德曲解和偏见出发呢?只有一种方式才能证明这个结论的有效性:通过检验论证并且遵循它所指示的方向。但是,罗伯逊博士有一种更简便的方法,即将它归于动机。让我们再次重申:这一点体现在一次讨论中,这次讨论的目的是保护哲学免受道德的污染!

如果我现在回到前面引用的那段文字的上下文,那并非出于个人的原因,而是为了将形而上学和道德之间的关系问题作为一个客观的、非功利的问题来加以简单的考察。没有人能够无视由罗宾逊博士所提出的这一连串的形而上学问题:"一与多的问题、变化与持存的问题、机械论与目的论的问题、形式与质料的问题,*等等*"(本卷第 332 页)。因此他说,社会学类型的动机宣称这些问题全都"过时了"。由于我被当作这个学派显而易见的现实代表,此处显然意味着,这些问题"过时了"与我在前面一段引文中谈到的传统问题的"不真实性"是同一回事。在第 40 页(本卷第 335—336 页),通过一个限定,这个涵义表达得很清楚。这个限定的大致意思是:这类问题是我"理所当然地"(presumably)怀疑其真实性

---

① 杜威在英文原版书中以斜体表示强调,中文版中为楷体,下同。——译者

的问题。

罗宾逊博士从我处引用的一段文字出自我的文章的第5页（《杜威中期著作》，第10卷，第4页）。接下来从第6页到第52页（同上书，第5—37页）恰好是讨论一些传统问题，而在现在的科学和社会生活的条件下，这些问题被人认为是不真实的问题，我们可以设想这样做可能是有益的。要意识到这几页文字就是显示我过去究竟记住些什么问题的地方，一种探究就不必如此不讲功利。如果罗宾逊博士觉得它们太乏味，以至于不去阅读它们，我应该同情而非责备他。但在那种情况下，为何要提到我？任何查阅过这几页文字的人，都会意识到在其中并没有罗宾逊博士所指出的那种形而上学的问题；而他却指责我说，我将这些问题看作是过时的问题而非真正的问题。那里所讨论的传统问题完全是**心理学和认识论**的问题，这些问题从17世纪兴起，在18世纪形成，并且主导了19世纪的思想。

至此，讨论似乎完全只是在为我自己作辩护，但其意图并非是个人的。可以想象，使这些问题摆脱17世纪以后发展起来的传统，也许是使罗宾逊博士所提出的那些更客观的形而上学问题得以"恢复"的必要条件。由18世纪发展而来的心理学-认识论的传统，可能正是那些希腊人所意识到的更古老、更客观的问题变得晦暗不清的主要原因。除了那些无用的实用主义者之外，还有其他人抱有同样的信念。

然而，《哲学复兴的需要》一文的第53—58页（《杜威中期著作》，第10卷，第37—41页）批判性地谈到了一个可以追溯到古希腊思想的传统，一种认为现在的科学条件应该把我们从中解放出来的传统，这种传统就是：把哲学与实在对象的知识相等同，即与这样一种实在相等同，该实在被看作在程度和"种"上都高于我们日常生活和自然科学的实在性。这里应该注意两点：一点是，这个最终的等同可以说明古典希腊思想对形而上学问题的**解答**（*solution*），这个解答有赖于"一"、"永恒"、"形式"，而反对主张"多"、"变化"和"质料"。即便是这样，这些问题可以引起持久的兴趣，对古希腊问题真实性的认识并不必然要我们预先接受古典的希腊结论。另一点是，当我们区分更高实在和较低实在、优越的存在物和低劣的存在物时，我们是在作一个道德区分，是在对好与坏进行区分。在我们进行道德考虑之前，作为形而上学探究对象的存在特征与存在物的高低或级别问题无关。柏拉图教导我们，非存在在某种意义上**存在**（non-being *is*），即便在道德上，他将非存在置于存在之下（依据柏拉图的看法，存在在某种意义上不存在）。相应地，在批判这个特殊的传统"在现在的科学条件下"并不真实时，一个人是在质疑道德传统中的一种因素。可见,至少应当允许道德探究去探寻传统哲学中的道德因素,尽管它必须排除形而上学的因素。

这将我们带到了问题的核心。如果摆脱心理学-知识论的传统被证明是一种回到对事物本性问题进行非功利性探究的手段,就会产生一个严重的问题:形而上学的区分是如何与道德区分和道德问题相联系的?这并非一个动机问题,而是一个内容问题。如果一些人错误地认为,一种非功利的历史探究表明希腊的古典形而上学错误地得出了涉及道德偏见的错误的形而上学结论,这种结论赞成"一"、"不变"和"形式",反对"多"、"变化"和"质料",那么,几乎不可能通过归因于动机,而只有通过有关的事实检验,才能表明他们是错误的。除了历史问题以外,如果他们错误地认为形而上学区分与道德区分和道德问题是紧密相关的,那么,这也是一个不能通过断言动机而只能通过事实的检验,以及遵循它为我们所指出的方向才能处理的问题。

这里肯定的是这个问题的重要性,而不是这个问题的特殊解决方法。但是,当罗宾逊博士宣称"社会学的"兴趣永远不可能产生一部伟大的哲学著作时(本卷第334—335页),我恳求他去看看柏拉图的《理想国》(*Republic*)和《法律篇》(*Law*)。那个磨磨蹭蹭地从远处跟随柏拉图的人在需要援引权威时,可能会把柏拉图当作权威引用,以便确信上帝是核心的形而上学概念和事实。他也会提醒任何人关心以下问题:如果有什么人将哲学当作一种政治变革和政治组织的工具,这个人就是柏拉图。建议"哲学家应该当君王",并且断言只有当哲学家成为君王时,社会的疾病和混乱才会得到医治——这样做需要哲学中怀有强烈的社会学动机,但今天几乎无法找到这种动机。既然罗宾逊博士怀着敬意引用了罗伊斯(Royce),以及那些同样尊敬罗伊斯的人也可能引用罗宾逊博士所引用过的同一段话:"哲学……它的起源和价值在于试图合理地说明我们本人对严肃的生活事务的个人态度。当你批判性地反思你在世界上事实上在做些什么的时候,你就在进行哲学探究。当然,你正在做的事情首先是生活。"[①]不管帆船多么脆弱和颠簸不已,当我们将它作为海洋的重要部分时,当我们的无功利探究纳入我们的探究对人类的飘摇小舟的航线和方向的影响的意义时,对现实的无限海洋的考虑几乎不会必然地发生偏差。

[①] 罗伊斯,《近代哲学的精神》(*Spirit of Modern Philosophy*),第1—2页。

价值、喜好与思想[①]

从字面上说,并不存在标题中的第一个词,即价值这类东西。存在一些事物,存在各种各样的事物,它们具有独特的、可以被经验的但无法定义的价值属性。无论是复数形式的价值(values),或者是单数形式的价值(a value),都仅仅是对拥有属性的对象、事件、情境、**事物**(res)的方便简称。称一个事物是一种价值,就像称打棒球时的击球是一击(a hit)或者犯规(foul)。从字面上看,这种用法可以省掉一长串的解释。但是,在我们讨论棒球的时候,具体情境的意义使人无需知道得分或者犯规的独立含义。而讨论道德或者美学上的价值和善的理论,却显示出忘记价值属性所依附的具体事物的倾向。因此,人们说,喜好构成了价值。由于喜好并不构成任何**事物**(things)、诗歌、声音、图画、人、鲜花或者无论什么东西,很明显,实际意思要么是:(a)喜好是一个事物获得价值(valuity)属性或者价值性(valueness,如果我生造的这个词可以帮助避免模棱两可的话)的条件;或者(b)喜好是一种成分,是拥有属性的整体情境的构成部分。就我所知,除此之外,再无其他可能。下面的文章事实上就是对这个评论的扩充。

I.

普劳尔(Prall)先生在最新一期《哲学杂志》上发表了《为一种无价值的价值论辩护》(In Defense of a Worthless Theory of Value)的文章。这篇文章部分批

[①] 首次发表于《哲学杂志》,第 20 卷(1923 年),第 617—622 页。这篇文章回应普劳尔的文章,参见本卷附录 2。

判了我以前所发表的一些观点,说明我的思想在这个问题上是含混不清的。标题中的"价值"一词是什么意思呢?它的意思是价值的属性(valuity),还是东西具有价值(value)呢?我们之间争论的焦点,是一种被称之为评价性(valuative)判断和价值之间的关系。正如我对这篇文章所了解的那样,它的真正意思是:判断并不构成属性。这一点,我承认。但是没有任何东西构成属性,或者——构成它,即在成为它(being it)的意义上。属性就是它自身,而不是别的任何东西。唯一明智的讨论主题是:判断是否有助于构成价值,即它是不是事物获得价值(valuity)的条件,或者它具有价值的全部复合情境的一个构成部分。这篇文章的主题就是:在这两种意义上,判断或反思和有价值的事物的关系与它们和喜好的关系是同样直接并同样完整的。

由于讨论的主体部分将由对普劳尔先生文章节选的连续评论构成,①如果我们一开始就归纳了主要的观点,那么,这将有助于我们的理解。

1. 由于已经指出的那种含混性,普劳尔先生的论断——价值是由情感驱动的(motor-affective)行为构成的——具有双重的含义。如果他是在谈论严格意义上的属性即价值的话,那么,他的表述就意味着情感驱动性的态度就是属性。但是,这个表述明显是错误的,或者是无意义的。如果他是在谈论有属性的事物或者情境,那么,自然的解释就应该是:这种态度是任何事物获得或拥有属性的条件。这是一个可理解的命题,并且要在一种严格的意义上来理解,它意味着喜好是有价值属性(value-quality)的事物出现的必要条件,但不是充分条件。这一点对我来说,是对的。然而,这是一个与事物或属性的产生相关的命题,因此是一个表示原因的命题。因为普劳尔先生承认,判断也可能是具有价值的事物存在的一个因果性条件,因此,它并不构成在喜好与对价值的判断之间进行严格和快速区分的基础。

2. 承认这一点,对普劳尔先生的部分理论是致命的打击。这部分理论认为,在喜好、价值与判断的关系上存在种类的差异。但是,我将不满足于认为判断有时候是拥有价值的事物产生的条件。我认为,思想和喜好,一种有情感的思想或者有思想的感情,一直都是价值的事物产生的条件。我们并没有理由假定思想和受情感驱动的行为在事实上是不相容的;相反,一个没有判断因素在其中

---

① 《哲学杂志》,第 20 卷(1923 年),第 5 期,第 128—137 页(参见本卷第 338—348 页)。

的、受情感驱动的行为是一个纯粹的动物性行为。由于排除了与思想的结合,这种行为成了伴随着令人愉悦的性质(我们可以想象这一点)的消化食物的事件,这类行为也是像吞咽食物和性交等活动一样的事件。但是,只有当这些行为包含有区别的意义(meaning)时,它们才构成了一个能被称为品味和欣赏的行为,或者说,这才是那种能够决定一个价值存在的、受情感驱动的行动。在情感驱动性行为的本性中,并不存在任何东西妨碍将反思的意义整合进其中;只有当这两者结合在一起的时候,只有当由于在先的评价为情感驱动性行为带来意义的时候,评价(appreciation)和价值才能存在。这个概念并不意味着所有关于价值的判断决定了它们的产生。关于审美对象的判断——关于一个基本上和通常来说是美的对象的判断——并不必然是审美判断;它们可能不是评价。例如,对于帕特农神庙(Parthenon),人们可能会形成关于历史起源的判断、关于技术建筑的判断,以及关于面积大小的判断等等。这些判断和关于一个机车的判断或关于一个土豆的判断,并没有任何区别。但即使是这样的判断,也可能变成评价;它们可能是产生一个具有丰富审美意义的对象的要素。因此,在一个更充分的评价中,它们是整体的构成要素。

II.

现在,我们进入普劳尔论证的细节。通过使用我在前文中提到的那些类型的例子,即"为提高一个人的音乐品位而学习音乐是值得的"这种判断,普劳尔承认,这种判断可能会导致这样一种价值的存在,这种价值可能对另一个人来说并不存在,因为他可能喜欢不同风格的乐曲。但普劳尔继续写道:"作出判断将会是(a)在漫长的因果序列中的一个环节,而在它结束时将会出现一种价值情境,这种情境既是由判断造成的,也是由眼睛、耳朵和其他器官的各种活动造成的,由小提琴和琴弓、也许还有钢琴和琴键的各种活动造成的……在所有这些结束时,将出现(b)一种情境,在这种情境中,我作为主体,通过耳朵并凭借发展起来的各种联系快乐而满足地沉思着……这些东西与以前不活跃的或不协调的大脑皮层,与以前不合意地印在大脑皮层的音乐的声音,建立了那样的联系。音乐的价值就出现在这种关系的形成过程中……(c)所以,这个过程的最后阶段并不是判断,而是沉思和欣赏。这个阶段构成了另一种意义上的价值,它完全不同于下述意义上的价值,在那里,价值情境是由'近似的'评价判断构成,由实践判断构

成：……我最好听听音乐或者学习音乐……"（本卷第342页）

我可以顺便指出，我那些受到普劳尔先生批评的文章并不涉及价值的本质（不管是属性，还是具有属性的事物），而是涉及一种作为判断的评价的本质。我的观点是：这种判断是"实践的"(practical)，即它们关注一些事例。在那里，事物的价值或行为的价值是未确定的、不明确的；并且，它与某种行为相关联，而这种行为乃是具有特定价值的某物的存在条件。恰巧普劳尔先生在论著中对价值问题也有兴趣，虽然我的兴趣是在逻辑方面，即对某种特定判断有兴趣。我认为，这种兴趣上的差异可以说明双方在某种文字上的相互误解，并且我不确定普劳尔先生在多大程度上承认我的观点是一种价值判断。因此，我将跳过判断的内容而接受普劳尔先生涉及的内容，即价值的本性。

在段落(a)中，普劳尔先生处理的是具有价值的情境出现的条件，即价值的原因。在某些情况下，判断至少被看作是这样一个因果条件。① 在段落(b)中，价值(具有价值的事物)被等同于复合的情境，即带着快乐和喜爱的心情来沉思的声音。在段落(c)中，他告诉我们，带着喜爱的心情而进行的沉思在一种与"判断构成价值"完全不同的意义上"构成了价值"。

如果不是因为混淆了作为某物属性的价值与作为隐喻性称呼(对具有属性的某物的称呼)的价值，我相信他甚至不会得出这个结论。可以从以下三点来说明。(1)普劳尔先生的意思可能是，不是在任何因果关系的意义上，而是在"成为它"(being it)的意义上，喜好把属性构成为属性。我认为，这个意义才是他的论证所要求的。但是我不明白，喜好如何才能是属性，除非普劳尔先生明确断言这是他的意图，否则，我不相信这就是他的意思。(2)"构成"是一个模棱两可的术语。它可能要么表示"成为一个事物的构成要素"，要么表示"导致这个事物成为——"。我并不否认喜好是造成事物获得价值的一个因素，是价值情境得以产生的原因。我关于价值判断的文章的部分观点(《杜威中期著作》，第13卷，第3—28页)是：通过确定某种并不以其他方式存在的某种喜好的存在，判断决定了价值的存在。但在喜好和判断方面不存在"非常不同的"构成方式。这里恰恰

---

① 普劳尔先生的申明几乎不符合我的观点。他声称，判断与眼睛、耳朵和小提琴等一样，不是一种因果条件。依据我的想法，眼睛、耳朵和小提琴等的具体使用是评价判断的内容；因此，作为判断的材料，它们几乎不能和判断的内容相比。

存在相同的构成方式,因为喜好是更近的因果条件,而判断是更远的因果条件。(3)普劳尔先生可能想断言,带着喜好的沉思是具有价值的情境的一个构成部分,而情境是复合的;乐曲是一个构成部分,沉思性的喜好则是另一个构成部分。按照这种观念,价值、属性是不可定义和简单的,就像任何终极的、经验的属性一样;但拥有这种不可定义属性的事物是两个紧密相关的东西:一个是对象,一个是人的态度。

我对第三个概念的反驳,不超过对第二个概念的反驳。只有当普劳尔先生将第一个概念与第二个和第三个概念中的一个混淆或者将第一个概念与后两个概念混淆了,他的结论才得以确立。在具有价值的复合情境中,沉思的喜好是一个成分或构成要素。这一事实绝不排除思想的行为也是一个成分或构成要素,它也可以包括在受情感驱动的行为之中。普劳尔先生自己的解释也暗示了它被包括在内。他所依靠的并不仅仅是喜好,就像猪对残羹剩饭的喜好那样;按照描述,受情感驱动的态度也包括沉思。我不明白,没有思想怎么可能会有沉思。在复合物中,另一个因素是可以辨识出的对象,是某种被沉思和喜好的东西,例如声音。一个可以辨识出的、被确认和被鉴别的对象,毫无疑问涉及思想的行为。

普劳尔先生在引文中使用的一句话使他更有可能将"成为一个复合物整体的构成部分"(价值属性并不是另一个构成部分,这一点必须牢记;另一个构成部分是对象,例如声音)与"构成性质"混淆了。他写道:"音乐的价值就出现在这种关系的形成过程中。"当然,这可能只意味着我们刚刚思考过的那个观点:具有价值的情境是复合的,由相互联系的事物构成。但是,除非基于这个完全未证实的观点(并且,人们在事实上也无法想象),沉思的喜好排斥思想,这并不意味着在关系中不存在思想。这个段落以某种方式提醒我们:当关系发生的时候,属性才出现,因此,属性是与喜好的关系。但将属性等同于关系,似乎是无意义的;价值不是一个与复合情境相关联的术语;如果价值被意指,它要么是情境自身,要么是由相互关联之物构成的情境的属性。

我们来看另一个引文。关于"我的理论的价值",他继续写道,就"所有价值观念具有确保将它们纳入价值一词之下的共同因素或特点,我们可以表明它们是在受情感驱动的关系中构成的,而这种关系构成了直接价值"(本卷第343页)。此处,毫无疑问,普劳尔先生混淆了不同的东西。我们可以追问以下特殊问题:(1)在第一个从句中,复数的"它们"(they)一词和接下来单数的"价值"

(value)一词指的是同样的事物吗？单数的"价值"是指后者，而"它们"指的是那些严格来说完全不是价值的东西，而仅仅指那些具有价值属性的特定对象(例如声音)吗？(2)最后一个术语"直接价值"(immediate value)指的是一般价值还是一种价值(value or a value)呢？(3)当他说情感驱动的关系构成了这个直接价值的时候，他是在什么意义上使用"构成"(constitutes)这个词的：在(a)拥有它的意义上；(b)一个获得价值之物的因果条件的意义上，或者是(c)在复合物中作为一个构成物的意义上？如果普劳尔能够很好地回答这些问题，那么，我确信这将有助于消除争议。

另一个段落写道："就像做一千件其他的事情和活动一样，评价判断有助于我们确定价值，将我们带到这样的程度，即让我们能够进行实际的估价(valuing)。"这里含混不清的不是名词，而是动词。作为与评价不同的"估价"实在是一个不幸的词。它意味着我们对价值观念进行估价，因此暗示了评价是与判断截然不同的东西。"真实地估价"可以被珍视、评估或沉思的喜好等词所替换，争论的问题是悬而未决的，甚至还没有被触及，这一点是很清楚的。因为这个问题是：是否评估、愉悦的沉思或者不管使用什么术语，都包括或不包括反思性的领悟的因素。真正的对比并不是在评价和思想之间，而是在那种排除了思想的单纯的食欲喜好和包括了思考因素的喜好之间，是在那种几乎不体现思想的评估和深思熟虑的兴趣之结果的评估之间。

这个事实让我们明白了普劳尔先生在一段话中的评论。他在其中说，他无法理解，对有助于确立价值情境的判断的探究"对理解价值特别重要，或者对学习正确地估价特别重要"。事实上，对评价判断的探究，对将价值理解为属性毫无重要性可言，但两者都不是别的东西的探究。作为一种属性，它是一种最终的、单纯的和不可定义的属性。但是，复数的"价值"是指有属性的事物：声音、颜色、朋友、飞鸟和鲜花等等。既然关于这些事物的判断的培养是使喜好得以从某些事物转移到另一些事物的手段，认识这一事实乃是批判理论(伦理学和美学)的第一要务。

普劳尔先生坚持培养品味的重要性。他说，学会"正确地估价"，在那里，估价明显不是评价，而是喜好和欣赏。当然，这是承认我们可能有不当的喜好，并且有些喜好并不能恰当地决定有价值事物的存在。他说，价值是"依照一个主体的官能是否敏锐，他在专业领域是否受过训练而产生的满足或者不满足"。依照他的理论,一个价值不可能是不满足——否则,就不是一个价值——我不清楚这一点。但是,所有这些说法都表明,普劳尔先生的潜意识比他的理论更能真实地发挥作用。因为所有这些表述都证明,我们应该承认在决定什么事物具有不同于单纯的(bare)、由情感驱动的态度的价值。在培养品味时,在使我们的官能变得敏锐和敏感时,在使喜好变得正当、使培训变得全面时,除了思想之外,能发挥作用的其他有效因素是什么呢?

对哲学讨论的一些评价①

在收入《批判实在论文集》(Essays in Critical Realism)的一篇文章中,洛夫乔伊先生将有关过去事件的知识的例子用作关键实例,批评了我所提出的有关知识本性的理论。在发表于《哲学杂志》[第 21 卷,第 309—317 页、第 351—361 页(13:40—60②)]上的题为"并无一元论或二元论的实在论"(Realism without Monism or Dualism)(简称 R. M. D.)的文章中,我对他的指责作了答复,我努力更为详尽地阐发有关过去事件的知识理论,而这种阐发既涉及理论本身,也涉及对一般知识论的影响。洛夫乔伊先生则撰文作了回应,文章题为"时间、意义与超越性"(Time, Meaning and Transcendence,简称 T. M. T.),发表于《哲学杂志》[第 21 卷,第 505—515、533—541 页(15:349—370)]。兰普雷希特先生也在《哲学杂志》[第 20 卷,第 488—494 页(15:371—377)]上撰文对我有关过去事件的知识理论进行评论,该文题为"关于杜威教授的知识论的评注"(A Note on Professor Dewey's Theory of Knowledge,简称 D. T. K.)。

本文是这一讨论的继续。尽管出于可望在后面要加以说明的一些原因,本文只是附带讨论上述那些文章的明确主题;而那些文章旨在提出涉及某些障碍一个更为重要的问题,那些障碍限制了对哲学问题富有成果但会引起争议的讨

---

① 本文首次发表于《哲学杂志》,第 21 卷(1924 年),第 197—209 页。这是对洛夫乔伊和兰普雷希特的文章的答复,关于他们的文章参见本卷附录 3 和附录 4。关于这种思想交流的源起,参见《杜威中期著作》,第 13 卷,第 40—60 页以及附录 1。
② 括号内的数字表示《杜威中期著作》的卷数和页码,如"13"指《杜威中期著作》第 13 卷,"40"为页码。下同。——译者

论。因为我既赞同洛夫乔伊先生在表达他愿意进行合作性讨论时的那种满足感,也赞同他的这种看法:"在现有情况下,人们尚未朝达成实际的一致取得重大进展"[T. M. T.,第505页(15:349)]。因此,更为有利的做法是:追问为何我们尚未朝达成一致的目标取得进展,而不是进行某种讨论;在这种讨论中,几乎每个句子都只是给双方提供了进行新的特殊批评(以前的批评变种)的机会。困难和不满意的结果在哲学讨论中似乎不限于洛夫乔伊先生、兰普雷希特先生和本文作者之间的讨论所出现的这种情形时,尤其如此。

哲学家们以相当人性的方式按照潜藏于他们的问题之下的观念和先入之见来解释他人的陈述,也就是说,按照如果是他本人持有的立场的话,它会意味着什么来陈述一个受到批评的人的观点。凡是不适合这个框架的东西,都显得缺乏一贯性。

洛夫乔伊先生为他对引自我的某些引文所作的评论写了序言,其中包含以下的看法:"当我因为后面将要提到的那些原因而怀疑这些命题是否意味着它们所说的意思时,我首先假定它们就是它们所说的那个意思"[T. M. T.,第506页(15:351)]。我也非常怀疑,抱着先验的拒斥态度的人能够实际"假定"一个段落意味着它所说的意思。在这种条件下,任何人都不能在内心同意足以把握它的那种大意。因此,我不会为发现下面这一点而感到惊奇:在洛夫乔伊的陈述中,所引的那段文字被赋予了非常不同于它对实际上主张这种观点的人所具有的那种意义。

在第一篇文章中,我就说过,现在讨论的观点"涉及过去的知识,或者用我的立场出发会比较偏爱的说法,涉及关于过去事件的知识或与过去事件有关的知识"[R. M. D.,第309页(13:40)]。再者,某种看法表明,"关于过去事件的判断的真正对象可以是一种具有-延续到-现在和未来的联系的过去事件"[R. M. D.,第311、312页(13:44),"关于过去事件"中的"关于",原文用斜体字表示]。在310页(13:41),"关于过去的想法"两次被作为讨论的主题。在第313页,这个被两次使用的术语改作"关于过去的判断"。在315页(13:47),除了"关于过去的正确推理"、"关于过去的判断",还有这样的特殊陈述:"我们使得过去事件的确切性质成了精确而严格的探究的主题"。在第316页,这个问题被表述如下:"一旦承认关于过去的那些想法"等等,"涉及过去事件的判断"[第317页(13:49)],"涉及过去事件的知识"。在并不包含在上述引文中的全部讨论的唯

——页上出现了下面这样一段文字:"在否认过去的事件本身是知识的对象时,我们并没有断定,一个现在或未来的特定的对象是它独一无二的对象,而是过去的内容具有未来的关联和功能"[第314页(13:46)]。

列举是单调乏味的,但又必不可少。我并不知道怎样才能更加明确地表明,关于过去事件(或者"涉及"它们,这是反复使用的另一个词语)的想法、知识、判断的存在被认为是理所当然的,以至于现在讨论的问题是这种想法、判断或理智的相关对象。最后那段引文(其内容可能与许多其他段落出于一辙)表明,此处提出的观点是:过去事件的**内容**,**它的**知识涵义,涉及它的未来的相关对象。在经历敌对的批评之前,我觉得下面这一点简直是不可思议的:任何人都认为我正在否认或忽略与过去事件发生知识上、认识上的关联的存在或可能性;或者认为,我只是在**逻辑**上提出了"当发生这种关联时究竟有什么事情发生"的问题。

但是,洛夫乔伊先生答复的标题却是"昨天的所谓的未来性"。这个标题给我的假设带来的那种模糊性,贯穿他的文章的始终。他的批评并未讨论我的论点,但通过假定我正在怀疑或否定任何认识与昨天发生关联的可能性,他的批评赢得了对我的论文轻而易举的胜利。可是,如果不从作为事实的某种东西开始,提出涉及那个事实的内容或意义的问题就毫无意义。他还说,"杜威先生在许多段落中非常勉强地承认,过去本身可以说是"被认识"或"被意指"的[T. M. T.,第506页(15:350)]。

在使"被认识"或"被意指"成为我的理论中的相应术语时,此处表现出写作上的松散性不仅是洛夫乔伊先生答复的特点,而且表明他不愿意严肃地看待我的假设以理解它的关键何在。因为我明确区分了"意指"过去的事件与构成知识的、意指该事件的**有效的**(可以证实或已经证实的)方式的双重功能。我断定——并且现在依然相信——如果把过去的事件孤立起来并且把它看作指称的独一无二的完整对象的话,配得上"知识"之名的、意指过去事件的种类或方式(在赞扬的意义上理解)是不可能的。我的遗憾是:一个旨在进行合作并占了多页篇幅的讨论本不应讨论这一区分,这无疑需要进行批评,对它进行澄清。

洛夫乔伊先生还说,"正如杜威先生自己的表达必不可少地、反复地承认的那样,过去的相关物仍然是现在的认识经验的本质方面"[T. M. T.,第507页(15:352)]。这里,一个事实被作为对其逻辑地位和内容进行探究的基础,这个事实被改成了我的让步。他又说,"正如他自己的语言表明的那样,判断毕竟是关于过去事件的判断",而不是探究的明确前提[T.M.T.,第510页(15;354)]。仿佛这也是我不自愿地作出的被迫让步。他还说,"昨天之为昨天,仍然不折不扣地外在于今天"[T.M.T.,第511页(15;355)]——仿佛我的论点意味着对这一事实的否定①。在一段引文中,洛夫乔伊先生甚至提出,我也许已经打算对事实作出我们可能想到的纯粹否定"[T.M.T.,第512页(15;357)]。

  洛夫乔伊先生在我的文章中发现了"含义的模糊性"、"意义的转换"、"最明显的悖论"、"令人困惑和令人费解的推理"、"像哲学家曾经写到的那样明显和奇怪的悖论",等等——由于对我前面明确指出的论题和观点的颠倒,这有什么可奇怪的呢?指出一种绝对的、彻头彻尾的矛盾会更加简便——除非有某件事导致批评家重新以它的方式而不是以他自己的理论和先入之见来解读这篇文章。

  由于我们有数量大得多的共同前提,兰普雷希特先生对我的立场的误解虽然并不很多,但同样令人泄气。他的确指出,他的区分是"术语上的",因为虽然我比他认为合意的更为狭隘地限制了认识的意义,我有权作文字上的限制。当他表明这种区分时,它采取了这种形式:"不仅他(本文作者)将知识限于认识过程,而不是包含我们可以积累的信息,而且他将知识限于那些指向或意指未来的认识过程"[D.T.K.,第490页(15;373)]。这里有两个关于我的立场的主张。兰普雷希特先生并未援引任何支持者两种主张的证据。因此,它们对他来说,似乎是理所当然的。因此,我只能以有点粗鲁的方式宣布:它们与他讨论的文章既没有关系,也不正确。至于"我将知识限于认识过程"这一论断,很奇怪的是,在刚刚引用的那段文字出现的同一页上,兰普雷希特先生引用了我对我的文章的观点的陈述,这篇文章以"知识的对象"等等开头。我的全部讨论涉及知识的对象对于经验逻辑的意义。如果兰普雷希特先生甚至在这篇文章发现了偶尔一次提到认识过程,他会比我做得更多。另一个主张包含误解,这一误解与洛夫乔伊先生那里出现的误解相似。他断言我把知识限于"意指未来或指向未来"的过程,因此,我只能重复对文章中那些段落的多次引证,这些引证表明,在提及和意指过去事件的特定例子时,此一研究涉及一些例子中这类意指活动的逻辑地位;

---

① 当然,"不折不扣地外在于"这个说法可能是模糊的。在明显的意义上,我从未想到怀疑它;唯一的问题是这种"不折不扣的外在于"要从否认昨天和今天的存在的连续性的意义上去理解——昨天是今天的昨天。因为我认为,当这种存在的连续性被忽视或否认时,昨天就不是知识的对象。

在那些例子中，指称是认识上的（而非审美上的），因此有真假的因素进入其中。

思考兰普雷希特先生为何没有注意到我的讨论的基本特征多少有些枉费心机，但在他的文章中出现了可以揭示问题的重大转折。他说，"我希望将'知识'这个术语运用到所有的科学研究过程中，在科学研究过程中，我们试图发现过去发生的事情是为了其自身的兴趣"[D.T.K.，第491页(15:374)]。他又说，"尽管我对社会改革很感兴趣，而且过去是作为关于现在建议的一个来源，我也对过去因其自身之故而感兴趣"[D.T.K.，第492页(15:375)]。他还说，"有时候，我恐怕杜威教授也会认为我对于历史的兴趣是由于性格上的缺陷"[D.T.K.，第492页(15:375)]。就我所知，我在讨论中并未就兴趣和个人态度讲一句话，并且在论证中没有一个地方或环节包含或依赖兴趣问题。如果为了论及兴趣而对这个问题进行表述的话，这个问题可以表述如下："当有人为了过去而对认识过去感兴趣的话，从逻辑上说，他对什么样的对象感兴趣呢？在进入知识时，过去的事件的意义是什么呢？我的下述回答也许是错误的：对象是一个时间上的连续体，在这个连续体中，过去的事件只是一个部分。如果孤立地看并且穷尽了可能性，这个部分在逻辑上是无意义的。但这个问题与个人兴趣或性格问题无关，而与对象的逻辑性质或认识性质有关。

也许除了这一观点之外，我还可以注意到，我日益受到以下事实的强烈影响：与个人兴趣、道德兴趣、审美兴趣相比，对严格的逻辑分析的兴趣是罕见的；从前一种观点出发写的文章通常受到后一种观点的批评。由于批评家通常声称有一种不偏不倚的客观性，这一事实显得是某种讽刺①。无论如何，为了重新回到兰普雷希特先生的文章，存在着对一种知识观念与一种理论的区分，前者始于将语词的意指（signification）限于蕴含或期待未来某物的事例，后者则认为以下事实是分析的结果：当过去的事件在认识上被蕴含或期待时，那个事件的知识地位和意义趋向其未来的某种东西；正是通过其未来事件，有关过去的事件的观念才是可以证实的。

如果一个人从一个归因于我的术语限制开始，我确信，进行反思就会使兰普

---

① 请比较对工具主义的各种批评，而工具主义忽视了这样一个事实：它是关于知识本身的典型对象的理论，并且有人认为，它们是通过指向"不偏不倚的知识"或以下事实而处理对象的。认识是令人愉悦的，并且为其自身而值得花费时间。请比较我的文章，该文章题为"传统、形而上学与道德"，刊于《哲学杂志》，第20卷，第187—192页（参见本卷第14—19页）。

雷希特先生和有兴趣的其他人相信,几乎没有必要写一篇文章来表明,以此为基础,单单涉及过去的事件的纯粹过去性并不是知识。如果我的评论到此为止,他们就会犯下对洛夫乔伊先生严重不公的错误。他在许多情况下提到我现在的观点。但是,他发现,它是一种自明之理、老生常谈、陈辞滥调,并因而出于这样的认识而抛弃它:它无法成为我的观点,而这种观点与以前提到的那种自我矛盾的荒谬性相一致。在一段话中,洛夫乔伊先生的确明明确确地要求我"明白地告诉我们",在这两种非此即彼的立场中,我究竟持何种立场[T. M. T.,第 512 页(15:357)]。这两种非此即彼的立场是:要么是"熟悉的老生常谈"的,要么是荒谬的。然而,不幸的是,他表明了这样一种立场:他按照他自己的想法,而不是按照我的假设,把这一立场视为老生常谈。因此,我不能明白地作出肯定还是否定的回答。他的原话是:"既然已经阐明了这一点,我就敢希望,杜威先生会面对上述区分明白地告诉我们,在这两种完全不同的东西中,他究竟想选定哪一种:(a)显而易见的悖论,即在对过去事件的判断中,唯一'实际被意指的东西'就是未来或'将要发生的事情'——'我们所能想到的对过去不折不扣的否定',一位与我进行哲学通信者就是这么表达他对杜威先生意思的理解的;或者(b)耳熟能详的老生常谈,即我们形成了与过去实际发生的事件相关的判断。但是,仅就过去的事件与作为**证实手段**的现有存在物或未来存在物发生因果关系时,这些判断才能构成可以证实的知识;并且,我们在判断中的动机总是某种现有的兴趣。"[T. M. T.,第 512—513 页(15:357)]"证实手段"是我加的斜体。

引文中的最后一句话概括了洛夫乔伊先生的讨论的一部分,这个部分以出自我的下述引文为基础:"判断的对象简单地说,就是一种意图的实现"。洛夫乔伊先生在这个例子中,往往忽略上下文并挑出几个长得令人难以置信的孤零零的句子。他把这个句子视为具有一般的、完整意义的句子,而不是具有特殊的、不完整意义的句子,并因此指责我犯了模棱两可的谬误,犯了使我的结论有赖于"无意识的双关语"的错误。他说,我将在"逻辑上由判断来指称的事物或事件"的意义上的对象与在"意图的实现"意义上的"对象"混为一谈,而"意图的实现促进了判断的形成"[T. M. T.,第 509、510、511 页(15:353、354、355)]。

我要说,稍稍仔细地阅读我的文本就会表明:(1)所引句子的范围仅限于使用过的特殊说明,并且并非对我的一般立场的陈述;(2)在使用过的特殊说明中,"意图的实现"与兴趣、目的、动机或意图毫无关系,而意图促进了判断的形成[不仅是调查凯撒(Julius Caesar)在跨过卢必孔河(Rubicon)时的意图,并且其意图的实现与做调查的人的意图无关];(3)在至少3页纸的篇幅里,作者作了一些评论,除了对上下文表示常有的关注外,这些评论防止把句子写成洛夫乔伊先生给出的那种结构。(a)在一个脚注中,作者表明"论证并不依赖于对象与目的之间的模糊性"。(b)接下来的一段话是这样开始的:"为了防止结论变得依赖于使用过的特殊说明的性质,即涉及一个人的过去以及个人的行为过程的说明的性质,我们需要过去的事件的非个人的例子"。这个结论涉及对题材和对象的区分的有效性。个人的事例涉及对过去意图的过去了的实现问题,而不涉及作出判断的人的意图问题。作者明确指出,这一区别的有效性将会通过考虑非个人案例来表明,在这种案例中,意图的实现并非对象的一部分。(c)关于两个说明,作者明确指出:"在那封信所举的上述例子中,作为意图的实现而出现的东西在这里是作为条件和结果的时间系列而出现的。"我满怀尊敬地建议,如果我预见到洛夫乔伊先生这种误解的可能性,几乎不可能作更多的努力来防止这种误解。

我们刚刚就洛夫乔伊先生提出的、对明白陈述的要求中的最后一个句子作了评论,这一评论是以放在括号中的附注的形式而出现的。现在让我们言归正传。在出自他的那段引文中,被归因于我的自相矛盾的概念的替代概念是这样一个老生常谈:现在和未来的事件提供了对有关过去事件本身的命题的"证实手段"。在将这一观念与我实际上谈到的想法进行比较之前,我们可以注意洛夫乔伊先生谈到同样的一般内涵的那些其他段落。在507页[15;351],他最终说,他接受我的下述主张:"对过去的事件的判断的真正对象","在科学上可以证实的判断的情况下,必定是一种具有延续到现在和未来的联系的过去事件"。他发现这一点是"老生常谈"。在512页(15;357)上,他把对我观点的正确陈述称为"无可指责的陈述"。他还把对我观点的陈述称为"真的但无关的陈述"。然而,在这种情况下,他像他在本文要加以讨论那段话中错误地说明这一观点。因为他说,真正的完整对象"包括现在和未来的事实,这些事实是它的(过去事件的观念)证实手段"。

我现在邀请读者将洛夫乔伊先生给的选项(b)的陈述与摘自我的文章的下述引文进行比较,洛夫乔伊先生在名义上对我的那篇文章作了回应。引文如下:"然而,到目前为止,对洛夫乔伊先生异议的控诉并未触及。他回答说,判断的意义涉及过去本身,因此证实(即便是未来的证实)是对关于过去的意义的证实。

只有证实的所在——证实的手段,而非被证实的东西——是未来的。"[R. M. D.,第311页(13:42)]作者使用了一个图例式说明,它被认为使明显的固定界线归于无效,洛夫乔伊先生在过去的意义与所谓职能故事手段之间划定了这条界线。作者明确指出,这一结论将我们带回到"原来的论点"。这篇文章的其余内容就回答了这个问题:"我们可以说些什么用事实来支持它在假设上的可能性呢?"[R. M. D.,第311页(13:43)]

换言之,洛夫乔伊先生在他的早期论文中指出,在有关暂时性的事件的知识论中,我将被意指的对象的地位和含义与用来证实关于对象的手段的地位和含义混淆起来了。我的答复试图表明,"所谓的证实手段",事实上是被意指的对象的完整组成部分。除了这一点之外,我的论证没有价值。关于知识中的超越性本性的论证,乃是其逻辑涵义的展开。但是,我无法向洛夫乔伊先生阐明这一点。因为他的文章中甚至对此没有一点偶然的暗示,更不要说把它严肃地看作我们之间问题的实质。因此我重申,我的论点的要旨如下:洛夫乔伊先生的观点是,现在和未来的事件是关于过去事件的判断的"证实手段",而这些事件本质上具有逻辑完整性;洛夫乔伊先生的这个观点应当以下述观点来代替,在知识的完整对象中,过去-现在-未来事件形成了完整的连续体,以致没有达到证伪程度的破坏活动就不可能有部分"本身"或"仅仅"在逻辑上被看作完全而彻底的;在旨在构成这种完整对象的探究中,在对过去事件本身和现在事件的指称与对未来事件的指称之间进行区分,既是正当的,又是必不可少的——在这种区分中,未来事件提供了对过去事件的指称的关键、"意义"、含义,而过去的事件乃是决定未来事件在决定知识的完整对象中的地位和联系的题材。

为确保我现在并不是枉费心机,我想明白地指出,如果洛夫乔伊先生实际上接受我的观点(不管是否在陈词滥调的标题下),那么,我们之间在涉及关于过去的知识的问题上就没有分歧,并且我们之间仍然存在的分歧则涉及这个命题对超越性问题的影响。然而,按照目前的情况,我并不认为自己有资格以超过假设的方式就涉及过去事件的例子中知识的对象问题表达赞同的看法。尽管洛夫乔伊先生在刚引用过的那段话中表达了显然没有根据的赞同意见,但他在另两段话中通过引入"证实手段"的概念改变了它的含义。此外,还有下述段落:"关键问题仅仅涉及一个有关过去的判断的整个对象的那个部分,而这个过去已经过去"[T. M. T.,第507页(15:351)]。从我的观点看,关键问题恰恰是:过去是否能以"仅仅"这个词的引入所表明的方式来分隔。

不管我们之间如何存在着意见一致的问题,我有责任指出,除了一页之外,在我的第一篇文章的每一页上被洛夫乔伊先生视为陈词滥调的命题,已经被明明白白地宣布为我的论证的主题。在首页上有这样一段话:"我一直试图表明,包含过去的知识在逻辑上就是关于过去的知识,这种过去乃是'与现在和未来联系着的过去';或者表明,现在和未来井井有条的问题包含着某种过去"[R. M. D.,第309页(13:40—41)]。在开始写我的第二篇文章时,我对前一篇文章作了如下总结:"本文试图表明,在这样的情况下(涉及过去的事件),知识的对象是一个包含过去-现在-未来的事件系列或连续体"[R. M. D.,第351页(13:49)]。

这些明确的正式声明在洛夫乔伊先生看来,似乎表达了这类陈词滥调,以致他几乎不相信它们描述了我的想法。因此,他的批评的主旨集中在三个段落,这三个段落出现在我的文章的连续两页上——其中包含下面这样的意思:"过去的事件并非这类命题的意义";"现在或未来构成了关于过去的判断的对象或真正意义";"在回顾性判断中,'实际被意指的东西即判断的对象,是前瞻性的'"[加了双引号的那段话,出自 T. M. T.,第506页(15:350);加了单引号的文字分别出自我的文章 R. M. D.(13:43、45)]。

如果原原本本地读这几段话并且不管上下文如何,洛夫乔伊先生的文章的读者至少会有根据认为它们与我明确宣布的论点有明显的矛盾,以致我的文章中存在着根本的矛盾。但是,如果他很感兴趣或被下述事实所迷惑:我要转向我的文章并考察引文的上下文就会陷入这样的矛盾,那么,他就会发现,我并非在任何这样的引文中极力表述我的观点。我们可以找出第一段引文,在那段引文中描述的材料就是某个过去的事件,它被用作一种建议的根据,此建议涉及接下来要采取什么行动的问题。因此,通过描述,判断的对象就是未来的行动过程:"过去的事件并非命题的意义"。在这个特殊的语境中,这个陈述是老生常谈。如果我把它用于支持我的主要观点(更不用说传达这一观点),它就会成为对这个问题的明显回避。但是,作者明确指出,"这样一种情况并不直接而明显地包括关于过去的判断"[R. M. D.,第312页(13:44)]。关于洛夫乔伊先生的第一段引文就谈到这里。

这一说明的关键是什么呢?换言之,通过使用一个例子,作者表明这里涉及的是知识与过去事件的相关性;而在那个事件中,人们在"判断的对象是前瞻性的"(并且,我们不能因此把对象的未来性用来支持任何一般命题)这一点上没有争议。过去的事件参与了形成对未来对象的判断;它不是对象,它被称为题材。

接下来引用的那两段文字出现在对作为题材的过去事件与作为对象的某物的这种区分的展开过程中。洛夫乔伊先生援引的对于"对象"的陈述可以明确地并且按照语境适用于"对象",这种对象不同于探究的题材。"从先前的讨论中实际得出的东西,就是对判断和知识中的题材与对象的一个区别。""它不是为了讨论关于过去的判断而专门引入的一个区别"。"它体现了任何探究的逻辑必然性"[R. M. D.,第313页(13:44)]。既然原文使用了斜体字,既然它被明确地视为适用于探究而不仅仅适用于涉及过去情况的知识的区别,我几乎看不到我如何才能更好地防止洛夫乔伊先生的误解]。那么,我们可以表明,"如果我们把这种一般而必不可少的区分应用于对关于过去的判断的分析,那么在我看来,下面这个结论是自然而然的:对过去事件的判断的真正对象就是联系到关于现在或未来的过去事件。由此,后者就构成了判断的对象或真正意义"[R. M. D.,第313页(13:45)]。有一点肯定是不幸的:我在两种意义上使用"对象"一词,一种表示已经作出的判断的完整对象,表示过去-现在-未来事件的现存联系;另一种表示进行探究期间与题材相对的对象。但是,我们肯定已经明确地指出,最终的完整对象将主题与对象纳入一个结合起来的整体中(就像它们在探究期间显示出区别一样)。

洛夫乔伊先生援引的第三段话在范围上更加明显地受到限制。在对一个特殊案例的讨论中,可以发现这一点。在那段讨论中——按照描述——关键问题是我现在与某个通讯者的关系是什么;按照描述,我在过去是否写过并寄出某封信件的问题必须解决,以便确定现在的关系问题。完整的段落是:"无论我的分析正确与否,关于以下观点并不存在强制性的看法或矛盾的看法:认为在所有这类情形下,实际被意指的东西即判断的对象,是前瞻性的。"[R. M. D.,第314页(13:45)]"无论我的分析正确与否"这句话划出一道分界线,其明确程度就像可以在我的一般论点与适用于特例的主张之间划出的界线一样(在许多段落中,洛夫乔伊先生援引了上述段落,他将"在所有这类情形中"这个短语的"所有"一词写成斜体)。很明显,这是在强调"这类"。如果这个段落具有洛夫乔伊先生赋予的那种一般意义,那么,"无论我的分析正确与否"这个表达式就没有什么意义。

紧接着的句子是:"为了避免使这个结论看上去依赖我们所用的特定例子的

性质,即涉及个人的过去和个人行动的性质,我们需要一个关于过去事件的非个人的例子。"我们选择并分析了洛夫乔伊先生所用的例子,在洛夫乔伊先生引用过的第三个常用段落的二十行文字里出现了下面这段话:"我的假设的意思是,判断的对象是'以前下的雨导致现在和未来的结果',比如水坑,或者洪水,或者水塘的注满,等等。在否认过去的事件本身是知识的对象时,我们并没有断定,一个现在和未来的特定的对象是它独一无二的对象,而是过去事件的内容具有'未来的关联和功能'。也就是说,对象是一个与现在和未来的结果和后果有着关联的过去事件。

过去通过自身、现在也通过自身而成为任意的选择,而这些选择破坏了判断的完整对象——"过去的事件只有在与一个现在或未来的事件或事实相关联的情况下,才是融入其**对象**中的探究主题的一部分"[R. M. D.,第 313 页(13:46)。原文没有用斜体字。为避免进一步的误解,应当明确指出,上一句话中的"未来的事实"是指相对于一个过去事件的未来——因为它是过去事件的结果——而不是相对于作出判断的时间的未来;它可能与后者同时]。

简言之,在选择一些作出后来使用的区别(在陈述我的肯定观点时所使用的区别)时出现的段落之后,洛夫乔伊先生引用了这些段落,仿佛它们是对我的理论的最后陈述,继而引用了我的部分论证。在这种论证中,上述区别被用于表明我的论点完全过时了。令我遗憾但不感到惊奇的是,彼此朝达成一致的目标进展甚微。因为他的讨论留下了它是什么并且在何处的问题:现在和未来的事件是意指过去事件的知识的对象的组成部分吗? 或者,它们仅仅是证实对过去事件的判断的手段(从逻辑上说,那些判断本质上是完整的)吗?

前面并未表明,洛夫乔伊先生有意误解一些意义,或者由于争论的意图而将某些段落与上下文分割开来。我花了很长的篇幅来讨论前面的一些论证,说明对于某些难题和问题的偏见如何导致了误解。下面这些段落的文字可以揭示他的偏见的性质。一开始,他将他的主要观点表述如下:"所有实用的或者工具性的知识是,或者包含'描述性'的知识,即一种通过现有的材料再现不出场的存在者","知识因此必然并不断地熟悉在存在上超越了认知经验的实体"[T. M. T.,第 505 页(15:349—350)]。人们会注意到,在这段话中,"通过现有的材料再现不出场的存在者仿佛理所当然地转变为对认知经验在存在上的超越。这当然是基于这样一个假设:现有的材料构成了"描述性知识",并且是"认知经验"。在最后几段话中,洛夫乔伊先生以下面的方式指出了这个问题:"认知经验现有的内容和由经验所'意指'的不在场的对象是两种实体,而不是一种实体——是不可避免的。"[T. M. T. ,第541页(15;370)]在此,我们有同样的含义。存在着对于一个给定的事物的纯粹直接的知识,那种知识乃是认知经验;也存在着由这种"认知经验"意指的不出场的对象。

在以此方式指出这个问题之后,洛夫乔伊先生假定,我正在处理能以类似方式表述的问题;并且,既然我的理论不同于他的理论,我就必须否认他的结论。但是,我过去否认以及现在主要否认的东西是对于一些前提的陈述,或毋宁说是洛夫乔伊先生据以解决问题和表述问题的观念。我并没有否认实用知识或工具性知识涉及通过现有材料来再现不出场的存在物。我花了大量篇幅来强化这一观点。我否认的东西是存在任何可以称之为"描述性"知识的东西,这种知识与洛夫乔伊先生称之为工具性知识的东西形成对照。我主张,所有知识都涉及推理性的功能或间接化的功能。我也否认(洛夫乔伊先生断定的东西),表示"不出场"的东西的现有是心理的。洛夫乔伊先生称之为"认知经验"的看法,我完全不能同意,对他来说,它仅限于材料的呈现,而这种材料本性上是心理的;因此,任何心理上同时出现的东西以及任何过去的事件或未来的事件必须外在于"认知经验"。如果我有同样的前提,我应当得出同样的结论。但是,我的全部观点在于这样一个论断:对认知经验的这种描述是神话式的描述。我断定,"认知经验"始终涉及现存的非心理的材料与这些非心理的材料指称得不出场的东西之间的指称关系。我关于过去事件的知识的理论是:它是这种指称的一个特例。但是,让洛夫乔伊先生或任何其他人带着下述先入之见来触及我的论证:我具有与他接受的现有材料相一致的"认知经验"的概念,对我可以作出的每种进一步陈述的误解一定会出现。

一个病态的世界[1]

因职衔而变得崇高的职业与人类的麻烦和邪恶相关,这一点具有重要的意义。牧师治愈灵魂,从罪恶中拯救灵魂,或者至少是从罪恶的后果中拯救灵魂;律师弥合我们的争议,而医生治疗我们身体上的疾病。除了运动、娱乐和休闲之外,疾病是人们最关注的,并且愿意花钱去"治愈"它。而游戏和表演在今天之所以具有这样大的吸引力,乃是由于它们可以使人短暂地从苦恼的意识中解脱出来。新闻被看作是一个职业,但"新闻"的大部分都是事故、谋杀、战争和冲突,这些当然是耸人听闻或者是惹人注意的部分。社会生活的反常,看起来是它最激动人心和有趣的部分。事实上,医药正在变成预防性的,但这个词表明问题最主要的依旧是在思想中。避免邪恶而非追求正常的生活可能并不是人们最重视的东西,但这确实是他们常常意识到的东西。法律的职业正在越来越多地变成附属于生意行为的咨询,而越来越少地关系到诉讼事务。但连最充满希望的人也几乎不主张说,这个事实意味着法律正在变成一种建设性的社会管理方式,而不是为商业公司就它们想做的事情该如何做、需要怎么做才能避免使自己陷入麻烦而提供咨询。

这个世界已经或多或少变成一个病态的世界。我们在人类历史的地图上标出来的和谐与健康的小岛——为现在的痛苦提供庇护的城市,为现在忍受痛苦之人提供安慰的胜地——在很大程度上都是想象的产物。当时,我们很可以怀

---

[1] 首次发表于《新共和》,第33期(1923年),第217—218页;重刊于《人物与事件》(纽约:亨利·霍尔特出版公司,1929年),第2卷,第760—764页。

疑对疾病的意识是否如今天一般普遍流行。我们在言词间显得兴高采烈的乐观主义，我们对成功和繁荣的乐观主义有点太武断，而女士的抗议则太多。我们对享受的追求有点太狂热和嘈杂。它们都证明了普遍的和突出的疾病意识。在历史的早期阶段，这种时代伴随着宗教的井喷。而当今，这种方式已经不可能了。科学、技术和商业已经留下了它们的烙印。从总体上看，世界将仅仅满足于某种与其说是过去的宗教，不如说更像商业的东西，满足于具有更多技术外观和最新科学的外在相似性的东西。

简言之，我们现在有一种作为自我暗示的现象，一种像洞穴人一样古老但披上现今最新的时尚外衣的诉求和方法。这种方法总是会"治愈"一些人；如今，它将治愈许多人。事实上，一个专家可以走进听众并且挑选那些易受影响的人，他们在这样做时犯错的可能性很小。这个不能松开紧握的手指的催眠方法，使听众深深地记住了这样的事实："其中有某种东西"令人惊讶；这也使操作者可以挑选那些他要加以"治疗"的人。将"治疗"一词加上引号，对那些爱好者来说，似乎暗示着一种特别的手段，因为这暗示了一种轻蔑的方法。这也暗示了口头承认的一种方式，即口头承认会帮助某些人而又否认它是一个事实，因而逃避采取特定立场的责任。但这并不是有意通过加引号的方法来质疑如下事实：自我暗示就像药物治疗一样有治疗效果。其目的是表明有必要考察整个治疗观念，它与一个有病的世界的麻烦有关。

被治疗的身体或心灵与健康的、充满活力的心灵和身体绝不是同一样东西；就像打赢一场官司与合作的社会关系不是同一回事，或者像战败国的赔偿绝不是和谐的国际关系的表现和保证一样。治愈是一个消极的观念，而健康是一个积极的观念。对治愈和拯救的兴趣，是显示我们这个世界多么病态的证明；是显示它不愿意去消除病因的证明；是它只关注症状和结果的证明。治疗可能会减轻、抑制或者转移这种结果，但它却并不触及原因；或者，如果它要触及原因，那就不仅仅只是治疗。它是再教育（re-education）；是对一个有机体的恢复，而这个有机体因为正确地建设而表现出健康的特征。

任何人可以假定，不管是外在诱导的暗示，还是自我诱导的暗示，虽然可以消除症候以及混乱和痛苦的意识，但事实上都会改变引起问题的身体状况吗？如果它确实如此，那么，这种方法当然就应该应用到"有机体的"疾病，就像应用到治疗已经见效的那些疾病。一个积极和建设性地生活的社会或个人将会成长,将会变得一天比一天更好。这个事实使听从暗示毫无必要。治愈的整个观念和技术表明,从根本上说,邪恶、麻烦依然存在,它证实了消极的观念和实践而非有建设性的观念和实践依然统治着我们的意识。事实上,一种真正健康的生活会"预防"很多问题,但没人明白其价值在于它预防了什么。这种生活是一种单纯的和自发的喜悦、活力和成就。变得更好,完全不同于减少麻烦。

对任何像自我暗示这种方法的批判性评估,似乎都暗示着对那些从中得到解脱之人缺乏同情。表面上看,任何解脱都至少有很多单纯的收获。但是,所有避免认识基本原因的那种廉价、短暂的手术都不得不付出更大的代价。最大的代价是:这些缓解和治疗的标准大大推迟了我们面对最基本的原因和采取有建设性行动的时间。它们使幻想、魔术、肤浅和逃避长久地支配着我们的生活,即它们使这个病态的世界长久地延续。只要心灵被当作需要治疗的,我们就一直需要被治疗。只有反复培育正常的成长条件,任何积极的和长久的东西才能实现。走这条路,意味着我们要研究和发现正常的健康和成长所需要的特殊的、确定的和复杂的条件,并相应地作出积极的努力。没有任何深思熟虑的人会认为,无论在身体上还是在思想上采用麻醉的办法,都可以以任何形式促进我们所需的知识和行动。依赖治疗只会造成延缓、阻碍和混乱。被直接运用的片面而肤浅的科学(不管是生理学,还是心理学)才是真正的、有效的科学之大敌。它用错误来代替无知,用错误的幻想代替学习的可能性。潜意识的暗示无论作为控制动物的方法,还是作为控制人的方法,都毫无优势可言。它们只是毫无希望的混合。

另一个无法估量的代价就是普通公众的自我催眠(self-hypnosis)。比如库埃(Coué)先生,他的方法、治疗和人格已经连续几周出现在报纸的专栏中。他的跨大洋旅行每天都被广播和报纸的头条记录下来。菲利普(Philips)先生在《环球》(Globe)杂志的幽默专栏中,如他经常做的那样,一针见血地指出这个方法从远古以来就一直为人们所实践,只是以前的医师们饱受缺少媒体手段进行宣传之苦。使自我暗示得以全面运用的方法,与在战争中所采用的宣传方法并无二致。它们都使生活有意识、理智的指导从属于重复的效果并诉诸感觉和情感,而这模糊和败坏了人身上最珍贵的东西——他的理智。在承认对自我暗示的价值的最极端要求时,吸引公众的既不是它的价值,也不是他们的认识。涉及精神的从属地位的纯粹虚假的考虑,是最有影响力的因素。当人们将一些病人通过库埃的动作和言语而减轻病痛所得到的益处,与对盲目的喊叫和不加区别的谣言业已增长的依赖所造成的伤害相比较时;当人们将上述益处与对刺激(这些刺激的力量只是源于其感觉和情感的积累)作出业已增长的非理智反应的习惯所造成的损害相比较时,当人们考虑到轻信的增加和对判断的放弃时,利益方面的平衡并不明显。

恰巧,载着库埃的这艘船也载着另外一个人,这个人教授和实践组织教育和再教育、控制意识、积极地改正我们的感知评价和判断,以及取决于一种正确的组织意识的行动。毫无疑问,潜意识是存在的和起作用的,但潜意识的性质、本质和运作方式有赖于确定的条件。只有当它自身是正确的时候,它起的作用才是有益而非有害的。使它正确地起作用,有赖于它的身体状况是好的——没有对它们的有意识控制就不可能达到那种状态,但这种控制只有通过生理上、理智上和道德上的积极工作才能获得。

马赛厄斯·亚历山大(Matthias Alexander)先生的到来是未事先宣布的。对两个人的反应进行对比,为我们偏爱表面上廉价而又简便的处理症状的方式提供了公平的尺度,也为我们希望得到治疗而非变得健康的愿望提供了公平的尺度。继威尔斯(Wells)先生之后,每天都有人告诉我们,在灾难和教育之间一直在进行一场比赛。半吊子的科学、宣传机关的宣传、对已被败坏了的潜意识的信赖,阻碍了对教育方法的采用,也阻碍了对其条件和方法的认真探求。它们反对任何严肃的研究。如果对教育和灾难的对比是恰当的,那么,这意味着它们正在对灾难发生影响。

科学、信念与公众[①]

在科学和宗教之间的古老争论,或者正如很多人更愿意称呼的那样,在科学和神学之间的古老争论,已经缓慢但确实改变了它的面貌。在现在关于基础主义的争论中,有四种力量而非两种力量在起作用,就是一个明显的例证。与以前直线式的两种相反倾向不同,现在的情况是四边形。"人民"被召唤进来,因此公众的意见和情绪就是要加以考虑的力量;由于这个事实,在塑造旧的斗争的过程和结果时,一般教育的状况成了一个新的、决定性的因素。

当我们回顾新自然科学和传统教条之间的早期冲突时,大众被认为是漠不关心的,他们甚至都不是这场战斗的旁观者。一方面,有一些科学探究者,例如像伽利略(Galileo)一样的人,在他们的科学研究过程中得到了一些有关天文学问题以及地球在事物体系中地位的结果,这些结果与包含在教会正式教条中的那些结果恰恰相反。另一方面,教会的正式代表被那些科学异端的挑战所侮辱和折磨。在这个有限的范围之外,很少有人知道或关心正在发生的事情。但是,书刊、廉价的报纸、邮件、电报以及学校的扩大正在改变这一切。

自从达尔文(Darwin)发表他的《物种起源》(*Origin of Species*)之后的几年,事情迅速地发生了变化。在宗教信仰方面,新教的上升和外行不断增强的积极参与在事实上引发了公众对生命发展的新观点,以及对"人类堕落"的自然主义

[①] 首次发表于《新共和》,第 38 期(1924 年),第 143—145 页;重刊于《人物与事件》(纽约:亨利·霍尔特出版公司,1929 年),第 2 卷,第 459—464 页。

解释的关切，而这种关切比老的科学异端的关切要广泛得多。争论不再完全发生在科学家与教会已经确立起来的正统权威之间。在广泛流通的书籍和杂志中发生着热火朝天的辩论，这激起人们充满激情地坚持信念，也遭致更为激烈的指责。但我应当想到，很少有日报关注超出其文学专栏的评论之外的争论；我想，一种放心的赌注是，这一争论不会以醒目的大字标题占据报纸的头版，也不会导致任何东西接近一位著名的牧师在今天布道时激起的骚动。当然，立法机关和议会也不会讨论这个提案。因为在那时，地质学和生物学还只是少数高等学校里的常规课程，还没有法规去规定任何东西，除非国家打算效仿宗教裁判所（Inquisition）规范有关世界的所有科学观念的传播。

在我看来，这些考虑将有助于解释一个令很多人迷惑的事实。长久以来，关于有机体发展的连续性的概念以这样或那样的形式存在着，它们仿佛像哥白尼的天文学一样，已经广泛地根植于科学之中，并且被公众从科学中加以接受。我们中的大部分人认为，通过复兴达尔文之前的生物学来猛烈攻击进化论，就像攻击伽利略的天文学或者代表托勒密体系的广泛而有影响的运动一样，是不大可能的。从专业的科学的观点来看，反对进化论的运动至少晚发生了三个世纪。如果想要严重地影响科学探究的进程，这些人就应该在三个世纪之前被扼杀在摇篮里。然而，在今天，对公众来说，争论是真实而又活跃的，尽管我们引以为豪的一代已经过去——就如同我们为不可能有大战一样引以为豪——我们以科学精神的发展以及公众的心灵服从科学探究的结论为豪。

道德是必不可少的。公众，那些曾经可能被受到启蒙的人视为暴民的普罗大众，现在已经成为活跃的一部分；但能够使公众积极地介入争论的条件却无法为他们提供一种教育，让公众可以依据那些最强烈表达事实的东西来甄别那些未经科学方法、态度和大部分证据验证的意见。

对我而言，这就是现今状况的突出之处。一般说来，科学与古老意义上的教条之间的争论已经结束。对许多个体来说，无论是虔信者还是其他人，重要的问题仍然是如何调整他们的宗教观念来适应科学的结论。由于技术和专业的原因，科学已经赢得了自身的自由。有时候，在田野和实验室的科学家可能会被打扰，个体探究者和教师可能会失去他们的工作。科学革命依旧没有完成，但这是一个不可逆的革命。探究者将继续探究，他们探究的结果至少在同行中传播，并将成功前行——尽管作为一场革命，物质和能量的构成是过去30年才被发现的,但在很多方面,这些观念比17世纪的知识先驱们对旧有观念的颠覆性更强。真正的争论不在这里。它涉及普通公众在思想和信念问题上不断增长的影响力,涉及迄今为止学校教育的相对失败;这种失败在于,学校教育无法将最基本的科学态度灌输给大部分人,以便他们将涉及单纯的意见和论证的问题与涉及事实和事实鉴别的问题区分开来。

那些出国的美国人谈到,受过教育的欧洲人可笑地怀疑在美国所发生的科学和神学争论情况的报告。除非是基于几乎蛮荒的文化,否则,这些报告是不可信的。我们也可以怀疑,如果只考虑数字,与大部分欧洲国家相比,这个国家是否没有更大比例的人口能熟练地讲出一些科学的概念。区别就在于,在这些国家中,那些不能进行清楚解释的人几乎不算在内。在此,由于民主在社会关系和教育中的传播,他们变得极为重要。他们觉得自己受到了关注,并且有办法让别人感受到他们的影响。

自然,对那些敌视民主和普及教育的人来说,这种情况是一种玩笑(sport)。他们忍俊不禁,并且在他们的控诉中充分利用这一点。但这毕竟是我们所面对的条件,而非理论。就行为方式而言,对民主的辩护与对它的攻击很不相称。没有任何社会信条导致现在的局面。人口从农村迁移到城市,对人员和物品的快捷运送,便宜的通讯和廉价印刷品的出现——这些工业化的结果产生了我们称之为民主的社会状态和民主的信念。除非各派力量的活动彻底改变,否则对民主攻击的效果就如同向一艘战舰射纸弹一般——可以想象,这种做法也可以在某些情况下安抚情绪。

50

现实的情况是以人们为联合各派力量而做的事情为中心,而这些力量通过科学精神和道德态度创造了社会的民主。最坏的困境就是恶性循环的倾向。那些在某种程度上强制推行普通学校教育的各种力量,也倾向于一种松散、好斗和夸夸其谈的教育,并且这种教育转而重新强化那些潜在力量的糟糕特征。然而,知道问题的实际所在是某种收获,被迫面对这样的事实也是某种收获:当学校教育已经扩大且科学学科已经找到通向常规的研究轨道时,人们尚未做多少工作将有偏见和情绪化的习惯转变成科学的兴趣和能力。

对疾病的一般诊断有两个值得注意的地方。相当多有影响力的人在技术、科学和宗教事务上是开明和自由的,但在经济和政治事务上却为自己的目的准备诉诸权威、偏见和无知。他们的所作所为在这些事情上败坏了公众的思想习惯,但当同样的精神习惯展现其暴力一面的时候,他们就露出惊愕的悲痛表情而袖手旁观。这里展现出来的暴力倾向,是就利用已经确定的经典的历史和文学解释方法而言的,或者说是就人的动物性起源而言的。即便第一次世界大战(Great War)没有爆发,"基础主义"都会复兴。但是,我们依然可以合理地假定,如果处在领导地位的那些受过大量教育的人在战争中并未谨慎地诉诸严厉的不宽容,并且在战争中强制镇压那些他们不喜欢的意见,那么,本不会采取这样一种不宽容和激烈的形式。

再者,一个人也许完全相信某些经济观念的传播将危害社会。但是,如果为了抵制这些观念的传授和保持,一个人哪怕消极地受到鼓励而诉诸强迫和威胁,那么,对其他人无法做到他所认为的迫害和不宽容,他就不应该感到惊奇。这正如俗话所说的那样:种瓜得瓜,种豆得豆。但是,没有生活领域像信念的领域以及用于影响信念的方法那样,可以如此恰当和充分地来应用它。只有当那些深受尊敬和有教养阶层的人们不再认为,在经济和政治事务中,社会稳定和安全的重要目的可以证明使用非理性手段的合理性时,公众的理智习惯才不会从根本上遭到败坏,并且受到那些可望得到其启蒙的人所败坏。

另外一点则涉及在学校中应该进行何种教育,因为这一点受到现有的专业化的社会统治阶层的性情的影响。在我们的一般思维方式上,存在着大量的阻碍,特别是在使用学校指导以便进一步辨别和审慎地思考方面存在着障碍。在学校教育中存在着种种负担,例如权威、习俗、模仿、时间紧迫,人数众多、全面传授知识的需求、确保机械的方法、在行政事务上的统一,以及节约纳税人的钱。所有这些凑在一起,压制了思考。这些外在的阻碍因许多"才智之士"的恐惧而得到了巩固和加强,以免学校促进了独立思考的习惯。基本上,对思想的后果的恐惧潜存在许多尊崇文化、重视信息量和强调训练的大多数职业中。民主现状的基本缺陷在于假定,无须首先解放思想就可以达到政治和经济的自由。思想自由并不是自发行为。仅仅摆脱明显的限制,并不会带来思想自由。它是持续不断地培养正确的观察和反思习惯的产物。除非清除了防止思想与社会论题相联系的禁忌,否则,这些远离社会论题的学科采用的科学方法和结果将无法对公众思想产生哪怕是很微小的影响。偏见、强烈的情绪、空话、意见和无关的争论与事实和知识具有同样的影响。理智上的混乱,将持续鼓励不宽容的人和出于其感受和幻想而伪装其信仰的人。

伦理与国际关系①

　　国与国之间相互关系的现状，诱使那些通常远不奉行犬儒主义的人认为，伦理与国际关系之间毫无关系。这篇文章的标题也会诱使人们沉浸于对如下观点的激烈抨击，即认为国际关系在其本质上是不道德的（inherently immoral）。为下面这种主张——即认为国家是通过武力、欺诈和密谋来统治的，并且任何时候，一旦道德的考虑与国家的野心和民族主义的思想发生冲突，道德考虑就会变得无足轻重——人们可以举出例子。或者，在将道德等同于"应然"时，不管事实是否如此，人们都可能诉诸"应然"的理想，并且指出在这一"应然"的理想和现实之间的诸种差别。后一种方法自然以劝诫结束，以求助于人类的道德意识结束。

　　引证这些看法并不是为了发展它们，而是为了说明在当前的道德观念（正如它们在国际关系的伦理中所反映出来的那样）中所发现的触目惊心的混乱。我并非打算从道德的视角探讨国际关系，而是为了探讨道德观念和道德信念的不确定状态以及几乎混乱的状况，因为这一状况对国际关系有很大的影响。为什么人类的道德规范在调节国与国之间的态度时收效甚微？甚至最奉行犬儒主义的人在作出如下断言时也会犹豫不决，即断言善良的普通男女处理日常事务的习惯——更不要说他们的理想了——充分体现在国际政治中那无处不在的痛恨、猜疑、恐惧和密谋中。相反，实际情况似乎是人类的道德规范在涉及国与国之间的行为时完全无用；完全不顾体现在日常事务中的道德的更强大力量自行

---

① 首次发表于《外交》，第1期（1923年）：第85—95页；重刊于《人物与事件》，拉特纳编（纽约：亨利·霍尔特出版公司，1929年），第2卷，第804—814页。

其是,它们使道德荡然无存,无能为力。

我们可以从两个角度出发来处理这一事态所提出的问题。我们可以追问:发展得如此强大,以致摆脱了道德控制的实际力量是什么?阻止道德习俗和道德观念发挥作用的各种因素是什么?这就开辟了一个广泛且极端复杂的领域,只有历史学家、出版人、律师以及经济学家通力合作,才能对这一领域发起责难。但是,这里也揭示出一种谨慎的处理方法。人们可以从道德观念和道德学说的角度进行探究,追问它们是否在智识上能够满足这一形势的需要。其中的某些麻烦或许是由于缺少一贯的且被普遍接受的道德观念;这里不是指模糊不清和抽象意义上的道德观念,而是指足够具体以致能发挥作用的道德观念。这一智识因素本身可能不是巨大的或强有力的,但它可以代表这样一种因素,尽管这种因素本身微不足道,但它是矫正更加充满活力和积极得多的客观的政治和经济力量的必要条件。

在这样一种评价中,可以应用于国际关系的法律得以详细阐述的历史条件提供了一个自然的起点。毋庸置疑,格劳秀斯(Grotius)及其后继者的智识工作产生了实际上的重要影响。这种影响不是学术上和专业上的,也不能设想它主要是为了某些特定国家的主张和野心。这些人是真正的国际人士,在平息国际争端和用道德调节实际的国际关系中一度发挥了重要的作用。这些基本的贡献都来自一个共同的道德来源。它们都表现了自然法的观念,而自然法是具有普遍有效性的道德法则。自然法是所有类型的、任何时间和任何地点的所有人类行为的根本的道德法则,但这一自然法的观念并不新颖。罗马伦理学家提出了这一与法律体系有关的观念。每一位罗马法学家、教会法学者,而且事实上每一位受过教育的人,都熟悉这一观念。天主教使这一观念成为它们整个世俗伦理学说(即关于所有义务不是源自神圣启示的学说)的根本。甚至这些义务仅仅表现了各种事物更加高级和更加终极的本质,这种本质是人类的独立理性不能把握的。清教伦理学家和神学家同样以这一观念为基础,至多仅仅更加强调个体意识的内在之光,而个体意识揭示并承认自然法是人类行为的最高标准。

这样,在整个基督教世界就有一种得到普遍承认的道德原则和方法,关于由这一原则所界定的义务的法律内容也存在着一般的共识。格劳秀斯及其追随者最大的成就在于:他们研究了现存的国际惯例,并且借助人们普遍接受的自然法准则,对这些国际惯例提出批评并将它们组织起来。在法理学中,不只一位健在的权威——比如博洛克(Pollock)——已经指出了自然法观念在法学(私法以及公法)的不同分支的发展中,以及在衡平法实践中所发挥的作用。他们都同意,自然法在阐明规范国际行为的规则时所发挥的作用是首要的和最引人注目的。在此,我并非旨在暗示,如果没有在实际的政治和经济环境中的各种易受影响的因素,知识界把自然法概念应用于国际关系,将发挥调解作用并产生温和的影响,这要归功于格劳秀斯学派所做的工作。但是,我旨在表明,对自然法作为最高的伦理准则的不加质疑的普遍的承认,使得基督教世界的道德情操和道德理想完全集中在国际行为的各种问题上,以至于道德理念在实践上调节人类行为时能够实现的任何东西都曾有效地得以实现了。

在整个19世纪,伦理学领域的自然法观念在正统的天主教教会伦理学家之外,很大程度上变得名声不佳且一无是处。最近几年,人们逐渐认识到,原则上,一种自然法所意指的一切都是一个道德法则,它可以用于批评和建构实在法、立法和司法实践。已经有人指出,或者我们必须放弃道德原则与实在法(国际的或地方的)有任何关系的观念,或者我们必须承认某种形式的自然法的观念。但是,在下面这两者之间是有巨大差别的,即,一方面承认道德法则的一般观念对立于习惯法和实在法,另一方面把17世纪的伦理学家们认为它所具有的特征和内容归咎于自然法。尽管格劳秀斯断言,即使没有作为最高立法者和法官的启示和上帝,自然法仍然会有约束力;但是,在普通人以及格劳秀斯心中,这一观念仍然具有神学背景和宗教力量。自然法仍然表现了上帝的意旨,表现了上帝的命令。它是关乎约束人类生活的上帝的意旨得以实现的方式。那个时期的世俗科学和世俗伦理学,仅仅是用各种"第二"因和"第二"法则代替了首要和直接的上帝行为。

但是,随着人类心智逐渐摆脱把世俗的事务与神学和宗教事务联系起来的习惯,不管是首要的还是次要的习惯,宗教联想的巨大力量和自然法的约束力逐渐终结了。至少在清教徒中,甚至在那些宗教思想仍然保留其在道德中的旧势力的人中间,大多数人已经摆脱了把道德中的宗教因素与自然法——事实上,在更大的程度上与任何法律——联系在一起的习惯。对人的神圣的爱和欲望取代了神圣的指令、命令和禁令的概念。因此,正如在其他领域那样,在国际关系领域,具有自然法形式的确定和普遍的道德规范的观念遭到削弱并消失殆尽。即使在有所保留时,例如在某些文本中,它也是对传统的表面遵从,而不是一种有生命力的精神力量。然而,伴随着自然法观念的日渐式微并没有发展出具有同样普遍性和被目前的人们同样广泛接受的任何其他的道德原则。相反,取而代之的是我们现在有着多种多样的道德学说,它们或多或少相互抵触,而且除了被一小撮忠诚的支持者确信外,没有一种被满怀信心的人坚持。

此外,除了宗教强制问题外,其他各种因素已经使得古老的自然法概念过时了。自然法概念总是与理性(reason)的观念联系在一起,它们既是事物中的一种力量与机能,也是人的心智中的一种力量和机能。自然法表明,某些合理的原则体现在人的本质中,而人与自然界中的其他事物联系在一起。遵从自然法与遵从理性的指令完全是一回事。而且,理性不仅被视为个人心智在心理上的所有物,而且是社会联系的纽带。由于自然界的物理法则是普遍的法则,并且"统摄"特定的经验现象,它也是合理性的法则。动物也有理性法则,它们体现在动物的结构和本能中;它们虽然没有认识到这些法则,却遵从这些法则。人相较于动物的优越性,仅仅在于他们能够意识到物理事物和动物无意识地遵从的合理性法则。我想,今天的任何人都不可能估量给自然法概念补充的这种力量,这种补充的力量是通过各种自然法与理性的未受质疑的暗中联合,通过这些自然法与把社会上的人们联结在一起的共同目的和共同利益的联合而产生的。

几乎没有必要指出削弱这种联合的各种影响,这种影响在削弱这种联系时,也减弱了道德观念对习俗和法律的有效影响。甚至在那些可能在形式上信守相似观念的人中,如果对他们提出这些观念,并且这些观念已经得到详细阐述,那么,这些观念也不会有多大的实质性力量。现代科学已经使普通人对一种完全不同的自然法观念耳熟能详了。在写下这些文字时,我感到几乎不得不使用术语"自然法"(law of nature),以替代"自然的法则"(natural law)这几个语词。众所周知,后一术语的涵义大不相同。在通俗概念中,自然的法则是物理的术语,而不是理性的术语;它与能量——热、光、引力、电——相关,而非与合理性相关。今天,在大多数领域,甚至难以得到认真倾听下面这一观念的机会,即理性将人们在社会中联结在一起。经济学家、社会学家、历史学家和心理学家已经通力合作来取代这一观念,使得它看起来不真实和黯然失色,甚至在他们就什么才是社会联结的本质这个问题上发生根本分歧时也这样。当我们追问什么取代了古老的自然法以及自然界和社会中的理性时,我们所面对的却是一片争论、混乱和不确定的场景。在哪里道德观念能够给实在法和习俗施加那种凝聚性、汇集性和指引性的影响力(自然法的观念曾施加了这样的影响力)呢?在那些坚持认为为了使批评和建构的努力有个基础而有必要恢复这一概念的人中,很少有人愿意恢复这一观念比较陈旧的形式。而且,在有人追问我们应该用什么来取代它们时,他们就发生了分裂。如果不是因为这种分裂反映了普通大众内心的分裂、混乱和不确定性的话,那么,知识分子之间的这种分裂将会显得无关紧要。

当然,为了填补由于自然法观念从实践领域逐渐消失而造成的空白,人们已经作出了大量的尝试;有些尝试不仅成功地形成了思想学派,而且成功地对许多事务产生了相当大的实际影响。我们可以从这些学派中选择一些学派,例如功利主义学派和黑格尔学派(为了方便,权且这么称呼),加以特别考察。人们不能指责功利主义学派缺少信念的明确性和可靠性。而且,对上个世纪(19世纪)英国的法律、政治改革和社会改革进行执著研究的人都不能断言它没有产生巨大的实际影响。撇开主要与关于情感、愉悦和痛苦的心理学(这种心理学随着心灵研究的进展,在很大程度上已经成熟了)相关的技术细节不谈,我们可以说,争取最大多数人的最大利益的公式——其中每一个人都算作一分子并且只算作一分子——已经转变成了下面的信念,即社会福利是最终的和正当的道德标准。重视普遍的福利是所有道德规范和道德义务的合适来源。我们不要去考虑此前已有的法律,我们应该调查社会后果,以便找到对实在法和当前习俗进行批评的原则,以及对立法规划和新的社会安排进行批评的原则。

虽然这一观念在国内事务中的影响是巨大的,但我们应当去哪里寻找它对于国际道德产生影响的迹象呢?甚至在承认它为我们提供了道德准则和道德法则的来源的合理观点时,它已经被有效地应用于国际事务的行为了吗?作为一个道德准则,它对生活在外国领土上的公民的幸福和本国公民的幸福一视同仁。那么,这一原则在哪里决定了国际法的一个重要分支呢?除了减少恐惧外(我不会说阻止战争),它已经做了什么呢?我猜想,对于大多数人来说,这一观念在国际关系领域的普遍应用,就像对耶稣的教导的字面应用一样,是一种乌托邦。有时人们认为,功利主义为我们提供了一个低劣的且有点不光彩的道德原则。但是,在这一方面,它至少显得太过崇高、太过远大,并且超出了目前的成就。

更具体地说,表明特殊的战争以及通常依靠暴力和阴谋的各种方法是得不偿失之举的各种尝试,可以说代表了将功利主义理论应用到国际关系上去的尝试的例子。自第一次世界大战以来,证明战争甚至对于战胜国都是得不偿失的,这一点足以让大多数人信服。但是,这种证明和信念似乎没有产生多大的实际影响。它过于理性主义了;它以过于排它的方式假定,人类受利益和得失的考虑所支配。不但功利主义的批评者,还有一位伟大的功利主义者约翰·密尔(John Stuart Mill)①,都对早期边沁版本的功利主义提出了批评,其理由在于,早期功利主义过于依赖人的物质利益,而没有充分考虑人的动机,这些动机可以根据每个人的偏爱而被称为情感的、理想的或者精神的。不仅如此,我们几乎可以说,为了一项事业而情愿牺牲生命和财产的战争的存在,就是证明了这种批评的合理性。你认为战争有多愚蠢就有多愚蠢,即便对国家利益的错误估计有时在政客发动一场战争时发挥一定的作用。

功利主义在国际道德上实际失败的原因,可以在这一学说的内部找到。它不仅是关于道德标准的理论,而且是关于道德动机,即关心普遍的幸福的理论。现在,一些功利主义者本人承认,在对标准的考虑表明应当做什么之后,将道德目的与使之贯彻于行为中的动机结合起来的问题依然存在。他们列举了可以依靠的动机:对他人的天然的同情;养成观察行为的社会方式;通过产业上的相互依赖、分工和交换而实现互利;当反社会的动机被消除时采用刑罚,还有相应的个人痛苦。

现在显而易见的是,在当前的条件下,这些动机在国际事务中几乎派不上用场。具体地说,同情的程度在民众中是以习惯的交往和熟悉的联合为条件的。当可以发现这些条件时,同情就起到很大的作用;然而,当存在着语言、习俗和政治联合的障碍时,同情就收效甚微。对与自己亲近的同胞的同情,很容易转化为对外国人和陌生人的反感。教育同样受到交往和互动范围的限制,而且当前培育民族主义的爱国主义的各种力量非常强大,而教导人们平等对待和尊重外国人的力量非常弱小。经济动机以这两种方式同时发挥作用。如前所述,战争几乎毋庸置疑地使一个国家作为一个整体必须承担损失,战败带来的风险是巨大的。但是,仍然会有人从中受益,仍然有一些人坐收渔利,也不能保证他们不会占据权力的位置和影响。除了从中渔利的人,保护性关税的存在表明,人类还远不相信自由交换对于促进相互利益是必要的。

至于法律上的严厉制裁,很明显完全没有,因为没有一个共同的政治权威使

---

① 亦译穆勒。——译者

得违反法律受到法律惩罚。简言之,使功利主义在国内和内部社会行之有效的所有条件,在国际关系领域要么不存在,要么过于薄弱。人们将会明白,这些评论既不是对功利主义的攻击,也不是对功利主义的捍卫。发表这些评论不是为了对功利主义作出任何评价,而是因为它揭示了目前缺少一系列一贯的道德观念,这些道德观念可以被卓有成效地应用于国际事务中。这个证据在功利主义的道德信念的情形中更加引人注目,因为尽管它没有被人们普遍接受(事实上,是被人们激烈地攻击),但在一国之内仍然卓有成效。

为了便利而被赋予黑格尔主义这一单一名称的那种道德学说,事实上比任何一个哲学学派都要宽泛。它更素朴的形式可以追溯至马基雅维利和霍布斯。这两位作者在他们的时代都受到过攻击,而且自从那时起,他们就被认为是不道德的人(immoralist),而不是伦理学家。尽管如此,他们却代表了一种独特类型的道德观念。我们撇开人格和环境的特点不谈,他们的根本原则是:拥有权威的各种机构,尤其是我们称为国家的机构,是个体道德的必要前提。因此,社会组织具有一种优越的、事实上是独特的道德地位。没有它,具体的道德就是不可能的。作为这样的条件,国家在下述意义上是高于道德的:私人和自愿的共同体必须是有道德的。这一观念不是直接从马基雅维利和霍布斯进入后来的德国哲学的,而是通过复兴由斯宾诺莎学说所解释的希腊(尤其是亚里士多德)政治伦理学而进入德国哲学的。斯宾诺莎生活在一个战火遍地(外部战争和内战,以及由此带来的生存的不安定)的时期,他极大地深化了霍布斯的教导。他公开地教导说,国家的权威是社会和个人生活稳定以及任何广泛的自由和生活合理性的必要前提。除非得到了外在的支持并且得到其他人的积极帮助,任何最理性的人都不能使自己的理性发挥作用,也不可能实现自由。如果没有政治权力,大部分人将会受到他们的激情的控制,人类中最聪明的那部分人亦将一如既往地受到他所处的环境和他的欲望与激情的支配。

拿破仑战争之后,德国的国内外政治状况创造了有利于这些观念复兴的环境。它也促成了这样的局面:这些观念是使分离的且各自为政的德国各州在普鲁士霸权下获得重生和统一的重要的精神武器。这些观念最初是在大学传授的,是如此切合德国政治上的需要,以致很快就产生了实践上的效果。如果说他们不是将先前分散的政治权威集中起来的积极力量,至少,他们提出了一个目的,并且给它提供了理智上的辩护。

这种坚守确定性、统一性和制度稳定性的伦理思想曾经没有、也不能令人满意地影响国际道德——正如功利主义者坚持把一般的个人幸福推广开来一样——煞费苦心去表明这一点是不必要的。它的整个趋势就是从精神上去称赞民族国家。国家之间的斗争是历史上的必然事件;不仅如此,通过这样的斗争,政治机构的权威得到了加强和巩固。在战争中取胜就是优越的社会组织的客观证明,因此也是优越的道德的客观证明。假如一种单一的和平的国际秩序能够实现,它只能以"罗马帝国统治下的和平"的方式来取得;某个单一的国家必须变得足够强大,以至于能够将它的意志强加给所有其他的共同体。

我无意暗示这两种类型的道德学说已经穷尽了在自然法理论衰落后留下的真空中发展起来的所有的伦理观念。还有其他一些极为重要的道德观念,但刚才所讲的这两种类型的伦理观念所服务的事业可以用来表明我们的主要论点:在伦理学和国际关系的当前问题中,一个重要的因素出现在伦理信念方面,这些信念本身是混乱的,它们相互竞争,分歧甚大。麻烦并不完全在实践方面。我并不打算提出任何一组在我看来可能会补救这种事态的道德信念,指出下面这点我就心满意足了,即因为我们仍然处在所谓的现代世界的初期,还没有理由对未来沮丧。每一种生活条件,随着它趋于一贯的组织结构,都会发展出它自己的社会风尚,发展出它自己的准则和规范。尽管当前局势范围广泛,内部复杂,比此前历史上的任何时期都要严峻得多,我们仍然有充分的理由相信,我们正在努力创造更加一贯的生活条件。当社会关系得到更好调节时,一种统一的道德规范将会发展成熟。说我们处在一个巨大转变的时期已是老生常谈,但是我们没有充分注意到,道德上的混乱总是伴随着这样的时期。

但是,对未来的期许并不会让我们在当前有丝毫的欣慰和懈怠。我觉得有一个准绳至少会聚焦于并且引导道德情操、道德欲望和情感,在我们的知识混乱和不确定性中,它们无疑仍然非常普遍。法律总是服务于加强和界定共同体的道德愿望和期待。不管它多么落后于这个共同体中具有远见卓识的成员在道德上抱持的雄心,法律总是以某种方式促进普通人的道德情感,这种方式使它比其他时候更有成效。它已经开挖道德情感的运河,借此可以漂流至自己的目的地。换一种隐喻来说,法律已经给予道德情感以积极的支持。

在我看来,现在似乎有一种法律上的变化。如果作出这种改变,它将会在澄清当前的状况中产生巨大的变化,并会极大地推动合理观念和有效的实践的发展。我在这里指的是,最初由列文森先生(芝加哥一名成功的律师)为了宣布战争的非法而在我国发起的那场运动。按照当前的国际法,战争是合法的;事实上并没有像非法战争这样的事情,但从道德的立场看,对于大多数人来说非常正当的战争,即为了获得解放而发动的内战,则另当别论。战争不但是合法的,而且是解决国家之间激烈争端的最权威方式。诉诸有组织的暴力,是国家黔驴技穷时采取的手段。迄今为止,这一事实构成了存在于道德情感与权威的实践之间的任何生活领域的最大鸿沟。至于较为次要的争端,有常规的解决办法,而这些办法单独来看是合法的。有解决争端的法律、法庭和程序。我并不奢望国家之间产生争端的原因将不复存在,正如我不奢望个人之间产生争端的原因会不复存在一样。但是,我们已不再允许个人通过发起私人战争来解决争端,即使在荣誉受到责难、决斗已不合法的情况下也是如此。

我看不出任何面对这种局面的人怎能不相信战争的合法性构成了反常状态,而这种状态目前在道德领域无处不在。

只要道德情感持续存在,它就处在一种自我矛盾的地位:道德观念有双重的标准,这些观念引入了几乎无法解决的冲突,直到一个人要么誓死忠于自己所处的共同体,要么奉行不抵抗的和平主义,除此之外别无选择。而不抵抗的和平主义更接近道德上的消极主义。宣布战争作为在任何情况下解决国家之间争端的一种方法为非法的,并且有了在可能会导致战争争端中具有完全的裁决权的法律机构,让这种机构在一种经过深思熟虑的规范下发挥作用——所有这些,将会终结这种致命的道德二元论。

甚至在那些持有理智上完全不同的道德信念的人中间,道德情感上的共同体依然存在。宣布战争为非法,为表达这一共同体的道德情感和愿望提供了共同的中心。反对战争的国际法将会对国际关系的道德产生同样的浓缩、沉淀和净化效果,法律在其历史发展的过程中已在任何别的地方产生了这种效果。它是将法院作为解决争端的手段的历史发展过程的逻辑完成,这是其历史发展的逻辑上的完成;在这点得以实现之前,道德情感的影响仍将是分裂的和分散的。

这里的论证并不是说战争必然会终止。法律还没有阻止其他的犯罪行为,这也许因为,战争虽然是犯罪,但仍有人会诉诸战争。有人相信,因战争本身而谴责战争而不是让战争合法化的法律不会有任何效果,这种人有一种独特的历史观和人性观。有一句古老的谚语说,君王允许干什么就干什么。我们不必从字面上将这句谚语理解为：它承认当前对战争的法律制裁不可避免地对它进行道德上的制裁，而后者最终会鼓励战争。法律保障的是在确定民众的道德观念和道德愿望时的一种强大影响。但首先要确认的是，我们断言，在战争被联合起来的国际行为宣布为非法之前，当下的道德情感没有机会在国际关系领域中有效地发挥作用。因此，也就不可能指望快速发展出一套一贯的、得到广泛接受的道德观念，而这些观念会在决定国际关系时卓有成效。改善国际道德的第一步，就是宣布战争为非法。在我们采取这一步骤之前，我看不到有多大的机会使国际关系领域任何其他的改善得到普遍同意，或者被行之有效地实施。

逻辑方法与法律[①]

从广义上说，人类行为可以分成两类：特殊情况相互重叠，但是如从大的范围来考虑行为，其间的区别是可以辨识的。有时候，人类不考察他们正在做些什么，以及那样做的可能后果，就盲目地采取行动。他们的行动并不来自深思熟虑，而是来自常规、本能、欲望的直接压力，或者一种盲目的"预感"；他们认为，这类行为总是无效的，是不会成功的，是错误。当我们不喜欢它时，就谴责它是变化无常的、任意的、草率的、粗心的。但在另一些情况下，我们则称赞异乎寻常的本能和直觉；我们倾向于接受一位专家即时的评价，胜过接受一个信息不多的人苦心计算得出的结论。有一个古老的故事说：有一个门外汉被派到印度任职，在那里，他将在当地人有争议的各项事务上发挥他的官职能力。他请教一位法律方面的朋友，这个朋友告诉他：要运用自己的常识并坚定地宣布自己的决定。在大多数事务中，他本能的决定总是足够的公正和合理。但是，他的朋友补充说："永远别尝试给出理由，因为它们通常都是错的。"

在另一种情况下，行动随决定而来，并且决定是探究的结果，是有选择的比较，是事实的权衡；深思熟虑和思考介入其间。那些在达到该做什么的结论时显得重要的考虑（Considerations），或者在受到质疑时用来作辩护那种感情的考虑，就被称作"理由"。如果以非常一般的术语来称呼，它们就叫做"原理"

[①] 承蒙《康奈尔法律季刊》(*Cornell Law Quarterly*)编辑部的好意，这篇文章得以同时发表于《康奈尔法律季刊》，第10期(1924年)，第17—27页；《哲学评论》，第33期(1924年)，第560—572页，以及《哲学和文明》(*Philosophy and Civilization*)，纽约：明顿·鲍尔奇出版公司，1931年，第126—140页。

(principles)。当这个行为以一种简洁的方式表述,这个决定被称为结论(conclusion),而引起它的考虑则称为前提(premises)。第一种类型的决定或许是合理的,即它们符合好的结果;第二种类型的决定是理由充分的或合理的,并且在探究的谨慎和彻底性的程度上,在确立其所涉及的不同考虑之间的联系的秩序方面,其合理性不断增加。

现在,我将逻辑理论定义为在那类情况下达到第二种决定所遵循的说明。在那些情况下,后来的经验显示出它们是在这种条件下本可能使用的最佳步骤。这一定义将遭到许多权威的质疑,唯一公正的说法是它不代表正统的抑或流行的观点。但是,我在一开始就阐明了它,以便读者可以对接下来的讨论所隐含的逻辑观念有所认识。如果我们接受传统观点的拥护者对这个概念的异议,它将用于澄清自身的含义。有人会说,这个定义将思维限于作一个决定或者审慎的选择之前(经过的步骤);因此,在将逻辑方法限于实际问题时,它甚至未能看看那些事例在其中真正的逻辑方法得到了最佳说明,这些事例就是科学的科目,尤其是数学科目。

对于此种反驳,一种不完全的回答是:我们目前讨论的特殊主题是法律推理和司法判决中的逻辑方法;而这些案例至少在普遍的意义上类似于工程师、商人、物理学家、银行家等在追求他们的愿望时所作出的决定的类型。在法律上,我们当然致力于确定一个被寻求的行动原因的必要性,给予这个或者另一个类型的判决,用来支持采用一种行动方式或者反对另一种行动方式。但是,如果我们自己不满足于这个单一的(*ad hoc*)回答,这种立场的范围将更加清晰。

如果我们根据具体情况考虑一下数学家或者任何科学家的(思考)步骤,而不仅仅考虑那些最终证明结论的命题之间的一致含义,我们就会发现,他与一个聪明的农民或者商人、物理学家一样,要不断地作出决定;而为了作出明智的决定,他就得认真审视各种不同的考虑,接受或拒绝它们,从而使他作出的决定尽可能合理。在作出决定并证明他所作的决定时,他处理的具体主题,他调查、接受、反对、使用的材料,与农民、律师或者商人的主题和材料是不同的,但其操作过程、步骤的形式是相似的。科学人士借助符号、有技巧的设计来确保他的步骤,从而具有在更严密和确定的控制条件下工作的优势。因此,我们自然应该在正式的论述中,将这种操作作为标准和模型,并将在达到决定之前的"实践的"推理仅仅视为某种近似的东西。但是,每个思考者,比如一个调查者、数学家或者物理学家,以及"实践的人",其思考是为了确定他的(his)决定和行为——作为一个特殊的行动者,他的行为就好像在仔细划定的领域中工作。

当然,人们可能会回答说,这是一个武断的关于逻辑的观点。实际上,逻辑涉及关系和关系之秩序,这些关系是存在于命题之间的关系,而命题独立于探究的行为、达到结论的行为以及作出决定的行为。我不该停下来去反驳这个观点,但我将用它来指出这种逻辑观与本文立场之间的本质差别。根据后者,为实现命题的最普遍性和一贯性,逻辑的体系化是必不可少的,但却并不是最终的。它是工具,而不是目的。它是提高、促进以及澄清导致具体结论之探究的工具;首先是涉及特殊的探究,其次并且最重要的是指导其他的探究在相似的领域中作出其他的决定。至少在此,我可以退回去确认法律的特殊主题。最重要的是,法律规则应当形成尽可能一贯和普遍的逻辑体系。但是,这种法律的逻辑体系在任何领域中,无论犯罪、合同还是民事过失方面,都是将大量的判决还原为在逻辑上彼此一致的某些普遍原则。对某个特定的研究者来说,它们可能以其自身为终点;并且很明显,在任何一个特定的案例中,它们归根到底都有助于最经济、最有效地达到判决。

由此可以得出这样的结论:逻辑最终是经验的和具体的学科。人们首先使用某种方法来调查与收集数据,记录并使用数据来达到结论和作出决定;它们作出推论,并以不同的方式进行检验和测试。这些不同的方法构成逻辑理论的原始经验材料。后者在没有任何逻辑思想之意识的时候就已经存在了,正如演讲的形式在没有有意识地参考句法和适当的修辞的情况下形成一样。但是,人们逐渐地认识到,某些方法比另一些方法好用,一些产生出结论的方法并没有通过未来情境的检验;它们产生冲突和混乱;依赖于它们的决定必须是可以变通和改进的。人们寻找其他方法,以便形成那些在随后的探究中可用并能证实它们的某些结论。这里第一次出现了一种方法的自然选择,这种方法能够提供更可靠的结论、更方便未来的结论,这与在指导任何艺术的规则的发展中出现的情形一样。之后,我们对方法自身进行批判性的研究。成功的方法不仅仅经过选定和比较,而且它们有效运作的原因得以发现。因此,逻辑的理论变成了科学的理论。

在此提出的逻辑概念对司法思考和判决的影响,是通过检验存在于实际的法律发展和严格的逻辑理论需要之间的明显不一致而造成的。霍姆斯

(Holmes)大法官在概括这一情况时说:"整个法律的大纲是逻辑和良知(good sense)在每一点上冲突的结果——当结果明显变得不公正的时候,其中的一方力求使虚构得到一致的结果,另一方则抑制这种努力,并最终克服这种努力。"① 他通过彻底考察某些法律概念的发展,证实了这一观点。表面看来,这种观点暗含了关于逻辑本质的不同观点;这种观点不同于已经指出的那种观点。它暗含着逻辑不是良知的方法;逻辑仿佛有自身的本质和生命,这种本质和生命不符合具体题材的正确决定的要求。然而,这种区别大部分是文字上的。霍姆斯大法官称之为逻辑的东西,是一种形式的一致性,是概念彼此间的一致性,而不管它们具体题材的结果。我们可以通过指出下面这一点表明这一事实:观念一旦发展起来,就具有一种自身的内在惯性发展;习惯规则一旦发展出来,就适用于它们。使用一个现成的概念,比花费时间和精力努力去改变它或者制订一个新的概念更为经济。使用先前制订好的和熟悉的概念也会引发一种稳定感,保证不会突然和武断地改变那些规则,而那些规则决定了那些合法的行动所达成的结果。任何观念的本性就像任何习惯的本性一样,相较于它所服务的具体环境,会改变得更慢。经验显示,相对稳定的概念为人们提供了一种特殊的保护感,确保了令人烦恼的事件变化不会发生。因此,霍姆斯大法官说:"司法判决的语言主要是逻辑的语言。逻辑的方法和形式追求确定性和稳定性,而这存在于每个人的头脑之中。但通常来说,确定性只是一个幻觉。"②然而,从逻辑方法的观点来看,这里阐述的是:霍姆斯大法官心中所持的确定无疑的事实并不涉及逻辑,而是涉及使用逻辑的人类的倾向,涉及一种可靠的逻辑将要防止的倾向。它们起源于曾经形成习惯的动力(momentum),表达了习惯对我们的悠闲感与稳定感的影响——这些感觉与实际的事实关系不大。

然而,这只是故事的一部分。剩下的故事在霍姆斯大法官的其他言论中得到了说明。"真实的法律生活不是逻辑,而是经验。对时间必然性的感知,流行的道德和政治理论,公众的政治直觉,公开承认的或潜意识里的判断,甚至与其同胞们分享的、具有偏见的判断,与人们在决定规则时应该具有的三段论相比,

---

① 《法律论文集》(*Collected Legal Papers*),第 50 页。
② 同上书,第 181 页。

这些东西占有更大的部分。"①换句话说,霍姆斯大法官认为逻辑等同于三段论,他有权根据权威的传统这么做。经院哲学使三段论成为逻辑模式,从三段论的观点看,在经验与逻辑、逻辑与良知之间存在一种对立。因为以三段论的形式理论来体现的哲学断言、思想和理性自身具有固定的形式,先于并独立于具体的内容,而后者应该对其进行适应。这便解释了这一讨论的消极部分;而它从反面显示出对另一种逻辑的需要,这一逻辑应该减少习惯的影响,并且在关于社会结果问题上促进良知的使用。

换句话说,在使用中有不同的逻辑。其中之一就是三段论,它在历史上被广泛使用并对法律判决产生了极大的影响。对这一逻辑,霍姆斯大法官的批评完全适用。它自称是一种进行严密论证的逻辑,而不是一种寻找和发现的逻辑。它自称是一种有严格形式的逻辑,而不是一种在具体情境中达到理智判断的方法的逻辑,也不是用来为公众利益而调整有争议问题的方法的逻辑。那些忽视形式逻辑(关于各种现成观念之间的抽象关系的逻辑)的人,至少听到过标准的三段论:"凡人皆有死;苏格拉底是人;因此,他终有一死。"这是所有证明的模式。它暗含着我们需要并必须获得第一个确定的普遍**原则**(*principle*),即所谓的大前提,如"凡人皆有死";接着是适用于原则的某类事物内在的和显而易见的一个**事实**(*fact*):"苏格拉底是人。"然后,结论就自动出现了:"苏格拉底终有一死。"根据这个模式,每个推论或者严格的逻辑结论将一个特殊的事物归入普遍之中。它暗含着特殊和普遍。

因此,它意味着对每个可能被提出的案例来说,总是存在一个既有的、固定的规则;现有的案例要么是简单而没有矛盾的案例,要么是通过直接考察一系列简单而不容置疑的事实就可以得到解决的案例,比如"苏格拉底是人"。因此,当这一点被接受时,就产生了庞德(Pound)教授所说的那种机械的法律学;它喜好霍姆斯大法官所说的那种确定性。它加强了那些人类本性中的惰性因素,这些因素使人们尽可能抓住任何曾在思想中占有一席之地的观念。

在某种意义上,批评三段论所提供的模式是愚蠢的。关于人类和苏格拉底的观点显然是真的,并且他们之中的联系是无可置疑的。问题在于,当三段论阐明了思想的**结论**(*results*)时,它却和思想的**运作**(*operation*)过程毫无关系。拿

---

① 《普通法》(*The Common Law*),第1页。

苏格拉底被雅典公民审判的事例来说,不妨看看达成一个判决必须进行的思考。当然,这个问题并不是苏格拉底是否终有一死;而关键在于这种必死性将要或者应该在一个特殊的时间以一种特殊的方式发生。在此,没有也不能尊崇一个普遍原则或者大前提。再次引用霍姆斯大法官的话说,"普遍命题并不决定具体案例"。具体的命题,即包含处在具体时空中的内容的命题,并不出自任何普遍的陈述或者出自任何陈述之间的关联。

如果我们相信一种经验的逻辑,就会发现,普遍原则是作为一般方法的陈述而出现的(使用这种方法有利于处理具体案例)。"人终有一死"这个命题的真正力量存在于保险公司的预期寿命表上,这个命题与所附加的比率一起显示出处理人的死亡问题多么具有远见,并且在社会上多么有用。大前提中所提出的"普遍"不是外在的,而是先于特殊的案例;它也不是在各种不同案例中发现的某种选择。它是为了某些目的和结果而不顾它们的多样性处理案件的统一方法的表征。因此,它的意义和价值是探究的课题。当它被用作一种诊治的方法时,便是对所发生的、产生的结果的修正。

事实上,人们并不是从前提开始思考的,而是从某些复杂而混乱的案例中开始思考的。表面看来,这是处理和解决模式的两者交替。前提仅仅从分析整体情境之时渐渐出现。问题不在于从给定的前提得出一个结论,由一个无生命的机器通过敲打键盘就能很好地获得这样的结论,而在于发现值得充当前提的、对普遍原则和特殊事实的陈述。事实上,我们通常是从一些不明确的对结论的预期(或至少是有选择的结论)入手的;之后,我们寻求原则和数据,它们将证实这些原则,或者使我们在面对相反结论时作出明智的选择。甚至没有任何律师会以三段论的形式来思考客户的案件。他从他想要达到的结论,当然是从有利于他的客户的结论开始;接着,他分析事实情况,从而发现有利于其观点的材料,形成(*form*)一个小前提。同时,他在案例记录中寻找相似案例的法律条文,这些法律条文用以证实和解释事实。只要他所熟悉的法律条文足够宽泛,就能从这些事实中进行选择,从而形成可以用作证据的数据。随着他对这个案件所知道的事实越来越多,就可以基于案件来修改他所选择的法律条文。

我暂且不会将这种程序作为科学方法的模型;这种模型含有太多为了先前设定好的目的而建立特殊的和有偏袒的结论。尽管它有很多不足,但它在此的确揭示了如下这一点:思想事实上或多或少地开始于模糊的情境,它所指示的结论也是含混的和模棱两可的；而大前提和小前提的形式是试验性的，并且与环境的分析和先前的规则相关联。只要给定一个接受了的前提——当然，法官和陪审团将最终开始接受——结论也就确定了。在严格的逻辑中，结论并不是由前提推出；结论和前提是同一事物的两种陈述方式。思想可能被定义为要么是前提的展开，要么是结论的展开；就它是一个行动而言，它是其他的东西。

法庭不仅仅作出判决；它们详细地阐述这些判决，这种阐述必须说明其正当的理由。其中，心智的运作和那些达到一个结论的心智运作稍有不同。阐述的逻辑与寻找和探究的逻辑是不同的。在后者，其情境所指示的东西或多或少是可疑的、不确定的以及成问题的。它渐渐地展开自身并容易受到戏剧性惊喜的感染；无论如何，它暂时有两个方面。解释意味着人们获得了一个确定的解决方案，情境相对于其法律含义而言，现在是确定了的。它的目的是阐明判决的依据，这样就不会作为一个专断的法官意见（dictum）而出现。并且，它暗含着处理解决未来相似案件的一个规则。作为非常可能出现的情况是：给他人达成的结论和作出的判决进行辩护的需要，已经成为确切意义上的逻辑演算起源和发展的重要原因，也是抽象、概括、关注含义一贯性的主要原因。完全可以设想，如果没有人曾经向他人说明他的决定，逻辑的演算就不会发展起来，但人们也会使用专门的非言语的直觉、印象和情感的方法；所以，只有当人们具有丰富的经验，向那些需要理由或辩解的人说明他们的决定之后，人们才开始以一种合理的方式来说明他们的结论。然而，可以确定的是，在法院判决中，只存在唯一可供选择的法官意见；这一意见之所以被当事人所接受，仅仅是因为法官的权威和威望。它是一种理性的陈述，因为它阐述了依据，并且揭示了联系或者逻辑的联系。

在这一点上，对机械逻辑和形式概念抽象使用的刺激和诱惑出现了。正因为个人因素不能完全排除，而判决又必须尽可能不受个人的影响，尽可能客观和理性，这种诱惑就服从严格的逻辑；因为这种逻辑实际上产生了结论，并且代之以看似严格并提供一种确实虚幻性的言说形式。另一个动力是，我们在决定行为的过程中对最大限度的稳定性和规律性的无可置疑的需要。人们需要知道社会通过法庭而给他们的特殊和解协议带来的法律后果，知道他们承担的债务，知道他们进入一种行动过程时所指望得到的结果。

从社会以及个体的立场来看，这是一个合法的要求。然而，从理论上的（*theoretical*）确定性到实践上的（*practical*）确定性，却产生了大量的混乱。有一道巨大的鸿沟将合理的主张与荒唐的主张分隔开来。其合理的主张是：为了人们可以计划他们的行为以预见其行为的法律意义，司法判决应该实现最大限度上的合规则性；而荒唐的主张之所以荒唐，因为是一种不可能的主张；每个判决都应当从先前已知的前提毫无缺陷地遵照形式逻辑的必然性推出。为了达到前一个结果，就要求解释案件时有普遍原则——法规——以及不能随意改变的上诉和审理案件的步骤。但是，解释的原则并不是那么严格，以致它们可以先被一劳永逸地陈述，而后按字面意思机械地被遵守。因为适用它们的不同的情境并不是在所有细节上都一致的；而这种或那种因素的程度问题，在决定用哪种普遍规则来判断情况时发挥主要的作用。这就有必要根据绝对统一的、不可更改的既有法规而作出大部分论断。实际上，这是试图回避找到和运用法规（实体法和程序法）的真正重要的问题。那些法规对共同体成长而言，确保在规范他们的行为时具有预期的实践确定性的合理尺度。制订艰难而快速的申诉规则的真正原因，是法院在处理案件时机械化的便捷程序，而不是执法官的现实保障。其结果是为那些寻求解决争端的人的行为带来了一个不必要的、不确定的因素，但它给法官仅仅带来了行为习惯所提供的简便方法。它以机械程序代替了思维分析的必要。

当然，有充足的理由认为，法规应该尽可能是规则的和确定的。但是，实际上可以达到的已有保障的数量和种类是一个事实问题，而不是形式问题。无论社会环境如何，无论在工业、商业还是运输等行业，我们都是在按老传统的方法行事，更不必说在那些发明活跃的地方以及商业交流带来的人际关系的新形式。因为强大的机械的使用从根本上改变了旧式的主仆关系；快速的运输导致了商品装载账单的大量使用；物质生产造就了工人组织以及集体交易；工业环境支持着资本的集中。部分的法规促进了旧规则的重塑，使其服务于新的环境。但是，法律从未跟上社会变革的多样性和微妙变化。它们充其量不可能避免模糊性，这不仅仅归因于粗心，而且归因于本质上不可能预见环境所有可能的变化；因为没有这种预见，定义就必然是模糊的，分类就必然是不确定的。因此，声称涵盖每个案件并且适用于三段论的旧形式是现成的，就是在承认一个在事实上不存在的确定性和规则性。这种声称的效果是增加实践的不确定性和社会的不稳定性。正因为环境是不断变化的，并不受制于旧的规则，它就成了一场宣布旧规则能规范个别案例的赌博。因此，人们鼓励精明和有进取心的人经受风雨的考验，并且相信机灵的律师能够发现某些使他们可以免税的规则。

这一讨论中涉及的事实是平凡的，而且并不提供任何原创或新奇的东西。我们所关注的，是它们作出司法判决的逻辑。其中的含义将比初看起来的东西更具革命性。它们要么表明，我们必须抛弃逻辑；要么表明，它必须是一个与结论相关而不是与前提相关的逻辑，是一种预言可能性的逻辑，而不是一种根据确定性进行推理的逻辑。为探究可能的结果的逻辑，普遍原则只能够作为衡量其工作的工具。它们是对要加以处理的环境的各种因素进行智力的探究、分析以及洞察的手段。和其他工具一样，当它们被应用于新环境并且要达到新结论时，需要对它们加以修正。在此，关于不可改变而又必要的规则的教条出现了实际弊端。它认可旧的东西，在实际中坚持这种教条，不断扩大了社会环境和法庭原则之间的鸿沟。其结果是滋生烦恼，无视法律，导致法官与侵占的利益之间存在实质上的联系，而这些利益符合最初制订时的法规条件。

无法认识到普遍的法规和原则是起作用的假设，而这些假设需要根据它们在应用于具体情境时发挥作用的方法来不断地检验；这解释了另一个自相矛盾的事实，即某一时期自由主义的口号常常成为在下一个时代产生行动的保障。在 18 世纪的一个时期，社会的一大需要是使工业和贸易摆脱从欧洲封建庄园那里继承来的各种限制。在早期，它们较好地适应了这种地区性的和固定的环境；而在新方法的作用下，随着煤炭和蒸汽的使用，它们变成了障碍和烦恼。解放运动通过使用财产的自由和签订合同的自由原则表现出来，而这些原则大量体现在法律裁决中。而具有严格三段论形式的绝对逻辑污染了这种思想。人们很快就忘记了它们与分析现有情境相关，以便保证为了经济社会福利的有序方法。因此，这些原则开始变得严格，以至于像"不可变更"的封建法律那样，几乎成了社会障碍。

那些评论虽然本质上是平凡的，但有一种深奥的实践意义，我们可以从目前人们对旧的自由主义的个人主义表达的反对中看到这一点。在过去的 30 年里，能看到在立法指导方面有一种断断续续的趋势，一种缩小司法判决的范围、朝向被模糊地叫做"社会正义"的东西的趋势、朝向集体主义特征（collectivistic character）的表达的趋势。目前很有可能需要新的法规，并在特定的时刻起作用。然而，如果它们凝固为绝对而固定的前提，它们就有可能成为有害的社会障碍。但是，如果它们被当作适应使它们得以运用环境的工具，而不是绝对的、本质的"原则",人们的注意力将被引向社会生活的实际;人们将不允许这些规则独占我们的注意力,并成为人们要不惜代价来维护其完整性的绝对真理。否则,我们最终将用一个形式上绝对的且不可改变的三段论前提来代替另一个前提。

如果我们重述我们的初步观念,即逻辑的确是关于经验现象的理论,它会像其他任何经验学科一样发展和提高;那么,我们在这样做时会带着另外一个信念,即这个问题不是一个纯粹思辨的问题,而是包含对实践具有重大意义的后果。事实上,我应当毫不犹豫地断言:将现成的普遍原则作为思维方法,是这种思维的主要障碍。这种思维是稳定、安全和理智的一般社会变革的必要前提,也是通过特殊法律手段而取得社会进步的必要前提。如果这样的话,在法律中渗入一种更有实验性的灵活逻辑,既是社会的需要,也是理智的需要。

(叶子译,张奇峰校,汪堂家复校)

我们应当加入国际联盟吗①

法国人在鲁尔区的冒险阻止了美国进入国际联盟日益增长的宣传声势,但它最终没有完全遏制住这种声势。联盟拥护者描述的情况非常简单:孤立意味着战争的继续,合作意味着战争的终止。国联代表了合作的方法,代表了朝那个方向所做的唯一现存的尝试。这个三段推论完成了。也许这个推论太过简单,以致无法骗过那些沉溺于其中的人;他们只不过是按照宣传者熟知的方式,突出人们心中仍然存在的反战情绪。如果激起一种情绪,同时又提供一个发泄的对象,那么,这种情绪就会紧紧地抓住那个对象,不管它们在逻辑上和现实上如何毫无关联。

虽然洛桑和鲁尔的事件并非巧合,但指控将不得不有一个时限。银行家们知道他们想要什么,而理性主义者们强烈地感受到他们想要的东西不同于现有的东西,但银行家和理性主义者都在开创共同的事业。行政当局的想象力似乎已经被想方设法召开华盛顿会议而耗尽了。与近代政治史上最没有想象力的行政当局相比,威尔逊先生的想象力丰富得光芒四射,犹如黑暗中的灯塔。赞赏这个联盟并且以舆论为傲的、有影响力的人物和报纸,利用每一个新欧洲人的骚动,并就此机会说:"早知今日,何必当初。"他们不乏文章可做。

---

① 首次发表于《新共和》,第 34 期(1923 年),第 36—37 页;再刊于《人物与事件》(纽约:亨利·霍尔特出版公司 1929 年),第 2 卷,第 620—624 页;部分重刊于《现代世界的智慧》(Intelligence in the Modern World),纽约:现代文库,1939 年),第 499—503 页,标题为"论国际合作",两者均由约瑟夫·拉特纳编辑。关于洛夫乔伊对这篇文章的回应以及杜威的反驳,参见本卷附录 5 及第 83—86 页。

宣传既诉诸我们国民性中最薄弱的方面(虽然不是最坏的方面),也诉诸我们情感中最好的方面。我们希望忙忙碌碌,沉于事务,阳刚勇武,充满活力。当事情发生时,静静地置身事外反倒破坏我们自负式的自尊。有人告诉我们:如果我们只是说这句话,即我们仅仅"承担了我们应尽的责任",一切都会万事大吉。这是在诉诸我们的自负。责任经常充当胡乱使用精力的面具。我们就像一个年轻人虽然自夸自大,但不十分确信他是否已经长大,并且想要做些什么来证明这一点。从战后的欧洲,我们得知自己来得太晚了;并且,我们的努力对结果的影响是可以被忽略的。我们被告知,正如我们曾拯救过欧洲那样,现在还必须给予其再次的营救。拯救这个世界,是我们在这出历史戏剧中最喜欢扮演的角色。

但是,将国际合作与加入国联关联起来,也激发了我们更好的一方面。还有同情、荣誉和可供利用的真诚渴望。我们是充裕和繁荣的,至少相对如此。当我们坚持孤立的残酷行为时,难道不是自私吗?我们难道不是实际上认为,即使这个世界将被粉碎,只要可以享受自己的愉快就好吗?自从我们帮助制订了《凡尔赛条约》而国联成了我们所钟爱的主张,我们就有了一个还未实现的责任。并非所有欧洲国家的罪行应该被加在欧洲的肩上。最终,对于战争的普遍痛恨,以及认为国联虽然不完美但代表着最后将代替战争的和平调整的国际合作的一个步骤,这些观点将产生作用。至少,国联作为一个外在的符号而将各个国家团结在一起。一场可耻的罪行(因此引起人们的争议)是:美国在提出这个计划之后,一看到对自己不利的苗头,就卑怯地放弃了实现这个计划的尝试。一位朋友说,这是历史的"伟大拒绝",这次拒绝可与《新约》里记录的那个富有的年轻人的拒绝相提并论,并可以载入史册。

我从未发现,这场争论在很大程度上竟然是以回应这些意见而结束的。它们表达了一种渴望、一种希望和一种恐惧,而情感并不么容易服从争论。指出下面这些现象并没有好处:没有一个重要的战后问题该由国际联盟负责处理;这些问题由各种委员会处理,而那些委员会受官方委托来执行《凡尔赛条约》的;在任何情况下,国联并非国家之间的联盟,而是政府之间的联盟,这些政府的政策扮演着发动战争的角色且不想改变。指出以下现象也几乎是无用的:只要俄罗斯和德国保持在联盟之外,联盟的国际性就显得滑稽可笑;它实际上是几个强国联合起来或者共谋去反对这些国家。事实对于情感几乎无能为力。

但是,那些反对我们加入国联的人,那些仍然持怀疑态度的人,有权要求那些宣传者比过去更清晰地阐明他们所说的国际合作究竟意味着什么。除了那些党派政治或者要求与过去采取的某些立场保持一致之外，没有一个明智的人会为自己的利益而喜欢孤立，或者对合作的想法保持冷淡态度。但是，与谁合作并为什么而合作呢？甚至那些对国联有自然偏爱的人，也对弄清这个问题很感兴趣。除非有某种需要合作的国际性的事务，否则，国际合作很难实现。这种国际事务是什么呢？它又在哪里呢？我们应该与法国及其在欧洲大陆的卫星国合作吗？或者，我们应该站在与法国有意见分歧且有根本政治冲突的英国一边吗？我们对于降低赔偿的问题是什么态度呢？如果负责任的法国政治家因为英国提出修改赔偿条款而公开指控英国不想遵守《凡尔赛条约》，我们会不会提出相似的动议从而增加国际上的善意或怨恨呢？美国人民从自己的立场出发，准备提供什么东西呢？

这类问题可能五花八门，但几乎不够确定。只有当这些问题得到透彻的考虑，并且人们作出与某个确定的计划相关的某种明确的保证时，我们朝国际合作迈出的任何特殊的步骤才不会重复过去发生的事情。过去，我们在没有与同盟国达成谅解的情况下，匆忙加入了战争；但最终却发现，因为要执行我们自己的政策，我们的双手反而被与我们的政策发生冲突的欧洲的一般政策和特殊的秘密协定捆住了。在一定程度上说，"荣誉感"，要求优先偿还赌债的荣誉感，也要求我们在违反我们的公开声明和我们的欧洲盟国公开接受的承诺的情况下应当达成秘密的谅解。为什么我们要在没有从战时的激动为借口、没有得到我们不知道的经历的警告时，重复进行这样的试验呢？

合作的问题不仅仅是我们在欧洲与谁合作以及为何合作的问题，也是国内的意见统一和分歧的问题。撇开欧洲的冲突和混乱不谈，在我们应当对欧洲做些什么和应该怎么做的问题上，我们的观点存在着同样大的冲突和混乱。或许正是这个原因，如今拥护国联的宣传无视所有的细节，而诉诸反战的情绪向我们保证：只要加入国联，土耳其的暴行将不再发生。谁能保证说，普遍的情绪涉及法国侵入德国的工业区？许多具有影响力的报纸捍卫这一点；在事态发生时，另有一些报纸态度暧昧并准备进行支持或谴责。战争激起的反德仇恨仍然活跃，可能大众不介意去考虑这个可疑的事实：法国遭受了太多的痛苦，以至德国是咎由自取。当我们卷入欧洲事务时，我们心中这种情感上的差异就不再是一种出于情绪的事情，而成了一个公共政治和民主政治问题。我们要么在做某件无论如何都会唤起心中苦涩的事情,要么海外代表使我们致力于做某件国会和人民不会支持的事情。如果那样的话,威尔逊总统在凡尔赛的经历将会重演。

再者,对于俄罗斯的忽视是难以置信的。俄罗斯仍然是欧洲人口最多的国家,并且有可能是最强大的国家。俄罗斯的地位在十年或十五年之后是否恢复,这无关紧要。在我们奢谈与广大世界的国际合作和自诩为摩西和耶稣之前,考察一下我们如何对待俄罗斯及其在世界事务中的角色难道不好吗?我们可以将俄罗斯视作对我们参与国际合作的意志和能力的客观检验。

无论我们看欧洲的形势还是看国内的形势,都很难发现准备进行明确的全面合作的任何证据,更不必说发现那些将我们自己与那个政府联盟绑在一起的证据了,而那个政府联盟体现了把世界带入现在这个糟糕处境的所有力量。欧洲并不想、也不会容忍我们的合作,除非根据它们自己的条件,并且它就那些条件发生了内部分歧。我们只得自命为全球仲裁者——和发薪者——的观点,以及一切都会好起来的观点,是极端幼稚的观点。但是,即使任何地方有接近欧洲的现有条件,具备这种能力的我们又能怎样呢?在此可以发现每个在欧洲引起争论的群体:支持英国的群体、支持法国的群体、支持德国的群体、支持塞尔维亚的群体、支持希腊的群体和支持保加利亚的群体——除没有支持土耳其的群体之外,我们几乎可以发现支持一切国家的群体;还有各种各样的反对派,他们都怀有各式各样的党派偏见。而且,我们都很无知,没有经验,受情感支配,而不是受信息和洞察力的支配。只有诉诸情感,我们才可能成功地加入国际联盟——这一事实可能是我们待在联盟之外最令人信服的理由。

(叶子译,汪堂家校)

对洛夫乔伊"我们应该加入国际联盟吗"的回应[①]

先生:洛夫乔伊先生将我的文章提出的两个问题结合起来,一个是主要的问题,另一个问题被偶然提到,并且它们出现在同一个段落里。我主要讨论的问题,是关于我们加入国际联盟的现有争论在道德和知识上的风格和倾向。另一点则是国联的客观优点。就我所知,在将这二者结合起来时,他没能获得我的文章本来可能具有的那种力量,并因此没能反驳其论点。

一个可以理解的主张是,即使国联对我国提出了一些要求(我本人不相信它提出了这些要求),我们加入国联的目的在欧洲和本国可能遭到随之而产生的心态方面的损害和打击。我认为,如今没有一个有思想的人会否认,在引领本国一个小团体拥护我们加入上一次战争时支配着他们头脑的各种理由。在我们参战前后,都没有被我国广大民众所认可,也没有被这个国家的人们所共享,并且非常不同于激励我们盟国的政治家渴望我们参战的原因。结果是,当战争的目标得以实现时,和平的目标却落空了。我觉得,现在的形势与以前的形势颇为相似。举个例子说吧,我不希望看到错误重演。

不妨看看欧洲方面的心态。说实话,欧洲的统治者们当然不希望战争。但是,他们也不希望过分地避免要他们减少军备、平衡预算、清理他们的事务并致力于创造一个稳定与和睦的欧洲的战争。在这些情况下,我认为,我们不要去相

[①] 首次刊于《新共和》,第34期(1923年),第139—140页;重刊于《人物与事件》(纽约:亨利·霍尔特出版公司,1929年),第2卷,第625—628页。作为《我们应该加入国际联盟吗?》的第二部分,以及《现代世界的智慧》(纽约:现代文库,1939年),第502—503页;作为《论国际合作》的一部分,均由约瑟夫·拉特纳编辑。这是一篇对洛夫乔伊文章的回应,参见本卷附录5。

信一些欧洲人的动机,这些人急于让我们加入他们的政治。他们在战时,希望我们为他们的政策加油;如今,他们出于同样的原因,要求我们这样做。对于其他一些人来说,这并不是真的;他们感到绝望,因为他们意识到欧洲的绝望状态。然而,我们有资格不理会他们的渴望,直到欧洲显示出一些迹象表明他们有了自己的主见。无论如何,他们自然地——非常适当地——从欧洲的观点来看待这个问题。如果我们的加入不会使事情变得好些,我们面临的问题则与他们无关,然而这是我们的事情。

在每一个重要问题上发生内讧的欧洲,并不是一个我们可以明显降低战争风险的欧洲,而是一个我们要冒着自己的危险、冒着卷入权力平衡的老问题的风险——冒着平衡优势的风险而介入其事务的欧洲。这个问题与本文无关。然而,我认为,是该告诉欧洲那些宣传者的时候了,他们虽然在道德上和我们最大的利益上对我们进行说教,但他们在欧洲内部有更加紧迫的工作要做。

这些考虑是好的,即使美国人民准备承担赋予我们的责任。我们加入国联的危险仍然很大。但是,当我们出于情绪和同情而发生分裂,当我们没有制订出被大量更为明智的选民所分享的政策,当我们对于外交事务一无所知和毫无经验时,它对许多人来说似乎更加危险了,简直荒唐到了极点!洛夫乔伊先生在谈到欧洲人的政策在历史上对立时所采用的那种轻松语调,就是一个证明。

关于国联的优点,这篇文章说得很简略:无论如何,有必要区分国联对欧洲社会可能具有的优点与那些要求我们加入国联的卓越人物的优点。有人可能希望它对欧洲有好处,并且和洛夫乔伊先生一起,欣赏它可能施加的每种起稳定作用的影响。我们不妨承认洛夫乔伊先生对它所有成就的索取权,但仍然没有给出理由来说明为什么我们应当加入它。甚至一些主要的事实,也是作为一种欧洲事务而凸现出来的。

(1)它被困于《凡尔赛条约》;其中的每一个条款几乎不能摆脱条约不公正性的纠结。没有经过投票一致同意,就无法对它的内容加以改变。如果我们能做任何事情来减轻这种罪恶,就让我们去做吧!但是可以肯定,我们在自由的状态下,比我们在加入国联而束缚了自己的双手之后,可以做得更多。如果我们现在什么都不能做,就更加一无是处了。

(2)在欧洲,战争产生的问题明显是赔款问题,是鲁尔和近东的问题。国联丝毫没有触及这类问题。很明显,不需要"中立"国家的裁决。当我们被告知,欧洲希望并欢迎我们"带头和引导",我们希望知道奇迹时代什么时候回来。

(3)法国,欧洲大陆的主要国家,从未掩饰过它对国联的怀疑。它提出一个引人注意的例子,即陈旧的政策和老式的政治家仍然绝对地进行着控制。但是,不妨假设我们转到目前最积极地鼓吹我们进入国联的大不列颠。英国不再谈及美国的合作,这一点可以避免对无人合作的注意。"美国的介入",如今成了口头禅。它具有诚实的优点。

(4)人们并未诚实地提到国联,它是纯粹而简单的政府联盟。洛夫乔伊先生使我注意到芒罗(Munro)先生在《大西洋月刊》上的文章。我很高兴礼尚往来,请他注意杰克森(Jacks)先生在该期刊上发表的文章。

对于洛夫乔伊先生提出的一点——永久的国际正义法庭——我想附带地说几句。博哈参议员的决议在哈丁总统和休斯国务卿的推动下,提交到了参议院。这一决议要求建立一个具有"积极司法权"的法庭,建立一个以国际法为基础的法庭,而这部国际法把战争定为公共犯罪。

就它部分地贯彻了决议的观念而言,它也为采用和适应任何现有的机构做准备。这是一个为进行合作而将各种和平力量联合起来的可行办法。现存的法庭没有独立的审判权,这比它基于一种使战争成为最终的合法化手段的国际法还要糟糕。就我所知,没有人回答诺克斯(Knox)参议员的论点。他表明,目前国际联盟的组成,使战争在六种情况下是允许的,并且在另外三种情况下是法定的。而这提供了我们通向和平的唯一道路。我确信,在博哈参议员的提议之后,党派偏见不会妨碍对于和平的真诚热爱了。

(叶子译,汪堂家校)

美国要加入国际法庭吗^①

第二部分

女士们,先生们:在地理位置和历史方面,我们的国家一直比其他国家更受人们偏爱。我们与"一战"各参战国相距甚远,我们的疆域和资源极大地保护了我们,使我们免受欧洲在漫长的令人悲伤的数世纪中注定经历的那种纠缠、嫉妒、猜疑和怨恨。在这样的条件下,如果一种善良意志的精神、一种对其他各国的友善精神尚未在我们中间发展成熟,这确实是一种耻辱。当我们在没有欧洲各国那种借口的情况下,陷入傲慢、排外、不信任和与世隔绝的心态以及使战争容易发生的其他倾向时,我们比任何其他国家来说,更是罪魁祸首。这种情况并不是一种可以享受的特权,而是一种信任。我们不得不运用它来为世界各国谋福利;这是一个机会、一个赋予我们责任的机会。

确实,在世界和平中,我们有一种经济利益,因为和平和勤勉的各国可以产生最好和最可靠的消费者。我不会轻视任何倾向于和平的动机,但是在世界和平中,我们还有一种比自利所规定的更深层次和更广泛的利益。我们受到历史的束缚,受到对我们在世界上的地位的心态的束缚,受到位高任重(noblesse oblige)的法则的束缚——它要求每个人不应该将自己的优势和特权仅仅用来服

---

① 首次发表于《基督教的世纪》,第 40 卷(1923 年),第 1329—1334、1368—1369、1370 页。它选自杜威和哈德逊在"一位论派平信徒联盟"中进行的辩论的速记报告(此报告得到认可),此次辩论于 1923 年 5 月 21 日在波士顿举行;重刊于《人物与事件》(纽约:亨利·霍尔特出版公司,1929 年),第 2 卷,第 650—665 页,题为"我们应该加入哪个法庭?",以及《现代世界的智慧》(纽约:现代文库,1939 年),第 511—525 页,题为"国际法与战争体系"。两者均由约瑟夫·拉特纳编辑。关于哈德逊的开幕演讲及对问题的辩驳和回应,参见本卷附录 6。

务于自己的享乐,而且要用来帮助和服务于邻人——它给我们的责任多于给其他任何国家的责任。如果我们辜负这一信任,将有愧于自己的过去,有愧于我们的机会。

我相信,在总体上,我们的同胞感受到这一事实。在我们的国际关系中,我们的盾牌上存在着一些污点。不幸的是,在我们与弱小的各国打交道时,尤其在与我们南边的各国打交道时,这些污点正在形成。但是迄今为止,我不愿承认美国人民缺乏国际善良意愿的深厚积累,或者缺乏使它在行动中产生成效的愿望。美国的理想主义并没有消失殆尽,甚至没有沉睡;然而,它是模糊、混乱和令人困惑的。原因显而易见。理想主义已有一种表达渠道,但其表现形式曾经令人失望;并且从那时起,它已经不知道该走向哪里,或者该努力做些什么。理想主义令人泄气,畏缩不前。它发现自己在显示与欧洲各国发展合作关系的意愿时受到了阻挠;这个意愿被欧洲政治秩序中的憎恨和愤怒所阻挠,而这些憎恨和愤怒体现在欧洲的外交、对外机构以及大使会议中。欧洲国际关系的混乱,包括条约和国际法在内,主要集中在战争体制方面。

对此,我们有罗伯特·塞西尔(Robert Cecil)的话为证:在欧洲,战争贩子仍然活跃;欧洲常设的陆军和海军比"一战"前的规模大;欧洲用于战争目的的预算,通过向人民征税用于支持陆军和海军的资金比"一战"前多,尽管同盟国取得了压倒性的胜利,尽管沮丧的敌人的力量已不堪一击,尽管看不到这样增强军事力量将会针对的人。自然,在这样的形势下,美国的理想主义备感挫折,它正在等待能够将其愿望统一起来以便真正实现国际友好与和平的力量。它等待着发现一种它能借以发挥作用的新渠道,这种渠道不会导致欧洲的那种政治制度;那种制度从根本上说,与战争体制(一个充满欺诈与愤怒、掠夺与暴力的体制)有着千丝万缕的联系。这个命题最终摆在美国人民的面前,它的简称就是"战争的非法化"。

理想主义这一名称表示的,不只是一种道德正义感。它表示由一些简明的、可以理解的原则组成的一般规划。战争不仅仅被人们认为是罪恶的,还将被国际法当作一种公共罪行。战争不是被和平组织或国会通过带有修辞色彩的各种决议而宣布为非法的。用司法取代战争作为解决争端的方法,将被创造出来;它以世界正义的最高法庭的形式出现,将是为世界而存在并且属于世界的真正的最高法庭,而不是伏尔泰的故事如此容易形容的那种东西,以致我无法把伏尔泰的词语应用到所谓国际正义的永久法庭。用司法取代战争作为解决争端的方法，将会以世界各国的最高法庭的形式被创造出来，这个法庭会在国际法的约束下并通过一种国际法来判决案例，这种国际法将战争视为一种罪行，并且将战争的发起者与今天地球上滋生出来的任何其他类型的谋杀者视为同样的罪犯。

对许多人来说，诉诸法律和法庭，乍一看，是冷酷无情和平淡无奇的。这里没有丝毫亮点。它诉诸判断，而不诉诸单纯的情感。但是，仔细审视后，对许多人来说，这似乎又有点异想天开；它的确不错，但是太好了，以至于难以实现。在一度让人感到它达不到任何目的后，很可能又会给人这样一种感觉，即它是如此完美，以至于完全是不切实际的。但是，从个人经验来看，我感到，如果任何一个人允许这个想法在他的大脑中停留，那么就会到第三个阶段，这时他理解了这一观念，理解它就等于它被人们真心和热情地接受了，至少它被那些认为战争体制是当今世界上最大罪恶的人们所接受。

对于当前的讨论，我能够做的唯一的贡献就是为促进对这一建议的更好理解尽绵薄之力。如果我能够以任何方式推动这一理解，我更愿意将接下来对这一建议的实现留给你们理智的良知。这一规划的要点，至多可以通过考虑为世界法庭提出的建议而容易把握。不仅如此，我希望你们不要认为，我来这里是为世界法庭或者为美国在其中的份额提出建议。我来到这里是为了呼吁建立一个现实的世界法庭、一个用司法裁决取代战争作为解决各国间争端的方法的世界法庭。在国家之间，就像在个人之间那样，会出现涉及利益和观点的争论、争议和冲突，这一点是自然的和不可避免的。现在，为了最终解决争端，不管是国家之间或是个人之间的争端，世界上的经验和智慧已经发现了两种方法，并且只发现了两种方法：一种是通过法律和法庭来解决，另一种是通过暴力和非法手段来解决。在个人争端方面，人们已经确立了第一种方法；而在国家间的争端方面，暴力的方式同样被确立起来了。我建议使用"确立"这个词。特定的战争的罪恶倾向于让我们对特定的事实视而不见，即今天的世界处在战争体制之下这一事实，这一体制在政治、外交、现存的国际法，以及处于现存国际法之下的任何一个法庭中，已经根深蒂固了。

这一建议不是废除战争的道德建议，而是一种更加根本的建议，即废除作为一种权威的和合法的制裁机制的战争体制。第一种建议现在看来，或许只是一种乌托邦，或者也仅仅是一种情绪表达；而另外一种建议，即废除作为权威的、已确立的机制的战争体制的建议，在实践上是可行的，这种机制得到法律的批准，并且经过了法律的深思熟虑。承认这两种建议之间的差别，理解这两种建议之间的差别是根本的，一个建议仅仅是废除战争，而另一个建议则是废除作为一种统治体制的战争体制（国际政治、外交和国际关系就在这种体制之下运行）。目前，诉诸武力不但是解决国际争端一种合法的方式，而且在某些情况下，它是唯一合法的方式。这是国家的终极理由。

这一事实解释了目前的法庭和裁军的严肃努力为何徒劳无功，也展现了在当前的生活中道德冲突的来源。在所有国家内部的各种关系中，诉诸武力都是一种罪行。可是，将诉诸武力视为一种罪行之所以是切实可行的，是因为还有其他的替代性方法，即司法审判或裁决。但是，在国际关系中，诉诸武力是得到认可的，因为这里没有替代性的司法裁定。在国际关系领域，并且仅仅在人类关系的这一领域，法律是站在使用暴力一方的；而在任何其他地方，法律都将暴力视作一种犯罪。请你们考虑一下在世界的道德情感与国际法（世界在它之下运行）之间的这种冲突的严肃性和根本性，并追问是否有任何这样的可能性，即在这一状况得到改变之前，人类未来谋求和平的努力在减少或者在阻止战争上确实将比过去已经作出的努力更加富有成效么？争端必然会出现，如果我们不想让它们通过暴力来解决，那么就不得不寻找解决争端的其他一些方式。正如我已经说过的，人类过去的经验只发现了一种方式，即由一个法庭来执行法律的方式。那么，任何一个人在这个方向上轻蔑地谈及法律和法庭之前，他务必记得，当争端达到某种激烈程度时，我们知道仅仅有两种最终的解决办法，一种是由利益各方使用的暴力的方式，另一种是法律的方式。正如人类的本性所允许的那样，这种方式由与利益无涉和不偏不倚的各方使用。

那么，尽管这一建议的关键在于有一个现实的法庭的观念，一切将取决于这一法庭所运用的法律是什么。这一法庭在什么样的法律之下运作？这再一次让人想起一些国家经过深思熟虑并允许诉诸战争。因此，提供一种视诉诸战争为非法的国际法，是这样一种法庭的前提条件。这种法庭在一种真正的意义上，应该是国际法和国际正义的真正法庭。我听到的一种反对意见是：国际法的修改和成型是一个烦琐费力和缓慢的过程，人们必须立即采取一些行动。的确，人们必须立即采取一些行动，但是，有的行动能达到目的，而有的行动则不外乎是希望和绝望并存的盲目姿态。

现在,这种必须立即采取的行动实施起来相当简单,并且有理由快捷。这在很大程度上涉及从现存法律中删除一切将战争视为解决争端的条款。要这么做,要提供一个法庭;自然地,人们要接受余下的任务,即完善和进一步发展相互交往的规则与和平的规则;人们还要借法庭本身的功能并行不悖地(pari passu)完成这项余下的任务。这里,就像实施其他实际措施一样,我们必须追问替代选择是什么。甚至在假定要花时间来制订一种不承认战争的国际法时,我想问一下你们,除了这样来利用国际法之外,我们还有什么更好的办法吗?或者,难道要像欧洲自从所谓的凡尔赛和平以来一直在做的那样来利用它吗?那时,自从《凡尔赛条约》签订以来出现的六项军事争端已经动摇了欧洲体系;而且还有一些争端和这些已经导致战争的争端同样激烈,但依然没有得到解决。

我希望没有人会在下面的意义上理解我的话,即认为现存的国际法与战争体制有着密切的联系。请认真看一下文本并作出你们自己的判断。格劳秀斯那篇不朽的作品,题为"和平与战争法"(The Laws of Peace and War)——战争法。他的三部作品中有两部是用于讨论战争的,并且这个主题也渗入在其他的作品中。这篇文章与现代的关联和对现代的重要性并没有提高。请让我们一起回忆1907年最后一次海牙会议的情景,如果用略带反讽的话说,这次会议通常被人们称为一次和平会议。它采纳了有关国际行为的十四条措施、惯例和规则,其中十二条与战争行为有关,只有两条和仲裁与和平有关。支持战争的规则与反对和平的规则的比例是6∶1,这是衡量战争与和平在现存的国际法中所展现出来的相对重要的公平尺度。

无疑,上次的战争("一战")充分展现了通过战争规则使战争人性化的各种努力的滑稽性(如果不是悲剧性的话)。在关于自我保存、军事必要性以及诸如此类的学说中,国际法为任何足智多谋的国家留下了许多漏洞。但是,这一事实的必要性在于,一个参战国家的目标在于以人道和礼貌的理由在战争中取胜而非战败。然而,法律不仅是一个实体问题,而且是一个程序的问题,而程序和实体同样重要。就实体而言,博哈先生的决议(它使我的好朋友、芝加哥的列文森先生多年来一直在制订的规划付诸实践)规定,在战争已经被国际法视为一种公共犯罪的情况下,我们应该制订并采纳一部经过充实、扩展并且一直延续下来的国际法规。至于司法,有人认为应该制订出战争在司法上的替代选择。如果它在某种程度上存在的话,它应该在国际法庭的形式和性质方面作出调整。这一国际法庭,可仿照对各主权州之间的争议作出司法裁定的我国联邦最高法院;这一法庭拥有开审和裁决所有纯粹的国际争端的积极(affirmative)司法权,而这种争端由法律来界定,或者缘于各种条约的争端。在此,正如你们将会从我的朋友哈德逊先生的话中听到的那样,用"积极的"这一形容词来修饰司法权,是一个重要的限定。这一形容词表明,任何国家,不论大小,都可以就与其他任何一个国家的任何争端在法庭上审理。这就确保了对于任何名副其实的国际法和国际正义的永久法庭不可或缺的东西,也就是说,那些激烈到足以引起战争的争端可以有机会在法庭上解决。这样的规定是不可缺少的,因为否则的话,未来的法庭将只会做它过去所做的事情——当最需要它的时候,它却不起作用;当不需要它来阻止战争的时候,它倒要发挥作用。

想一想1914年发生的事情吧!除了一项要求以外,塞尔维亚接受奥地利最后通牒的所有要求,并且提议将一个例外要求呈递给海牙法庭。然而,这个法庭却没有积极的司法权,而当前的联盟法庭也没有这样的权力。因此,奥地利不得不对另一方的这一提议视而不见,甚至丝毫没有注意这一提议。因此,我们知道随后发生了什么。

假设原告(John Doe)和被告(Richard Roe)之间发生了争端,并且原告建议把争端呈递给法庭,而被告回答说:"不,我更喜欢通过个人搏斗来解决争端。我不允许你拥有庭审权。我根本不建议法庭插手这一事务。"在这样的情况下,我们的民事法庭难道不会是一个闹剧么?难道我们不会认为我们确实拥有民事法律和正义的法庭?或者,每当任何个人或群体感到他们足够强大,以至于可以成功地诉诸武力来解决争端,暴力会具有至高无上的统治权吗?

关于司法权,还有一点几乎具有同等的重要性。关于这点,已有很多讨论,而且依我的拙见,下面的这种区分让公众一头雾水,即在合法的与不合法的争端、合理的与不合理的争端之间作出区分。这种区分的结果是混淆视听,因为它倾向于给人这样的印象,即有些争端在本质上必然是不合法的。但是,合法的和不合法的意思是:有些案例是可裁定的,有些则不是可裁定的。重要的是由谁来裁定、什么案子可以裁定,以及什么案子不可以裁定。一旦法律和依法运作的法庭宣布那个特定的案子是法庭应该审理和裁定的案子时,任何这类案子都属于法律范围,或者应由法院受理。

现在,任何国家都能武断地确定一个问题是政治问题,因此是不属法律范围和不可审判的问题。它可以为自己作出下面的决定,即认为它关涉国家的荣誉,或者关涉至关重要的国家利益。因此,除了诉诸军事制裁外,它不受制于任何其他的裁定。因此,国际和平与正义的一个永恒法庭的首要条件是:法律和法庭而不是任何一方的武断的意志,应该决定在什么情况下、什么类型的案子是可以由法庭来审理的。现在,起草这一新的国际法的人们遇到的最主要和最困难的任务之一,无疑是在这样的案子之间划出明确的界线。这是专家的事情,而不是我这样的门外汉的事情。但是,我斗胆说一句:如果世界上有任何真正的和平意愿的话,正是那些现在被宣布为在其本性上是不合法的案子,将会被宣布为是最需要得到法律和法庭注意的案子。

我想让你们注意的第三点,是对不遵守法庭裁定的惩罚问题。这里我再次引用博哈参议员提出的决议中的词句,这一决议刚刚在参议院上次例会结束之前被提出。为了执行裁定,这个法庭将拥有"和我们联邦最高法庭一样的权力;也就是说,所有文明国家都应尊重基于公开、公平的调查的判断,尊重不偏不倚的裁定,尊重文明的公众意见的强制力"。这句话的本质在于,为了执行法庭针对不服从方作出的裁定,不去努力诉诸军事力量。换句话说,这一措施是合乎逻辑的,不但在形式上而且在实质上是合乎逻辑的,因为它坚持了战争是一种罪行的观念。它并没有提供在其中应该诉诸战争的案例。我们不应该忘记,运用警察的力量来反对一个不服从的个体和运用权力来反对一个不服从的国家是完全不同的。不管你怎么称呼,后者总是战争。它包括使用陆军和海军,使用大炮和高能炸药,使用封锁、挨饿、毒气,使用潜艇和飞机炸弹,等等。礼貌地称呼它们为警力,并不会使它少些战争的性质。除了通过战争,不可能对整个国家实施强制。将战争宣布为非法的,并且同样为战争做准备,就是确保战争体制的永恒化。

不过,我不需要对此详细说明,因为在美国公众面前,对这一建议正如对其他任何建议一样,面临的情况是相同的。我很高兴引用休斯国务卿就美国加入联盟法庭的建议最近发表的演讲:"事实是这样的,法庭作出的裁定是切实可行的最严肃的制裁。当各个国家同意把争端提交一个法庭并且遵守裁定时,这种遵守将具有最高的国际荣誉。事实上,你们不可能有别的比这更高的制裁了,并且它是这样一种制裁,即当这一裁定不仅仅是一个临时法庭的裁决,而且是一个在实际上得到世界上所有国家支持的永恒法庭的裁决时,人们将更加明显地感受到这种制裁。"

在它的支持者的心中,这一情形与罗伯特·塞西尔勋爵所表达的国家联盟的建议并非完全不同。我不打算对联盟公约的所有注释细节详细地阐述。一方面,威尔逊总统和克拉克(Clarke)大法官坚持认为,这的确意味着使用暴力;另一方面,塞西尔和他的朋友们则坚持认为不是这样。将有的战争作为例外情形对待,不宣布它为非法,就是对任何战争打开大门,这就是罗伯特勋爵的主张。如前所述,将战争宣布为非法的建议是积极的和有建设性的,而不是消极的。它并不反对任何其他的措施,而这些措施倾向于使世界摆脱战争体制的威胁。因此,哪怕只是含蓄地将这一提议与任何其他措施进行对比,我都会有所顾虑。为了和平的力量,我们需要团结而不是分裂。现存国家之间的分裂,是那些相信战争的人的最大财富之间的分裂;这些人的权力和他们的数量不成比例。

然而,实际上的重担毕竟落在我们每个人的身上。每个人不得不自我追问:是否在为某项计划而消耗自己的力量,而这个计划是在进行积极的和建设性的努力,否则就是分裂性的,因此相对于可能实现的目标而言,是消极的。这里提出的计划,与海牙法庭或联盟法庭并没有实质上的冲突。在我所引用的那段文字中,决议规定,应该创造出以司法代替战争的方式;或者,如果这种司法方式在一定程度上存在的话,它应该得到修正和调整。这一条款开启了考虑海牙法庭或联盟法庭各种主张的道路。然而,不指出这两个计划在实践上不相融的各种条件,很难说是公正的。

确实,条件已经准备好了,你可以把它们运用到当前的建议上来。现存的法庭,不管是海牙法庭或是联盟法庭,都在一种制裁诉诸战争的做法的国际法之下发挥作用。这是第一个区别。其次,这些法庭,或者其中之一或者两者都只有非强制的自愿的司法管辖权。我不是律师,不足以准确地理解非强制的、义务的司法管辖权是什么意思。有一些例外情形,就联盟法庭来说有一些例外情形,在这些情形下,司法管辖权有时是非强制的。但是,这些例外情形与我所理解的这个法庭在许多方面最坏的特征是联系在一起的,也就是说,它与解释和执行《凡尔赛条约》的不公正有关。正如哈德逊先生告诉你们的,或许,如果不以我的方式对这点作出强调,这一法庭具有强制的司法管辖权的那些情形就会是这样的情形,即在那里,争端与和约将依赖于《凡尔赛条约》。

第三,当前的这些法庭是在对合法的案例与不合法的案例的区分完全有效的情况下发挥作用的,这将会剥夺法庭具有的效力,不管什么时候需要法庭来阻止战争,作出预言都是安全的。这里,我不打算反对任何有利于和平的计划,从哈德逊今晚在这里所作的发自肺腑的发言中,我无论如何都颇受教诲和启迪。但是,我们都有一个实践上的问题需要决定:不管我们的影响多么微不足道,难道我们不打算为了捍卫反对战争的法律,或者为了这样一种在很大程度上涉及战争规则的国际法而使用这种影响吗?我们应该通过我们的影响宣布,我们满足于并且美国满足于这样一个缺少有效的司法管辖权的法庭吗?或者,我们应该宣布,就我们都算在美国之内而言,我们和美国都赞同将战争视为一种公共犯罪,并且将战争的发起人视为罪犯的国际法吗?——也就是说,我们赞同一个以司法裁决代替诉诸暴力的做法的真正的法庭吗?关于这一问题,我不能为你们作出决定,我们中的任何一个人也不能为任何其他人作出决定;但是,我们每一个人确实需要用智慧和热情来审视这一形势,并且基于自己的立场作出自己的判断。

胡佛(Hoover)国务卿近来认可了博哈参议员的想法,但是他在他的德莫内斯(Des Moines)演讲中补充道,这是一个完美的提议,完美到在当前几乎没有任何可行性。尽管除了为我自己,我没有任何想为别人的影响而辩护的愿望和意图(不管我是否愿意承担一种个人责任,我都向往这种影响),但我的确要质疑胡佛国务卿或任何其他的人有权代表美国或世界人民发言。他说:"尽管我支持它,但是世界还没有为这种提议做好准备。"

这是一个将由我们来决定的问题。我们究竟是真的反对战争体制还是仅仅对它有抵触情绪?——我们不想做一些友好的姿态,伸出我们的手指在不和谐的海洋上轻轻划过,却不准备尽快采取积极的行动么?我们准备用一腔虔诚的抱负——某些所谓的"措施"——来拯救我们的良知么?或者我们愿意在国际关系领域进行一种重要的和真正的改变么?在我们向美国人民和其他各国人民提出了这个问题之前,我不会承认世界人民的愿望的这种不真诚性——我不是说世界的统治者和政治家的愿望,而是说世界人民的愿望——他们反对战争的愿望的不真诚性。

摆在我们面前的建议完成了一个重大的步骤,它向世界人民提出了——在人类历史上第一次向世界人民提出了——这样一个建议。这是一个简明的、可以理解的和根本性的建议,在这一建议的基础上,世界各国人民可以将他们是希望和平还是希望延续战争体制记录下来。我要再次提醒你们：我们直接作出实际的决定时所面临的问题，不在于这一提议是否会终结战争，而在于是否相信我们值得作出这些努力，我们值得给予世界各国一个机会去迫使世界上的政治领导人必须持续记录这一点。有一件事情是毋庸置疑的：如果各国人民不希望战争，那么，他们就会对这一提议作出回应。另一方面，如果结果证明他们确实希望战争，那么，战争将会越来越令人恐怖地持续下去。如果战争必定会持续下去，我不想再浪费时间来谈论这些提议中的任何一个了。

  我听到过对这个问题的许多讨论和反对意见。在你们致力于反对宣布战争为非法的提议之前，我希望问问你们所有人，从逻辑上看，这个反对意见是否没有暗示战争体制必然持续存在？现在或许它的确暗示了这点，我不能证明情况不是这样；但是，我只是说这个反对意见证明言过其实了，因为它使任何一种努力、任何一次会议、任何一场讨论，以及像我们今晚在这里或在任何其他时间提出的任何一项提议，成为完全没有意义和没有根基了，而最多只有在暂时抚慰我们个人情感的意义上才是重要的。与此同时，这种宣布战争为非法的提议的确向世界各国作了公布，以便发现人们到底希望战争体制继续存在还是不存在。

  对于我本希望谈谈但却未置一词的问题，我想在结束时说上一句：这个问题涉及的东西除了措施还是措施。我们已经采取措施来消除战争有多久了呢？而且，为什么这些措施毫无成效呢？因为所有这些措施都是在战争体制之下采取的。它不是我们需要的措施，它是背道而驰的，完全偏离了正确的方向。当我们完全背道而驰时，将来就要不断采取各种步骤。在人类历史上，没有任何重要的进步是通过墨守成规来实现的。不妨考虑一下那个提议。墨守成规有利于完善既已确立的原则和方法，但从来不能开创迈向人类进步的重大步骤。人类的进步通常是通过寻找批评和处理老问题的新方法来实现的。发明电话不是通过采取措施完善我们的发音器官直到我们能够更大声说话来实现的。自动割捆机也不是从老的手工工具一步一步发展出来的。正如我们采取措施改善我们的腿不能发展出使用动物作为运输工具一样，通过改善对马的饲养，我们不可能发展出火车。通过采取措施改善蒸汽机车，我们也不可能发展出内燃机车。我认为，对于任何工程师来说，除了寻找新的方法来跨越已经日积月累且妨碍旧的方法的各种障碍，在机器的改进方面就不会有任何重大的进步。这一点同样适用于所有的社会进步。我认为，使人类的大部分努力归于失败的悖论是这样一种观念，即进步可以通过朝错误的老方向迈出更多步骤来实现。如果我们乐意,可以采取措施来完善在旧的体系之下的国际法和国际法庭,但是不要自欺欺人地认为,在细节上完善这一体系,就是在采取步骤消除世界上的战争体制。

如果在某个地方有某个面目狰狞的恶魔观看了人类犯下的愚蠢之举,我想象不出还有什么能够比看到满怀真诚和热情的男人和女人正在采取措施,通过改善一个致力于战争的法律和政治体系来消除战争给他带来的更邪恶的满足了。提议宣布战争为非法的,是从法律的角度采取的措施,因为它意味着已经持续了无数年的法律的发展现在将被扩展到人类关系中唯一由战争支配的领域。如果我们回顾野蛮时代,会发现有这样一个时期,那时每一种引起争端的人类关系都是通过个人之间的决斗来解决的。除了一点以外,我们已经用法律和法庭取代了所有其他的方面。那么,从法律的角度看,我认为,宣布战争为非法的建议在法律的演化过程中,是一个真实的、必然的和登峰造极的一步。但是,从战争的角度看,改善战争的规则和约束战争的法律完全不是办法。与此截然相反的,是完全改变方法。

预见到所有的反对意见并对它们作出回应是不可能的,但是我发现,这里有一个经常出现的误解。人们认为,这项计划与讨论、会谈和谈判是对立的。多么荒诞的想法啊!我们满可以宣布,民事法庭的存在完全排除了争议各方之间的谈判,并把这一点作为对民事法庭的反对意见。但事实完全与此相反。民事法庭的存在,在使诉诸个人之间的暴力成为犯罪时,显然鼓励和敦促人们诉诸讨论、会谈和谈判。目前,为什么那么多的国际会议和国际谈判声名狼藉且徒劳无功呢?因为它们是在战争的阴影之下进行的。正是这样的事实如此之多,使外交变成了挑衅、阴谋和欺诈的同义词。你们宣布战争为非法,而不是阻止世界各国为进行开诚布公的讨论和协商而汇聚在一起;你们也在人类历史上第一次表达了世界各国人民对协商和谈判的智慧的善良意愿。

我已经多次谈到,宣布战争为非法是一种新的方法,是从另一角度而发动的批评。在结束时,我希望再次谈到这一点。人们不仅问我们什么是程序上的最终方法,而且还问我们将如何进行下去? 的确,这种新的方法也适合在这里使用。除了纯粹教育的和道德上的方案,其他的和平方案过去依赖于统治者、政治家和政客们的动机,例如,在国家联盟的构成方面,就一直是这样。这里终于出现了一项追求和平的运动,这一运动始于不同的国家本身,并且要求立法者、政治家和外交家将追求和平的大众的愿望付诸实现。它具有民众教育运动的诸多优势,但与其他追求和平的民众教育运动不同的是,这一运动有一个确定的、简明的实践上的立法目标。当我们考虑政治家(我尤其是指那些不得不处理外交事务的外交官)自作主张的程度时,当我们考虑他们与政治传统和战争机制密切联系(直到他们几乎完全按照它的方式思考和行事)的程度时,指出这种差别的重要性就是不必要的。想想以下两者之间有什么差别吧:要么,你从人民出发,然后在政治家那里结束;要么,你从政治家那里开始,最终将某种东西强加给人民。

这里有一个值得讨论的阻碍,那就是我们自己的冷漠无情、我们自己的怀疑态度、我们自己的三心二意。就让我们着手将舆论集中于这一问题,引导各国——首先是美国——推动政治家对这一提议的认可;这样一来,积累起来的理论异议从今以后将会像黎明到来之前的晨露那样消失殆尽。

斯特朗主席 〔查尔斯·斯特朗(Chrles H. Strong)先生,纽约的律师,同时是一位论派平信徒联盟的主席〕现在,请再多一点耐心好吗?接待人员能快点过来收集一下问题吗?〔接待人员把忽略的问题收集起来。〕你一直都这么慷慨大方,我想,杜威教授随时都可能会转身快速离开演讲台。在接待人员整理更多问题时,杜威教授可以先回答其中的一两个问题吗?

我们有美利坚的最高法院,它已经宣布奴隶制和酗酒是非法的,为什么不宣布战争是非法的呢?

我的答案一如既往是肯定的。有两三个具有这种带有普遍性的问题:人民通过什么机构(通过国会)来宣布战争是非法的?或者,怎样宣布战争是非法的?这一建议如何发起,并且如何付诸实施?

是的,当然,你必须首先让舆论像人们采取的其他重要措施(尤其是没有党派偏见的措施)那样行事。采取禁止的办法(信不信由你),曾引发不断的煽动。最后,国会采取了相应的行动。我相信,在我们的国家,喜欢战争的人不会和喜欢酗酒的人一样多。根据我的判断,组织这种舆论并由国会采取行动将是一件容易得多的事情,顺理成章的是,政府不得不把这一行动告知其他各国。毋庸置疑,在我们的国家,必须有一些教育运动,组织一些讨论。最后,我不清楚怎么做到这一点，但我可以想象，可以通过交换条约为实际目的而做到这一点。也就是说，当每个国家的立法机构致力于这项政策后，各国之间实际上可以沿着这一总体思路进行条约互换。

至于哈德逊教授的观念和我的观念之间是否存在真正的对立，或者对任何人来说，同时支持这两种观点是否可能，还有一些问题。是的，如前所述，我支持任何有利于消除战争的措施。你们或许记得那个古老的甚至有点庸俗的故事。有个人接到了一封电报，说一个臭名昭著的亲戚死了，电报说："我们是对他的尸体作防腐处理、埋掉还是火化呢？"那个人回答说："对他的尸体作防腐处理、埋掉并且火化，要万无一失。"那是我对这件事的感受。我只是感到，被迫指出你们得到的是如何少。我没有必要坚持这一点，因为哈德逊教授的演讲很出色，这表现在它温和、实事求是，而且没有提出别人有时候以模糊的方式提出的主张。

现在麻烦在于，如果我国人民对这一提议作出回应，我担心他们不会像今晚我们听到的那样基于温和的事实陈述而作出回应。人们将会得到这样一种观念：不管出于政治的目的还是其他目的，这都是一个重大的了不起的进步；你们知道，这不只是一小步，而是一个飞跃。战争将会在欧洲继续并爆发；他们将会发现，没有一个导致战争的案子会在法庭审理。他们会说："又被愚弄了。"然后，他们会更加孤立，因为他们将第二次被愚弄。这就是我担心的事情。就其自身来说，我们的国家没有孤立；但是，我们发现了希望和幻觉，并且我们发现，不管有没有联盟，欧洲的政治状况不允许这些希望变成现实。

是的，我非常认可公约的序言中的话。它是非常精彩的反战宣言，是哈德逊教授引用过的一句精彩的话，但是它并没有改变下面的事实，即从《凡尔赛条约》签订以来，欧洲已经发生了六场战争，其中五场战争是由那些签署了联盟公约的国家发起的，而公约规定他们支持对一切争端进行裁决。从来没有人提议将这些案例之一交给法庭裁决，其中的大部分案子也没有提交联盟。它们以前成立的唯一团体是大使会议。我无意反对联盟。这就是联盟的背景，也是专注于战争体制的欧洲政治状况。我要说的是，如果我们的国家打算包揽一切事情，那就让它在争取和平与使世界摆脱战争体制方面体现自己的真实价值。

斯特朗教授：问题是如此之多，以至于你们自己也会明白：要让这些先生回答这些问题中哪怕一小部分都将是不可能的，因此，我将请哈德逊教授回答其中的一两个问题。如果杜威教授休息好了,可以请他回答其中的一两个问题。然后,我想,我们必须停下来了。

杜威教授:我不会占用你们的时间来回答所有这些问题。其中有许多是重复我已经做过的论证,或许,我应该利用你们的问题来重申我的论证。我不会重复论证,但我会挑出一两个稍有实际价值的问题。

永久法庭有必要存在吗?它永远遵循原来的方向吗?它最终不会导致宣布战争为非法吗?

当然。但是,用广告语言来说:"赶早而不赶晚。"(直译是:"最后,为什么不是现在?"——译者)

为支持一个更好的计划而投反对票,这难道不会被理解为投票反对美国的促进和平的努力吗?

好吧,我并未敦促任何人就这项决议投反对票,那要由他们自己决定。我只是希望有另外一种选择,这样,你们可以就宣布战争为非法这件事投赞成票或反对票。或者,你们中的某些人已经在某些地方把它写在背面了。如果你们一致投票支持这两个提议,它丝毫不会伤害我的感情。

现在,另外一个问题确实是一个实践问题:

作为一个个体,我应该怎样和从哪里开始造成我所赞同的态度大逆转?

现在,我们整个国家正在开始形成各种组织,有许多地方团体是支持宣布战争为非法的。在芝加哥,有一个委员会已经存在了大约一年,并且我想请你们当中对此有兴趣的人写下名字和地址:Mr. S. O. Levinson 先生,76 West Monroe Street, Chicago。列文森先生是这一创始委员会的所谓管理者,他会非常高兴地给你们寄去文件。在纽约,我们现在正在组建一个新的委员会,以便和芝加哥的委员会携手努力。在其他地方也有类似的运动,如果听到我今晚所说的话激励大家组建类似的委员会，我将会感到今晚的确做了些事情。就个人来说，我非常乐意回答向我提出的任何问题，并且寄送资料。我还有另外的资料的一些副本，但是如果你们记得列文森先生的名字和地址的话，你们可以直接与他联系。换句话说，此时此地要着手做的事情就是全力以赴地组织当地的协会，并且对此不要有丝毫的怀疑——今年或者明年，当华盛顿的人们从一些团体得知关于这一主题的消息时，他们将会投票赞成这一决议。

政治联合还是法律合作？[①]

看过兰辛(Lansing)对凡尔赛外交政策所作解释的人将会回想起一个原则冲突,而这种冲突可以摆脱与之伴随的复杂的个人因素。兰辛先生支持一种法律途径和解决办法,而威尔逊先生则支持政治解决方法。他们两人都忽视了这一状况的经济方面,除了这一事实之外,除了他们两人都专注的特定法律措施和政治措施的智慧之外,这种态度差异背后还有一个真正的问题,政治和法律是密切联系在一起的,他们不可能完全分开。但是,作为应对社会状况的方法,它们可能会大相径庭。

从宣传策略的角度看,支持美国加入国际联盟的人迄今为止占有一定的优势。在这一领域已有一项已经公布的政治政策,而且在世人面前还没有什么可以代替的法律方法。当博哈参议员介绍他的决议时,这一事态的条件已经得到修正,他的决议承诺美国将通过对国际法的修改以及提供一个国际法庭来宣布战争为非法的。一般来说,除了极端的重要性外,这一提议对本刊物的读者还有一个特别的好处。宣布战争为非法的理念在 1918 年 3 月 9 日的《新共和》杂志上,从列文森先生写的一篇文章中第一次看到了曙光。

博哈参议员的提议,是国家联盟的支持者应该喜欢的提议。他们可能认为这还不够,但是他们几乎不能否认,不管有没有联盟,它都提出了国际合作不能

[①] 首次发表于《新共和》,第 34 期(1923 年),第 89—91 页;以"为何不取缔战争?"(Why Not Outlaw War)为标题重刊于《人物与事件》,约瑟夫·拉特纳编(纽约:亨利·霍尔特出版公司,1929 年),第 2 卷,第 666—671 页。

缺少的措施。既然联盟理念对美国民众的主要影响在于这样一种信念或至少是一种希望，即它将有助于以某种方式结束战争，那么，只有党派偏见所带来的不一致会阻止联盟的支持者们团结起来。与此同时，这一决议的条款如此独立于联盟的观念，以至于它帮助我们在处理国际争端政治的和司法的方法之间划清了界线。

正如我们有些人对事情的看法那样，废除战争的政治方法是毫无希望的——至少到目前如此，因为它正好依赖过去已经导致战争的那些力量。在战争期间，联盟各国之间统一的组织和相互合作产生了一种真实团结的幻觉，很多人成了这一幻觉的受害者，我自己也是受害者之一。对于那些认为确实有这样一种团结的人来说，没有什么比问下面的问题更自然不过了：为什么不坚持，为什么不将这一利益和努力的统一维持在和平状态呢？为什么不通过一些必要的改变，利用在战时将行动统一起来而在战后将政策统一起来的行政机构呢？如果在战争中取胜要求合作，那么，维护和平与结束战争要求同样的合作。当然，睿智的人们会看出困难，这种困难在理论上不是不可克服的，这种困难在于将另一方的联盟各国带进这一组织中来。但是，战后的状况已经表明，与先前的敌人相关的问题只是存在于联盟本身中不可克服的困难中的一个特例。战时的状况仅仅暂时涵盖了历史上根深蒂固的政策对立，只要战争的压力消除了，这种对立就不可避免会浮出水面。

有许多的长篇大论认为，协约国在和平时期应该维持战争联盟；还有许多的抱怨，认为他们没有这么做。但是，所有这些都只是言辞，只是言辞。素来的冲突依然还在，它们不但体现在古老的力量上，而且事实上因为战争而加强了。因为欧洲大陆出现了法兰西的霸权，而这种霸权几乎和拿破仑的霸权一样（大英帝国曾对拿破仑的霸权发起长期的战争），这种霸权与它的整个政治传统也是对立的。旧的权力平衡被颠覆了。经济的疲软和复兴的必要使以前的利益竞争更加尖锐和激烈，如何分配赔款的问题引起持续的摩擦。将战时的联盟带进和平时期的唯一可行的方式，本应当是其他各国自愿继续服从法国。战时这一点不论在军事还是地理上，都是必需的。这边，法国的一些行为是令人遗憾的；那边，英国的某些行为是令人遗憾的，等等。然而，在欧洲曾经发生过和正在发生的一切，仅仅是展现了在历史上可以回溯几个世纪的力量。它们不是将被部署的特殊行动，而是那些需要理解的力量的表现。

当某些力量已经证明会导致冲突和摩擦时,寻找会削弱或者绕过引起麻烦的力量将是基本的深谋远虑的一部分。只有那些思想贫乏的愚蠢之人才会认为,如果我们对这些同样的方法投入激情,或者通过机械的方式操控它们,它们将突然会为了完全不同的目的而发挥作用。政治案例集中反映在以下事实中:它假定并且依赖将战争作为解决争端的终极方法的合法性。《国家联盟宪章》明确考虑甚至规定了将强制性的武力,将经济力量或军事力量作为推广其意志的最终手段,这一点丝毫不是意外。这么做只是在诉诸政治形式。假如问题是按照政治方式解决的话,这一事实又一次成了必然:使用这种力量不是由整个联盟提出的,而是由战胜的协约国中五个主要的国家提出的。一个将诉诸战争视为合法的世界总会处在战争的边缘。

那么,替代的选择是什么呢?一个就是完全重组世界,尤其是在经济方面。有那样一些人,他们说,只有消除了引起战争的"原因",战争才会停止。因为这些原因主要是或完全是经济上的或工业上的。那些人论证说,对我们的工商业体系的彻底改革是避免持续的战争威胁的唯一途径。

然而,即使这种主张最热忱的支持者也必须承认,这一方法遥不可及。这一主张的支持者甚至坚持认为,在这一主张付诸现实前,必定有一个长期的内部斗争,以及外部的资本主义战争。因此,它目前还只是绝望的、无能为力的提议。另外还有一种方法,即诉诸法庭、法律和司法程序。当前大家有某种理由贬低法律体系和法律概念。但是,只有最盲目的怀疑论者才会厌恶某些法律方法,今天的情况就是如此。这妨碍他们看到这一事实:在人类历史上,作为解决因利益冲突而引起的争端的方法,除了诉诸暴力(不管是个体的,还是集体的),法律是唯一的替代选择。

108

至少有一种反对意见,国家联盟的支持者不能把它用来反对博哈的决议。他们不能主张,这是不可行的和不可能的。如果国家不愿将他们的合作意愿带到宣布战争为非法这一消极的和形式上的程度,如果国家不愿将他们的合作意愿提升到提供一个国际最高法庭的积极程度,那么,假定他们会走向建设性的政治合作所要求的那种高度,将会令人啼笑皆非。如果他们在没有紧迫危机的压力下、在冷酷的法律形式的保护下举行会议时达不成任何一致,那么,毋庸置疑,当危机真正迫在眉睫,空气中弥漫着恐惧、猜疑和贪婪时,他们也不会达成任何一致。对于坚定的怀疑论者和愤世嫉俗者,没有绝对的答案。但是,其他任何人都将被下面的事实所感动:除了诉诸法庭和法律,人类几千年的经验还没有发现任何其他的和平解决争端的方式。稍微回顾历史,每个人都可以看到,尽管在某些历史时期,个人之间的争端留待争端的各方通过决斗来解决,但傲慢、盲目、愚蠢之极的人的确已经到达了这样的程度,在这里除了国际争端外,一切都已远离了军事暴力的制裁。当我们断言一个建立在视战争为非法的严密成文法基础上的国际法庭(它在恐怖案件以及其他案件方面具有完全的司法权),是实现保存人类文明自身的目标(每天我们都能比较清晰地看到这个目标)的唯一可行途径时,我们不是在诉诸某些抽象的进化法则,而是在诉诸整个人类世世代代的集体经验。

众所周知,法律是讲究形式的和冷酷无情的,我也是以这样的心情写下这些文字的。因为对于读者来说,继续思考战争的恐怖、危险和罪行是一种羞辱,剩下的问题只有一个:阻止战争的方法。政治的方法已经失败了,它会酿成战争。情感、基督教、宗教和道德理想也已经失败了。有一种方式还没有尝试过;那是最简单的方式,是由在相似情形中的人类经验支撑的方式。这么多的理想主义者已经为这种灵丹妙药发出呼唤,通过宣称它将一劳永逸地消除战争的可能性。人们应该否定任何旨在唤起人们对这一方法的激情和争取人们对这一方法的支持的努力。法律还没有终结其他领域的各种争端,在国际关系领域,它很难这么做。刑法没有制止犯罪。提出下面的主张,我会有所犹豫,宣布战争为非法将绝对地确保我们反对战争犯罪。但是,法律的确提供了一种和平解决争端的方式,否则的话,这种争端会导致各方为了维护他们自己的主张而诉诸个人私下的战争。然而,被宣布为非法的和贴上犯罪标签的战争完全不同于合法的战争,正如现在的一些事情就是通过这个唯一合法的终极办法来解决的。例如,关于当前法国在鲁尔的行动的合法性有一些讨论,但是只有很少的人承认,如果法国对德国宣战,那么,它的一切行为就会立刻变成合法的。法国的战争宣言可能是不道德的,可能是不明智的;但它可能是合法的,并且源自战争状态的任何一个行动将通过国际法或国家的法律而被合法化。

只要这一事态继续存在,讨论结束战争有什么用呢?如果我们预先假定通过国家的一致同意宣布战争为非法没有可行性,那么,消除战争的希望是什么呢?幸运的是,迄今为止,就我们国家而言,对于博哈参议员的提议,已经可以列出比大部分人想象的庞大得多且更加坚定的支持团体。越来越多的团体已经请求加入这一行动,数百次的公众会议已经同意这一决议。那些认为这是痴心妄想的人,一点也不理解我们国家的舆论。但是,如果在美国已经完全支持这一运动之后,欧洲仍然冷酷无情、漠不关心,那么,我们在世界上的所谓影响和道德领袖地位成了什么样子呢?如果世界的道德信念不能凝结成简单的法律、一个法庭的法律,那么,任何事情都会毫无希望。除了对文明堕落乃至于毁灭袖手旁观,或者等待某些偶然的机会拯救文明外,我们什么也不能做。用比较缓和和审慎的话说,博哈参议员的决议向世界提供了为了和平的决议所包含的智慧,以及对这一宣言真诚性的最高检验。然而,美国人民首先要面临挑战、考验和检验。

如果战争是非法的①

对列文森-博哈宣布战争为非法的计划的第一反应主要是敌意,这是很自然的事情。然而,其理由是心理上的,而非实践上的或逻辑上的。长期以来,我们一直在沿着其他路线进行思考。这个模式(scheme)看似太过简单和彻底。它几乎像一个把戏、一个魔术。真实的困难在于我们的心灵太多地充斥着其他计划,以至于难以将其转入新的轨道。我们正在按渐进的方法思考最终消除战争的"步骤";其方式有仲裁条约、调解法庭、减少军备、在战争爆发后谴责有罪的国家、通过超级力量以强制的方式形成促进和平的政治联合、培养人们的道德感;开展经济改革从而排除产生国家敌对的原因,等等。新计划在不同的方面进行。它并不反对其他的东西,但是,它超越它们。它从一个新的角度解决战争问题。因此,困难在于从一种思路转变到另一种思路。

我打算提供一些可以促进思想转变的看法。一个不受欢迎的反应归因于这样一个事实:这是一个合法的方式,是一个律师的计划。而我们生活在一个怀疑法律及其功效的时期。原因显而易见。在许多方面,法律的影响非常稳定,以至于我们认为它们是理所当然的。我们没有注意到法律,就像没有注意到呼吸的空气一样。在其他方面,社会环境比法律制度的改变更为迅速:在这些问题上,我们对法律持批判态度。但是,通过严密思考而制订的任何法律制度的功效的唯一基本条件是,它代表着共同体的普遍道德信念。除非世界上的道德情感达

---

① 首次发表于《新共和》,第 34 期(1923 年),第 234—235 页;重刊于《人物与事件》,约瑟夫·拉特纳编(纽约:亨利·霍尔特出版公司,1929 年),第 2 卷,第 672—676 页。

到了谴责战争的程度,否则对战争就无能为力。如果到了这个程度,那么,那种信念就会凝结为法律——通过有序的得到授权的方式。当然,一个人可能不相信所有的国际法。但是,即使一个人相信国际法,人们也不会要求他相信法律会创造奇迹。人们只要求他考虑到,当那种法律将战争视为一种犯罪而不是使其合法化时,人们将要作出的实际区分。

当下的基本困难在于,道德信念和道德情感没有发挥作用的途径。几乎每个人都反对一般的战争,但是,几乎所有人都似乎同时发现,他们处于这么一个境地:要么赞成某场特定的战争,要么反对他自己国家的行为和法律。我们发现自己处于一个悲惨的道德困境之中:要么在接受共同体的保护并享受其好处之后,当共同体需要他的支持之时,他放弃对共同体的责任;要么,他必须昧着良心去支持彻头彻尾的恶行。当战争主要是由统治阶级和雇佣兵发动时,安抚个人的良心要容易得多。在目前情况下,道德两难深深地触动着每个公民。当战争按国际法的定义而成为一种罪行时,良知就站到了自己国家法律的这边,而法律则到站到了良知这边。好战的人们将成为不爱国者和罪犯。和平主义者成为积极的、忠诚的爱国公民,而不是一个反对者、一个讨厌的人和一个危险,或者一个被动的妨碍者。只要公众的良知和法律继续互相对立,世界就没有安宁可言。

工业上的安宁也是如此。如果引起战争的经济原因没有彻底改变,宣布战争为非法就是不可思议的——这一论证是本末倒置的。只要人们还生活在战争体制的阴影之下,预想可以严肃地关注经济罪恶的原因就是不可思议的,因为我国百分之八十五的开支被用来支付过去的战争所产生的费用,以及为未来的开支做准备。请考虑一下,这给社会改善的努力带来多么大的负担。但更重要的是心智和道德能量的分散,是兴趣和关注点的分散。只要战争的阴影笼罩着所有的社会问题,基本的经济和社会重组计划的最热心献身者如何期望得到一个公正地听取他想法的机会呢?不妨让读者浏览一下这样的计划(从社会主义和单一税,到教育的根本改变),接着考虑一下讨论、试验和执行的妥协程度,以及受到与战争威胁相关的问题阻碍的程度。一个人越关注这个阶段的问题,他就越会相信:我们应该摆脱战争以便使改革有充分的机会,而不是推迟考虑战争直到一些改革得以完成。对普遍的社会进步的大部分失望、犬儒主义心态和半心半意,反映了迫在眉睫的战争危险。随着战争被宣布为非法,我们有把握预见到自由派的信心和兴趣的一次伟大复苏。在采取这一步骤实现世界的安宁之前,一种不确定感和无用感将使社会的努力归于无效。

宣布战争为非法,同样是平息政治纷争的条件。一个突出的事件可以成为一条线索。大部分美国人相信,法国具有获得安全的权利。我们拒绝参加这种政治上的安全保证,因为担心被拖入战争或争端之中。还有什么比各国普遍同意宣布战争为非法,可以更好地确保法国的安全呢?通过以这种非政治的方式获得的安全,会全面解放有助于友好关系的各种力量。具有侵略性的德国王政复辟主义者和具有侵略性的法国帝国主义者的力量支柱将会断裂。这个国家和法国之间的密切友好关系,因为相互的反诉而终止。美国可以开展合作工作,这一工作可以消除目前束缚着我们的那些担忧。欧洲较小的国家可以致力于重建工作。只要战争减弱,我们鼓励欧洲安定下来并"回去工作",就是纯粹可嘉的规劝。

因此,宣布战争为非法是永久平息国际关系纷争的一个条件。它将使未来世界组织问题不再像现在那样复杂。目前,国家的结盟或联合很可能在实际上(无论在名义上,还是在信念上)是一种出于进攻和防卫的老式联盟。许多人反对目前的(国际)联盟,并且会继续反对任何旨在建立超级政府的计划;当可以确保未来的国际合作不会使我们卷入政治对抗和仇恨时,这些人就会有开放的胸怀或热切地期望未来的国际合作。相当一部分人在与《凡尔赛条约》的决议相联系的模式上意见"不可调和",但他们只是对会谈和合作的观念意见相左而已。他们只是在等待一个可行的计划。宣布战争为非法扫清了道路,并将使对这类计划的考虑和发展变得切实可行。

我们不妨举一个具体的事例——我们与现有的国际正义法庭之间的关系。那些鼓励我们加入这个法庭的人指出,这样的法庭显然是美国人对国际思想和法律作出的贡献,他们还指责我们因为不加入这个法庭而态度前后不一。但是困难在于(无论事实上它是否真实),它与《凡尔赛条约》和目前存在的国际联盟有联系。博哈参议员的决议明智指出,这个以重新制订使战争成为公共犯罪的国际法为基础而建立的法庭,可以适应任何现存的法律体制,这些体制可以部分地充当国际正义法庭。这个规定显然旨在使用一个现存的法庭。但是,对它的使用是以宣布战争为非法的法律为基础的,导致人们反对我们参与该法庭的担忧也因此减轻了。人们将会对旨在建立一个按法律和情感而不是按政治和军事规则联合起来的世界的许多步骤作出区分,上述情况不过是这一区分的例子而已。

  涉及将战争视为非法的计划并没有什么支持国际强制和处罚的条款,这种论据非常充分。当它出自相信战争体制的人时,就成了一个逻辑论据。而从那些相信以国际合作代替国际对抗的人们口中听到这一点,似乎有些奇怪。他们希望消除战争——并将其作为强制的手段而保留下来。即使被称为警察部队,一支国际军队实质上还意味着别的什么呢? 一面要消除战争,一面要暗中利用战争为我们的目的服务! 矛盾不仅仅是逻辑上的。它还意味着那种使战争永久化的心态的永久化。在一个国家的案子被公开听证并宣判之后,在它同意宣布战争为非法并且服从法庭裁决之后,如果这个世界的道德信念无法阻止一个国家诉诸战争,这个世界在任何制度下都无法摆脱战争。此外,每个立誓惩罚战争制造者的国家就好像成了违反自己的法律的罪犯。在国际上,存在着对道德力量表示公开的彻底信赖的倾向,这种道德力量否认战争是最后的手段。在国内,存在着一直在发挥作用的法律保障和办法。除了致力于把战争体制作为合法体制而加以维护之外,还有什么可以有效地加以信赖的东西呢?

(叶子译,汪堂家校)

战争的非法化不是什么①

115 《新共和》的社论专栏对努力消除战争的人分成敌对阵营的倾向多次发表评论。这些评论对假定某一方法是独一无二的流行趋向表示遗憾。显然,我们必须从多种角度探讨像战争那样与传统、国家历史、政治、经济、外交和教育交织在一起的任何东西。自然,一些人会对一种探讨方式感兴趣,而其他人则对另一种方式感兴趣。但是,唯一明智的策略是协调分工,而不是相互反诉和攻击,这些反诉和攻击只会加强和取悦有利于战争的各种力量。

李普曼(Walter Lippmann)先生近期在《大西洋月刊》上发表的论战争的非法化文章,就是代表这些社论主要观点的一个例子;并且,至少对我们一部分人来说,这是一个出乎意料的例子。这并不是说李普曼先生做事鲁莽,居然公开拥护将某个方法作为唯一的方法;通过暗示而不是直接拥护的方式,他把所谓的国际联盟看作是灵丹妙药。在批评将战争视为非法的观点时,他将其描绘为其他所有东西的对立面,并认为这一对立面必然排除诉诸其他任何减少战争可能性的方法。事实上,李普曼先生所提出的那种方案违反最基本的常识。因此,我不能想象,他的文章会多么严重地损害宣布战争为非法的运动;它代表了公正的读者不用太多分析就可能体会到的这样一个事实,即明智的人不太可能接受这个
116 方案。它可能损害的是和平的事业。它给那些致力于建立现存联盟和它的所谓国际法庭的人们的狂热加上了李普曼这个名字的权威,而这些人感到有义务批

---

① 首次发表于《新共和》,第36期(1923年),第149—152页;重刊于《人物与事件》,约瑟夫·拉特纳编(纽约:亨利·霍尔特出版公司,1929年),第2卷,第677—684页。

评那些试图解决导致战争的国际争端的每个其他计划。

当我含蓄地指责李普曼先生错误地描述这一计划（当然不是故意这样做）时，唯一公正的做法是：我应该指出他错误地描述这一计划的方式的某种证据。首先，没有一个熟悉这个计划在它的作者即列文森先生心中的构思和发展过程（始于战争早期，在我们加入该计划很早之前）的人，认可李普曼先生对于其历史的说明。根据他的看法，宣布战争为非法的计划是一种矛盾说法的真正天才的表现；它是为了无法和解的利益而无法和解的产物。因为他认为，"它是在产生一个联盟之前首先被用来加强联盟。它在有了一个联盟之后又被用来挫败这个联盟，并在有了一个法庭之前拥护一个国际法庭。既然这个法庭（国际法庭）被创造出来了，它正被用来挫败这个法庭，并且支持另一个不存在的法庭"。李普曼从那里自然地得出结论：该计划是"一个矛盾的完美复制"。

列文森先生认为有必要就宣布战争为非法的计划的缘起和发展发表一些看法，指出这一点，当然是列文森先生的任务。但是，与此同时，就当时的认识来说，我应该将另一个人的说明与李普曼先生的说明配合起来。早在国际联盟被以任何方式提出之前，这个想法就形成了。在这个想法被提出后，它又被用来规定国家联合不可缺少的基本条件：它的基础是追随的国家同意将战争视为一种公共犯罪，并且将他们的争端交由法庭裁决。只要存在产生这一结果的希望，列文森先生和支持他的方案的其他朋友就会衷心支持威尔逊先生，而不顾什么政治信念。当威尔逊先生放弃了他的事业，联盟的条约不仅将联盟束缚于不公正的《凡尔赛条约》，而且宣布战争为非法；支持宣布战争为非法的友人们就继续忠诚于他们的事业。一开始，部分的计划是建立一个"以司法代替战争"的机制——建立一个法庭，处于国际争端中的各方同意按照将战争视为犯罪的国际法将其争端提交给这个法庭进行听证和裁决。他们毫不犹豫地坚持这个观念。李普曼先生比大部分情绪化的追随者更加了解目前的法庭。我认为，他会说它符合这一描述，或者他甚至会说，它是在公认的法律意义上的法庭。因此，这个纪录不是对不可调和性的记录，而是对忠实于一种想法的记录。李普曼先生和其他人可能不会喜欢这个想法；有更多的理由对它的历史提供一个正确的说明。

我们回到这个想法本身。我从李普曼先生对宣布战争非法化的计划的说明中选出三点来说。他主张，在名义上宣布战争为非法之后，这个计划引入了"一系列保留条款，它们规定许多引起争端的主要政策（如果不是所有政策的话）不受法规的制约和法庭管辖权的限制。最后,它使宣布战争非法化失去了实质内容,其方式是将为捍卫那些不受法庭和法规限制的主要政策而发动的战争合法化。"如果这是一个正确的解释,它应该可以解决很多明智人士的问题。任何这样的计划都是一个不诚实的借口;反驳它的进一步论证,是没有必要的。

但是,诺克斯(Knox)参议员曾发表讲演,就那些国内的、不受国际法庭管辖的问题表达个人意见。除了他的讲演之外,李普曼先生提供的关于人们提出过这些保留条款的唯一证据是:自卫权利被保留着,并且"博哈参议员的决议似乎是在为解放战争作辩护"。李普曼先生把自卫权等同于捍卫国家政策,他指出所有现代战争在名义上都是防御性的,他还将解放战争等同于为争取你们所说的自由而发动战争的权利。通过这样的方式,他达到了关于宣布战争为非法已没有实质意义的彻底结论。现在,自卫权有了一个明确的、长期确定的法律意义:它是自己在事实上遭到攻击时保卫自己的权利。严格来说,没有必要包含这个条款,因为这样一个权利不能简单地被任何法规所剥夺。也许他只是顺便提到它,因为否则的话,其他人将反对这个计划,他们会问道:"如果事实上遭到另一个国家的攻击,你准备怎么做呢?你们的手脚将被你们视战争为犯罪的协定所束缚吗?"提到自由,同样是令人困扰的。解放战争是内战,是内部革命,它不受任何国际法规约束;它是受奴役的阶层或集团的战争反抗他们所认为的难以忍受的暴政的战争。这些战争的特殊性在于,按照法律,它们目前是犯罪;但不是按照国际法,而是按国内法;而对许多人来说,它们是所有战争中最有理由发动的战争。我认为,李普曼先生在博哈先生的决议中所发现的东西,似乎只是对这一反常情况的暗示;而博哈先生的决议,似乎在为任何"为了你们所说的自由权利"而与其他国家发生的战争作辩护。我认为,李普曼先生通过展示这些稻草人并未加强他的论点。

第二,李普曼先生逐渐达到了那样一种程度,在那里,他成功地让自己相信,宣布战争为非法的计划包含了排除所有外交方法。他说:"他们的论证的主要谬误在于,拒绝承认为那些导致战争的争端而展开外交的必要性,那些争端不受他们的法规和法庭的限制。因为如果外交是确保和平的必要方法,那么,只有它所提供的计划才能有效地制止战争。并且如果外交方法是必要的,那么,这种方法的改革就是人类最急迫的需要之一。"我承认,我无法理解这个论证。宣布战争为非法的计划,没有为婚姻制度、私有财产制度以及许多人们认为与外交同样重要的事情做好准备。我不能解释的谜团是:李普曼先生如何让自己认同这样一个观点,即没有为派遣大使和会谈做好准备,意味着宣布战争为非法的计划无论如何与它们是对立的。然而,与此相关,人们欢迎这样的建议:外交需要进行某种改革。我设想,那些支持宣布战争为非法的朋友会相信,改革外交最有效的方法是使战争成为一种犯罪;并且当外交陷入僵局的时候,为解决争端提供一个法庭。这个计划"没有准备"去废止秘密条约、军事联盟(以及所有存在着的实际上的军事联盟)、阴谋和欺诈,这些都是传统外交的伴随物。如果战争被宣布为非法并且人们正在酝酿建立一个法庭,那么可以证明,使外交改革成为人们紧迫需要的那些事情的主要原因将会消失。同样可以证明,以任何其他方式对它进行改革的观点,是"各种崇高感情陷入悲剧性的无用状态"的一个例子,这些崇高感情受到李普曼先生注意到的"混乱观念的阻碍"。

  第三点与第二点相似,也许只是其原则的一个例子。李普曼先生引用了博哈有关宣布战争为非法的如下决议:"文明的天才发现了两种促进解决人类争端的方法,即法律和战争。"李普曼先生所作的这种概括"完全不正确"。"除了法律和战争,文明的天才还发明了无数其他解决争端的方法。"并且他提到的,除了代议制政府和联邦制(对大部分人来说,它们包含法律和法庭),还有调停、安抚、友好介入、妥协和会谈。李普曼先生显然粗心地读了这个段落。它并不是说法律和战争是解决争端的唯一方法,而是促使它们解决的唯一方法——非常不同的一个观点,并且是我应该继续相信的一个观点,直到有人向我展示了与它相反的观点。

  这本质上可能不是一件非常重要的事情。但是,李普曼先生对它的误解却是重要的。因为他把它作为通过会谈和政治方法调整争端的一个强大论据。他的暗示当然在于,宣布战争为非法的观点与这些方法的应用是对立的。这个宣言命题当然是彻底无根据的,并与持战争为非法的观点的朋友们格格不入。既然李普曼先生与博哈参议员有这么多"不可调和",他或许会记起,博哈参议员是第一个提出召开限制军备会议的人,并且是呼吁与欧洲各国的代表举行经济会谈的方案的提出者。而稍稍询问一下,他就会知道列文森先生作为一名律师的经历,恰恰在于通过尽可能少地诉诸法律来解决大的经济利益的争端。这些个人的事情是有关系的。因为它们表明了这样一个事实,即在法律、法庭与政治方法之间的唯一选择,完全是李普曼先生自己造成的。真正的选择出现在以一个使战争合法化的制度为基础的政治方法与认为其基本原则是把战争定为犯罪的政治方法之间,其结果是:当外交和会谈无法达到共识时,争端应该交到法庭裁决。当诉诸战争是一种公认的犯罪时,相信人们要更多地使用并且比现在更有良好意愿和诚意地使用会谈、安抚和调停的方法,这至少可以说是合理的。因为这个方法将摆脱那些现在几乎诉诸欺骗、阴谋和秘密诡计的威胁,摆脱那些赢得了李普曼先生支持的威胁。当李普曼先生说人们需要它不仅通过会谈和讨价还价而起作用,而且"归根到底要通过武力威胁而起作用"的外交手段时,他承认了他以前否认的东西,即作为强制解决的工具,法律归根到底是已经发现的唯一可以替代武力的东西。对一个有思想的读者来说,承认必须使用武力可以解释李普曼先生为何不能理解宣布战争为非法的观点。这一观点的本质是以司法的解决方案来代替武力的手段。李普曼先生可能乐于预先假设,这一观点是乌托邦式的。支持宣布战争为非法的人认为值得去尝试,除非它能取得成功,否则战争永远无法消除。既然战争的威胁暗示了战争,李普曼先生的论证的大前提似乎是:战争永远无法消除。在这个公开宣布的基础上批评宣布战争为非法的做法,将会更加简单。

无论如何,我们已经把握了整个事情的核心。当然,政治和政治方法将长期地、可能永久地影响国际关系。宣布战争为非法的观点所关注的东西,是国际政治现状(它像现在这样假定战争的合法性,并且采用基于合法性的外交手段)与国际政治行为(当战争成为一种公共犯罪时的国际政治行为)之间的根本区别。对我们中的大部分来说,一种"无用的悲剧"在于,期望实际上基于战争传统和伴随着它的敌意的欧洲现行政治体系会消除战争或者大大地降低其可能性。因为那个国际体系诞生并生长于战争的荆棘之中。它与战争密切地联系在一起,并且在任何地方都与武力威胁密切地联系在一起。无论我们朝哪里看,欧洲的现状都证实了这个观点。除非战争被宣布为非法,并且人们提供了代替战争的司法手段,否则,建议美国加入那个体制是不可能的。美国人民或许对国际事务非常无知,但是他们完全知道,要了解那个体制就意味着加入战争体制。我的意见是,当国际政治摆脱了战争和暴力威胁的时候,加入国际合作是明智和宽容的。当战争被宣布为非法,国际关系的政策就可以用来追求一种正常发展。国际主义和真正的国家联合的支持者们的公开政策,是使他们致力于消除战争而不是把它作为国家联合的对立面来反对。

总之，我想指出，如果我没有进一步说前面的讨论未能触及李普曼先生的部分论证，而这部分论证是在处理一种真正的困难，而非虚假的困难，那么，我应当感到，我是在严格遵循李普曼先生制订的讨论模式。我指的是，在他的文章中力陈在一个世界法庭能够有效运转的情况下，准备一部国际法规的困难的那一部分文字。对于这个问题，我希望以后再说点什么。

（叶子译，汪堂家校）

战争与战争法规①

在那些严肃地质疑修改国际法的计划并提供一个国际法庭以使诉诸战争成为一种犯罪的人们心中，与制订一部国际法以规范法庭行为相关的困难可能显得最为突出。我乐于承认，那些轻易赞成这一计划的人往往坚定地相信一般的观念，并且一旦接受这一基本观念，就相信未来可以解决这个具体的困难。但是，这一立场被那些对这一观念不感兴趣的人的相应倾向抵消了；这些人一心想到制订法规的困难，而看不到其他东西。无论如何必须记住的是：这并非这样一些人的部分工作，这些人鼓励实施事先提出一部现成法规的计划。因为一部分计划是，由代表不同国家的法律专家起草这部法规。拒绝事先申明法学家会商的结论必须是什么，并不是在逃避问题。然而，一个公正的要求是：在讨论这个计划时，必须面对法学家们在前进道路上面临的困难。首先，有必要区分真正的困难与那些最终可能被证明是虚幻的困难。本文仅仅是为了实现这一目标。

李普曼先生以巧妙的方式极力敦促说，制订一部国际法法典本质上是一种政治性的立法行为，因而它包含"建立一个世界性的立法机关，旨在制订法典的会议必须制订影响各个政府的存在和各个国家的命运的法律"。因此，他指责那些反对涉及超级国家的计划的人陷入了明显的矛盾。因为，根据他自己（如果他们只知道他们是关于什么的话）的看法，他们正在要求建立"一个超级法庭，召开一次制订一部超级法典的超级会议"。

---

① 首次发表于《新共和》，第 36 期(1923 年)，第 224—226 页；重刊于《人物与事件》，约瑟夫·拉特纳编（纽约：亨利·霍尔特出版公司，1929 年），第 2 卷，第 685—690 页。

一贯性问题当然不像事实问题那样重要,但是,我们可以通过一贯性问题来探讨事实问题。对于不一贯性的指责,可以扭转过来。对任何一个相信现存的联盟法庭并相信美国会支持它的人来说,对任何仅在特定意义上相信联盟法庭,或把它作为进入联盟理事会的门径的人来说,李普曼先生的立场太过生硬。制订一部涵盖国家之间各种政治争端的法典,把它作为海牙法庭发挥作用的前提(海牙法庭对塞尔维亚希望提交该法庭的奥地利最后通牒的条款进行判决),这样做有必要吗?人们可以要求影响到一些政府存在的政治立法对制订《凡尔赛条约》进行判决,以便在法律上确定法国对鲁尔区的侵占是否得到了该法律的条款的授权?需要一个超级法律和超级国家来阻止意大利炮轰并夺取科孚岛的行动,直到有一个法庭判决希腊要为专员的谋杀负责以及为暴行承担适当的责任?如果是这样,李普曼先生的反对意见就会在逻辑上使任何法庭都变得不可能,并且使得对一个法庭的信仰表白(profession of faith)成为虚伪的闹剧。

这个问题之所以重要,因为它指向了事实问题。很清楚,这里提到的三个事件正是战前发生的那类事件;同样清楚的是,各国向一个法庭提交建议的唯一必要条件是他们愿意提交这些建议。但是,这些国家当时并不服从一个国际法庭。然而,其原因并非因为不存在超级法典。现行的国际法无论有什么缺点,都将足以确保公正的审讯和判决,虽然这不是因为那部法典中有什么根本上的不完满之处,而宣布战争为非法的计划恰恰是针对这种不完满的。也就是说,它针对的是它使诉诸暴力合法化,这使任何国家都认为它可以摆脱它,从而把自己塑造为自己案子的最终判官。事实上,讨论适合于法庭的国际法规的主要困难是微妙的心理困难。无意中,我们往往将所有目前的合法战争制度的伴随物投射到未来的情境之中,并因此认识不到源于合法战争的困难有多大,以及如果宣布战争为非法,这种困难将在多大程度上消失。我相信,有人会就提出适当法规过程中遇到的困难得出完全不同的结论,因为他考虑到这个世界在过去15年来遭受的战争的前提,或者因为他假定了国家利益之间所有可能的冲突。如果他采用后一种方法,很可能产生出李普曼先生的观点;如果他采用前者,将发现这些利益的冲突将导致战争,因为战争如今是合法的解决争端的方法。接着他将认识到,与法典的制定相关的困难大部分是技术性的,并且在很大程度上涉及那些法律工作者习惯了并能够处理的程序问题。

为了最终证明这个观点,有必要考察一下过去15年中历次战争的最接近缘由。除了这种考虑之外,我们可以诉诸这样一种普遍信念:如果人们普遍地诉诸法律裁决,这种裁决就可以制止大部分战争,因为它为激情的冷却提供了时间;它可以防止将相互冲突的利益几乎以毁灭的方式推向目前存在着的战争;它可以提供宣传手段,将点燃的公众热情和世界的判断统一起来并进行引导。现在,这种情绪和判断处于偏见、喧嚣和宣传的支配之下。

更紧要的是考虑战争爆发与确定无疑的且不可否认的利益冲突之间的现实关系,这种冲突现在存在并将长期继续存在下去。例如,在日本与美国之间存在摩擦,它足以使至少大洋两岸的一些人可以谈论战争的前景。从名义上说,这种摩擦大部分与我们限制移民的法律联系在一起。因此,对国际争端进行一般思考的人可能得出这样的结论,即国际法规对于移民问题应该进行法律规定,并且正如李普曼先生所做的那样,针对不太可能出现的情况,即美国国会将委托国际会议去制订这样的法律。但是事实上,日本自己就有管理进入他们领土的移民的规则,这些规则与美国的规则一样严格。日本还有一些严格的法律来规范外国人对不动产的所有权。外交史证明,移民问题不是战争的原因;在这一点上的摩擦,只是被利用来激发公众支持战争的情感,而发动战争完全是出于其他一些原因——在这种情况下,可能是出于与亚洲大陆的控制权有关的经济原因。

有人可能会回答说,形成一部规范经济冲突的法律,将比制订一部规范移民的法律更加困难。对此异议的回答是:这完全是不必要的。明显的事实是,现代战争公开承认的目的从未与它们的真实原因一致过。没有人可以设想,日本或美国公开承认它的真实目的是在经济上控制或独占中国,并且等法庭对这个案子进行裁决。就案子的性质而言,唯一可以带到法庭上的问题是公开而客观的问题。目前对战争的合法化,很可能将这些公开的问题与隐而不显的,事关利益、荣誉和声望的冲突完全混淆起来。但是,一个法庭要加以裁决,一部法律要加以涵盖的仅有的一些案子,是一个国家愿意公开向世界说明的那些理由;在法庭就对那个国家的诉讼作出裁决之后诉诸战争,公开表明自己的伪善并表明自己带有潜在的掠夺倾向。说国际法必须对涉及国家声望和荣誉的所有重要问题作出裁决是非常不正确的,反面则是正确的。因为战争合法化了并且没有法庭,声望和荣誉的问题如今很有煽动价值;人们将主要依靠它们来谋求支持一场因秘而不宣的原因而发动的战争,直到战争被宣布为非法。接着,它们会突然丧失它们目前的重要性,除非某个国家想通过犯罪行为来藐视法庭的裁决和世界舆论。

我不能设想,有什么人会否认一些重大的现代战争的真实原因不同于它们公开宣布的原因,或者获得公众对大部分战争的支持有赖于外交官员的力量和将两者混淆起来的媒体的力量。相信战争非法化的主要原因之一,是创造以司法来代替战争的手段将难以保持这种混淆。我们可以从李普曼先生列举的战争的一系列原因中得到一些例子。"落后国家的自然资源是原住民们应当拥有的财产,或像他们看到的那样,是适合他们拥有的财产吗?或者,欧美各国有权拥有它们吗?"这是一个重要而困难的问题,但是,既然它仅仅因为隐而不宣的原因而导致战争,法典就无需就它立法。可以想象德国公开地以控制原材料为由占据山东吗?可疑的原因,民族的谋杀,恰恰是法规和法庭可以处理的那类事物。如果英国声称他们的目的是掌握自然资源,在布尔危机中会发生什么呢?"墨西哥可能没收美国的石油资产吗?"我容易想象,在确定的环境中,石油可以成为墨西哥与美国之间战争的真正原因;我无法想象,如果公开的战争原因是为了美国的石油利益,美国人民会加入与墨西哥的战争;我不能想象,任何美国政府会承认这是战争的原因。另一方面,财产争端始终是法庭处理的那种事情;不需要过激的新法规来使国际法庭处理它们。"阻挡它国进入海洋的国家,应该将任何责任都归因于限制它们对自己的港口和铁路的主权内陆国家吗?"我一点也不否认这是一个真正的重要问题。但是,一些国家公开地攫取港口并且为此而开战,而开战的原因是过去的国家历史,是为了它们的民族利益(据说,这些民族占人口的大多数),而不是因为经济的要求。正因为后一个问题没有进入法庭,所以它没有被法规所考虑。

为了描绘对战争的可靠支持可能有赖于以理想化的理由掩盖经济上的原因,我们只需要记住:上次世界大战归根到底是一场经济冲突——这种意见一度几乎足以使它的提出者进入监狱。以司法手段代替战争的条文,往往几乎自动地将冠冕堂皇的可疑原因与潜在的利益冲突分离开来,并且使将后者与处理它们的适当手段,即谈判机构和政治调整联系起来成为必要。因此,正如我之前在这些专栏里所说的那样,战争非法化的支持者并不将它作为一个政治手段的替代物,而是作为确保法律部门和政治部门之间分工的方法;只有这些部门,才能使它们两者有效地发挥作用。任何意识到目前无法无天的、混乱的国际政治行为系统与实行法治的政治行为系统之间的区别的人,也会认识到,一旦以法律的形式来表达公众对于战争的憎恶，那么，在为法庭而制订一种法规的过程中所面临的困难，是非常容易解决的。探讨它的实际范围和内容是一种技术性问题，因此我乐于将它留给律师们去解决。

（叶子译，汪堂家校）

神权国家的世俗化[①]

青年土耳其和哈里发

在萧伯纳(Shaw)的《圣女贞德》(Saint Joan)里,这位法国传教士预言般地在这位女英雄的所有异端见解中列出了一项可以被称作民族主义的东西:一种对国家的忠诚,这种忠诚会妨碍人们对教会的虔诚。萧伯纳或许思考过西欧和基督教教会的问题。但是,土耳其最近的历史表明,他的智慧也包含了东欧的穆斯林。因为在土耳其,这里有太多的宗教主张和国家主张相碰撞,并且爱国主义已经被证明比宗教情感还要强大。经过数个世纪,政教分离的故事写到了它的终篇;这个世界上最后一个伟大的神权国家——如果暂时忽略日本的话——成为一个摆脱了宗教色彩的共和国。

在美国和西欧,哈里发(Caliphate)的废除,清真学校的关闭和关于虔诚的穆斯林基金会税收的假定,引起的既有疑虑也有惊叹。新共和国是不是走得太快了?忠诚于宗教信仰的平民,难道不会和那些有能力发动革命的政治领袖相疏远吗?难道安卡拉省政府不是通过一种使其摆脱宗教联系的方式就轻易抛弃它最大的资源:国内的伊斯兰人口,以及即使不是主要的,也是大量的国外政治资产?正基于此,在君士坦丁堡,最令人惊奇的事情或许是我们完全看不到这些疑

[①] 首次发表于《新共和》,第 40 期(1927 年),第 69—71 页;重印于《对苏俄与革命世界的印象》(*Impressions of Soviet Russia and the Revolutionary World*),纽约:新共和出版公司,1929 年,第 220—234 页;并以"青年土耳其和哈里发"(Young Turkey and the Caliphate)为题,收入《人物与事件》,约瑟夫·拉特纳编(纽约:亨利·霍尔特出版公司,1929 年),第 1 卷,第 324—329 页。

虑和质问。这个运动是一件简单的、自然的以及不可避免的事情。它在模仿欧洲模式形成一个民族国家的过程中显得像是一个完整而必要的步骤。质疑它，就是质疑近三个世纪以来的整个欧洲历史。那些影响了欧洲其他国家的东西，如今也发生在原先的奥斯曼帝国中。这就是事情的全部。如果一个世俗民族国家的变化最终发生在欧洲其他国家，那么，它最终也会发生在土耳其。它是那些不会倒退的革命中的一个阶段。

事实上，正是对变革的不可避免的印象，使它有些难以对这个主题进行讨论，或者难以获得特定的信息。没有问题，也就没有答案。将一个旧的中世纪国家按照西方模式转变为现代民族国家的进程，注定是缓慢而曲折的，这没有什么需要说的。在1908年革命的前几年，这就出现在受过教育的人们的心中了；宪法的允许，是这一运动的第一个表面信号。第一次世界大战紧随其他战争而来，加快了变革的速度并影响着它的形式；然而从根本上说，这只是一个单独的和连续的演变。如果苏丹没有背信弃义地与占据了君士坦丁堡的列强进行交易，这一新的民族国家可能继续保持君主立宪政体而不是成为一个共和国。如果被列强剥夺了权力的苏丹仍然是哈里发而没有成为列强阴谋的中心，就很可能在英国模式之后发展出一种政教之间的无害联系。但是本质上，这一变革是注定了的；而战争的结果，在盟军占领和战胜希腊的时期里，仅仅是决定了它所采取的特定形式。

正如常常发生的那样，针对这一事件的国内观点也是国外的观点（不过恰恰被颠倒了）。在土耳其外部和外国人之中，有人听到了这样一个问题，即土耳其对哈里发的拥有是不是土耳其在北非、阿拉伯半岛、印度和其余穆斯林世界的潜在力量的来源；它在与法国和英国这样有大量需要被安抚的穆斯林人口的国家打交道时，是不是一项资产？但所有和我谈过这个问题的土耳其人都认为，这种联系是一种负债，而非资产。在列强彼此争斗时，将哈里发作为火中取栗的人只是在不断邀请列强干涉土耳其内政。对哈里发的忠诚，无疑没有因为这一事实而提高：泛回教主义以及试图将穆斯林世界的领导力作为一种政治资产来利用是僭主阿卜杜勒·哈米德（Abdul Hamid）的工作；因为在他之前，就像在匹克威克①的意义上，英格兰国王是英国国教的领袖一样，苏丹-哈里发在一起成了穆

---

① 匹克威克（Pickwichian），这里指有特殊意义。——译者

罕默德宗教的首领。

同样的东西对于内部一样有效。进步的土耳其人认为,政教之间的联合是反动的政治影响的要塞。一个像我一样的外来者,对于这一观点的正确性无法判断;但是,世界其他地方的历史使它显得可信。只要哈里发是穆斯林传教士兼导师——他们不是教士——他在这个国家就有一种虚假的力量,并且是反动阴谋的天然动因。在一个世俗化的共和国里,他们只有其个人性格和智慧为他们赢得的威望和影响力。据我所知,政教之间邪恶的联盟也鼓舞了外国阴谋,就像上层的压力或堕落通过下级的宗教教士传播于各省。我得知,在被占领期间,一个外国侨民故意计划将所有的初等教育都置于教士的掌握之中。我无法核实这个传闻。但是,它在四分之一的土耳其人中流传,这个事实本质上意义重大。它意识到外国阴谋、反动的知识分子、道德观念和赋予当下土耳其领导者以生机的哈里发之间的一种紧密结合。

外国人很难相信这个传闻,虽然有一点听起来具有讽刺意味,但这一点在自由的土耳其人中是一种共识,即他们致力于通过欧洲势力的代表来使土耳其欧化和现代化。这一共识的一部分是:唯恐一个现代化的土耳其产生出一个不受外国控制的土耳其民族,使得西方势力的代表不断地向他们提供反动牧师,以此作为确保土耳其无知、倒退和持续衰弱的手段。无论如何,开明的土耳其人相信,其他国家也经历了从中世纪精神到现代性的世俗学校与摆脱宗教信仰的国家的过程,土耳其也是如此。对他们来说,这就是西方人制造了这么多混乱的全部问题之所在。

当然可以认为,这个观点仅仅代表了君士坦丁堡和一小部分人的观点,这一小部分人要么曾在新政体下流亡欧洲,要么是新政体早期留学欧洲的学生。源于法国和与此联系的反教权论所产生的影响力,是无须怀疑的。在某种意义上,整个土耳其的现代政治运动似乎是1889年的原则的迟来的子孙。但是,我只发现了这个一致同意的观点:亚洲地区内部的土耳其农民,对于驱逐哈里发和关闭清真学校没有一点儿怨恨。这一部分原因是他们的顺从和对任何既成事实的宿命论态度;一部分原因是渐渐地认识到这些学校提供的教育无用,认识到死记硬背和抄写《古兰经》不会带来什么,认识到唯一的可能是成为一个同样科目的教师;还有一部分原因是对这样一个事实的怨恨,即在外国占领期间,哈里发是外国入侵者的工具。但是,更普遍、也更含糊的原因是,连绵不断的战争给土耳其——一个清一色和团结的民族——在过去四个世纪中第一次留下了一种新的精神,这种精神甚至影响到了偏远的农民。他们尤其希望有一个自由和独立的土耳其;他们是极端的民族主义者,他们相信自由的土耳其和现代化的土耳其是同一个土耳其。

当然,一开始听上去有些奇怪,有人认为,土耳其不仅不是狂热的,而且甚至不太具有宗教性。某种不轻信被唤醒了。但是,过了一段时间,人们开始惊讶,流行于基督教世界的相反观点是不是与宗教变节和政治宣传的危险结合在一起的古代传奇的残存物。人们带着日益增长的尊重来听听一位国立大学的郊区牧师平静的陈述:"存在着两个土耳其——真正的土耳其和存在于外国人想象中的土耳其。"

对于这段历史的理解有这么一种趋势,它使人相信,我们如此悲剧性地熟知的宗教迫害和屠杀,源于有害的、作为近东之祸患的种族、宗教和政治的融合,而不是纯粹而简单的宗教狂热。如果情况属实,目前的政体分化了他们自己的教会和国家,并因此要求其他国家的政治政策也从他们的宗教信仰和崇拜中脱离出来。它在一千两百年里迈出了有效的第一步(自从这种政治-种族-宗教的争执使土耳其人提前到达欧洲),以建立宽容和自由的原则。民族主义有其罪恶之处,但是它的忠诚至少不像那些教条式的宗教差异那样可怕。

当某人阅读来自君士坦丁堡的关于一些外国学校(如法国的、意大利的或美国的学校)所遇到的一些困难的电文,他应该提供一个背景。首先,土耳其人很有理由去怀疑外国政策和外国宗教的混合;其次,他们正在把在禁止教条式的宗教教诲以及关闭具有确定的宗教基础的学校时用的相同规则运用到自己身上,他们还将这些规则用到他人身上。事实上,正如政府近期提醒法国人注意的那样,在答复就关闭一个拒绝遵守严格教育规则的基督教学校而进行的抗议,法国人给他们在土耳其开设的学校要求特权而这些特权恰恰长期被法国自己的法律所禁止。这不意味着所有的宗教教育都被禁止。反之,土耳其公立学校的课程包括目前每周至少两个小时的《古兰经》宗教教学——而所有的外国公众被允许获得这样的宗教教学,只要他们希望信奉同一种宗教。但是,任何看起来细微的变节都是被严格禁止的。如果土耳其当局对于外国人长期偏爱希腊和亚美尼亚的做法表示敏感和痛心(而他们这样做,是以牺牲土耳其的政治独立和统一为代价的),并且有时行动得有些突然,那么,大声地进行谴责不是为了一个地地道道的美国人,或者为了任何其他的民族主义者。

近东是这样一个世界的一部分,在那里,它首先使外国人,特别是新来者,有必要进行倾听,而不是就一件事情发表自己的观点和看法,而这件事甚至对短暂的访客也是十分肯定的。从那些对这个国家抱有博爱兴趣和教育兴趣的人的观点看,即使他们对现状不满,对土耳其现行政府的任何明显改变(而不是其自然演变)都会是一场灾难。它代表着一个在进步和光明指导下的运动的终止;它意味着回到堕落、阴谋、无知、混乱,并且伴随着憎恨和不宽容。如果一种对历史过于鲜活的记忆导致善意的外国人因为土耳其的那些势力而终止他们的同情(这些力量将结束中世纪的土耳其),那将是一件可怕的事情。

(叶子译,张奇峰校)

安卡拉，新首都[①]

为在亚洲内陆几百英里的地方建立一个新首都，土耳其的新统治者决定放弃历史上多个帝国的世俗首都，这个决定不仅仅在欧洲引起困惑。从这个首都的地理位置看，自然本身仿佛要让它注定成为帝国的女皇。在君士坦丁堡，人们也能感受到惊讶和怨恨；与其他地方相比，君士坦丁堡的这类惊讶和怨恨也许更多一些。现在存在着文明化的首都始终对野蛮省份表现出来的那种轻蔑，此外，在近15个世纪的时间里，(土耳其)第一次不再成为世界大部分地方在精神和现实上的忧虑，也引起了人们的惊奇。在军事紧张时期，在君士坦丁堡被国外军队占据的时期，这个国家应该在遥远的内陆找到其复兴的基地，这一点是可以理解的。但是，当这个时期结束时，新的领导者继续无视一个与罗马和北京并称世界最大首都的城市，这一点真是令人难以置信。

火车旅行并没有减少惊奇感。在通过美丽如画的乡村交替出现的安纳托利亚西部之后，火车爬上了中央大高原。这个地区很像我们西部一些被落基山脉点缀着的遥远高原：放眼望去，没有树木，偶尔见到羊群和牛群；田地纵横，但都是不稳产的"旱作农田"；几乎没有房屋，偶见小小的村庄处在群山环抱的峡谷之中，山丘被侵蚀得好似供自然地理的学生学习用的地质模型。一个人可以想象一个紧急情况，它使我们将政府的所在地永久地从华盛顿搬到怀俄明州的某个

[①] 首次发表于《新共和》，第40期(1924年)，第169—170页；重刊于《对苏俄与革命世界的印象》(纽约：新共和出版公司，1929年)，第208—219页；收入《人物与事件》，约瑟夫·拉特纳编(纽约：亨利·霍尔特出版公司，1929年)，第1卷，第330—334页。

边境小镇——然而,他意识到这种类比难以成立,因为与历经许多民族之手并成为那个时代占统治地位的民族或种族的帝都的城市相比,华盛顿不过是一个暴发户而已。

在安卡拉仅过了几个小时,心情便为之一变。它景色迷人,与海洋、海峡和群山组成的景色迥然不同;而正是这些景致,使君士坦丁堡显得独一无二。它的魅力是更加东方式的;它所说的亚洲语言,没有欧洲口音。这个城市坐落在山上,那里的气息使人不得不想到雅典卫城;这座卫城俯视着丘陵平原,融入邈远的天际——这是一种由闪亮而又朦胧的尘埃造成的效果。此地诉说着历史的沧桑,吐露出明确的信息。与君士坦丁堡相比,欣赏它无需太多地借助于历史传说带来的想象。君士坦丁堡的任何地方都没有如此显著的历史遗迹——我们不能说是完整的遗迹——就像为了纪念奥古斯都·凯撒而由外省人建造的寺庙那样;不宽的残垣旧壁比博斯普鲁斯(Bosphorus)城墙的规模大得多。如果有人骑车沿着山谷中的卫城走一圈,不必经过考古探险的旅程,就可以把城墙尽收眼底。这里有罗马帝国的旧圆柱,它的首都眼下成了遍布鹳巢的土坯——如果目前的计划成功,安卡拉将名副其实地成为一个年轻国家的中心,这里的景致多年以后将成为旅游明信片中的熟悉收藏。

当目光从可见的实物转移到书面记录,安卡拉就只不过是一个遥远而破旧的亚洲村落而已。除了希腊海外殖民地早期的科学和哲学外,它保留着任何一个小亚细亚城镇所有的历史特征,并且比任何其他城市更多地累积了大量重要的典故和历史变迁。它相继被高卢人、亚历山大大帝、圣保罗,或者加拉太书的作者、米特里达特、庞培、阿拉伯人、十字军、凶猛的帖木儿,以及后来的回教征服者征服。它最辉煌的时代是在罗马帝国时期,按考古学家的看法,在这个时期,在欧洲和亚洲所有省份的城市中,它的建筑最为精美。如此的历史记忆具有现代意义,它们证明了安卡拉的中心地位。它是黑海、西里西亚和叙利亚南部与北部之间、波斯和君士坦丁堡东部与西部之间、人流与物流的交汇之地。这个中心位置给了它成为新都的重要理由,军事安全以及消除外国人在君士坦丁堡的阴谋带来的危险反而是其次的。据说,在此"便于监视整个小亚细亚,长期了解它的需要,回应人们的要求。君士坦丁堡从一头到另一头太遥远了。人们忽略或者忘记了这个国家的真正地位与其需要"。

然而,并非这些历史记忆给了安卡拉如此大的吸引力,它足以引起参观者相信,新领导者的直觉比君士坦丁堡的复杂智慧更为真实。这些联想与这个地方的诗情画意融合在一起,仅仅是为了强化对现在的活动所创造的冒险精神和开拓精神的感受。与正在进行的努力相比,君士坦丁堡并不衰老,而是疲惫了;从这里,我们获得这样一种印象,人与自然既不是相遇于粗暴的敌对状态,也不是处于人对于自然的屈从状态,而是处于对竞技的挑战之中。任务的艰巨,它在表面上的无望,唤醒了新鲜的活力。我们乐于沉浸于一种情绪,在那里,一切赏心悦目的东西都是象征。车子在岩石上颠簸,碾过路上那些似乎仅在亚洲才有的沙石。接着驶上了直道。这些直道是以切割匀称和铺设讲究的石块铺就的,或者是用坚固的碎石铺成的;我们看见成群结队的人在河里挖掘碎石,为建造数公里现代化的公路准备材料。有着坚固木头轮子的运货马车,为让机动车通过而突然转向。带着现代装备、体格壮硕、身材匀称的士兵,迈着雄健的步伐列队通过;小男孩们坐在驴背上的驮篮里,两腮着灰胡子并缠着头巾的土耳其人仁慈而庄重地站在驴子旁,好像这高高的驴鞍就是王位。

除了成百上千的人在公路上工作,还有成百上千的人在从事拓宽道路的工作,另有成百上千的人在为这个旧城镇建造新房屋。这个城镇的人口突然成倍增长,其重要性也在不断地增长。在我们这个世纪早期的旧石墙和更低处的土坯房之间,最显著的建筑是两座现代的小学建筑,一个以穆斯塔法·凯末尔(Mustapha Kemal)的名字命名,另一个以他妻子的名字命名。一些男人正在那里辛勤劳作,对东方而言,那种劳作几乎算得上热火朝天。在那些男人边上,有一群男女懒散地坐在太阳底下,即使闲谈也耗费不掉他们的精力,他们以古老而空虚的心灵凝视着远古的空白。女人们在溪水里洗衣,她们从后背取下紫铜壶,放在她们用小河里的石头垒出的灶台上烧水。旧城坐落在巨大而又陡峭的山坡上,从那里通过峡谷便是微斜的山丘。我们被告知,这就是未来城市的所在地。美国公司的代表们正在这个城镇与政府商议合同条款,为这个城市铺设现代的供水系统,建造有轨电车、道路、公共建筑、私人住宅。存在一些障碍,事情还没有决定;但是,即使不是由这个公司来建设,一个新的城市,一个新土耳其的首都,也迟早会以这样或那样的方式在此拔地而起。这是崛起的土耳其的象征。

在世界上这种最新事物和最旧事物的奇特结合中,人们产生了似曾相识之感——它类似美国先驱者的工作和边远地区的拓荒工作。我们心中不由自主地得出了这样一个结论,即不管他人情况如何,千万不要向这样一种人追问土耳其的现任领导人在做些什么事情;他们的祖先离开一个文明的、成型的国家,到一个蛮荒之地去建造一个新国家。无论成败如何——冒险、精力、决心和希望都伴随着这一事业。有各种各样的旧时代。如果君士坦丁堡代表的时代是腐朽的时代,是一个深信"事既如此,事必如此"的世界的时代,那也许意味着,断言安纳托利亚的旧时代是保护纯朴农民的原始美德的时代的人是正确的;这些美德在和平的民间艺术中表现得充满活力,就像它们在争取独立的战争中表现得生机蓬勃与历久弥新一样。

无论如何,我会尽量保持自己看到安卡拉最初几个小时的那种感受:把安卡拉选作首都并且愿意远离君士坦丁堡的回忆和传统,建立政府的一个新中心,这是一种英勇的冒险,是对亚洲农民潜能的象征性信赖。人们可以在君士坦丁堡听到或者感到这一信赖,但不可能真正把握它。这一印象可能只是一个梦想。但是,在欧洲,许多梦都是噩梦;而我认为自己有权怀抱这个独特的梦想,只要能长期保持它的鲜活就行。矛盾的是,一个民族为了确保具有欧洲风格而必须进入亚洲。但是,领导者们至少希望土耳其以自己的方式并为了自己的利益而被欧洲化。历史自身就是一个不可思议的悖论,安卡拉的新旧混合只是这一悖论的象征而已。

(叶子译,汪堂家校)

土耳其的悲剧①

土耳其的悲剧比少数民族的困境更为广泛。那些有耐心去抑制近东地区早熟的党派政治的人们,很可能不久就会有这样一个想法,即所有党派应该受到严厉的谴责,以至于责任的认定至多是一个数量和比例问题。但是,对于所有这些民族的苦难进行更为深入和全面的了解,会随之带来一种强烈的反感。一个人会讨厌犯罪的事情。对所有人(不管是对少数人,还是对多数人)的怜悯,则会淹没其他的情感——对外国列强的愤怒除外,这些列强不断残酷地为了自己的目的而利用其傀儡的不幸。

在土耳其,土耳其人、亚美尼亚人和希腊人的处境都符合对悲剧(命运悲剧)的经典定义的所有要件。一个诅咒降临到所有人的身上,并且所有人都盲目地前行,继续忍受着他们的厄运。

无论个人表现得如何英勇,这都是一个只有受难者而没有英雄的悲剧。有一些恶棍,但他们是一些仅仅为了露面而登上露天舞台的闷声不响的人物。他们是一些列强,从中列出俄国和英国的名字肯定是不会令人反感的。面对小亚细亚和巴尔干半岛的历史,很容易成为一个宿命论者;任何顺从天意来撰写历史的人,将被告知要避开这些地区。

我们到过布鲁萨。在占领君士坦丁堡之前,这是奥斯曼帝国的权力中枢,是土耳其的安纳托利亚地区最美丽和最繁荣的城市之一。当我们走过街道时,经

---

① 首次发表于《新共和》,第40期(1924年),第268—269页;重刊于《对苏俄与革命世界的印象》,第197—207页;收入《人物与事件》,第1卷,第335—339页。

过一个个大门紧闭的商店和住房,这些商店和住房以前归希腊人和亚美尼亚人所有,他们现在要么死了,要么为了交换在希腊的土耳其人而被驱逐。我们还经过一座座废墟,那里原是土耳其居民的房屋,希腊人在撤退时将它们付之一炬。我们看到商行反复转手,当希腊人掌权时,他们夺取土耳其商人的财产并迫使他们离开这个城市;而现在,土耳其商人拥有了之前属于希腊人的贸易和商业机构。这里一片混乱,除了通常的苦难和废墟之外,这里没有什么引人注目之处。它作为整个局势的象征,让我深为震惊。与安纳托利亚地区的大部分地方相比,这里的苦难和废墟只是范围较小、流血和遭受的掠夺稍微少一些罢了。

"绿色布鲁萨"(Green Brusa)峡谷的烟草种植非常繁荣,但甚至连它们也都在间接地诉说着苦难。几年以前,这一地区不产烟草。烟草是由那些从马其顿驱逐出来的土耳其人引进的,现在希腊人危险地占领了马其顿——之所以说危险,因为塞尔维亚人和保加利亚人都出于民族主义情绪索要这一地区——土耳其人也索要这一地区。他们心中滋长着怨恨,他们都记得他们长期勤劳生活过的那个地方,可他们曾经被粗暴地驱逐出去。因此。繁荣的烟草业与衰落的绢蚕业诉说着同样的故事,后者之所以衰落,因为它是希腊人的产业,而现在必须被迫迁走。我不知道还有什么比下述事实更加紧迫地表明了这个共同悲剧:50万人口的残酷交换,男人、女人和孩子们背井离乡,转移到他们不愿去、也无人希望他们去的地方,而对于诚实善良的人们来说,这似乎是逃避未来暴行的唯一希望。

布鲁萨是这个局面达到另一阶段的标志。我们经过犹太人集聚区,发现犹太人仍然拥有他们的家园和财产。这里之所以比较繁荣,可能是因为他们之前的商业对手,即希腊人和亚美尼亚人离开了这里。我的心头不禁浮现了一个想法:这一小部分没有基督教国家保护的人多么幸运。人们还记得,当犹太人被欧洲圣洁的基督教徒,尤其是西班牙基督徒驱逐之后,他们便居住于"狂热的"土耳其。他们在此住了几个世纪,至少与他们的伙伴土耳其国民一样宁静而自由地生活着,(现在)他们都受到他们共同的统治者的掠夺。对于一个像大部分美国人那样,在格莱斯顿和外国传教士传统中成长起来的人来说,土耳其犹太人的情况几乎是一个不折不扣的证明。它表明,宗教差别在土耳其的悲剧中发生过影响,不过这仅仅发生在他们都怀着政治分离的愿望而联合起来的时候,而世界上的每个民族都将这种分离视为叛逆。人们容易得到这样的结论:土耳其的犹太人感到幸运的是,一个强大到足以干涉土耳其政治并煽动独立运动与政治叛乱的犹太复国主义的国家没有建立起来。与之相反,希腊人与亚美尼亚人——外国列强的民族主义与帝国主义野心的工具——的命运使人意识到,受基督教外国势力保护的这一小部分人是多么的可恶。

不幸的是,这远不是结局。那里的人口甚至完全换掉了,与之伴随的、各民族的苦难至少是暂时无家可归、不熟悉周围人的语言、成千上万的孤儿和乞讨的难民。在耳其人、亚美尼亚人和希腊人中,这类人同样为数众多,即使是那仍处于外国政治宣传影响下的基督教善人,也从没有如此之多地听说或经历过土耳其人所经历的这么多不幸。说这远非结局是因为,至少就亚美尼亚来说,列强甚至不愿意阻止以他们为代价进行试验。人们甚至不能谴责处于颠沛流离状态下的希腊人要求再一次将曾被赶走的大部分亚美尼亚人再次赶走,这一次是从希腊人的土地上赶走。但是,当我们看到在日内瓦已经有人要求在土耳其白人中创建一个亚美尼亚人"家园"——这个家园将寻求一些外国势力的保护并且预示着武装冲突和无以复加的暴行,我们该说些什么呢?少部分悲痛的美国人,公正地说,还有苦难的亚美尼亚人,直到始于 70 年代的民族主义野心升起时才意识到,亚美尼亚人是土耳其所欢迎的那部分人;或者,在"一战"中,他们像叛徒一样,将土耳其的城市转交给俄国入侵者;他们自夸建立了一支 15 万人的军队来打内战,他们至少烧毁了一百个土耳其的村庄并灭绝了他们的人口。我并非为了赞扬或减轻责备而提及这些事情,因为关于挑衅与报复的故事是无用的,也是没完没了的。但是,它表明了亚美尼亚和土耳其人在过去所经历的事情,那时候,少数民族处于外国基督教势力的保护之下。并且,这一点也表明了,如果亚美尼亚成了一个缓冲国,将会再次发生什么事情。如果将皈依拉丁天主教的亚美尼亚人安置在北部的土耳其人和南部的叙利亚人之间的话(根据报纸的报道,这就是法国人提出的与其托管地有关的政策),它在"小亚美尼亚"的处境不可能变得更好。

如果人类的智慧致力于寻找建设性的方法,将悲剧变为幸运,历史至少提供了负面的教训。在过去,各方所面对的只有仇恨;在将来,这种仇恨将会来自外国政府试图利用少数民族的民族热情来促进他们自己的政治利益,但他们会通过诉诸宗教而掩盖其残酷行径并为这种行径作辩护。毕竟,土耳其人就在这里,这里有一块广袤的土地;在那里,他们是无可争议的大多数;几百年来,这块土地就是他们自己的家园;他们长期生活在这里,对这块土地有着深厚的感情。无论我们喜欢与否,其他民族必须适应这个占支配地位的民族。可以同样肯定地说,这一点就像美国的移民必须调整他们自己的政治抱负和民族偏爱,以适应一个统一的民族国家。如果被用来培养人群的敌对状态的百分之五十的精力、金钱和计划,被我们用来寻找如何使人们在没有分裂的土耳其过上和平的生活,今天的情况就会比实际上好得多。欧洲的列强是否吸取了教训,认识到他们的保护和援助是一件毁灭性、悲剧性的礼物,这一点不得而知。但是,至少美国人没有被宣传所欺骗而去做了政策的代表,这些政策如今给所有民族都带来了死亡和破坏;这些政策恰恰是令人可恶的,因为它们被伪装源于宗教的情感所笼罩。最终,土耳其人也转变成了民族主义者,虽然速度缓慢。这一疾病目前以一种致命的形式存在着。它将随以下情况而缓和或加深:土耳其民族被其他国家真诚地作为既定的事实而予以承认,或者,干预、阴谋和骚乱的老传统会持续存在下去。在后一种情况下,土耳其和巴尔干半岛的流血惨剧将继续出现。

(叶子译,汪堂家校)

在土耳其的外国学校[①]

毫无疑问,美国对土耳其的直接兴趣集中于美国的宗教团体在那里建立的大量的重要教育机构。一个关心这些学校命运的美国人,可能考虑到土耳其政府的行为(常常是武断的那种),仿佛土耳其的外国学校的问题在美国学校里无不具有。相反,土耳其人则根据他对各种其他外国学校的经历来考虑美国的学校,而其他外国学校在数量上大大超过了美国学校。因而,两方都产生了误解。在本文中,我想对更大的教育问题谈一些看法,而美国学校的问题则要放在其中考虑。

首先,到目前为止,在土耳其的大多数外国学校是亚美尼亚和希腊的学校,这些学校当然是宗教学校或教区学校。举一个希腊学校的例子来说,学校的教师过去与神父一起宣传"希腊观念"——宣传一个新希腊国家,它包括小亚细亚的大部分地区以及马其顿地区,并以君士坦丁堡为它的首都。有着亚美尼亚教堂的亚美尼亚学校,是获得并培养亚美尼亚民族主义的主要工具。因此,这一点并不奇怪:土耳其人先前往往带着对他们的偏见的怀疑态度来处理所有外国学校的问题。这里有一个推测,即任何外国学校都计划反对土耳其的民族主义。并且,虽然他们愿意否认美国学校有政治意图,但很难摆脱这样的念头:这些美国学校具有不可告人的目的——这种感觉被以下事实所强化:这些学校是在宗教的赞助下开设的,而据土耳其人的经历,那些赞助总是反土耳其的。初听起

[①] 首次发表于《新共和》,第 41 期(1924 年),第 40—42 页;重刊于《人物与事件》,第 1 卷,第 346—351 页,标题为"美国人与土耳其人"(America and Turkey)。

来,有一点显得奇怪:在许多方面,仍然存在的希腊学校和亚美尼亚学校比其他外国学校面对的问题更容易一些。但是,解释起来很容易。他们只有来自他们自己国家的学生;他们是"社区"学校,而土耳其习惯了关于外国社区的观念,这些社区保持它们自己的语言、宗教和习俗。这里没有宗教上变节的危险,因为他们没有穆斯林学生;他们的教师通过土耳其教育部的考试并取得了教师资格;他们学习的课程和方法是受到监督和控制的。此外,希腊和亚美尼亚的民族主义精神在土耳其已经烟消云散,以至于不存在它会复兴的担忧。

另一个重要的并在数量上超过美国学校的,是那些起源于法国的学校。战前,在土耳其帝国有超过一百万的学生在法国管理的学校里就读,每年有超过两百万的人在法国医院、诊所和慈善机构获得帮助。这些机构,即使是在私人和宗教的控制之下,也受到法国政府基金的大量资助。一般欧洲人和土耳其人认为,教育事业和宗教事业理所当然地具有经济和政治目的,并且对美国人声称他们的学校没有这样的目的坦率地表示怀疑。法国的影响在阿卜杜勒·哈米德(Abdul Hamid)的长期统治时增加了,唯一的土耳其公立中学有一个法国主管,那里所有课程的教学都是用法语进行的。并且,虽然这是一个土耳其政府的学校,但获得法国政府的大量资助。即使是现在,虽然法国理事会,甚至子理事会都被新的土耳其民族主义废除了,并且只有自然科学是用法语授课的,法国政府仍然为法语教师支付薪水。我应该说,这个学校,即加拉塔-塞瑞尔(Galata-Serail)在下述方面发挥过独一无二的影响:它在土耳其人中散播西方的自由思想,并且在新土耳其的建设中扮演着光荣的角色。然而,它的整个经历在土耳其人心中强化了这一信念,即在土耳其,任何外国人所支持的教育事业都具有一种政治动机并且获得政府支持。

但是,决定法国教育活动和宗教活动之政治偏见的主要因素是:法国自16世纪中期以来便宣称自己是近东所有非穆斯林宗教信仰的保护人,这一主张一度被土耳其官方认可;并且在土耳其被降低到天主教的受保护国之后,这一主张得到了罗马教皇的批准。毋庸赘言,这一主张是法国在近东外交的基石;并且,既然它得到在国内事务中公然反对圣职的法国内阁的支持,就相应地强化了土耳其人这样一种信念,即没有外国文化事业本质上是出于单纯的教育目的或博爱目的。最近,这一局面由于法国和意大利之间不断增长的敌对情绪而变得复杂化了。正如一个法国作家天真地说到的那样,当法国赞助下的天主教在土耳其的利益受到阻碍时,教皇制度的宗教性质令人悲伤,但其意大利神情却令人高兴。人们公开断言,法国学校,即使是那些神职人员所管理的学校,与其说是致力于宣传天主教,不如说是宣传法国"文化"。有人谣传,罗马教会非常愿意摆脱法国的野心与宗教目的的令人尴尬的结合,并乐于与土耳其政府就以下事情达成一致:天主教学校仅限于教授那些准备皈依天主教的人。另一方面,土耳其人怀疑那些沿着安那托利亚海岸开办的特殊的意大利学校。当土耳其关闭这些学校的时候,意大利当局被告知:虽然他们声称他们的目标是纯粹人道主义的,他们可以在内地开设学校,但不要在先前受到意大利影响的任何地区开设学校。

这种不充分的概述应该至少使人明白,土耳其人正着手处理美国教育机构的活动带有不利成见的问题,在他们对其他国外学校的经验中,这些成见确有一定数量的根据;并且,与其他国家的学校相比,美国学校提供的这类根据更少。虽然美国人被宣布没有进攻性的政治野心,但无法同样保证他们学校没有宗教的性质。虽然从改宗和皈依的观点看,穆斯林是一个如此无望的例子,以致传教士学校多年来没有朝这个方面作任何努力,但这一事实为摩擦创造了另一个根源。在土耳其的美国学校记录的一个突出事实是:他们主要致力于教育亚美尼亚人、希腊人和保加利亚人,换句话说,致力于教育那样一些人,他们始终是土耳其默默的敌人并且经常是公开的敌人。下面这一点是我们无法改变的:随着土耳其民族主义的发展并最终获得军事上的胜利,对这一事实的记忆不会使土耳其政府怀疑美国学校对于该民族的价值,虽然它使土耳其人对美国教师偏袒反土耳其国家集团的任何迹象表现出过分的敏感。

假设这些学校是在传教士的赞助下建立的并带有宗教目的,假设顽固的穆斯林信徒会改宗,这样的事态也几乎很难避免,以致对于过去所发生的事情进行赞美或谴责都是不值得评价的。但是,我们必须面对一个问题,按我的判断,这个问题是未来的基本问题。我们可以把它表述为一个两难困境。如果宗教目的继续支配着美国学校,或者甚至给它们染上鲜明的色彩(基督教青年会和基督教女青年会同样如此),美国的教育机构就将继续主要与非土耳其人打交道,并因此成为土耳其社团政治中完全陌生的可疑因素。另一方面,如果这些机构能够主要致力于教育土耳其的青年男女,它们就会在土耳其的现代化中扮演一个极其有用的角色——这一点显然意味着,基督教的宗教目的完全处于从属地位,并且无论在精神上还是在外在形式上,学校要服从世俗社会的方法和科学的方法。

我当然可能对形势有错误的理解，但是，我最终相信，这一困境是难以摆脱的。无法直面这一困境或努力对它持观望态度，都会导致美国的利益和土耳其的利益之间的持续冲突，并且将妨碍美国的观念与理想在改变土耳其的关键时刻提供帮助。我们几乎不必说，从近东和穆斯林世界的结果来看，这一试验的成功或失败对世界未来的和平关系重大。

在土耳其的一个美国学校的学生（当然是穆斯林）对我说，如果那个特殊高等教育机构在土耳其的两代人的时间里培养四百个训练有素的人担任土耳其学校和国家行政机构的领导人，土耳其将很快面貌一新。为了更清楚地说明他的观点，他说，如果这个学校通过他的毕业生为土耳其作出的贡献与它为邻近的保加利亚作出的贡献不相上下的话，整个土耳其的社会和经济面貌将大为改观。他继续说道，美国学校为少数族群所做的事情远远多于它为土耳其人所做的事情，这一事实在许多方面对少数族群和土耳其人都造成了伤害。和平、相互理解与和谐一个不可缺少的条件是：所有人要么继续保持同样程度的无知，要么共同进步。但是，美国学校在土耳其的希腊和亚美尼亚人中发展了民主的理想，给了他们现代的观念，唤醒了他们的主动性，并且为他们配备了现代的工具，而土耳其人实际上还保持着他们的中世纪的心态。

结果是双重的。希腊人和亚美尼亚人自然受到了激励，为他们的政治独立而奋斗，这反过来引发了土耳其人的敌意。当土耳其人看到自己因为希腊人和亚美尼亚人的现代教育而在工商业方面落在后面时，心中产生了嫉妒和仇恨，而这种嫉妒和仇恨很容易被煽动为战争和屠杀的火焰。我不能忘记他向我所做的真诚保证，即如果所有人继续处在无知和落后的相同条件下，不同的民族将继续理所当然地友好相处。

他阐述这个观点时没有表现出怨恨。我从未见过任何一个人能像受过教育的土耳其人这样讨论他们的错误，这个事实当然与他们的宿命论哲学有关。对这个观点的阐述与对这些学校未来会变成怎样并做些什么的讨论有关，并且这一点非常重要。如果因为土耳其的美国学校是在传教士的资助下建立的，它们就不得不保存对基督徒与非基督徒的古老区分；并且因为它们拥护基督教而成为反土耳其的学校，那么，我无法看到它们将为土耳其完成大量的工作。有一点是合乎情理的：它们将成为外交摩擦的焦点；就目前情况而言，它们具有使美国和土耳其之间的政治和经济关系变得紧张的倾向。另一方面，如果这些学校把发现和教育土耳其的青年才俊(他们可望成为未来土耳其的知识领袖和社会领袖)作为主要任务,而不管其宗教信仰如何,在对非土耳其人进行启蒙和解放方面所做的事情就足以证明它们能够为土耳其做些什么。

(叶子译,汪堂家校)

学校作为发展儿童
社会意识和社会理想的手段[①]

我国公共教育体系的工作自这一体系在几乎不到一个世纪之前创立以来，其结果在根本上主要是社会性的。一般家长把它视作一种借以向他们的孩子们教授阅读、写作和算术的途径，这一点是再自然不过了。同样自然不过的是，纳税人应该把它视为社会性的，尽管有时更多地是一种社会的麻烦而非其他什么东西。教师们应该主要关注教育项目的必要性，主要关注对孩子们的要求，而这种要求与对孩子们的指导和训练相关。然而，当我们走得太远以至于只见树木而不见森林时，我们就知道，自开始以来，学校的工作一直起着社会结构中的粘合剂的作用，或者用一个不太生硬的隐喻来说，它一直起着穿针引线的作用，并把不同的线扭成一股。我们非常明了这一事实，它与学校在将我们人口中日益增长的异质成分集合并团结起来时所做的工作联系在一起。

有人告诉我们，罗马衰亡是因为某些外部移民。然而，我认为，所有这些移民加在一起，也不能与在过去的80年里我们已经看到的从其他国家到我们国家的人口流动相提并论。在我国，我们已经看到这种从一个地方到另一地方的流动在持续进行。或许在历史上的任何时期都没有面临这样的问题，即将如此多彼此不同的元素集合在一起，并将他们整合为一个统一的民族。我不是说，在将如此纷繁复杂和互不熟悉的成分改造成观点、思想和生活接近统一的东西时，学校教育是唯一发挥作用的手段。但是我认为，我们可以说，没有任何一种其他的

[①] 首次发表于《社会力量杂志》(Journal of Social Forces)，第1期(1923年)，第513—517页。本文源于作者在全国社会工作会议上的演讲，此次会议于1923年5月16—23日在华盛顿举行。

影响像这个国家的公共教育体系那样,在为我们的人口带来某种完整性、凝聚力、同情和团结中发挥着如此重要的作用。这点是一种常识。我只是将大家的注意力引向大家熟悉的事物上,因为现在情况已经发生了变化。在过去,这一工作是由学校教育体系完成的,它在很大程度上是无意识而非经过深思熟虑地或者带着预定的目的完成的。当然,这一工作的完成既不是由于特定的项目,也不是由于对课程的有意描述或控制。但这一工作毋宁只是作为一个副产品来完成的,其途径是:学校将不同宗教、不同传统、不同种族和不同语言背景的孩子们集中起来,并且一天中安排一定数量的时间让他们在共同的游戏、学习和工作中相互接触,从而产生了社会影响。这也是学校其他活动的副产品,这些活动将孩子们和年轻人放到一起,使他们获得边旅行边学习的机会。在这样做的时候,他们彼此变得熟悉起来,并且在成长中越来越彼此相像;同时,他们也学会了分享共同的思维方式,以及对涉及整个共同体的事务的感受这类东西。

我们现在意识到,正如在我们国家生活的其他许多方面一样,这一无意识的和自发的扩张阶段如果还没有结束,也正在走向尾声。我们在地理上进行无意识的自然扩张、占领土地、发现资源的时期已经结束。我们已经到了一个问题丛生的时期,一个反思的时期,一个探究的时期,一个调查研究、创造发明和清算盘点的时期;而不是到了一个勇往直前的时期,一个仅仅因为不得不做而去做事、然后听任在做事过程中产生的力量来引领我们走向成功的时期。因此,学校在过去自发地、不带任何预定目的和意图而完成的这项工作,在我看来,现在不得不以一种更加自觉和深思熟虑的方式来做了,否则,它根本不可能完成。现在已经出现了这样一种局面,即正当这项社会化的工作,这项在我们国家的年轻人中创造目的和理想的真正统一的工作最需要完成的时候,那里却有一些非常严峻的巨大困难(在完成这一任务时,人们一开始就会大规模地碰到这些困难)。

我不知道,如果不是因为第一次世界大战,我们是否还会大量出现不宽容、缺乏社会信任、彼此缺乏信心,以及不同部门想把自己的视角和观点强加给其他部门,以便检验他们是否合适作为公民的愿望。情况可能是,我们已经到达这样一个发展阶段,在这里,这种走向社会分裂和不宽容的倾向在某种程度上即将表现出来,但不管事情是否真的如此,战争以及战争的结果推动了这种态度的增长。我的一位好友近来非常严肃地告诉我,尽管他不愿意看起来悲观绝望,但是今天美国生活中最令人沮丧的症状在过去十年间的社会不宽容变得更加严重了。正因如此,在它经历的不同阶段,学校在将来不得不自觉地做一些它在过去无意识完成的工作。正是前进道路上的一个障碍使得做这些事情更加困难,并且要求我们国家的教育者与对国家生活感兴趣的其他人在思想和行动上团结合作,以便使分裂、分离和相互不信任的这些原因不会在我们中间继续加剧。我没必要提醒你们注意所有这些表现。众所周知,每当我们听到"美国化"这个术语时,我们都会面红耳赤,因为某些群体已在一定程度上将这一观念作为手段,把自己关于美国生活的观念强加给其他民族。我不必谈及宗教和种族不宽容的增长,在我们国家,我们可以从三K党运动的形式中看到这种不宽容的证据。这不是一件我们可以一笑了之或者仅仅将其作为一种分离的运动来对待的事情。它具有更大的重要性,这种重要性在于,它是体现在许多其他方面的精神症状。除了那些身穿白色长袍并将自己的面部隐藏在里面的人之外,我们还有相当数量的三K党主义者。有相当多的人——其中有些是评论作者,他们讨论这种三K党运动——已经穿上了知识的和道德的白大褂并且戴上了这样的头巾,以便将他们自己以及他们的目的隐藏起来,并且他们正在以一种更加阴险的方式做一项邪恶的工作,即削弱共同体中相互尊重和相互信任的情感。当我回顾过去时,我发现,在我们年长一些的人的成长岁月里,这种现象几乎是普遍存在的。不是因为那时我们没有对新来的人讲过奚落和侮辱性的话(很可能是一种介绍性的侮辱),而是因为不存在这种故意的不信任,不存在这种猜疑和恐惧的氛围,也没有人故意使得共同体中的人们感到我们人口中的某些部分显然是反对美国的,并且必须以猜疑或者更加极端的方式对待他们。社区的教育工作者以及对教师在各行各业的社会工作中正在做的事情抱持同情心的人,需要公开和坦诚地承认这一特殊形势(我们所有人都希望它是暂时的,但与此同时,它又是存在的)。我要提一下这一运动对学校发生影响的一个方面。不久前,我们有一个在俄勒冈通过的宪法修正案,对于我们这些以良善的美国人自诩的人来说,这一法案似乎触及了不同部分的美国人之间宽容、信任和真诚的底线。我们还有几周前才通过的纽约市的《鲁斯克法》(*Lusk law*)所代表的法律,它不但将私立学校的教师,而且把公立学校的教师置于猜疑之下。那些法律说,这样做是迫不得已的,因为这么多的移民正涌入我们的学校。我个人对此感到十分愤怒,因为我属于这个国家早期的移民,并且我所属的家族并不是最近才来的。因此,我们必须在公共场合炫耀如下事实,即通过对刚来的那部分外来人口投以怀疑,表明我们是良善的美国公民。这不是种族问题和宗教问题。大家有一种愿望———一种理智的愿望,即发现人们正在思考什么和信仰什么,发现人们正在思考的事情是否不同于我们正在思考的事情,以及相信那一事实是否会造就他们的多疑性格。

还有一种例子表明,这种倾向是如何影响我们的公立学校的:那就是已经引入并在近来的案例中已经通过的有关讲授美国历史的法律。自然,每个民族应当收罗一些在其发展过程中的神话。这是历史虚构的一部分。我应该是第一个坚持认为,应有法律规定教师不能将任何这样古老的传说教授给孩子们。但是,此时此刻,那些从来没有使历史研究变成以白纸黑字进行记载的立法者想到的是,如果学校的教科书不包含百分之六十八的、关于我们美国人的祖先的多少有点可疑的故事(其中大部分无论如何只是奇闻轶事,它们忽略了正在持续的真正的斗争精神),这些教科书就不能在学校使用。现在是唤回更加统一的社会意识的时候了。但是,在自然科学中,讲授并非科学探究的结果的东西都很难被认为是安全的;可现在,在生物学中就像在历史学中一样,各种各样的人不从事研究工作就知道真理是什么,并且他们可以让他们的影响施加到立法者身上,从而宣布自然的法则。我们中的有些人认为,在处理社会法则时,立法者有足够多需要关注的东西;但这一领域似乎还不够广泛。他们已经将整个自然界视为他们的领域。很快,爱因斯坦(Einstein)先生将会发现,他已经被南方或北方的立法者超过了,如果事情就像现在这样持续下去的话。这些事情是一些症候,而不是我们能够逐一处理的东西。它们是一种非常不幸的改变的严重症状,而这种改变正在唤醒自然的、老式的宽容、善良愿望和这样的认识:不同的人将会拥有不同的理想和信念。然而,在美国公共生活和国家生活中,在所有这些差别的背后,我们还有一种共同的团结、一个团结的基础;我们有足够多的共同工作、共同的责任和共同的兴趣和同情心,以至于尽管有各种各样的分歧,我们还能继续并肩工作。公共学校的目的就是要专注我们国家生活的共同体的这些根本因素。

我想指出三点,我觉得,目前的学校对此负有责任。首先和显而易见的事情涉及国际的和种族间的问题,不仅仅像我们在国外,与其他政治单元打交道时看到的那样;而且在我们自身,在我们国家内部,我们自己就是国际性的和跨种族的。我们必须认识到,凡从外部滋生敌对和分裂的东西,必将在内部产生分裂和敌对。存在着这样重大的危险:某些人将会以一种相当狭隘的民族主义的精神发展这种思想,他们通过将爱国主义从致力于共同的福利这一真正的和恰当的意义偏离开来,并将其视为对于其他人的怀疑、嫉妒和敌对的精神,从而制造出一种迷信:世界上所有的人都在遭受这一邪恶精神的折磨,而我们由于自己幸运的地理位置,在我们历史的所有早期阶段相对避免了这种精神的折磨。避免这种折磨是在与人满为患的旧世界相比的意义上说的,这些旧世界有着其地理上的疆域,并且承载着国家的仇恨和战争的遗毒。你们是否停下来思考过:一个国家与一个从没有对其发起过战争的国家培育友好的情感是很容易的,但困难在于与一个曾经与其交战过的国家发展一种友好的情感?请比较一下,对法国的普遍同情与我们对自己祖国普遍具有的情感。难道你们不认为,如果战争被颠倒过来,那么,情感也可能被颠倒过来吗——如果我们曾经与法国交战过而从来没有与大英帝国交战过,那么,我们的情感可能会这样流露出来,以至于很容易消灭仇恨?对于社会意识和社会理想的这一国际状态,我们学校中的老师以及学校背后的社会负有比我们认识到的更重大的责任。正如我们需要一个计划或平台来讲授真正的爱国主义和对我们社会的真正的公共利益感,显而易见,我们需要一种国际友谊、亲善和善良愿望的计划。我们需要历史学、文学和地理学的课程,它将使得我们国家不同的种族群体能够意识到他们各自对国家作出的贡献;它将创造一种对待他人的精神态度,这种态度使憎恨和猜疑的火焰将来在我们国家很难蔓延开来。事实上,这种现象完全不可能出现,因为孩子们的心智在形成阶段时,我们已经通过学校教育这一媒介,在他们心中形成了尊重和友好对待其他国家以及世界上所有人民的情感。

  对我来说,似乎同样有必要谈及导致社会分化的诸多原因,这些原因来自经济和工业的力量。同样,很大程度上多亏了我们的地理位置,以及我们未开垦的疆域的财富,我们直到近来才有阶级分化和阶级冲突。我们具有的这种分化和冲突并不像旧世界(指欧洲——译者)那样严重。但是,众所周知,这些经济的和工业的分化以及与此相关的各种问题,资本和劳动的各种问题,在我们的生活中与以前相比更为广泛。这里有痛苦的根源,社会中至少有两个阶级非常愿意利用它,一方面是那些拥有更大控制权的人,他们希望保持对那些有较少甚至没有任何控制权的人的控制;另一方面是进行煽动的政治家,他们有兴趣去搜寻任何不满的证据,这些证据是为了他们自己的利益而出现的。在学校里,我们不能讲授各种主义,不管是经济的还是社会的。持续将这些主义挡在学校大门外,是相当受欢迎的。然而,今天普通的男孩和女孩在走出校园时,会不会完全带着对他们将会遇到的各种邪恶和问题的一种纯朴和天真的心态离开学校呢？我们在学校里没有打算制造一种错误的和虚假的知识氛围，而这种氛围给所有的生活状况投下了太多理想主义色彩吗？我从内心里尊重孩子们和年轻人的纯朴和希望。他们有权利享受，有权利暂时不顾激烈的经济和政治斗争，以及生活中的各种问题。我的意思不是说，我们应该在孩子们尚未成熟时，将这些问题强加给他们。但是，我们在历史和地理方面的教育以及通常的社会研究在智识上应该更加真诚，他们应该逐渐带领学生接触当代生活的实际现实，而不是以一种惊人的方式任由他们去熟悉那些甚至来自我们国家某些教育机构的大专生今天都可能会遇到的事情。我们需要学校教育带领学生认识到这些共同的问题，认识到美国人民不得不以一种团结和合作的精神通力合作，共同解决的这些问题（如果人们打算解决它们的话）。我认为，这些问题可以这样的精神提出来，这种精神将会诉诸在美国年轻人中非常幸运地普遍存在的理想主义，让他们认识到他们是这个国家共同的缔造者，让他们认识到这些问题就像我们的祖先曾经不得不面对的障碍一样。这样一来，当我们的开拓者必须在这个国家停下来时，仍然要向开拓者发出呼吁，呼吁他们改善人民大众的福祉；也要学生们认识到接受这种新的经济问题是一次机会。我们呼吁，我们国家的所有孩子和年轻人在走入生活并通力合作处理这些问题时珍视这次机会。我不是在强调一种悲观的论调，相反，我们有这样一个平台，它认识到目前的要求和社会状况是合作服务的机会和对合作呼吁，这种合作表现在使人类自由和人类正义的目标更加可靠，我们的先驱曾在这个国家致力于这样的目标。

这些都是零星的例子，它们只有一个目的——就是表明我所说过的话，即学校过去曾经在很大程度上是无意识和自发地所做的工作，现在不得不深思熟虑和睿智地完成，并且要求教育者群体有更多的社会意识。当我们想到社会改善已经由专业的社会工作者和具有公共精神的公民发起和实施的程度，而教师群体却在很大程度上置身事外时，我们这些教师有理由感到惭愧。我担心，即使在阻止使用童工方面，当然这看起来是一件具有首要的学术重要性的事情，教师以及学校的管理者几乎没有担负起它应该承担的责任。我们不得不承认这种社会责任，而且我甚至会说：教育工作者应该自觉地承认，他们的责任要比其他人的责任更重大。我只是不知道社会工作者到底是什么（尽管最近我已经看到了一些定义），但不管他是什么，教师们都应该说："我们就是！"他们应该说，在改善社会健康和文化这一真正根本重要的工作中,在将自由、正义和幸福传遍整个社会的工作中,"我们比社会中任何其他的阶层都更加是社会工作者"。如果这些是社会工作者的任务,那么,在声称是社会工作的领导者时,教师应该是社会中所有其他部分(专业人员或非专业人员)的挑战者了。

(王巧贞译　汪堂家校)

教育的社会目的[①]

我非常荣幸能够在这样一个历史时刻,在这样一所历史悠久、有着良好教育记录的学校里,与这些有影响力的教师会面。请相信,在这个特定的时间、特定的场所会见大家,让我备感欣慰。

说到教育的社会目的,我并不打算就学校的社会目的的重要性作一番论证,也不打算指出社会目的为何如此重要的理由。如果说我是在与没有经验的教师讲话,在与仍在接受培训的人讲话,我会认为有必要或者值得涉及那些问题。但是,我认为,这一点是理所当然的:我们都承认,就我们共同的学校教育系统而言,主要的任务必定是在最广泛的意义上,将学校里的男孩女孩、男女青年培养成良好的公民。我们必须把这些学生培养成社会共同体的一员,他们会承认那些将他们与其他所有社会成员联系起来的纽带,承认他们有责任为共同体生活的建立作出贡献。我应该将其假定为一个公理。我应该请你们考虑教育之社会目的的某些方面,分析进入公共教育工作之社会目的的一些因素。

我希望关注教育的社会目的的三个方面。第一,是我们通常将其与"公民"一词联系在一起的目的。我们考虑到公民的政治能力,并且有时把成为一个好公民的观念限于政治关系、义务和责任,以及他与整个国家的政府和自己的地方政府的关系。我认为,这只是一个好公民的部分内容。我认为,我们应该有一个

[①] 1922年9月,杜威在马萨诸塞州的布里奇沃特举行的全国师范学院教师大会(the State Conference of Normal School Instructors)上的演讲。首次发表于《综合科学季刊》(*General Science Quarterly*),第7期(1923年),第79—91页。

良好的公民义务,宽泛得足以涵盖个体与所有其他社会成员之间的关系。政治方面是重要的,并且是国家的公立学校需要强调的日益重要的方面。我觉得,如果我们要维持我们的民主实验的话,这就是教师们必须比过去更加深入地根植于其中并且更加广泛地关注教育方面。

多年来,这个国家的民主活动或政治事业似乎有一个自行发起者,它相当自动地发挥着作用。只要有大量的土地,只要人们继续开赴边远地区,除了关心像奴隶制问题这样的特殊难题之外,这项事业过去几乎不关心自身。我们欧洲的评论家们很早就说过,只有等到人口增长到再也没有未使用的土地等待开垦,只有当国家资源都归私人所有,并且谋生的工业和经济条件成为它们在旧世界的那个样子,我们的民主制度的压力才会到来。他们说,到那个时候,我们民主制度的真正麻烦就来临了。我们都知道,我们现在的政治问题很严峻。它们要求更多的智慧,并且比它们过去的情况更为复杂。我们不能依赖民主事业的动力来实现这个目标。

对公民的政治指导、治理知识、公民的义务等等的强调,很久没有增强。整体来说,我认为,我们不得不坦率地承认,我们倾向于假定:如果学生充分了解我们政府的本质以及进行治理的方式,他们就可以达到一种良好政治公民的标准。如果我们让公立学校的学生深入了解国家的宪法,以及他们所居住的这个联邦的宪法的要点,并且告诉他们一些关于他们所居住地区的管理情况,我们认为,他们就会准备尽自己的本分并且作为良好的公民参与管理。所有这些,仅仅涉及机构。政府机构非常重要,但更重要的是推动那个机构的力量、那种力量的本质,以及它从何而来。甚至对于政府的最好理论说明,毕竟只是一个工具、一种不会产生它自身力量的手段。必须有某种动力从外部进入这个机构。我们可以从头到尾地向学生讲授政府的本质,细节到它的原理、管理;我们可以使他们熟知宪法,不仅仅从字面上熟悉,而且使他们洞察地方政府的功能和义务,至少还要做书面上的准备。

我们从这种方法中发现了许多教育阶段所面临的危险,也就是说,在我们仅仅提供了某件事的信息时就认为我们对人进行了教育。因此,我们认为,当我们给予学生一些关于政府的结构和活动的信息时,就在以某种方式作为教育者在尽自己的本分来培养学生,让他们将来步入社会生活时成为一位好公民,在未来离开学校时成为真正的公民。

我认为，我们使学生们在很大程度上不仅带着书本知识，而且心灵空空地走出校门；他们对那些被用于推动政府机构的力量及其源泉一无所知。在教育中，我们在很大程度上没有从这一机构转过身来，让学生熟悉他们将来作为一个公民所要面对的问题。就过去的教育而言，其结果就是使学生感到，他们真的不必去解决这些问题，这些问题由政府的官员和宪法的制定者来解决；因此，他们必须做的一切就是投票选出一个好人，并且可能的话，出席政策讨论会。他们被引导着去相信，其余的不用操心。因此，大批学生离开学校后，就步入了生活，即使他们相当了解政府的结构和理论上的工作，却丝毫不了解他们必须面对的主导力量。我并非认为我们的学生应该对政治机构吹毛求疵，或者对政治机构持批判态度。我认为，已有一种将我们的机构理想化的诱惑——在曲解或使学生（在成熟起来以后）全然不知是什么问题导致难以经营政府的意义上，将政府机构理想化了。我们需要一些教育方法，它们不仅仅将给学生提供一种关于政府的简单的书本知识；而且当他们离开时，让他们了解他们必定会在政府（地方、州和全国的政府）中面对的潜在趋势和问题。

如果年轻的男女从我们的学校离开时，没有有能力的、富于同情心的教师来告诉他们在政治机构运作方面存在的缺陷和危险，他们就会在遭遇现实问题时感到迷茫和困惑，并且常常成为牺牲品。一些人问道：为什么我们的学校培养的人，甚至包括高中和大学培养出来的人，如此轻易地接受很低的政治标准呢？这个国家最大的政治人物之一，近期刚刚去世。他是一位议员，并且是一位学者型议员，来自我们最好的大学之一。他开始是一位改革者，但最终他将他所有的伟大技能仅仅用于操纵政治机器。我想知道，我们的困难是不是因为我们的学生走出校门时过于无知。

我意识到，这对于讲授公民权的教师来说，多少是有些微妙的事情，包括所有讲授公民学、美国历史和国家地理的老师都是如此。我知道，对这些教师来说，对真正的问题进行太多的直接探讨是一件微妙的事情。坚持对宪法文本的教学，坚持各州、市和村庄的不同官员对宪法文本的教学，列举它们的不同功能是什么，并且接着假定一切都运转顺利——这样做要安全得多。但是，我觉得，如果有什么人能够以一种智慧和公正的方式使未来的公民了解他们将要遇到的问题，这个人就是学校的教师。在学校的教师做到这一点以前，我们不得不承认他们尚未尽到全部责任。

此外，我认为，如果教师们有更多的勇气面对这些问题，他们将更值得尊重并且在社会上更具影响力。最后，人们拘泥于他们自己的评价。如果教学团体坚持认为他们有责任以一种具体的方式来处理社区的政治问题，全国的社区会更加尊重教学团体（如果他们以一种坦率和更为具体的方式来处理政治和社会问题的话）。

今年夏天，我碰巧听到一个关于如何处理当代问题的故事。一名教师不得不在南部一些州或边境州发挥她的道德勇气，在那里，高中受到某种怀疑，因为他们有一个非常开明的、讲授包括进化论在内的科学的教师。有人告诉这个社区，这个学说有许多罪恶和危险。当高中毕业典礼将要举行时，他们学校里没有礼堂，而教堂又不愿提供房间用于高中毕业典礼，因为那所学校讲授自然科学的危险学说。那里的校长是一位女士，她借了她父亲的谷仓举行毕业典礼。镇上一些善良的人们有些不好意思，于是提供了他们的教堂。这位女士坚持认为，开学典礼是为了公众的利益而举行的。他们在谷仓举办了一个成功的毕业典礼。我认为，因为那所学校并不简单地屈服于当地公众的意见，甚至是那些非常受人尊敬的人的意见，那所学校在社区里的地位会高于它在进行妥协并就许多善良的民众意见不一的问题保持中立时所占据的地位。我认为，在处理更具体的政治问题时也是如此。

我们没有以讲授历史和文官政府的方式让学生充分地认识到，在我们的城市里，商业和政治利益之间许多好的或坏的联系。人们如今几乎不敢坐火车旅行，①因为不知道接下来会发生什么。我们知道，在很大的规模上，国民政府和巨大的工业与商业利益（比如铁路和煤矿）之间存在着广泛的紧密的联系。教师在这种形势下，没有必要站在某一边并试图说服学生相信在劳动者和铁路经理、煤矿矿工和经营者之间的争论中谁是对的或者错的。我们在此有一个例子来说明国家的政治生活和工业生活多么接近。这些大工业频频涉及运输、采煤等等，它们影响了社会生活的每个方面。他们不可避免地为政府制造了一些难题。因此，我觉得，如果我们真的要通过讲授有关历史和政府的课程来培养好公民，就需要讨论处于工业，尤其是国家的大型的有组织的工业，与具体的必须处理的政治问题之间的一些连接点，以便让学生了解两者是如何作用和相互

---

① 这归因于铁路罢工。

作用的。

回到我所说的第一点。这里是一台政治机器,但是运转这台政治机器的动力是从哪里来的呢?我们作为成年人,实际上越来越多地知道,这种力量是通过商业和工业直接提供的,因为商业、工业和金融在现代生活中占据着支配的地位。如果教师忽视这一点,或者因为没有足够地意识到这一点,或者因为认为它过于微妙,并因此缺乏道德勇气讨论这些问题,那么,我相信,我们不能自夸已使我们的学生团体准备好从政治观点出发将学生培养成为好公民。我们在培养一群有些被动的公民,他们将受到政治机器的管理和剥削,或者,在反抗它们时,受到煽动者和鼓动者的管理和剥削,这些煽动者和鼓动者出于自己的特殊目的而求助于他们。我们需要在未来的一代人中,发展一种对于政治问题和计划敏锐的判断力。如果我们的公立学校要训练我们的人民,他们将真正使我们的民主试验取得圆满成功。

我们已经过了可以依靠普通教育(是在阅读、写作、历史、地理、初级科学的意义上说的)的时期,而这种教育给予我们现代这个非常复杂的环境下所需要的一种智慧。我们必须就学生将要面对的问题,给他们一种具体和重要的知识。我们不仅仅对进入政治结构并使其运行的力量有所疑问,而且对进入其中的材料也有所疑惑。一台纺织机可能纺出棉布、丝绸或者羊毛制品。如果它生产出毛制品,它们是劣质的还是全羊毛的,取决于进入这个机器的材料。我们不能自满于知道我们制度的政治结构是什么。我们必须让学生认识到,它毕竟依赖于政治机器所产生出来的货物的品质。当背后有才智之士提供支持时,糟糕的机构也可以运行得不错。因此,假如进入最高类型的机构的人都是一些品质低劣的人,该机构的运行一定会非常糟糕或衰落下去。

教育之社会目的的第二方面,我已经间接地触及了,这就是工业。为了成为一个好的公民,必须具有供养自己的能力,这一点肯定是十分必要的。大部分人在年岁大了时,仍有人依赖他们。他们有孩子需要照顾,因此必须不仅能够照顾和供养自己,而且能够供养一定数量的家属。公共教育,公立学校,公立小学,不可避免地代表了非常有限的教育类型。它们受社会共同体的资助并且要实现普遍的社会目标,其中包括训练个人能够在产业和经济上自立,并且供养那些依赖他的人。对于公共教育来说,至少,这一经济需要、谋生的需要为学校带来了非常确定的负担,并确定了学校的办学方向。我的意思不是说,教育在狭义上仅仅是指或主要是指职业教育;相反,是指公共教育系统不应该看不到这样一个事实,即每个正常的男孩或女孩、男女青年,大概在一生中都会有某种职业。

大家知道一个关于美国人和欧洲人接触的故事。这个欧洲人说:"你们国家的困境在于没有有闲阶级。""哦,是的,"美国人回答道,"我们有,但是我们将他们称为流浪汉。"除非一个人是流浪汉或某种形式的寄生虫,属于闲散的富人(他们比闲散的穷人更加不幸),否则,他会在家庭内外从事某种职业。教育当然应该对此事实有所影响。

如果我们狭隘地理解职业的意义,并认为可以通过为这个或那个特定行业培养人来解决社会问题在教育中的地位问题,我们就会犯下大错。这并非是我的意思。我丝毫不是这个意思。机器如此大量地侵入大多数现代行业,以致大部分日常操作工的工作可以在几周内学会。在一个现代工厂里,日常操作工的经验是:两至三周之后,他们就能熟练地操作机器,而过去则要花一两年的时间。因此,假定这一点是无用的:仅仅通过为高度专业化的行业培养人,我们就能解决如何使他们成为好的、合适的社会工作人员的问题。而我们所需要的,是发展某种品格因素。

如果你在报纸上看看聘用雇员的招聘广告并做统计调查,把要求特定技能的人员数量与要求主动性、人格、正直和勤劳的人员数量进行对比,你将发现,从招聘工作人员的雇主的立场看,毕竟是人的一些个性品质而不是更有技术性的因素使他更加称职。

也许存在着某种危险:热心于职业教育可能产生对社会命运的一种社会信念,即相信教师和学校可以为个人步入社会之后选择一个特定的社会职务或职位。我看过一些著名教育家写的带有这个意思的东西。这些人在工业领袖和普通成员之间作出区分,并认为学校也应该如此;如果这样的话,就应该培养少部分人的管理能力,而把大部分人即普通成员培养成伐木工和取水工。基于阶层划分来对待人,是违背社会民主思想的。甚至旧式的命定论教条的最热心的信仰者,至少为作预测而将它交给神圣的力量去处理。我们应该非常留意工业和职业教育的这一问题,而不要在假定可以预测人类的未来社会将是什么样子时篡夺神的地位。我们需要尽可能地教育年轻人,让他们具备主动性、足智多谋,并且具有那些使他们变得聪明的知识,看看他们在步入社会时成为什么样子。

目前的困难是,我们的很多年轻人在生活早期,在 14 或 15 岁的时候,就离开了学校。他们的学校教育完成了。如果他们念到五年级或六年级,也许会做得很好。他们接着进入本质上具有高度机械性的工厂。你可能会记得,一两年前,有个人将美国民族归为七年级的民族。我考虑再三,想知道他是否太不乐观,他是否把标准定得太低。我们可能是五年级或六年级,然而,我们为自己拥有一个全国教育系统而自豪。我们这里的一些人是其创始人。如果我们的孩子、我们亲友的孩子在五年级或六年级结束时离开学校,我们会如何看待他们的教育程度,我们断言,"好了,社会认为你是受过教育的;无论如何,我们都会认为你是受过教育的,并且将你送入社会"。然而,我们非常满意有这么多的学生走出我们的学校,而这些学校仅仅提供十三四岁的孩子能够得到(而且一般还有所滞后)的那种类型、程度和质量的教育。

源于这种情况的危险之所以增长,是因为如此多的这类人进入了纯粹的机械化的工业机构,他们的日常工作都是例行公事,很少有机会展示任何独立的个性或思考。首先,他们简单地听命于某人;其次,可以说,他们听命于他们正在操纵的机器。来自这一条件的机械程序没有为一个共和的社会准备好的材料。因此,学校必须尽其所能,抵制现代工业生活所带来的这种冷漠而死气沉沉的影响。

我无法知道还有什么比以下两个问题更多地留在教师的具体经验里,而这些教师正在培养未来的教师。其一,提出一些方法,我们可以借助它们以一种公正而又坦诚的方式让学生了解生活中的困难和问题。其二,所有进入工厂和工业生活的人,应该防止受到损害他们的想象力和创造力的死气沉沉的影响。

我觉得,我们应该对学校的职业教育进行指导,但不是为了适应任何特定的需要,而是为了发展年轻人应对紧急情况的能力,让他们自立,让他们独立思考。所从事的工作越一般,越需要个人的想象力、创造力和主动性(而不是简单地让他们根据确定的规则进行特定的工作),这样的学校才能更好地实现他们的社会目的。

第三方面涉及这样一个事实,即除了特定工作和为社会提供特定服务以外,我们应该利用好闲暇时间。这对于培养好公民来说,越来越重要了。一个好公民不是能够简单地投票选举并使用其影响来获得好政府的人,也不是仅仅以自己所拥有的专业来提供有用服务的人,而是能够享受生活并以对社会有益的方式来利用闲暇时间的人。他是一个能够欣赏艺术、科学、历史和文学的人。

我们来想象两个社会,其中一个有好的政府、诚实的政府、没有腐败的政府。这个社会有干净的家园、卫生的环境、良好的学校和警察,以及所有构成好政府的其他东西。它的人民在日常工作中表现得忙碌、勤劳而诚实。但是,无论在他们工作中还是在工作后,他们都没有闲暇时间和能力来欣赏科学、文学、音乐或戏剧。而另一个社会,我们发现,除了上述列举的东西,那里的人们还对知识和艺术方面的东西感兴趣。你立即会说,后者是一个更高级的社会,是一个更好的社会;它比那个仅仅满足于拥有好政府和高效工作者的社会,更认可了民主理想。在有用的行业进行培训,是一种狭隘的公民观点,甚至从产业的角度来说也是如此。

让我们想想城镇成千上万的人们目前的生活情景吧。当然,城镇正在成为美国生活的一个单元,东部的各个州尤其如此。社会的大量人口,参与日常工作的众多男女,生活在我们的城市里。历史上从未有过这么一个时期,获得娱乐变得如此廉价和容易。我认为,这对成千上万在工业和经济生活中没有灵魂或精神的人们来说,构成了一个严峻的问题。当这些人离开工作进入闲暇时段时,他们发现自己被大量不同的娱乐所吸引——与过去相比,是廉价的娱乐——他们可以承担。日常的和辛苦乏味的工作相当普通,但以前做这类工作的人没有接触过如此多样的低成本娱乐。我认为,这部分地解释了人们目前讨论的许多事情,从所谓的犯罪浪潮到品味和趣味的恶化无所不有。这个社会里的许多人,尤其是年轻人,仅仅关注"过得愉快",而几乎任何获得愉快的方式都是合法的。因此,我们这里有一个直接的问题需要学校来面对。只有为我们土地上的年轻人提供比目前大部分社区所提供的更多的有益享乐和欢度闲暇时间的方式,学校才能履行它的社会义务,或者尽到它的社会责任。

不管是由于我们的清教徒遗产,还是由于别的什么原因,我认为,我们没有严肃地对待娱乐和消遣问题的道德方面。你有没有思考过,人们在被环境所迫而减少在其他方面的开支后仍然将钱用于娱乐呢?人们在经济拮据时,仍然将钱花在剧场或剧场的任何一个角落。这个社会的人们通过表演、歌唱或演奏乐器,或者甚至以低级的娱乐形式(如职业拳击赛)给他人带来快乐,而那些娱乐寻求社会的关注和财政支持。我们对这些事情感到遗憾。但是,我认为,我们应该面对它们并且认识到,在人类的本质中,具有在闲暇时间消遣的需要。如果没有具有吸引力的娱乐形式,如果不引导人们去欣赏高级的娱乐形式,他们就会诉诸那些低级的形式。

现在非常需要对所有娱乐活动设立检查制度。我不知道大家如何看待这一检查制度的好处。但是,它确实表明存在问题。我认为,无论你是否赞成更多的检查制度,都将承认它是一个解决问题的相当外在的方法。只有当每个人成了自己的检察官,而不是依赖于他人,才会有娱乐和欣赏方面的改革和发展。只要我们诉诸这些束缚和约束的外在方法,它就表明,发展个性以便他自愿地选择更高形式的娱乐的教育工作还没有完成。你们看到,我在讨论娱乐问题的道德方面,是在最广泛的意义上使用"道德的"这个词的。我谈论的是娱乐并且合理利用整个社会的自由或闲暇,这在学校的社会目的中应该占据重要的位置。

这就是我向您介绍的实现教育之社会目的问题的三个方面。我强调这个问题,而不是强调方案或解决办法。教师们,尤其是培养教师的教师们,要设计具体的方法;通过这些方法,让人们得以熟悉政府的计划,探讨政治生活特定的具体问题,与他们坦率地讨论年轻人将会遇到的危险和罪恶。教师们必须提出方法,帮助学生获得某种职业训练从而有能力面对现代生活的复杂环境,使他们成为自己命运的主人,能够从事他们自己的职业,成为积极的而不是消极的经济单元。同时,教师们必须共同努力,看看如何提高品味、欣赏力和利用闲暇时间的能力。我们必须发展科学或艺术上的品味,这不仅仅针对那些要成为科学家或艺术家的人,也针对那样一些人,即在闲暇时间里有兴趣阅读或听闻一些自然的、文学的东西,或者有能力欣赏音乐和戏剧。这将使人们积极地追求更好的事物而不是更坏的事物。我重申,这些对我来说是学校实现社会目的问题的三个一般方面,而那些教师,尤其是那些培养其他教师的教师应该解决它们。

(叶子译,汪堂家校)

教育中的个性①

我认为,在个性中存在着两种重要的因素。首先是明显的区别,使一个人区别于与另一个人。一位著名的哲学家在强调个性的原则时说过,如果一个人摘下这个世界上所有树木上的所有树叶,也不可能发现有两片完全一样的叶子。两棵橡树或两棵枫树可能彼此相似,但它们不是彼此的副本。当然,当我们扩大现有的范围,这一区别的多样性因素变得更为重要了。例如在较低等的生命中,每一部分的差别较小,各种细胞彼此非常相似;所有的水母都非常相像。当我们上升到更高等的生命,上升到人类,我们发现部分间的差异、结构形式的差异,而不是发现类似或极端相似性。一个人区别于另外一个人,很容易把他们辨认出来。然而,这一区别或者说差异,自身并不提供个性中真正有价值的东西。我们可能有两枚不同年代设计的便士或镍币,但是我们并不介意这种区别——一个和另一个几乎一样。只要能用来买同样多的东西,我们就不介意(这种区别)。

个性的这一附加原则意味着:不仅存在着差异或区别,而且存在着在价值上独一无二或不可替代的东西,即一种独特的价值差异。人类和镍币或机械产品不同,那些东西如同豆荚中的豆子那样彼此相似。只要我们有足够的豆子,就不会介意单独的一个豆子,因为它们互相可以代替。当我们面对人类时,我们认为,每个个体都具有一些独特的或不可替代的东西。没有人可以完全代替某人在这个世界上的位置,或者做他曾经做过的完全一样的事情。我认为,这就是我

---

① 1922年9月5日,杜威在马萨诸塞州的布里奇沃特举行的全国师范学校教师大会上的演讲。首次发表于《综合科学季刊》,第7期(1923年),第157—166页。

所说的平等观念的意思。我的意思不是说人们在生理或心理方面是平等的,而是说每个正常人都有某种十分独特的东西,以至于没有其他个体能够代替他。

因此,个性的原则是:在世界上具有别人无法有的地位,具有别人无法完成的工作。这给了我们一个尺度,事物越机械就越相似。但当我们上升到有生命的东西,上升到有生命的领域,上升到精神、道德和智力的东西,个性原则就越来越有价值。这就是在教育中主张个性原则的原因。这是衡量生命领域什么东西提升到了精神、道德和智慧的存在物的尺度。

当我们面对教育中个性问题的时候,困难是实践上的而不是理论上的。就理论方面而言,我认为,它们在很大程度上源于对个性意义的误解。第一个误解是经常将"冒失"、自负、固执己见或某种攻击性的东西与个性相混淆,而不是拥有能够有助于生命的、具备独特价值的东西。真正的个性是无意识的,而非有意识的或自觉的。个性是一种感受事物、思考事物以及做事的特殊方式,是进入一个人与其打交道的一切东西并给它们富于色彩的东西。

拿两个人的例子来说。每个都使用"我想"这个词。一个人强调"我",他所思考的可能非常平凡且与其他人所想的一样;但是,因为他强调了"我想"——"我是圣贤,我开口就能让狗不再吠叫。"另一个人说:"我认为不过尔尔。"他指的可能是一些熟悉和平凡的东西,但是我们会关注某种独特的东西、一些特殊的形式。一些对普通之物的特殊表达中独创性的东西。这说明了我所谓的个性是做事情、思考事物和感受事物的特殊方式,它贯穿于每一事物并赋予它特殊的色彩。它是某种无意中使一个人打交道的东西熠熠生辉的东西。

在我看来,对教育个性原则之理论与实践的反对,在很大程度上乃是基于这样一个假设,即承认在某种程度意味着对个性、自负和一种"冒失"的有意断定。一些教师很可能打着"个性"的幌子,实际上只是在培养这一"冒失",即使学生在与其他人相比时夸大自己的重要性。然而,我们需要正确地看待这件事情,摆脱那种将个性与重要性的意识联系在一起的想法,并摆脱将个性与更微妙的个性特征联系的想法;正是那种特征,使那个人显得独特,并且以或多或少无意识的方式将赋予他打交道的一切事物。

需要承认的个人特色,意味着我们每个人都有他自己的偏见、偏好,以及有他自己的本能倾向。这种倾向不仅仅是指喜欢某些事物,而且指喜欢做某些事情的方式。我们对个性的尊重,并不意味着教师应该选择学生并让他认为自己的观点比其他人更为重要,而是给学生表达他们的特殊兴趣和提出自己特殊方法的机会,而不是灌输纯粹人为的信念和标准。

举一个可能有点儿夸张的例子,但我们在许多学校里可以发现这种情况。孩子们被给予许多算术题,教师认为有一个科学的合适的解题方法可以完成这些问题。有个孩子用一种不同于教科书、老师或特定的课程所规定的传统方法的方法来解题。但是,教师对此很不赞成,坚持要求这个学生以按部就班的方式得出结果,而不是承认这个学生的做法中有一些有价值的、珍贵的、值得鼓励的东西。

在不这么极端的例子里,教师强调一致的价值,往往压制学生从不同角度思考问题的独特的解题方法。这种对统一方法的强调,往往战胜了学生处理这个问题的自然的个性化方法。

从学生的观点来看,老式的教学规则、算术问题的分析意味着语言的某些形式出现了数的变化(指句子单复数变化——译者)。例如,一个三年级的学生告诉他的父母,从二年级到三年级,他们增加了一种新的乘法运算。这个孩子说:"去年我们总是说'二乘二等于四'(two times two are four cents),今年我们说,'两个二相乘等于四(two times two is four conts)'。"当然,这是极端的例子;但它显示出夸大相同的做事方式的倾向,而不是正确地帮助每个个体以自己的方法来处理问题。

我认为,这导致了专业教育之外的许多人对教学的所有问题忽视甚至轻视。他们有时将每种教育思想、每种方法观念与千篇一律的做事方法联系起来。而在真实生活中,我们意识到,每个人应该有自己做事的方法,要让个性投入他所做的任何事情之中。

个性的确意味着一种独创性的方法。独创性不能以新奇或原创的产品来衡量。很少有人可以在任何重要的地方产生出真正原创的思想,但任何人可以为他做事的方式贡献一些原创的东西。

克罗瑟斯(Corthers)先生告诉一位绅士:想象一个人爬上树去看风景,当他爬上去时,看到一片水域。他下来之后,声称自己发现了太平洋。其实,这片水域只不过是当地一个与外面连通的池塘。他往往认为,如果太平洋就在那儿,他就会发现它,因为他心目中想象的恰恰就是那样的。我们没有发现太平洋,只发现了池塘;但是无论如何,在教师和学生发现池塘甚至是水坑的方法中存在着独创性方法的可能。

为什么孩子们让大部分成年人不断地觉得好玩呢？当然，父母和宠爱孩子的亲属感到，现在没有、过去也没有什么与婴儿相似。他们以某种方式赞赏着孩子的不寻常和独创性，并且感到他确实具有一种独创性天才的素质。这些东西到哪里去了呢？后来，孩子们变得很相似了。在早期，那可能是我们认为孩子在发现这个新的世界。他必须亲自去发现——发现他自己的世界——并且不能通过任何其他人的思想或感受去发现。

父母和亲戚的宠爱将独创性归因于孩子，并不算错。如果我们允许这种独创性的品质消失并期望这些个人的东西后来或多或少成为彼此的复制，那么，差错一定出在学校、家庭或者邻居间。学校是否应该对个性的消失负责呢？这是一个问题，因为人们过分强调外部原因，强调千篇一律的证明和指导方法，强调主题的统一性、所持有立场等等的统一性。

其次，个性是某种内在的和智力上的东西，而不是外在的和生理上的东西。我注意到，在对学校的自由观点的批评中，人们普遍认为，个性意味着大量身体上的无拘无束；意味着孩子们"做他们喜欢做的事"；意味着某种外在的和生理的东西，而不是内在的和心理的东西。可能许多学生也有随心所欲的活动、无拘无束的活动，有大量的体育活动，但却很少给个性（的发展）有展示的机会。

如果你注意一群在异常环境下、也许在某些强制之下的孩子们，你将会发现，如果一个男孩开始"大吵大闹"，其他的孩子就会效仿他，于是你感到很混乱。其实，他们不是在展示个性，而是在互相模仿，因为混乱在孩子们中是主要的模仿。缺乏身体上的控制或只有身体上的控制，实际上与个性无关。个性是一个人通过感情与欲望来探究主题或他必须做的工作的独特方式，是他投身于其中的独特方式。这并不是说有或者没有身体上的控制，与这个事情无关。它确实如此——但它本身并不是目的。

尊重个性，当然意味着教师应该尊重他或她本人的个性。有时候，教师专注于尊重学生的个性，而缺乏对自己个性的尊重。

有必要给予比学校所允许的自由更多的外在自由，比在传统的学校里允许的自由要多得多，那些学校强调安静、沉默和身体上的安定。活动的量和度的问题与真正的个性有关，但它涉及方法和条件，而不是涉及自由。学生需要足够的身体上的自由和运动，这样才可以表达他们心灵上的个性。但是，我们不再需要它。

我认为,实验室提供了我所说的好的例子。个人必须使用他的双手来做事,但他在实验室里做实验不只是随心所欲的。他必须有足够的身体活动,以使他的观点确定和清晰;他在掌握一些原理,而不是把握教师或者课本给出的不加怀疑的信息。

总的来说,和过去相比,我们需要更多的户外活动的场所;在教室里和操场上,需要更多的自由和自发的行动。这并非因为它是自我表现行为或自在的目的,而是因为在一定的自由活动场所里,我们可以给学生提供思考的机会,制订他们自己的计划,阐述他们自己的观点,实施他们自己的想法,并检验他们的计划和想法以确定它们如何发挥作用。

这就是我说困难是实践上而不是理论上时所意味的。真正的个性是智力上的,是内在的,而不是身体上的。我们谈论着独自思考。毕竟,"独自"这个词是多余的或累赘的。除非思考不是独自进行的,否则就不是思考。为了发展思维,我们必须尊重个性因素,这一独特的因素在心智活动中是不可被替代的。尊重个性,在其本质上就是尊重心智和心智的活动;而尊重并敬畏个性的教师,也尊重人类精神产品的个性特征。他认识到,把人与物理区别开来的东西在于,在物理领域,我们能够获得统一性,并且一个单元可以标准化。我们在此可以发现工厂和学校之间的区别。工厂处理死的、无生命的东西,其中的一个可以代替另外一个。这个条件有利于经济和效率。精神或者灵魂、心灵则是这样的因素:如果不损害心灵并把它归结为更低的层次,就不能以这种机械化的方式将它标准化。

还有第三种误解。这就是个性意味着一种孤立;它是不合群的,而不是合群的。现在这个例子恰恰相反。只有在社会团体中,个人才有机会发展个性。另一方面,在一群人中,你获得认同方面的相似性和重复越多,对个性和社会的因素的排除就越多。我们不该把监狱作为一个社会模式,在那里,个性降低为彼此相似,以数字而不是名字的方式被辨认;带着手铐和脚链,每个人被迫在同样的时间里做着同样的事情。在理想的社会生活中,在以一体精神为标志的家庭中、在城镇或者国家中,你拥有的现实的社会统一性越多,多样性就越多;劳动分工越多,操作的区分也就越多。

我认为,我们应该感激蒙台梭利(Montessori)夫人。但是,她在让人相信个性的培养必须进行孤立和分离时,误导了她自己和其他人;她也让人相信,每个孩子必须自己做一些事情,而不是和别人一起做;她还让人相信,将学校工作与个性的发展两种原则结合起来是不可能的。我认为,情况恰好相反。当然,孩子们需要一定的孤立,他们必须自己做事并有时间去思考,这是对的;但对其创造性和独创性最好的激发,对其个性的唤起,只有在个体与其他人一起合作时才会出现。在那里,有他们感兴趣的东西,有一个共同的计划,但每个人有属于他自己的事情。也许有一些班级没有统一性,没有社会团体。在此,我们强调班级作为一个整体,但这种强调如果不减少教育中对个性的尊重的话,就不仅有降低的趋势,而且往往排除教育中的社会因素。

人们大量谈论将课堂教学社会化的问题。对大部分人来说,"课堂教学"这个词暗示着进行整齐划一的排练。所有学生被要求就同样的题材问同样的问题,而如果他们学同样的课本,就可以按同样的方式讲出同样的东西。社会在这里指什么呢?既然是同样的课本,那么唯一一个什么都愿学的孩子就没有完成他的职责。坐在那里的其他孩子或多或少感到无聊。当然,其结果,个人动机而不是合群就带有了纯粹的竞争性。一个孩子是以另一个孩子来衡量的。如果我们要将课堂教学社会化,就要对学生们布置不同的任务,并且要求每个学生作出他自己的贡献。图书馆的一大价值就是提供了一个通过多种多样的任务将课堂教学社会化的机会,它提供了不同阶段的题材。这样,课堂教学就不是整齐划一的背诵而是赋予的职责,课堂教学就成了一个交流的中心、一个交换的场所。一个人就既给予又索取。在那里,每个人都提供某种东西并从他人所研究的特定领域获得一些东西。这样就将课堂教学社会化与个性化,并减少了其中的机械统一性。

假如你遇到一个来自墨西哥的人。他告诉你,他根据自己的经验在那里看到什么。你感到有兴趣,与他交流他对此处的个人兴趣。现在你又遇到了他,一次,两次,三次,四次,五次,六次,七次,每次他告诉你同样的经历,并问你一些他告诉你的关于墨西哥的问题,你会失去对墨西哥的兴趣吗?当你看到这个朋友走过来时,你会避开吗?

孩子们的憎恨有多少是由此引起的呢?心灵一开始就讨厌学习吗?不存在理智对新书、新视野、新景色的渴求吗?我们是否将机械化的统一性强加给学生们,阻碍了他们展现自身的兴趣和偏爱?我们是否要为孩子们对书本和学习的憎恨负大部分责任呢？

一位母亲对儿子不愿意阅读她认为好的古典文学作品而感到遗憾。她说："我们从没有提任何建议，但是他会以一种意外的方式回答，'噢，我有过这样的建议。'"他在大学里的学习没有激励他更深入地阅读，或者阅读不同类型的作品，因为这是他被强迫去做的事情，从而使他厌恶阅读。

我认为，磨灭一个孩子对于玩弹子和棒球的兴趣是可能的，其方法是使它成为规定的运动，根据设置好的指令和规定的方式定期进行。孩子们喜欢玩并非是天生的行为，而是因为我们允许这种个性因素存在于玩乐之中。而在学习方面，我们却不必要地排除了这种因素。

回到这个观点——发展个性不是孤立孩子的问题——不是给每个人某种不同的东西，而是发现每个人参与的共同计划，并且每个人在执行计划时作出自己的贡献。

这就类似于家庭生活。当孩子们可以和父母一起并为父母做一些事情时，他感到的快乐要大于他被排除在外且无意参与别人在做的事情时所获得的快乐。个性是在社会性的给予和获得之中、在互相之间的参与之中发展起来的。而孩子知道，他作为个人，可以对别人做的事情贡献力量。

现在我特别要就共同的理解和混淆发表一些评论。如果我可以在此引入一种个人因素，我的那些评论在很大程度上是以某种方式持存的经验的结果。我试图拥护教学上的自由。我发现，许多人认为我支持这样的学说，即"孩子应该做他们喜欢做的事情"。因此，我被要求更仔细地分析我真正相信的东西，并且必须承认我一开始并不知道个性的真正意义。我曾试图给你们提供我对这个问题进行思考的新结论，将个性的地位和重要性放在一个最终将不可避免地损害理解的地方——接受或反对都同样有害。

总而言之，我在这里的观点是：第一，存在着对于有意的行为的过分强调，我们训练学生去争论而不是去思考。第二，存在着对于行动自由的外在因素或更多身体因素的过度强调，后者当然是重要的，但它是发展智力和道德因素的手段和条件。第三，存在着一种观点，认为发展个性意味着将个体和他人孤立或分隔开来，这是与群体精神相悖的。鲁滨逊·克鲁索（Robinson Crusoe）没有停止作为一个社会人，正是因为他独自住在一个岛上。他有他的回忆、他的期待、他的经历，这些来自他以前与其他人的联系。

你不能从身体或外表上来定义个性。它是一种关乎精神、灵魂、心灵的东西,是一个人进入某种与他人的合作关系的方式。

(叶子译,张奇峰校,汪堂家复校)

任课教师①

今天下午我必须讲的东西与这个标题相比,更显得是今天上午所讲内容的延续。我希望将这两个主题联系在一起的理由,随着演讲的继续而变得更加明显。正如我在上午所说的,我们不要过于在教育理论或教育哲学中,而要在某些实际考虑中,更多地承认个性在学校教育中的地位。以分批分班的方式来对待学生,比以个性的方式来对待学生更加容易、方便和廉价。相当多的人能够学会操作机器;但相对少的人能够成为一名有创造性的艺术家。以分批分班的方式而不是以个性化的方式来对待学生,就像操作一台顺利运转的机器那样相对简单和顺心。要了解机器的性能,知道如何适应它,需要的知识要多得多。

当我们处理生命的东西,特别是随人的个性的不同而不同的生命特质时;当我们试图改变他们的个体倾向,发展他们的个人能力并违背他们的个人利益时,必须以一种艺术的方式来对待他们,这种方式需要同情心和兴趣来千方百计地适应特定紧急行动的要求。一个东西越机械化,我们就越能操纵它;它越是重要,我们就越要用我们的观察和兴趣来使自己适应它。换句话说,掌握一种真正的艺术标准并不容易,当然,这也是教师的真正要务。因此,它强调数量而非质量。②

我们的整个教育制度,包括打分和分等级的检查和考试制度,使我们在同一

---

① 1922年9月5日,杜威在马萨诸塞州布里奇沃特举行的全国师范学校教师大会上的讲演。首次发表于《综合科学季刊》,第7期(1924年),第463—472页。
② 此句疑误,他的意思恰恰是说,它强调质量而非数量。——译者

时间里对待大量的学生,并让他们一大群一大群地按照某种时间表进行活动。这些东西而不是哲学或理论,才是反对普遍承认教育中的个性原则的强大力量。有组织的行政管理的全部效果有时似乎强化了一种标准化,这种标准化不利于教师个性的发展,也不利于教师在发展学生的个性方面进行合作。

只要有机械因素,只要我们所处理的是物理状态——空间、时间、金钱状况——就有标准化或整齐划一性的余地和需求。然而,危险在于,那些对标准条件感兴趣的人——学校工作的外在方面——会忘记标准化或整齐划一性的限制,并试图将其严格地应用到人的精神因素上,而精神的因素是无法被标准化的。归根到底,像许多事情一样,这主要是一件与钱有关的事情。但是,如果我们问为什么最著名的、经过严格检验的教育观点没有比它们实际上更为广泛地付诸实践,我们就非常容易碰到这样一个事实,即共同体没有能力提供物质手段去做可能的最好的事情。我重申这一点!我们的整个考试、检查、分级和归类系统,往往几乎自动地引入一种介于教育者和正在成长的个人之间的人为因素。

有一本几年前出版的英语小说,里面有一个父母双亡的年轻女孩,她在一个机构即孤儿院长大。后来,有人询问她的教育经历,她回答道:"我们从未受过任何教育,只是被成批地抚养大的。"这种以批量式的而不是个性化的方式对待孩子的倾向,被作为一种经济措施而强制施行。

我对柯克帕特里克(Kirkpatrik)教授今天上午就智商测试问题所说的内容很感兴趣。我认为,他将重点放在了正确的地方。将重点放在错误的地方会有一些危险。我认为,这场运动的领袖们并没有将重点放在错误的地方,但在那些不知该如何科学地使用这些测试的公众的心中,存在着相当大的危险。危险在于,各地的人会有这样一个印象:当你知道一个学生的智商(I. Q.)时,你就对他作为个人有了一定程度上的洞察和测量。如果你停下来想想这些测试是什么,它们打算做些什么,就会发现,智商完全不同于对个人(作为个人)的塑造过程的洞察。正如"商数"(guotient)这个词所表明的那样,它是一种给出某种平均值的方法,以显示他属于哪一类人。这是一件完全相对的事情。

如果你充分了解全国的孩子们,你会发现某某能力的某种平均数。这个特定类型的人属于具有这个平均智力的群体。有人可能会说,对于个性,你并不比以前知道得更多。假设他的智力年龄是13.5岁,而他的生理年龄达到某某周岁,他高于或者低于他的平均年龄。他是这个国家成千上万个被测试孩子中的一个。我们会知道这成千上万个孩子达到了哪个智力年龄,而这个孩子属于这一人群。这一发现对于分类来说是有价值的,它将这个人置于他可以高效地与他人一起工作的团体之中。柯克帕特里克博士谈到过这一点。这防止了使某人以超过他行动能力的速度来做事的错误。然而,在教师确定了这一心理水平之后,就她所关注的心理兴趣而言,她的工作事实上才刚刚开始。

现在来讲讲已经公布的今天下午的演讲主题。正是任课教师,与正在接受教育的个人接触。我们完全可以说,所有制度、组织和行政机构的支撑,实际上大大确保了任课教师更加有效地完成他或她的工作。的确,现实的教育,无论实际的教学与学习方式如何,都是在教室里通过师生之间积极的理智和道德上的接触而进行的。就像其他许多不言自明的东西一样,我们暂且承认这一基本事实,然后并不对其进行深入的考虑。我们强调行政机构,强调学习课程的构成与设计,强调学校教育董事会的职能,强调监督人、校长和管理者的职能,所有这些在公众的眼中,至少常常是学校系统中最重要的因素。在一定程度上,所有这些都是为了最终的消费者,即教师与学生而存在的,因为他们在学校中直接进行个人接触。如果这些组织的、行政的和监督的因素不能鼓励、帮助和增强教育工作者的工作,它们就会是无用的,或者甚至更坏,因为它们成了教师的累赘。毕竟,教育中最真实的东西是:"有什么样的教师,就有什么样的学校。"我们都知道这一点。一所学校和另一所学校之间的区别,一个学校中某个班级和另一个班级之间的区别,可以归因于校长或教师的人格。问题在于,我们该如何集中所有这些外在因素,以便它们真正地解放、帮助并保护课堂中的每个教师?我们是否在一定程度上把望远镜倒过来看?我们是否需要频繁地看看能放大任课教师工作的那一头,以及在一个更好的位置上工作的地点呢?

简单地讲讲研究课程的问题。我可以拥有这个国家研究学习课程的最好专家,拥有历史、地理、数学和其他课程方面的专家,让他们聚在一起讨论在范围广泛的题材里最好的题材是什么。这可以并且应该大大有助于任课教师,但它不能完全决定让学生领会真正的题材是什么。学习课程应该是一个过程;它应该是流动的、运动的东西,因为它的题材和学生的心灵不断接触。

这些由专家设计的题材不可能被学生接受,除非通过教师的中介。我们可以有一本按照专家推荐来写就的教科书,但这毕竟最终决定不了教师如何使用它、如何处理它,以及如何对它提问。你可以在纸上列出足够丰富的题材,而教师的人格和智力可能使这些题材发生收缩、干涸,并在它到达学生那里时成为一些枯燥的事实。你可以有一个研究课程的大纲、一个书面形式的大纲,而在课堂里,学生面对的学习课程,因为教师将他们的思想放到了里面,因为教师所使用的方法,因为教师布置的课外任务,从而可能变得非常充实、丰富而生动。按照我的判断,在此适用于学习课程的东西,当通过教师的心灵和人格而传给学生时,也适用于教育系统中许多其他的东西。没有集中教师掌握的所有教育资源,是教育系统拘泥于成规旧套的一个基本原因。我重申这一点。因为课堂教师代表着个人之间的接触,而行政机构和组织乃是在它们通过教师而接触学生时被改变的影响因素,核心问题就是如何使用我们现有的资源来培养任课教师。

我们都知道,在理论和实践之间有着巨大的鸿沟。许多关于教育的聪明而真实的想法已经说了几千年——其中包括两千多年前柏拉图提出的一些想法,另外是过去三四百年的教育改革方面的想法。今年以来以及在眼下,许多人有了一些发现。但是,我们都知道,即使没有这些发现,过去已有足够的知识被那些教育专家们视为真正的明智的东西,这些专家试图大大改进我们的学校并且的确已经给学校带来了革命。我记得,很多年前有一位年轻的女士,因为某些原因,她逃离了中学教育(无论好坏如何),并且决定当一名教师。她去了师范学院,学习所有最先进的教学理论。之后,她在一所学校得到了一个职位,并有我们大部分经历过教育的人都没有的新奇感(如果不是震惊的话)。这里有些东西是由权威教授的,这些权威一致认为它们是正确的、现代的和最新的东西。她假定,她将会发现这些学校是按照她学到的那些先进理论而运转的。她拥有的教学方法与学校现行教学实践之间的重大差异,令她感到震惊。这使我深切地感受到这个差距究竟有多大,也使我明白改进教育的关键问题,是如何使我们在理论上和行政管理上取得的进展有效地影响教师的工作,从而使他们可以对学生的人生产生影响。

不久前,一位教师在另一位教师的建议下,对全国教育联合会(N. E. A.)多年的报告作了研究,其目的是发现谁正在对教育思想作出重要的贡献,而这些贡献将给实践带来影响。正如你将猜到的那样,在全国教育联合会读到的文章和演讲很少出自任课教师。如果我们排除高等教育任课教师的文章数量,来自初等教育的任课教师的文章数量几乎可以忽略不计。我怀疑,它即使能达到总量的百分之一,也得经过很多年。对我来说,这似乎是一个可悲的事实。它表明,因为某些原因,任课教师并没有成为改进教育实践的能动力量,而他们本该成为这样的力量。那些正在从事教学工作的人,那些正在与学生发生个人接触的人,那些对学生的性格和思想发生影响的人,并不是那些积极提出理论的人。我意识到,对这个情况可以有许多解释——比如没有时间、教师工作负担过重,等等。大学或师范学校的教师或校长也许可以有更多的空闲来研究这些东西。但是,既然是教师在最终应用这种理论,难道他们不该在发展他们所运用的观念并使这些观念具体化和现实化方面扮演重要的角色吗?

在工业和工厂生活中,我们将那些计划者和执行者明显地分离开来。然而,从国家福利的观点看,我感到惊奇的是,甚至在一个工厂里,是否适宜在计划者与执行者之间划一道明显的分界线。但是,可以肯定,当我们面对教育这类重要问题时,在计划者和执行者之间划出明确的分界线仍然比较危险。结果是,那些没有参与提出想法的教师,不可能像参与提出想法的人那样,对这些想法给予同情的理解。通过经验来学习的原则,如果对学生来说是一个好的原则,那么,对教师也是一个好的原则。如果我们的思想和理论应该以归纳的方式提出来,如果它们应该从实际经验中发展而来,为什么任课教师的具体经验就不应该在教育思想和原则上比它目前发展得更好呢?我认为,在我们的现代理论和学校的实践中已经了解并接受的东西之间出现鸿沟的原因之一,在很大程度上是由于这个事实,即任课教师在知识上的责任没有得到足够的承认或弘扬。你知道,如果你在执行某人的计划和想法,你不会也不可能像执行你自己参与制订的计划那样热情,那样全心全意地投入,或者怀着同样的渴望来学习和提高。

监督者的功能是重要的和有价值的。显然,这应该是启发和教育的功能,而不是像医生那样写写处方,然后交给药剂师去配药。教师不应该是填写由别人所开的药方的职员。他们不能像厨房里的厨师那样,照着一本烹饪书,根据书里菜谱的比例混合配料,而不知道为什么要这样做或那样做,或者期待做出任何发现和改进。真正的厨师要创造出所有我们喜欢吃的、改进了的菜肴。学习过程的持久改进,必须是任课教师奉献、检验、创造和明智地进行实验的结果。

许多所谓的监督(supervision)(尤其是在课堂监督成为口令的时候),似乎有"高高在上"(super)的味道,而没有"观察"(vision)的味道。监督者的工作是查看这个领域,比任课教师的情况所允许的更为宏大、更为宽广、更为全面地观察这个领域。监督者和指导者的特权恰恰是,赋予任课教师以更为广泛、更为全面的观察的好处。

当然,存在着一些有价值的捷径和机械设备。成为一个有创造力的艺术家,始终是困难的。然而,假如教育要迈入专业化,我们就要把它看成一件艺术作品,这件艺术作品需要音乐家、画家或艺术家具有同样性质的个人热情和想象力。如果我们意识到这一点,应该进展得更快。每个这样的艺术家都需要一种多少有点机械性的技巧,但是,当他失去个人的观点而服从技巧方面更多形式规则时,就会落到艺术家以下的层次和等级,降格到根据别人制订的蓝图、草图和计划来工作的工匠水平。

我认为,首先引起我对教师更大自由问题感兴趣的东西,源于对学生更为多样、富于创造、独立不依和具有本原性的工作的兴趣。最后我发现,当教师未获得解放,仍旧被束缚于太多的成规俗套,以及对统一的方法和教材过于渴望的时候,期待学生做富于创造性的独立工作是多么不现实。

正如鲍尔温(Baldwin)先生今天上午所说的那样,每种已出版的教材到它们付印时就已经或多或少过时了,它只是给教师提供的一个建议。每个任课教师都应该得到他人的尊重,都应当知道不仅要负责教授那种已被认可的教材,而且要负责为那种教材作出新的贡献。想一想我们居住于其中的宇宙的变迁、社会的历史和人类生活的历史,它可以利用的物质是无穷无尽的。我们只能开始发掘教材的宝库。如一个教师实际上受到激励去竭尽全力,如在自己的位置上不会发现能满足学生精神饥渴的某个新领域的题材,这样一个教师也不适合上述工作,虽说他受到对这个位置需求的暗示,虽说他被学生所提的问题激励或唤醒。只有当我们期望并提供机会,使每个学生能够实现自由并通过与教师的接触来讨论教材而不理会学习的成规旧套,才会使我们对教育理论的改进产生实际效果,并把它们变为具体的货币价值。

如今,每个人的想象力以及他们看待事物的无意识的方式,比我们所意识到的更多地受到工业因素的影响。做生意的方式无意中影响了我们所有的观念。我们把太多的标准化、太多的责任从商业实践引入教育领域。集中责任是应该的,但如果在学校系统中,集中于一小群人,那么对其余的人来说意味着什么呢?如果你们把责任集中于一小部分人,这难道不是要大家不负责任吗?责任需要集中,但应该分摊到每一个人身上。学校系统的每一部门需要负责改进教材、教学方法和训练方法。当我们试图将所有的责任集中到一部分行政官员身上时,就是在剥夺大部分教师的责任。这就是为什么我说集中责任就是让大家不负责任。师生关系常常在教师与督导官员之间的关系中被复制。大部分学生努力去达到老师所要求的外在标准,而他们的主要问题是自己能否达到那种标准,是否可以在合适的时间里能做足够多的事情来满足教师的需要与期待。在教师与督导官员的关系上,这一情况常常被复制出来。教师仅仅关注那些为她设定的外在标准的东西。

我认识的最优秀的女性之一、芝加哥的埃拉·弗拉格·扬(Ella Flagg Young)女士,让我第一次注意到这一点。扬女士开始是一位任课教师,后来成为督导、副校长,最终成了校长。根据40年的经验,她对大城市的公立学校从每个角度进行调查。她从教师和督导者的角度来看待学校,并敏锐地意识到在一个高度组织化的学校系统中介于这个系统的两个部分之间的情况。

任课教师就具有这个优势,她所有的时间都在工作着。督导者则不可能在所有的时间四处走动,并集中干这项工作。他们只能时而进行访问。但是,在课堂监督的制度下,教师经常施展一种了不起的技巧来做他们想做的事情,而同时表现得正在执行监督者的指示。这是任课教师的优势,因为她总是在那儿。

让我重复一个教师讲的故事:"作为一名高中代数教师,我认为我掌握的课堂教学方法是异常成功的,因为学生们正在做所有的作业。我就像一名裁判员,站在教室里看着他们。但校长进来时看见我站在那里,没做什么事情。他后来责备了我,说我懒惰。我立即纠正了。之后,每次他进教室的时候,我就开始对学生讲课,他就认为我是个好老师。就个人来说,我并不认为我教得很成功。"

我有时认为,目前人类最大的损失是人与人之间互相接触的缺失。父母经常自己着手培养他们的孩子,好像没有人在之前这么做过一样。现在有了一些改善,但毕竟还有那么多经验没有被记录和利用,而这些经验对于其他人来说都是有用的。由于教师没有被给予一个负责任的位置,在学校里不知有多少经验没有被利用,没有成为教育的养料;并因如此,其他人,可能像我这样的大学教授,或多或少地与这种情况保持着距离,不得不提供或多或少有些抽象的观点和理论。这些观点和理论没有转变为重要的成果,因为教师没有充分地参与构建这些理论并为之作出贡献。

(叶子译,汪堂家校)

学校为什么目的而存在？①

学校为了什么？斯蒂恩斯（Stearns）先生越来越接近于卡内基报告的立场了，这点意义重大。之所以意义重大，因为它提出了私立学校和公立学校在目的上的区别。私立学校可以为了特定的培训——不管是智识上的或其他的培训——而存在。公立学校则必须服务于作为一个整体的社会的目的，在这个术语最广泛的意义上说，就是培育良善的公民。

因此，对于公立学校应该讲授什么这一问题，最普遍的回答就非常容易了。它们应该讲授这些学科，它们在服务于培养良善的公民这一目的上首先是必要的，其次是高度有用的。不管在工业界或是在政治领域，不管为了消遣或是为了工作，这些良善的公民是家庭、邻里、政府、工厂和农场中的优秀成员。

困难在于使这种一般的答案具体化；在于寻找到底什么样的主题是必要的、高度有用的，以至于如果可能的话，应该把这些主题引介进来。这个问题不能通过报告所采用的先验的方式来回答。因为它是一个经验的问题，经验不可避免要有一些实验，并且会有浪费和错误。为回答这一问题所要求的经验，仍然在形成的过程中。普理切特（Pritchett）主席和斯蒂恩森先生所依赖的旧的经验帮不上什么忙，因为这些经验与把社会中所有的年轻人塑造成社会中良善的成员这一问题丝毫没有关系。它是为了特定的阶级服务的阶级教育。

如果我们记住这些事实，即实践的教育家斯特雷尔（Strayer）、迈克安德鲁（McAndrew）、蒂格特（Tigert）、艾廷格（Ettinger）的立场，以及他们与普理切特

---

① 首次发表于《纽约时报》，1923年3月18日。

和斯蒂恩森的观点之间的差别,就一目了然了。前者面临实际情况的问题,他们正致力于发现服务公共学校教育的新的民主目标的研究方式。双方用不同的语言交谈,因为他们心中的目标是不同的。一种实际上并不致力于重新调整教育以使它适应新的条件和目标的人,将教育视作某种古老的和已经完成的事情,视作持续进行了很长时间的事情,认为已有确立好的原则。在他们看来,变化就像偏离了正常和秩序,其结果就是浪费和混乱。而对于其他人,教育却是新的甚至几乎是当代的事情,很少有关于它的指导性的先例;在这里,原则仍然处在缓慢的、有时是痛苦的形成过程中。

同样的情况可以解释为什么有些人呼吁丰富课程而有些人呼吁时尚和装点门面。这是学校社会目的的程度和范围的问题。艾略特(Eliot)主席对人类能力和社会生活具有宏大的视野,他赞同一种足够完整以至能够实现这些能力的课程。其他人则把学校工作视为更加专业的,并且视作私人的和个人的需要;他们只想要一个狭窄的课程。直到我们确定了目的是什么,否则,谈论全面性和学科的问题就本末倒置了。然而,有许多谈论古老的学校的有效性的胡言乱语。我确信,任何记得他的大多数同学品味和习惯的人都会承认,学习课程的狭隘不可能抓住学生全部的注意力,并且缺乏持久的应用。我本人读书的时期是早于扩充课程的时期,那是非常美好的古老的"三 R"时期。大部分学生通过插在教科书后面的通俗小说来丰富他们的课程。没有任何客观的证据可以证明,那时的学生比现在的学生更好地掌握拼写、写作和算术,哪怕好一点点。有相当多的证据可以证明,拓宽学习的课程可以提供更好的动力去学习这些课程。关于在阅读中增强学生的技能以及拓展学生的品味,是毋庸置疑的。

任何领会弦外之音的人将会看到,人们已经给予人类心智研究以及通过将教育向外扩展影响和发展心智的各种方法有多么巨大的推动力。一个狭隘的课程可以被讲授,并且过去主要在例行公事的基础上被讲授,在遵循先例的基础上被讲授,这种教导方式和过去被讲授的课程一样受到局限。

今天的老师要取得成功,就不得不熟悉个体的潜力、能力、弱点及其在校外所处的环境,以便可以调整自己的教学以适应这些不同的状况。将来,一场运动很可能不是成功地使学习范围更狭窄,而是消除多余的内容,并且对学习内容进行组织;或者如詹姆斯·哈维·罗宾逊(James Harvey Robinson)所说的那样,把它们重新整合成一个更加一致和连贯的整体。但是,这种改变将依赖于在最近这一扩展过程中已经学到的东西。

我们在教育上花费得还不够,但是通常也没有从金钱投入中获得足够的价值。在我写这篇文章时,收到了一份国家预算的分析,它表明联邦政府花费的85%直接或间接地归于过去战争的结果,或者归于为未来可能的战争做准备。至少对于金钱的投入,我们从前者那里要比从后者那里所获得多。但是,我们应该核对用于教育方面的开支。公立学校的管理者致力于这个问题有一段时间了。在克利夫兰举办的最后一次监督部门会议上,对于做这件事的方式和手段给予了详细的关注。然而,这是一个明智和有效地花费金钱的问题,而非花费更少金钱的问题。

文化与教育中的职业精神①

正如在体育中一样,在教育中,业余爱好者也总是比专业人员拥有更高的排名,即使专业人员具有更好的技能且能获得更多的成功。可能会有一些势利眼混杂在其中,但这主要归因于这样一个观念:业余爱好者关注事情本身并且追求它,无论在高尔夫球赛中还是在学习中,都是出于对这一活动的喜爱。而对于专业者来说,无论是科学还是游戏,都屈服于金钱上的回报以及其他外在的结果。于是,毫不令人惊讶的是:许多人深深地担忧教育目前的趋势,尤其是高等学校的趋势,因为他们似乎发现,到处都有一种无法抗拒的职业化教与学的运动。做学问的业余爱好者,似乎很难使自己做到像体育中的业余爱好者那样出色。

理解这一状况并不困难。对探究的非功利性的热爱,以及在科学与艺术领域,人们对各种事物的理想主义专注,并未像为所谓的实际生活做准备的课程那样,在我们的中学、学院和大学中流行起来。在美国,几乎在每一个大型教育机构的校园,都可以观察到工商管理学院或者贸易学院,教育与新闻被并入传统的法学、神学和医学院,而工程和农业的技术研究分支则无限地增加。许多学院有一大部分本科生的工作如此安排,以致与职业学校的工作相重叠,结果实际上变成了职业预备学校。因此存在这么一种焦虑,即是否我们的高等学校将屈从于这个时代实际的和工业的精神,直到对思想及其我们称之为文化的产品的热爱被为学生未来职业做准备的训练模式所埋葬。

虽然目前形势悲惨,未来危险重重,但对它们原因的思考远比悲痛和责骂更

---

① 以小册子的形式首次在哥伦比亚大学的开学典礼上分发,1923年9月26日。

为有用。大体上说,这些原因似乎是双重的。在过去,人文学科和文化几乎被有闲阶级所独占,他们不是失业人群,因为他们掌握着政治事务并通过对社会管理的职责和联系,确保了广阔的视野和对生活严肃而高贵的观点。此外,这一有闲阶级成员的社会地位是世袭的,因而有机会发展一种连续和累积的对于品味和兴趣的传统。而大众则为维持他们的日常生活而忙忙碌碌。他们不参与社会管理,也没有人向他们咨询国内或国外的政治事务。他们的兴趣限于自己的教区和庭院,除了最基础的实践和职业学徒期教育之外,几乎分享不到任何别的教育。

现时代,没有任何一个社会阶层注定在政治和社会管理中起主要作用。现实的控制权大量地转到了实际的商人手中;但是,这一阶层不是一个封闭的阶层,而是根据经济实力的起伏时刻改变着它的成员。这群人在政治上获得了解放,并且至少在理论上分享了对社会和国家的控制。他们拥有其祖先所没有的闲暇时间和物质资源,且可以使用廉价而多样的阅读材料。这一重大的社会革命的结果是:与过去的整个文化与教育传统紧密联系的有闲阶级渐渐消失,或者成为无所事事的阶层。在我们高等学校里,这个阶层的代表并不支持职业化,也不支持文化,而是热衷于奢侈品和运动。而与这一阶层对传统人文学科具有名义上的关心,以及他们实际上缺乏任何理智的兴趣相比较,带有职业目标且勤勉而认真的学生就以一种充满活力的方式脱颖而出。

过去许多既没有机会和金钱、也没有动机获得更高教育的人们,如今通过接受教育有机会和手段来改善他们的职业。他们身后的传统必然通过工业的努力和成就得以存在,因此十分自然,同样的标准应该至少持续一代或者两代。

职业教育并不新鲜,它已经成为唯一被大部分人所接受的教育。新鲜的是,获得这种教育的机会可以在其他地方而不是在家里或商店里,可以通过其他方式而不是契约或对伙伴的模仿。

高等教育中职业化趋势和目标的快速增长,似乎是过去一个半世纪里社会和经济变革的结果。没有一种政治和工业的混乱可能在不伴随着重大教育改革的情况下出现。传统有闲阶级的衰落,对于与其关联的研究和智力兴趣是一个打击。大众经济和政治地位的提升,强化了这种研究和兴趣;而这些在过去占据着人们的思想,同时也为实现他们的实际抱负提供了手段。

即使人们能够证明,目前教育中出现的职业化趋势在历史上是不可避免的;

也能得出结论说,它是不令人满意或赞赏的。但是,从其历史背景来看,这个趋势显示出有得也有失的特点。大量的学生可能不会获得最理想的教育,但无论如何,他们获得了一些科学训练和理智观点。毕竟仅在几代人之前,他们的先辈们没有获得过高等教育,也没有获得过许多初级的教育。很可能仅仅在比例上,职业教育大大高于人文教育,而从绝对数量来说,人文教育并没有明显的缺失。

但是,这一历史阐释的主要价值在于它为下达信念所提供的基础。人们基于合理的信心相信,目前的趋势是暂时的,因为它们表达了最近迅速的社会转型。正如我们所说,新来者很自然带着旧的传统来对待知识和人文传统。因为出于必要并且不是由于他们自己的过错,他们的背景主要在于获得一种牢靠的生计,并且获得某一职业上的成功。当他们有机会接受教育的时候,为什么这一目标不应该予以保护呢?

与此同时,存在着精神追求和目标的某些联系,存在着对思想和目标的某种程度的重塑,一种新的、广泛得多和牢固得多的文化传统很可能正在发展。欧洲中世纪最好的大学是一些专业学校,而无须怀疑它们创造出了被我们称为文艺复兴的自由的艺术和理智的运动。

毕竟,人文研究和所谓的文化研究的朋友们多少应该对他们所谴责的现存国家事务负责。他们常常制造出一种文化的崇拜,并将它作为一种神圣和高度保护的工业。

对具有精神价值之物高度敏感的想象力,以及善于对环境所提供的价值观念进行辨别的能力,是有教养的心灵的主要标志。首先,即使这些特征仅仅是知识追求的次要伴随物,仅仅是为了职业目标而进行思想训练的次要伴随物,如果它们正如我们的文化之友所认为的那样,是有价值和令人愉快的,那么,甚至偶尔对它们的了解也会产生一种全心全意的兴趣和热爱,直至在职业训练中出现这么一种人,他具有外行所具有的所有兴趣,而这种兴趣与专业者的严肃性和专业技能联系在一起。

然而,我相信,我们不应该闲散地坐在一边,被动地等待这一未来职业趋向的转变得以实现,而可以做一些事情来促进并加速这一过程。我不想把文化称为某种副产品,因为这个词似乎暗示了它的次要性。但是,文化不是一种特殊而直接的目的。正如道德学家所说的,幸福不是通过直接以它为目的来实现的,而是通过致力于给他们带来幸福的事情来实现的。对文化也可以这样看待,它是其他活动的成果和奖赏。职业学习的主题和方法中,没有什么阻碍它们收获这种果实。这里毕竟涉及它们所贯彻的精神。

法学院、医学院、工程学院或神学院仅仅教授足够的科学以用作直接实践的工具,并且只把它作为取得物质成功的附属工具或手段来教授,而不是为了洞察它的原理。这样的一些学院是不利于文化的。但是,这是教和学的精神的错误,而不是所授学科的错误,也不是学以致用的错误。换句话说,越多的科学探究精神和对思考的热爱被引入职业教育,就越有利于产生广泛和自由的理智兴趣和品味。

再次,职业教育最终旨在实际应用,这一应用可能是为了个人的成功、金钱或竞争上的成功,或者可能旨在获得更广泛的社会成功。两类人的态度有很大的不同,一类是工程师,他将他的特殊训练视为他自己或雇主获得物质成功的手段;而另一类人,则将其视为解决当下最急迫社会问题的方法。从人类因素进入的程度看,文化是一种结果。

如果我们说大部分从事非职业领域的探究和教学的人经常对目前趋势有某种疑虑,想知道这些趋势是不是因为哲学和历史的考虑,以及自然科学和社会科学将遭受的磨难,我们在职业学校的朋友将不会感到被冒犯。从根本上说,我们是合作者。更多的理论研究不会达到它们最高的发展,直至它们应用于人们的生活,至少间接地为人类的自由和福祉作出了贡献;同时,更多的实践研究也不能达到它们最高的实践性,除非它们被一种非功利的探究精神所鼓舞。现在的这个趋势,为你们而不是为我们开辟了道路。鉴于过去的教育史,你可以考虑这样做的时间。但是,出于我们的共同利益,我们可以一起来促进大学里每个部门对探究、自由讨论的兴趣,以及对科学精神的热爱。

无论被贴上标签的通识教育还是职业教育,当所有的教育都以这种热爱作为其目标的时候,我们将在校园里培养那种人们所说的业余人士的专业;这些人将认真精神、目的的统一性和专业技巧与思想的广度和自由,以及业余爱好者所特有的特殊的愿望结合起来。

(叶子译,张奇峰校,汪堂家复校)

使教育成为学生的事务①

伯特兰·罗素(Bertrand Russell)先生在某个地方大概这么写道,为了反对迷恋现存制度的保守者抓住年轻人的心智来支持他们的学说的倾向,改革者常常采用相似的策略,并且利用教育灌输他们喜爱的学说。因此,年轻人自身"不会被任何一方予以考虑;他们只是一些地地道道的素材,以便被吸纳进某个阵营或另外一个阵营"。

这些话在我看来,暗示了下面这个问题的答案:学生们为使教育成为他们自己的事务能做什么呢?这个答案扩展开来看就是,学生们应该与两个阵营尽量保持距离,这是一种解放;而只有当他们使自己思维的发展成为其主要关切时,这种解放才能够实现。只要这项政策与那些反动分子的政策相对立——这些反动分子通常担心独立思考的运用,他们尤其坚持认为年轻人的能力还不足以从事独立思考——这项政策才会倒向自由派一方。然而,它将人的注意力聚焦在这一事实上,即任何明智的激进主义都是思想上的激进主义,它至少努力穿透事情的表面,以便达至根基处,达至事情的原因。任何其他的"激进主义",都是没有思想的党派偏见。

当然不存在诸如孤立的思考这样的事情。思考涉及观察和研究素材的方式。选择什么样的素材,将会在思考的性质和结果方面造成相当大的差别。许多经过思考的事情几乎与技术操作不相上下,它仅仅导致了专业化的思考习惯;这些习惯尽管在有限的领域中是有效的,但它们不适用更大的生活问题和生活

---

① 首次发表于《新学生》(*New Student*),第 3 期(1923 年),第 1—2 页。

议题。正因如此,愿意使教育成为自己的事务(不仅仅在学院的生活中,而且总是如此)的学生,将会发现,那些与社会生活有关的素材对于他们的目的更富有成果。他们需要具备更加专门的领域的材料和方法,但也会意识到这些材料和方法对当前独特的人类议题的影响。

对于普通学生来说,与学院生活伴随着的精力分散和拥挤不堪,比刻意控制他们信念的邪恶势力的企图,更为严重地损害这种教育。思考是一种劳作,它包括与周围环境保持一定程度的距离,对周围环境施加的压力保持一定程度的抵制。幸运的是,尽管思考是一项严肃的工作,但可以变成一种充满生机的乐事。但是,对大部分人来说,这是一项不得不去实现的成就,它不是自动地进行的。因此,为了使教育成为他们自己的事务,学生们最需要做的事情之一,就是去影响学术生活的标准,直到思考成为一项令人敬重的事业,而非让人怀疑和暗地进行的工作。党派偏见带来的激动,无法代替由此产生的快乐。

人文学院的前景①

一些美国的学院自称为人文学院(college of Liberal Arts)②。使用这个词的历史原因已经广为人知。按字面的意思,Liberal 是"自由"的意思,也有"宽宏大量"的意思。两千多年前,亚里士多德将这个术语应用到教育时,将它的意思固定下来了。然而,在狭隘地坚持这一观点时,就美国的人文学院及其前景进行论述,如果不是对紧迫的问题采取怯懦的回避态度,也可谓是不够中肯的。随着对奴隶、农奴和自由民区分的消失,对"职业化的"(vocational)和"不严格的"(liberal)的区分,对"专门化的"(professional)和"人文的"(cultural)的区分,也在一定程度上丧失了它的力量。服务(service)不再是一个表示奴役和贬低的名称。如今,"自由的"这个词被用于教育机构,表示与"反动的"和"极端保守的"相反的意思,而不表示对知识的和理想的事情的关注。这个词显示出与人类争取经济独立和政治解放相联系的经济和政治意义。

以下的引文也许表明这样一个问题,而许多人将它与人文学院问题相联系:自由派人士仅仅非常清楚地知道,掠夺的财富一定会毁掉美国学术自由的每一种遗迹。美国人文高等研究机构的地位和前景的问题在公众的心目中,是与经济和政治事务密切联系在一起的,而这些事务成了激烈的党派争斗的核心。

---

① 首次发表于《独立》(Indenpendent),第 112 期(1924 年),第 226—227 页;重新发表于《今日教育》(Education Today),约瑟夫·拉特纳编(纽约:G·P·普特南出版公司,1940 年),第 184—189 页。
② "college of Liberal Arts"的字面意思是"自由技艺学院"。——译者

然而,我冒着被人怀疑对紧迫问题表现出劳底嘉人般(Laodicean)①冷漠的危险,我一定要说,我相信对美国教育的现状进行讨论的底线应当是古代的定义——从抽象的概括来进行解释,以便适用现实的条件。心灵的理解能力,无拘无束的想象,经过训练的鉴别能力,摆脱阶级、宗派和党派的偏见和情感,不那么狂热的信仰——所有这些都极为罕见,难以达到,但又非常需要。的确,在一定程度上说,人文学院在培养这些态度方面的任务如今比以前更为艰巨。

大量复制这个书面语词,几近掏去了语词的意义,并且剥夺了观念的实在性。过去没有一个时代如此自觉地将狭隘的阶级利益算作公众的利益,并且实际上愤怒地责备所有的目的和信仰,只有自己的目的和信仰除外。过去也没有一个时代将所有的事业以理想主义的词句和情绪进行如此令人炫目的包装。普及的现代教育就是印刷机的产儿。但是,如果说它培养了自由的心灵,那么,它必定会保护它自己和我们,防止受到其祖辈以及子孙的伤害。人类容易受到激情、教条、自私、党派偏见和宣传蛊惑的影响,但这些原因已经丧失了它们曾经拥有的那种坦率、大胆的彻底性。它们获得了一种令人糊涂的不诚实性。当这些东西以现在的面目出现时便遭到了怀疑,因此也就会寻找各种各样的伪装。它们找到了心灵的入口,那里覆盖着忠诚、健康、可靠、进步,或者各种合乎时尚的理想的东西。鉴别、如实地看待事物、随时保持一贯的镇定意味着违背了作秀的潮流,违背了采用堕落的标准的潮流,违背了在我们眼前匆匆掠过的新奇事物的潮流。

因此,人文学院的问题是紧迫的,解决这一问题成败的结果是暂时的。它与维持自由而豁达的心灵、既有批判精神而又有同情心的心灵联系在一起。它的敌人为数众多且十分强大。

几乎在所有的争论中,双方都保持着对他们引以为豪的、不可动摇的坚强的信心。他们事先就决定了什么样的研究和方法是自由的,什么样的研究和方法是不自由的。他们不满于培育自由的心灵,随后委托它去进行自己的感知并形成自己的信念。人们认为,它事先就确定了一个真正自由的心灵会保持什么样的信念。因此可以确定,培养自由心灵的方法就是灌输这些信念,争论涉及什么样的研究、什么样的课程、什么样的方法,以及信念是自由心灵的特征并且应该

---

① 原指对宗教不冷不热的人。——译者

如何使用和灌输。为达到特殊目的而进行这种直接的努力，本身就是自由心灵发挥作用的证据。

一派人将真正自由的教育与人们可以放心地称之为古典教育的传统教育混淆起来。过去某些时候与绅士的文化相联系的教育和方法就是人文教育（liberal studies），其他的教育都是职业的、技术的和功利的教育。心灵的自由是训练的结果，而提供训练并培养自由心灵的研究是古典语言、数学，以及一点点从现代文学、科学和历史中经过适当选择的最可靠、最"基本"的东西。一些尚不成熟和缺乏经验的人，事先没有在基本的科目上打下扎实的基础，而又要面对严肃的现代问题和难题；他们与粗俗的知识界的布尔什维主义打得火热，将布尔什维主义误认作自由。而自由与放纵的区别已经昭然若揭。

然而，自由只是法律规范下的自由。法律是什么，无须已经获得自由的心灵来确定。它已经铭刻在事物明显的构造中。如果自由在法律的规范下走得如此之远，以致无法抬起头来四处看一看，那么，所有人的安全（包括真正的自由教育的神圣利益）就值得忧虑了。现在假定这个学校的支持者正确地开出了特殊的教育处方，他们的精神和方法证明了教育的失败，而他们曾建议通过教育来培养自由的心灵。他们对自由的心灵是什么和包含什么的确信，对它会做什么和相信什么的确信，是知识的自由主义和道德的自由主义的根本。

然而，不幸的是，在教育方面，人文学院的主张和判断并不总是不同于其对手的主张和判断。并没有很多人相信相互勾结的董事会的阴谋，它代表了从学院里清除学术自由的每一点痕迹的"损人利己"的企图。报纸上报道了学院人事和行政机构所面临的每一个困难，这些困难容易被看成既有的经济利益与进步观念的冲突。这一点表明，许多人是基于对当代社会问题的关注来估计自由派的脾气的，他们还宣扬有关这些社会问题的"进步"观点。因此，他们使自由的政治和经济信仰的信条成了自由教育和自由心灵的标准。在此，我们也可以表明，即使这些观点是健全的，自由心灵的标志并不在于人们持有这些观点，而在于这是达到它们并接受它们的途径。

这些观点表明，人文学院发展的障碍首先不在学院内部。它们毋宁在于美国公众的品性。尽管对高等教育的学术孤立状态多有抱怨，现代的学院却不是与世隔绝的隐修院。在"院墙之内"这个词语，如今非常具有隐喻性。在比赛的季节和每一次校友聚会上，教育与生活的联系都展现在每一份报纸上，即便它没有在一些描述课程的出版物上招摇过市。学术生活与社区生活的结合如此广泛,以致将前者的弱点归咎于某个单一的特殊原因(有如故意的经济压力),就像将最好的优点归因于单一的特殊原因一样不够妥当。我们的学院生活具有一般生活的优点和缺点。在这一事实明显成为讨论的起点之前,我以为,我们不会达到任何目的。就此而言,我们的学院是不自由的。这是因为,美国人的公共舞台的精神是非常强烈的,容易自以为是和彼此跟风,容易心血来潮和惯耍花招,喜爱短暂而炫耀性的成功,沉迷于盲目崇拜和鞭挞崇拜之间的剧烈摇摆。

我的意思并不是说财政之手并不影响我们的学院,也不是说这只手的分量不够重。金钱、商业和物质成功不可能占有它们在我们的国家生活和价值观念的领域所占有的那种地位,但教育不可能不受影响。如果我们一味进行谴责,就应当谴责该谴责的地方,谴责其根源。我愿意承认,掠夺的财富能够掀起毁灭精神自由的运动。但是,我也知道,它没有必要这样做,它没有愚蠢到承担不必要的工作的地步。这一观点不像初看上去那样带有玩世不恭的味道。它并不意味着没有必要,因为没有精神的自由需要压制。阻止自由研究和批评的、出于财政利益的不可否认的偶然努力,毕竟不过是对共同的精神气质的有力表达(多亏这种气质的存在,那些努力才会发挥效用)。这一点表明,心灵的自由品格的敌人如此变化无常,如此沉迷于各种事务,并影响了除政治经济思维之外的许多其他事情。带着这种调子写作而不成为学院的辩护士,或者甚至不成为掠夺财富的辩护士,这样做确实困难。然而,我相信,有鉴别力的心灵会意识到以下的声明恰恰不是一种辩护:学院的行政管理、教学和研究活动既苦于社区对思想不够重视,又苦于过分重视不同于思想的信仰。以下的声明也恰恰不是一种辩护:为长期保持他们现有的权力和影响力而关心经济利益,导致他们出于同样的原因去恶意干预学术关切。这类声明试图确定问题的原因,而不是减少问题的原因。在为减轻学院责任而进行的辩护中将要说的最多的事情是:大约40年的学术经历使本文作者相信,大体上说,学院和大学的教学人员比起一般社区的民众,思想自由和忠于理智思考的标准更高;大学40年的学术经历也使本文作者相信,尽管与流行的想法相反,较大的机构比较小的机构更能摆脱利益与敌视独立的精神生活的信仰的影响。

作出这一判断并不是过分的要求。如果思维客观公正并重视知识交流、被特别挑选出来的代表们并不真的比其他人更广泛而深入地忠于职守,那将是可耻的事情。批评他们没有为了名义上的事业而充分履行社区领导的责任，这是有根据的。这一缺点无法通过劝人要有更大的独立和勇气而得到改正，只能通过改变造成屈从和胆怯的原因来改变。我将在第二篇文章即最后一篇文章中，考虑这些原因和改变它们的方式。

人文学院及其敌人①

在所有造成美国大学屈从、胆怯和吝啬的外在原因中,我把造成美国高等教育的特殊情况列于首位。因为与旧世界(指欧洲——译者)相比,它们本身在大学与当代公众意见和情感之间造成了更紧密的联系。无论令人反感,还是受人欢迎,对美国大学与英国和欧洲大陆的大学进行比较是无用的。后者背后有着可以上溯几百年来的传统:无论好坏,它们毕竟拥有独立的地位、尊严和动力,而这是我们的新贵学院们所没有也不可能拥有的。这一差别,并不局限于由时间长度和由漫长岁月发展起来的厚重传统所造成的差别。欧洲的大学是一般社会贵族和特殊知识精英(élite)的产物。差不多直到我们这个时代,当这个世界逐渐变得"美国化"时,谈论与英国和欧洲大陆大学相关的普遍社会责任是没有意义的。它们所具有的社会责任是对教会和国家的责任,两者都是分离的、与世隔绝的和贵族性的机构。一些人甚至像本文作者一样相信,从长远看,教育和公共生活更亲密的联系将证明两种制度哪种更好,他们也将被迫注意到远离公共事务对于某一类自由的精神生活具有的保护价值,并且将为发展理智的、卓越的独立标准提供可能性。伏尔泰(Voltaire)对于"暴民"的担忧,甚至超过对于教会和国家权威的担忧,这不是没有历史原因的。后者可能会恼怒;而前者可能会破坏。高等教育更为广泛的社会责任,或者如我们所说的"民主的"责任,必然意味着对源于日常标准和信仰层次的影响力更为敏感。如果领导权存在的话,它必

---

① 首次发表于《独立》(*Independent*),第112期(1924年),第280—282页;重刊于《今天的教育》,约瑟夫·拉特纳编(纽约:G·P·普特南出版公司,1940年),第190—197页。

然是从内部产生的；它不可能是一个冷漠且超然的领导权。报纸报道说，对我们大学中一个院系进行了一次有关六个单词的调查，这六个单词被认为意义重大，最终将"忠诚"放在最突出的地位。虽然现有机构有一份与神学有关的记录，但上帝、自由、不朽以及灵魂都让位于"忠诚"。如果新闻报道是可信的，那么，应该对什么（What）对象表示忠诚，对国家来说甚至并不重要。详细说明忠诚于思想、探究和公正的判断在大学里不应认为是必要的，这并未比浩繁的文献说出了更多的东西。当我不能加入那些对目前教育潮流中的"服务"理想进行谴责的人群时，必须承认的是，人们并不过问大学应该服务什么（What）以及如何服务这一点应该受到谴责。只要这些事情还不明确，或者以习俗的装饰掩饰着，服务就接近于屈从，而忠诚就接近于盲目服从。

目前受局限的一个原因，在于快速膨胀的机构依赖公众对财政支持的善良意愿，以及学者温顺地接受这种流行大众的观点：学术，就像德性一样，是自身的奖赏。这一事实中可能有一些优势，即教育和研究的金钱回报远远低于以同等的能力和勤劳在其他领域工作所获得的回报。但是，不稳定的经济地位不利于思想独立和表达。要供养的家庭，仍旧是财富的本质。殉难从来不是时尚，而它现在的流行度几乎是无。与此同时，当流入高等教育机构的资金量巨大的时候，大学行政管理者就屈服于美国人对于规模和扩张的狂热，并且稍带夸张地说，这些后者的利益总是比为自由的探究和教学提供更多的保障优先。

在一个开始并没有高等教育、人口急剧增长、财富增长迅速并非常广泛，以至于那些本人没有接受过高等教育者的孩子很可能要满足他们"上大学"的雄心的国度里，扩张是必须的。当人们发现，大学董事会的董事们大部分是有钱人，而这些有钱人很可能是公司的主管，无须声称那是阴谋。如果情况是另外一个样子，在那里，教育持续地扩张着，这种扩张要求资金的持续增长和可以获利的投资。董事们不将他们的功能限制在关注基金上，而将医治灵魂的工作留给教学团队。这一事实是一种历史的偶然，它仍然有助于一个已经降低的精神产品的标准——必须牢记，那是心灵自由的同义词。

由此而给思想自由带来的限制，并不像流行的观点所认为的那样令人无法容忍、粗鲁而直接。它是通过间接而微妙的方式起作用的。以谨慎守护学术自由而闻名的教育机构，实际上是通过一个形式上的好传统使其活动避免卷入麻烦不断的社会问题。而另一所具有更大自由的教育机构，仅仅由于地方性与有胆量的报纸的结合,可能会在公众眼中明显地违反了学术自由。

总之,干涉来自爱管闲事的辅导教员,他把进入标志着"危险区域"的年轻人叫到一旁;以最和善的方式告诫年轻人,要远离那些可能影响他们前途的事情。与流行的观点相反:几乎在所有不太为人知晓的年轻人身上,都发生着违背这一准则的情况,而这些年轻人的前途仍处在风险中,他们还没有上报纸,也没有出名。就个人而言,他们脆弱而又渺小;而加在一起,他们的有限作用却会很大。根据整个机构的利益所面临的危险,要发出一个不太自私的呼吁。在我们的社会中,"忠诚"的理想已经得到高度的发展;尽管这一理想很模糊,或者说,正是由于这一理想的模糊性,它反倒有一种缓和的效果。如果允许,过分自我中心地引用个人经验,我可以说,我曾经遇到过唯一受到直接或间接干扰的事情出现在那样一个时候,当时一位大学校长带着由衷的个人兴趣告诉我:他很遗憾,不得不报告我曾阻止这所大学获得附加的资助。并且为了避免误解,应该说,这件事是行政上的,与宗教皈依问题、经济或社会问题没有任何关系。

限制理智自由的内在原因之一,就是过分强调行政活动侵占了原本要应用到研究和教学上的时间和精力。很难说在某一扩张和转型时期,这种情况有多少是不可避免的,而有多少要归因于我们美国人崇尚忙碌、崇尚组织以及崇尚机械性的消遣方式,而这些方式居然莫名其妙地被称为"效率"。但是,在美国人的脑海中,只要声望与行为的外在标志相连,而不是与科学的和艺术的成就相连,那么,理智的生活就会付出代价。真正的理智活动出现在密室中,而不是在屋顶上。但是,学院的密室是高度专业化和部门化的。专业化在当今的学界里是一种流行。某种程度的专业化是不可避免的,但如果过度的话,就会造成思想自由的衰落。

自相矛盾的是,一种狭窄的和技术性行业高度的理智自由,实际上是限制理智的自由。一位在宗教、道德和社会信仰等事务上失去普遍自由的学者,通过在图书馆和实验室里发现自由以获得补偿,在那里,正如暴发户(*nouveau riche*)在《笨拙周报》①的图解里谈到他的"研究"时指出的那样,他所做的,"对任何人来说什么都不是"。这一点是微妙的,并且不容易掌握和表达。但是,人们可以合理地相信,哲学之所以孤傲,给一般思想和信仰习惯以重要影响的现代科学的巨

---

① 《笨拙周报》(punch),2002年停刊。——译者

大成就之所以失败,是因为一种无意识的保护性反应将它们引入技术的词汇。除了一些发现显然获得令人满意的实际应用的地方,一种无意识的保护性反应也将它们引入了遥远的努力途径。直到人们被鼓励去就"实际"问题自由地进行理论化,否则,他们就会容忍对理论与实践作可恨区分。

值得被提及的限制的另一个内在原因,是处理社会事务的科学或探究的不确定状态。这一状况归因于它们非常新颖。历史的确是古老的,但它正作为科学和艺术发生着转变;这一转变不仅仅影响着特殊的方法,而且影响着更为重要的前景,以及判断什么重要、什么不重要的问题。许多类型的历史(所有的历史主要是古文物研究),整体上是"可靠的"。一种经济解释既新鲜又危险。政治经济学、政治科学——它处理现实而不是处理司铎的形式和仪式——社会道德、社会心理学、社会学、作为人类文明理论的人类学,是新近形成的学科。过去的人们面对新的和未发掘的东西带有的厌恶和憎恨,仍旧比我们大部分人承认的多得多。另外,由于这些学科仍处于建立的过程中,因而带有不成熟的、试验性的和不稳定的性质。这一状态使它们与保守派经过时间检验的永恒真理形成了鲜明的对比。很容易证明,年轻人需要防止进行粗糙而未经检验的思辨,直到他达到成熟的状态。这意味着,实际上,直到他受传统习俗的熏陶,以致免于新思想的干扰。此外,另一事实是:对于这些学科的研究者和教师们,作为个人,可能会以教条代替假设,以错误的宣传代替教育,以新奇代替深度。通常,需要自由探究且最容易激起年轻人知识兴趣的学科最容易遭到曲解,在模糊的不确定性程度方面造成影响。

寻找某一事件状态的原因,并不是去为它找借口。事情通过它们的结果来判断或裁定,而不是通过它们的先例来判断或裁定。找出原因是为了在情况发生变化时明确努力的方向。但是,解放美国公众的思想和确保美国大学在促进这种解放方面处于恰当的艰巨任务,被无处不在的替罪羊和恶棍阻止了。目前,解放思想的情况在学院或大学内外都不令人满意。但是,没有迹象表明,寻求一、二种可以逃避责难的单一力量并非是心灵自由的表征。问题之所以有趣而困难,正是因为它非常复杂,因为它把握了习俗和习惯里的许多因素。因为这篇文章专注于现在局势的不利阶段,它更有义务做以下补充。按作者的观点,形势在不断地改善,并且在过去的25年里没有恶化。目前,问题的尖锐程度是一种精神发展的标志,这种精神对很久以前被无意识地作为理所当然的东西进行批评。

对人文学院之地位进一步发展的前景的最大保证,在于理智本身的健全。思想慢慢地进步,但是随着它快速地进步,它也获得了动力而加速其运动。对于自由思想和人文学院的希望,并不在于传播自由的信念;相反,传播自由观念的希望在于发展自由思想。这一模糊的说法的意义,在过去 25 年里,生动地体现于自由观点(要是不激进的话)在社会科学各系科教学中所得到的不容置疑的发展,除少数几个例外,教师们在这一方面没有先人的偏见。他们没有被实际的煽动者和鼓吹者的同情所煽动。他们宁愿希望将自己全部的心思用于出现的课题,追踪他们可以借以理解社会现象所发现的重要线索;线索到哪里,他们就追踪到哪里。心灵的这种框架,就是理智健全的意思。知识的标准具有某种自我保护和自动推进的特点。撇开狭隘的专门化、个人观点和其他内在或外在的敌人,对思考和探究的内在兴趣,对它们吸引、控制并指引教师和学生心灵的力量的兴趣,长期以来是我们自由信念和希望的目标。

在特殊的方面,自由思想总是遭受挫败,而它的进步总是受到阻碍。然而,历史表明它在继续前进,而它几个世纪前的敌人的形象已变得模糊不清,甚至它今天的敌人轻视的对象也变得模糊不清。如果当下的战斗发生在保守的反动派与持自由信念的人们之间,我应该怀疑后者和人文学院(获胜)的可能性,但战斗并非在那里进行。它发生在反对派与科学的方法和精神对充分运用人类心灵的兴趣之间。对于后者持续胜利的信念,并不归因于"弥赛亚"。这一信念是基于过去几个世纪的历史,那时候,他们的敌人已被战胜,这些敌人比自由精神现有的敌人更深刻地根植于习俗、教会、经济和政治机构。它通过这样一个事实而得到证实:理智获得的一切,都因进一步的使用而得到巩固。它独自地坚持着。它独自地与事物的现实运动相呼应,并因此为进一步的行动开辟了道路。既定的偏见、阶级利益是根深蒂固的,但并没有像发现和交流的乐趣那样深刻地根植于事物的本性中。

如果自由思想走向充分成熟和得到社会承认的发展受到阻碍,它本会被窒息于襁褓之中。现在并不算晚。敌对势力可能要改变和拖延它的发展。个人将被惹恼并承受危害。但是,思想和探究的精神将永远不被血肉的武器所打倒。如果反动派知道他们与之斗争的力量,就会打消他们的念头。实际上,我设想,他们的攻击给人类精神自由运动增添了巧妙、活力和优雅。我们的思考,正如它开始时那样,终结于这样的信念:对人文学院的希望和依赖在于自由思想的发展,以及思想与探究标准的完善。这些东西而不是政治和经济中自由观点的传播,是它的基础和保障。如果进步是缓慢的,这是因为,我们不断将结果摆在原因之前并因此打败了我们自己。

(叶子译,张奇峰校,汪堂家复校)

书　评

中国与西方①
——评《中国问题》

伯特兰·罗素(Bertrand Russell)

纽约:世纪出版公司,1922年

在访问中国前,罗素先生曾经在俄国待过。当他在伏尔加河乘船旅行时,他意识到了"我们西方人心理上的疾病是多么严重"——那时,布尔什维克甚至正在努力把这种心理强加在本质上属于亚洲人的人身上。这一疾病源于过剩的精力及其合理化。"我们的工业主义,我们的军事主义,我们对进步的热爱,我们对传教的热情,我们的帝国主义,我们对控制和组织的激情,所有这一切都源于活动的欲望的过剩。"伏尔加河游船上的同伴"喧嚣,争吵,满是各种各样肤浅的理论",对一切随意加以解释。然而,其中一个同伴危在旦夕,而且"我们的一切都死一般沉寂,像天空一样深不可测"。看起来似乎无人有闲暇来倾听这样的沉寂,然而,他的召唤对我来说是如此坚定,以至于使我对宣传家的高谈阔论和信息灵通之士提供的信息变得充耳不闻了。

一天晚上,毫无意义的口头争论仍在继续。船只停了下来,罗素先生上了岸,在沉寂中,他发现:

> 有一群陌生人在沙滩上……闪烁的火光点亮了野蛮人粗糙的带有胡须的脸颊,强壮的、富有耐心的原始人妇女,以及与他们的父母一样动作缓慢和安静的孩子们……对于我来说,他们似乎代表了典型的俄国人的精神,不善言辞,出于绝望而变得迟钝,没有被一小部分西方化的人所注意到,这些人组成了进步派别和反动派别……我被他们富有耐心的沉寂所感染,在整

---

① 首次发表于《日暮》(*Dial*),第 74 期(1923 年),第 193—196 页。

个惬意和熟悉的理智交谈过程中,我的心中仍保留着一些孤独的和无法言喻的东西。最后,我开始感受到,所有的政治都是由一些狰狞的邪恶所激发的,出于口袋中的金钱或权力或理论,教育那些精力充沛、足智多谋的人去折磨那些顺从的人们……我不时听到悲伤的歌曲,或者巴拉莱卡琴时隐时现的音乐声;但是,音乐声与俄罗斯大草原上惊人的沉寂交织在一起,使我感受到一种可怕的心生狐疑的悲痛。在这种悲痛中,西方精神的无望逐渐变成了悲凉。正是在这样一种心境下,我出发去中国寻找新的希望。

这一段不仅仅给出了罗素在中国经历的背景,本书正是这一经历的成果;也象征了中国的问题,在罗素看来,这些问题变成了我们西方文明的问题。那些喧嚣的、教条主义的、独断的、自鸣得意的和富有煽动力的游客,是径直走向毁灭的西方精神。中国是本性上徘徊不去的沉寂、宁静——或许是懒散的,但灵魂也是平静的——富有包容心,拥有未被破坏的直觉上的与自然的共鸣,有能力从简单的事情中获得安慰和幸福。对生活和死亡都心安理得,因为他们没有受到西方自我本位的腐蚀。

当然,本书不仅仅是对这一哲学论题的一种解释,是对导致远东当前局势的历史力量和历史因素相当清晰和精练的解释,并且伴有对当前情况的分析。这个报告补充了他的个人经历,其中包括对第二手资料审慎而加以鉴别的运用。于是,在我看来,本书是最近写就的将西方读者与远东问题联系起来的众多图书中最富有启发意义的一本(从信息和评论的角度看)。这本书中所做的工作是如此杰出,以至于事实上只有那些通过自己的个人经历认识到已经克服的诸多困难的人,才能感受到它的杰出。

但是,那些从本书中获取信息的人,如果没有在几乎每一页上发现上面引用的段落中回响的音符时隐时现的重叠,将会错失本书主要的深远意义。在"工业化以及我们中大部分人所经受的高压"下,我们已经丢失了中国人依然保有的"本能的幸福和生活的愉悦"。"我们的繁荣只能通过对较弱的各国的压迫和剥削才能实现,而他们仅仅通过自己的美德和努力来获得他们所享有的任何东西……通过珍视进步和效率,我们已经获得了权力和财富;通过忽略他们,中国人,直到我们给他们带来烦恼,整体上获得了一个和平的存在,以及一种充满愉悦的生活……中国人已经发现并且在许多世纪践行了这样一种生活方式,如果这种生活方式能被全世界人民所采纳,它将给世界人民带来幸福。而我们欧洲人没有。我们的生活方式要求斗争、剥削、永不停息的改变,以及不满和破坏。"应该补充一点,美国是欧洲最坏时的情况,因为它就是在使用能量和效率方面,以及因改宗而变得极不宽容方面处于巅峰状态的欧洲。还有一种自鸣得意和令人费解的自以为是,这些东西在欧洲正开始崩塌。美国表现出了机械论视角的极致,"某种同样在帝国主义、布尔什维克思想以及基督教青年会中存在的东西……美国也表现出将人视作原材料的习惯,需要经由我们科学的操作而变成符合我们幻想的东西……以牺牲知觉为代价来发展意志"。相信控制,相信违反自然的生活,相信与自己的视角和信条对话的有利条件,这些都是中国文化幸免的事情。

敏锐的中国人也许首先会承认罗素先生将他们的文明理想化了,忽视了其缺点而夸大了它的长处。中国往往变成了一个闪亮的天使,以便表现出西方文明的阴暗。中国人的美德被视作一根鞭子,用以鞭打自鸣得意的西方人的后背。然而,我并不把这个事实看作是一种严重的缺陷。因为我自己在中国的经历,使我相信罗素先生只是指出了中国存在长处的方面,尽管他在灵魂深处是反对西方的愚蠢的,他对于中国所取得的成就言过其实了。关于西方需要停下脚步向东方学习的紧迫性,我发现自己和罗素先生的见解并不冲突。我认为,需要指出的问题在其他地方。罗素先生所采用的方法,允许他对中国的外部问题,或者说政治和经济问题,作出简明扼要的阐释。这种在一个晦暗不明的世界中出现的简明性必定总是接近于反讽,正如它对于罗素先生那样。当然,正是西方掠夺性的能量本身以及对日本的影响,制造了中国当前的政治问题和工业问题。罗素先生以其一丝不苟的精神和他惯常的选择和删除的艺术,将这种状况向每个拭目以待的人描述出来了。

然而,中国内部的问题,即它的文化和制度的转变,看来罗素先生几乎没有触及。事实上,他提到了中国家庭体系的最坏结果、中国传统中缺乏科学,以及他们的冷酷无情。然而,罗素先生似乎满足于对它们置之不理。对此,他评论道,它们给中国带来的一系列后果还没有像西方人的心智缺陷给西方带来的后果那么悲惨。这点或许是非常正确的;对于只对西方感兴趣的人来说,这点已经足够了。然而,我没有看到,这对中国人来说的确存在的中国问题有什么帮助。对中国最深层问题的感受,正如这些问题在那些思想深邃的中国人的意识中存在着的那样，人们在罗素先生的文字中是看不到的。作为一名称职的欧洲人，或许他感兴趣的主要是欧洲的文化，以及欧洲不得不从亚洲那里学习到的东西；相反，令人吃惊和震撼的是，对世界上最古老、最浓厚和最广泛的文明的内部重构并没有吸引他的注意力。

因为罗素先生没有做的事情——在他自己看来，已经做得很好了——而与他争吵是冒昧的。但是，世界需要一幅最精彩的戏剧的图景，这一出戏剧正在世界的任何地方上演；有时候，我认为最精彩的同时也是最困难的戏剧，导向对人类历史既已见证的任何事情作出结论，尽管除了中国，可能没有人能给予世界这一图景。与西方的接触，在中国引起了一种再度觉醒的躁动、一次真正的文艺复兴。我很少遇到这样的中国人，他带着对从事掠夺和侵略的西方强加给他们的不正义和野蛮的问题的感受，带着他对西方物质主义、民族主义和自以为是的个人主义的感受，没有满嘴感激的心情承认因西方的影响所产生的觉醒——这种觉醒对于阻止古老文化中好的东西进一步堕落似乎是必要的，对于一种新的更丰富的生活也是必要的。在我看来，终极的"中国问题"关涉在当前的激变中什么将会胜出：西方严厉的和破坏性的影响，还是由与西方的交往所激发的对于中国文化的内部重塑？

（王巧贞译，汪堂家校）

怀疑论与非理性信仰：一种系统哲学的导论[1]
——评《怀疑论与非理性信仰》

乔治·桑塔耶那(George Santayana)

纽约：查尔斯·斯克里布纳出版公司，1923 年

桑塔耶那[2]先生是作为人生问题的批判性评论者而见知于专业读者和业余读者的，他是一个真正意义上的道德学家。他的洞见和记录如此令人振奋和直接，以致一些专业和业余的读者认为他没有哲学、没有连续的逻辑，而只是一个概要的发表人。而对那些感兴趣但没有逻辑一贯性和基础的人来说，则不无趣味。这一观点归因于桑塔耶那先生的艺术和完美的技巧，通过这种技巧，他使那冗长的逻辑服从于他对生活事实、快乐生活或幸福生活的观察和表达。在谈到这类目光短浅的批评者时，罗伊斯(Royce)曾经评论说，桑塔耶那先生具有他从未以之为起点的明确的哲学：将生存和本质完全彻底地分离开来。

在他的新书中，道德和形而上学的作用(桑塔耶那先生本人在一种不同的和轻视的意义上使用后一个词)被颠倒了。它的主题是生存和本质的分离，是本质之美和生存的轻蔑的分离。本质具有双重的美丽：它是诗意想象的主题；每一个简单而公正地看待世界而不带有复杂教条(与缺乏实际上的勃勃雄心毫无二致)的心灵都是诗意化的。在桑塔耶那先生的笔下，它也是给哲学家的美好事物，因为在得到正确的审视时，它可以使哲学家彻底地怀疑对生存的直接知识；与此同时，它向他敞开了一种不可动摇的"认识确定性"——唯一值得去认识的东西。因为，正如桑塔耶那先生的道德著作的敏锐的读者所意识到的那样，生存对他来说，从根本上是可笑的，因为理想的善的物质基础和起源(当然，本质也是理想

---

[1] 首次发表于《新共和》，第 35 期(1923 年)，第 294—296 页。
[2] 亦译"桑塔亚那"、"桑塔亚纳"。——译者

的)对它的理想成果具有奇怪的损害作用。所有的存在是物理的或物质的。并且,既然本质是理想的,而它的存在衍生物是偶然的,它的保持也带有随意性,那么,存在是无意义的。存在是无意义的、无目的的和机械的,但仍然是对唯一有价值的东西,即充满意识的理想形式的唯一创造者和支持者,那还有什么可能比这种存在更为荒诞呢?因此,道德——桑塔耶那先生作为一个公开的辩证法家不可能不再当一个道德家——就是享受对本质的沉思。此外,通过感知和享受本质与存在无关的景象,我们可以逃脱存在的悲剧。因为悲剧的根源在于期望——在于期望"存在"为我们做某事,或正如我们感兴趣的那样,在于对意义和利益的兴趣。对存在的这种彻底怀疑态度,将我们从期望中拯救出来,它是严肃地对待物质事务而不是诗意地对待本质的人出于实用的、自私的和悲剧性的幻觉。桑塔耶那先生对希腊思想的同情,是他的读者们所熟悉的。他目前的作品显示出——并且我认为,这一启示将作为惊喜出现在我身边的其他人心中——一种适合于印度婆罗门的思想:整个世界之存在的无关紧要的特征。

正如桑塔耶那先生所意识到的那样,在他的学说中有几点与他所厌恶的那类哲学具有危险的相似性。最具启发性的直接的章节之一——桑塔耶那先生的论述比他的知觉间接许多——警告读者提防对这一学说的误解,即思想史表明心灵容易出现这样的误解。柏拉图主义者因他们发现了本质而闻名于世,但他们赋予它们的不仅是存在,还有存在的特权。本质既不是模型,也不是原因,又不是内在的善。每个坏的事物显示出的本质,与好的事物显示出的本质一样地完全。这位理想主义者同样误解了本质;他被自己的发现所压倒,以致认为它是唯一的存在,因此物质是不存在的。然而,正确的结论是:物质是唯一存在的,是唯一起作用的东西,是唯一有原因和结果的东西。它决不能被立刻知道,而仅仅是以符号化的方式通过本质而认识。它偶然地引起本质根植于心灵中。

桑塔耶那先生只是鄙视那些怀疑物质的存在和全能的人们。我们对任何给予的东西的存在越表示怀疑,对没有被给予心灵的事物的实际确信就越大。本质仅仅是当下沉思的诗意对象和审美对象。但是,除了把握并享受这些本质的意识、观念和直觉之外,人主要是一个活生生的身体,这个身体在一个他人不关心他的成败的世界中奋力前行。在一个偶然的世界中生存下来,意味着生物体在一定程度上获得了对决定它命运的物质媒介的适应能力。在本质的领域,思想纯粹是沉思性的并发挥着作用。但是,肉体必须劳作,以求得生存;它必须遭遇并使它自己适应于艰难的环境。在实现对于物质环境的适应时,肉体有组织的结构,或者我们所说的本能,向我们显示出对存在的世界的依赖(本质可能拥有这种存在)。这些本能性的适应是一种常识,或者如桑塔耶那先生所说,是一种非理性信念。就像我们正是通过诗歌和想象而生活在本质的世界中那样,我们正是通过非理性信念确定这些本质是物质性事物的象征,因为它们有助于我们判断物质环境,保证饮食的安全,并且暂时避免疾病和死亡。本质是当下的和永恒的;但是,肉体的持存有赖于记忆、审慎、预见,有赖于它与非给予的东西、与在时间中改变和存在的东西的联系。与时间的这种关联,对准备处理非给予的事物、不在感觉和想象中呈现的事物的需要的关联,选择了那些对超越它们自身的某个事物有意义的本质,使它们成为超越的,或认识到超越于它们的事物。就像在斯宾诺莎那里一样,本质就是心灵,存在就是物质。

本质依然是本质,是审美思考和心灵的自由游戏的合适而有益的对象。但是,它们与肉体的需要的偶然结合,赋予了它们一些实践的目的;当它们被正确或错误地用于表示某种恐惧或希望对象的东西时,这种偶然结合使得真理和错误成为可能。科学改变了被使用的本质的类型,因为科学必须遭遇更大、更公开和遥远的需求和环境。但是,它源于不同本质与动物需求的结合,并且它的对象仅仅在以下方面不同于神话的本质:它们更接近于对一个决心继续生存下去的生物的生存考验。"外在对象是因为它们有什么用而不是因为它们是什么,才引起人的兴趣;而对它们的认识之所以是有意义的,不是因为它显示给直觉的本质(虽然这可能是美丽的),而是因为它表达或预示的事件。如果外在对象的存在仅仅通过非理性信念和推测而得到担保的话,那也无关紧要;只要这一信念使存在适得其所,并且这一推测表达了一种动物性存在对各种环境力量预言性的预先适应。"艺术实践是我们对超越思想和知觉的事物的存在最合理的确信。

对桑塔耶那先生的新书进行充分说明是不可能的,我限于对它的词句作过于狭隘和按字面意义的解释(可能仅仅说明了它的标题)。有些人假定,他因为使辩证法服从于表达而缺乏逻辑性。如果桑塔耶那先生想要向那些人复仇的话,他在这本书里做到了。这本书因为其辩证法的连续性和精妙性而得到健在的辩证法大师布拉德雷(F. H. Bradley)先生的青睐,尽管它表现了完全不同的哲学。事实上,它如此精致,如此经久不变,以至于人们担忧那些在他的早期著作中没有发现一致系统的人在这里也不会发现它。桑塔耶那先生允诺出一本续集;我除了说非常需要一本这样的续集之外,不想对该书作任何相反的评论。一件精细的工作是:为了审美本质以及沉思它们而低估实践的目的和人类的繁忙生活,接着依赖人的实践需要、行为和苦难以确认任何事物的存在,并且使本质适合事物并表达它们的进程。一个先入为主的人会说两者都无法完成,并且在对自然主义的实用主义作过多让步之后,桑塔耶那先生必然让步更多。但是,无论成败如何,从技术上说,这是任何当代哲学家从事的最令其兴奋的工作之一。而那些没有被大师的技艺所激动的人,将通过阅读桑塔耶那先生获得回报。每一页文字附带表达的巧妙洞见和友好反讽就能提供这样的回报。

(叶子译,汪堂家校)

关于语言对思想影响的研究，以及对符号学的研究①
——评《意义的意义》

奥格登(C. K. Odgen)与理查兹(I. A. Richards)

纽约：哈科特布雷斯出版公司,1923年

奥格登与理查兹先生与两篇补充论文的作者马林诺夫斯基(Malinowski)博士和克鲁克谢克(Crookshank)博士一道,写了一本重要的著作。按我的理解,它主要缺乏表述的风格和方法,尽管这本书涉及语言及其影响。就这本书的影响而言,它可能过于技术性以至要求助于哲学家和逻辑学家的特殊群体(本书的内在优点值得这么做),但也可能过于技术性而不能被非专业的公众所理解(本书也给公众提供了真正的信息)。我有这样的印象:这种两头不讨好的尴尬位置在很大程度上由这样一个事实造成,即作者们主要关注"符号学"的发展;而为了给这一学科奠基,或为了给新的研究方法奠基,他们不得不对意义问题进行新的研究——这一问题把他们带入了认识论、逻辑学和心理学中出现的现行争议的核心。这两个主题有着有机的联系,但可能出现这样的情况:如果它们被分开处理,那么,以哲学家的观众们为一方,以语法学家、语文学家和文学研究者的观众为另一方,双方都本该获得关于它所涉及的全部内容比较清晰的观念。同时,公正地说,在承担了介绍新观点的功能之后,这本书将成为比目前更容易阅读的书籍之一,而眼下必须面临对作者们所批评的旧观点的一系列先入之见。

作者们在前言中清楚地指出了这一著作在实践上的重要性。他们指出,语言是文明最重要的工具;曾经给少数人留下的一些问题,如今通过人们广泛参与讨论而得以解决;在我们被迫匆匆重新适应新的环境时,缺乏交流和相互理解的

---

① 首次发表于《新共和》,第39期(1924年),第77—78页。

工具与技巧就显得十分突出。澄清我们的总体社会形势的前提是交流层面的变革,是一种最终与教育问题相统一的需要。对语言的研究以及将符号的引入与利用提升到科学的层面,是这项任务必不可少的部分。

正如作者们所指出的那样,语言的特殊地位在于,它通过观念或思想的媒介指称事物(在各种情况和对象的最普遍意义上的事物),说者和听者与它们有关。这个问题因为以下事实而变得进一步复杂化,即许多词的功能是感情性的而不是符号性的,也就是说,语词既被用来唤起态度,也被用来作出陈述。日常实践和传统理论的一大缺点在于过于简单化,而由于过于简单化,语词被认为直接指称事物,或具有内在含义,而不必通过交流者和听者的思想、目的和情感的中介。这种疏忽对流行的信念和行动,以及对哲学家和语言学研究者的理论,造成了不良的影响。本书的作者们令人信服地指出了这种影响。几乎每个人都会在理论上同意关于语言三要素的普遍命题(如果包含听者或读者,就是四重要素);作者们所举出的证据给人的印象非常深刻,这种证据涉及因假设语词直接应用于事物而具体产生的恶果。同样重要的是,作者们证明,只要我们承认观念在语词指称事物时的地位,就要被迫承认这里涉及的观念并不是孤立的;相反,它是整个观念和经验系统的组成部分,这种经验在很大程度上是隐含着的,并且说者或听者都没有自觉地承认。因此,将意义视为通过语词而体现出来的一个明确而单一的实体的习惯得到了强化。

在此,马林诺夫斯基博士的补充论文的观点是非常有用的。他以新几内亚原住民讲的语词为例,并且表明,在我们首先知道他们讲话的语境,继而知道这一语境所包含的潜在习俗之前,这些原住民是非常难以理解的。我要建议,所有读者在读了这篇补充论文后再读这本书。它通过具体的分析,向读者生动地介绍了有关语言、思想、目的、行动和事物之间关系的观念;而奥格登和理查兹先生对这种关系进行了考察,这篇文章可以代替前面几章更为理论化的讨论。事实上,许多读者可以推迟对前几章的阅读,直到阅读马林诺夫斯基的文章及之后关于符号论原则的第五章,再来读前几章。正是在第五章中,作者们非常明确地表达了他们关于符号学发展的建设性观点。

我觉得,我们可以恰当地把本书看作更加系统的进一步讨论的片段式导论。从专业哲学家的立场来看,我确信作者们的下述论点是正确的,即要承担批判性地考察语言工具的任务,就必须对哲学进行改革;并且只有从这个观点来看,我们才可以指望他们会继续他们的工作。但是,我们要将这一技术性的工作与澄清和完善工具使用的更重要的功能稍作比较,而此处所说的工具被用于个人的所有接触和对社会问题的讨论。

(叶子译,汪堂家校)

或然性、爱与逻辑：哲学论文[1]
——评《或然性、爱与逻辑》

查尔斯·S·皮尔士(Charles S. Peirce)著

莫里斯·R·科恩(Morris R. Cohen)编并作序

纽约：哈科特布雷斯出版公司，1923年

查尔斯·皮尔士可能是这个国家出现过的最具原创性的哲学家；当然，他也是这一代影响深远的人物之一。正如科恩先生在他的导言中所说的那样，他是一位"具有重大独创性天赋的、工作不息的先锋人物"。他的名声与他的天赋关系不大。这一差别在一定程度上，是由他的非凡独创性造成的。他走在他的时代前列；他不属于任何学校，并且当他的同时代人在发展旧理论以适应时代的性情的时候，他则在开辟新的领域。仅仅在符号逻辑中，他才真正地与他那个时代的其他人有所交流，而那个学科，无论怎样受限于它的吸引力，一代人之前还没有具备近几年来所获得的普遍的哲学意义。甚至今天，除被视为"实用主义"这个语词和观念的创立者之外，他几乎不为有文化教养的人士所知。威廉·詹姆斯(William James)从他那儿借用了"实用主义"这个词，并凭借他的文学技巧对它加以普及。

他的论著显得支离破碎，这导致他的思想没有广为人知。在他的论著中，有多处暗示他正要撰写篇幅更大、更为系统、更具雄心的著作，他出版的作品只是提供了一个大纲。他是一个率性而为的工作者，而目前出版的所有东西仅仅表明了那些可能在比较愉快的环境中完成的作品。与今天相比，从60年代到90年代，对于那些没有迅速"融入"的人们来说，美国更缺乏合适的温床，在大学内外如此，当他们缺乏实现持久努力的内在动力的时候更加如此。直到逝世前不久，他才向卡耐基基金会(Carnegie Foundation)申请，希望为他的持

---

[1] 首次发表于《新共和》，第39期(1924年)，第136—137页。

久努力和创作提供资助。虽然该基金会自称其目的是发现并鼓励"超常人士"（the exceptional man），但那些颇有智慧的董事却没有发现适宜作出这一尝试。我们永远不会知道它是否会取得成功。

收录到本卷的论文，忠实地履行了这一必要的工作。科恩教授非常令人钦佩地完成了这一工作。他撰写的25页的导言简要地说明了皮尔士先生的主要思想，并概述了它们对后来的思想家的影响。这不仅是本卷文集一个清晰而充分的导言，而且是对美国知识生活的历史作出的重要贡献。本卷的内容分为两部分。第一部分由以"逻辑"为题的内容构成，包含1877—1878年间发表在《通俗科学月刊》（Popular Science Monthly）上的六篇文章。这是逻辑论文，涉及在富有成效的探究中使用的思维方法和术语。第二篇论文《如何使我们的观念清楚明白》（How To Make Our Ideas Clear），包含实用主义的方案（虽然没有用"实用主义"这个词），威廉·詹姆斯使它广为人知。其他论文讨论了关于或然性的学说、归纳法的本质和可能性、它与演绎法的关系、自然的秩序等等。如果基础主义者的思想服从理性，他就应该熟悉后面一章和第一章《信念的确定》（Fixation of Belief）。赋予这些章节以生气的信念目前处于岌岌可危的状态，这些信念是坚韧、权威和重复等等，自身包含了自身毁灭的种子。"事态，无论它是什么，最终都会被发现。"但是，皮尔士先生习惯于拥有一种时间意识，在克服不够耐烦和不够宽容的倾向时，这种时间意识对他的帮助多于那种自夸的永恒意识对怀有这种意识的大部分人的帮助。

本书的第二部分重印了1891—1893年间刊发于《一元论者》（Monist）上的五篇文章；在对皮尔士先生表示恭维的同时，卡鲁斯（Paul Carus）博士补充了美国公众要向皮尔士表达的那种感激之词。这些文章发展了他关于或然性、连续性和进化在自然界的地位的观念。关于后者，他尤其关注连续性原则的扩展，正是通过连续性原则，自然界成了他称之为"爱"的东西，即通过吸引而发展，而不是通过细微的可能变化或内在或外在的必然性而发展。这些文章包含了他大胆的思考。但是，它们比30年前更加易读了，而他关于或然性（多元而不同的个体性）乃是自然的特性的观念，虽然在维多利亚时期是一种奇怪的异端邪说，如今却拥有很多的拥护者。

虽然皮尔士先生的光明还没有到来，他的黑暗却已经过去了。哈佛大学正在准备编辑皮尔士的作品，包括那些仍属于手稿的作品。由科恩教授巧妙编辑的这卷著作,将会成为一篇令人赞赏的导论性著作,它旨在唤醒人们对于这一原创性思想家的强烈好奇,又旨在为更好地理解他那更为系统和也许更有技术性的观念开辟道路。

(叶子译,汪堂家校)

大纲：社会制度与道德研究

大陸刊本禪宗古書叢刊

导 论[①]

A. 范围和方法

社会哲学关注对社会现象的评价,社会现象包括依赖人类的联合或者人类共同生活的所有的习俗、制度、安排、目的和政策。社会哲学从已经被证实是真实的来源那里接受这些积极的现象。与对这些现象的评价有关,社会哲学的目标是伦理的。

Ⅰ. 因此,我们立刻涉及一个根本的和有争议的论点。这里谈到的评价蕴涵了一个外在于社会现象自身的标准或规范吗?抑或从这些现象推演出这种规范是社会哲学的任务的一部分?社会哲学的方式是"实证主义的",还是"先验的"?如果是前者,它怎么能够除了记录下那些作为一种事实存在的各种不同的评价以外,还可以做得更多?如果是后者,外在于社会现象的规范的权威的根据是什么?什么可以确保这种方法不是乌托邦或者徒劳的?当然,这里的假定是:评价标准从积极的社会现象推演出来,然而它并不仅仅是对给定的评价的复制。

1. 价值判断和判断标准、政策和目的都作为社会现象的一部分而存在,也改变着其他社会现象。不仅证实它们,而且要求它们作出改变。只有在社会群体是静止的意义上(将习俗当作其充分的标准),评价才仅仅与其他社会现象相

[①] 有关合乎习俗的和反思性的社会,参见杜威和塔夫茨的《伦理学》(*Ethics*),第4章和第9章。关于习俗和道德,参见霍布豪斯的《进化中的道德》(*Morals in Evolution*);索引中的《习俗:西方人的标志,道德的起源与发展》(Custom; Westermark, *Origin and development of the Moral Ideas*),第1卷,第7章。

一致;即便如此,标准还有一项功能,即保留习俗。在一个允许反思性行为的社会群体中,评价的目标不仅在于保留,而且指向改革,指向新的结构。对于现存的评价模式对制度产生的结果的研究,提供了评价社会制度的素材。

2. 由于存在不同类型的社会群体,以及发生的不同的和相互冲突的评价,研究就变得更加重要,并且会产生不同的后果。不管在什么地方发现冲突,选择都是必要的,除非这种选择是武断的,否则必须建立在对不同标准所起作用的批判性对比之基础上。社会的统一纯粹是观念上的,实际上,社会上有大量的群体(参见《民主与教育》,第24—27、94—96页)。这些差别为对价值观和日常的评价进行系统的和哲学的评价提供了素材。正是因为当前不同群体之间交往的范围,冲突无处不在,从而随机应变进行选择就十分迫切了。因此,当代社会特别需要社会理论。

3. 由此得出,社会哲学只是将反思性评价的过程继续推进。人们发现,除了一般的理论活动外,这种反思性评价是社会现象有机的组成部分之一。除了具有更大的普遍性并旨在成为体系,这种反思性评价与对制度的价值或政策或法律所作的深邃的判断并无二致。由此得出,和这些深邃的判断一样,反思性评价是暂时的、实验性的,并有待进一步修正。换句话说,即便最精致的社会哲学本身,也是一种附加的社会事实,它要进入随后的价值判断中去。

4. 隐含的基本事实是:好的和坏的事情以及选择性的偏好,是作为先于理论活动和反思性批评的事实而存在的;它们先于标准,而非遵循标准。这些好的或坏的事情中,有一些来自人类联合的事实。因为存在着必须作出选择的情境(因为我们必须行动,以便维持或获得一种善品而非另一种),评价事实上是一种必要,除非选择将是完全盲目或不明智地作出的。它的真正的替代选择不是一个内在的和先验的标准,而是一种内在的原则;它是教条主义的、非批判的,最终建立在某个阶级或群体不容置疑的权威的基础上。这种内在的原则是通过反思性的对比和有区别的批评得到的。

关于评价,参见:杜威,《实验逻辑论集》(*Essays in Experimental Logic*),第14章。关于伦理学与社会现象的一般关系,参见:列维-布留尔(Levy-Bruhl),《道德科学》(*Science of Morals*);海耶斯(Hayes),《社会学与伦理学》(*Sociology and Ethics*),第3、9章;施奈德(Schneider),《科学与社会进步》(*Science and Social Progress*)。

Ⅱ. 由此得出,社会哲学是澄清各种判断的一门技术,这些判断是对实际的或者规划的社会习俗、制度、法律、安排等有必要持续作出的。它的素材包括研究:(1)社会群体的不同类型对于信念的产生,以及有关对与错、好与坏等各种标准产生的影响;(2)这些信念和标准对其他力量的反应行为,尤其关于这些社会力量对产生好的或坏的事情的影响效果,其目的就是使通常正在发生的社会批评和政策规划更加开明或有效。在价值判断中,它所采用的好与坏的标准的关系,类似于在医学和卫生学中发展的对健康和疾病所作的判断。接受一种内在的而非先验的标准和方法,只是遵循了在自然科学的转换中所设定的例子。

Ⅲ. 关于社会哲学本质的这种观念的具体要点和重要性,最好通过与社会哲学其他观念的对比来看;这些观念在历史上已经成为通用的或者有影响力的观念了。

1. 标准顾名思义,已经从对事物的终极性质的考虑推演而来——上帝、宇宙、人、理性——然后,被外在地应用于对社会所作的判断。例如,柏拉图、圣·奥古斯丁、圣·托马斯、斯宾诺莎和黑格尔在一般的自然法理论中,作为规范用来评价实在法与安排。参见:《天主教全书》(*Catholic Encyclopedia*),论述法律和自然法的条款。也参见:杜威的文章,《外交》,1923年3月。

2. 那些与这种方法相反的方法,顾名思义,已经从对个体意识现象的考虑中推演出来了。他们已经在寻找一种积极的、给定的素材,由此引出他们的标准;但不是在社会现象中,而是在个体及个人意识的心理学中寻找这种必要的素材。例如,享乐主义者,包括功利主义的享乐主义阶段,他们对善的定义不是建立在社会中的人们已经具体地当作他们的善的**东西**的基础上,而是以使人快乐的意识状态来定义善的。总之,同样的方法暗含在各种各样非享乐主义的个人"良知"和"直觉"的理论中,这些理论在历史上主要与新教教义的发展有关。

总的来说,这些学派(为方便,称它们为形而上学)中的第一种通常是保守的、权威主义的,并且戴有神权政治和神学的光环;第二种一直是改革派的和"自由主义的",指望社会意识来发现一个批评现实的社会安排的基础。但是,从逻辑上看,他们在下面这点上是意见一致的,即努力在社会现象之外发现一个方法标准或基础。这样,他们似乎找到了一个外在的途径,从而避免了通过从社会事实中推演出的标准批评社会事实时所带来的循环。但他们只是通过成为非历史的和绝对主义的、实际上具有党派偏见的而逃避了这一循环,因为他们选择用外在的标准来满足头脑中的那个目的,因此对于他们的选择不存在客观的检验。

一个内在的标准是与社会现象有关的,但与此同时,它也是实验性的,因此是通过与暗含它的社会过程相似的社会过程来检验的。

这两种类型的社会哲学的党派偏见的特征,例如仅仅断言某些阶级偏见或群体利益在自然法的历史上是被证明的[参见:庞德(Pound),《法哲学导论》(Introduction to the Philosophy of Law),第1章];在18世纪自然权利和自由的学说史中被证明了,它们最初是作为自由主义的学说,现在已经成了反动派的教条,并且在"有机"哲学史中被证明了(关于后者,参见:杜威,《哲学的改造》(Reconstruction in Philosophy),第8章;霍布豪斯,《形而上学的国家理论》(The Metaphysical Theory of the State);杜威,《德国哲学与政治》(German Philosophy and Politics)。

Ⅳ. 提出这一概念的重要性,也可以通过将它与当前关于社会科学各种各样概念进行对比看出来。当前的社会科学假定有可能获得纯粹描述性的社会法则,它们免于所有方面的评价。因为这点已经暗含在我们的前提中了,即所有的社会法则都是关于政策的"法则",关于一种将被从事的行为的"法则";并且,这些描述提供的不是法则而是事实,这些事实形成了价值判断所依据的数据,以及对价值判断的检验——例如,对政策的考虑。

1. 这一断言的证据存在于作为描述性科学的政治经济学和政治科学的早期历史中。它们的"法则"的确是从某个历史时期(资本主义的竞争性经济以及国家疆域的至高无上)武断地选择的社会群体那里推演出来的。他们的概念只有在规范的意义上是法则——正如他们被用来意在调节随后的行为。政治经济学的"法则"不仅在经典的意义上,而且在马克思主义的形式上,都是政策。正统的政治科学考察了19世纪那段时期的西方国家,并假定它是所有历史的规范形式。

2. 这一断言的理论基础在(1)社会现象的历史的特征,和(2)这样一种事实中被发现了,即这个历史的一部分是由信念和选择的社会条件产生的,这些信念和选择改变了随后的社会进程。社会探究将人类行为的这一事实带到了意识面前,这样将我们自己的行为带到反思中,从而改变了行为的路径。唯一不变的统一或"法则",就是外在于判断并且不受判断影响的现象的法则,这一点是必然的;也就是说,社会现象的唯一"法则"是物理的而非社会的。但是,如果没有喜欢或不喜欢我们发现的东西并因此尝试去保留或改变行为,意识到我们自己的行动进程就是不可能的。因此,社会探究所发现的知识和作出的判断,变成了社会现象自身中一个内在的因素。

这样,社会理论就不可以比作物理学,而是比作工程学了;在工程学中,"法则"是关于手段和人们欲求的或努力得到的结果之间关系的陈述。它们呈现出这样的形式:"如果我们想得到某种结果,就必须使用某些材料,采用某些方法。"这一公式是普遍的,但它暗含了我们的确想要某些目的,而且预设一个目的(一个实践行为),总是暗含在这个公式中。现象始终处在一个过程中,关于这些现象的知识也是同样的过程的一部分(固定的进化阶段的观念代表了通过设定固定的统一,将社会科学同化为物理学的尝试。这样,孔德、斯宾塞、摩尔根和其他人。参见:包斯(Boas)在《野蛮人的心灵》(*Mind of Primitive Man*)第七章中的批评;戈登外塞,(Goldenweiser)的《早期文明》(*Early Civilization*)。这些评论并不否认社会科学的必要性,而是说它们并不在下面的意义上关涉抽象的统一,即在这种意义上,物理科学通过从历史变化中进行抽象概括可以处理它们。它关涉:(1)在复杂的文化现象内确立某些相互关联,这种文化现象与特定的和具体的群体有关;(2)追寻先前孤立的文化群体由于相互接触而产生变化的历史进程:传播,借用,冲突,通过外在接触产生的内部修正,等等。正如被发现的那样,这些统一是心理的而非社会的。当它们被用作规划和政策的基础——工程科学、道德和法律的意义上而非物理的意义上——时,它们再一次变成了社会法则。

关于政策的考虑对历史写作产生的影响,参见:斯温(Swain),"历史是什么?"《哲学杂志》,1923年5、6月号。

B. 社团的意义与社会问题

Ⅰ. 在社团中生活的人们形成一个群体,这个群体可以被视为一个基本概念。一个群体就是人们之间的结合,它趋向于个体性或统一的行动,并且具有持续性和相对的恒久性。因为具有统一性和持续性,它具有:(1)行动、习俗或传统的典型的特征或一般的模式;(2)具有某种程度融贯的结构或组织、一个制度化的方面,以及(3)将被维持或获取的利益或善品。

Ⅱ. 各种群体在重要的方面是有差别的,这些方面主要有:

1. 程度,群体中包含的数目,作为一个家庭或者一个国家。

2. 延长或持续的程度,一个大学的班级,或者一个教堂。
3. 地方化的程度,一个村庄的小店,或者一个国家的公司。
4. 固定化程度,作为一个世袭的社会等级,或者一个现代经济阶层。
5. 典型的利益属于有意识的程度,一个兄弟会,一个合伙的股票公司;一个城市-国家或一个帝国。

Ⅲ. 根本的人类需要是社团或群体形成的基础,典型的利益反应了这些需要。

1. 支持,维持:工业群体
2. 保护,安全:牧师、军事和政治团体。
3. 生殖:家庭
4. 娱乐,利用闲暇:俱乐部,等。
5. 语言,社交能力:学校、研究院和科学组织。

同一个具体的群体可能会满足各种不同的需要,因此会有多种多样的利益。家庭是一个生殖的、经济的、法律或调节性的、教育的,同时也是宗教上统一的群体。

Ⅳ. 人们发现,需要作出反思性选择的社会问题的根源在于群体利益的冲突。一次冲突或一个人不能调整自己适应另外一个人是社会性的,当它反映了各种群体相反的主张时。同一个人是许多群体中的一员;他可能发现自己的利益与其家庭群体中其他成员的利益是相对立的,因为他还加入了休闲娱乐群体或工业群体;或者因他的宗教归属而与自己国家其他成员的利益是对立的;或者因其理智上的联盟而与教会是对立的。由此,群体利益之间的冲突,比如在战争或经济上不同阶级之间的斗争中的公开的冲突,以更加广泛和微妙的方式呈现出来。

Ⅴ. 群体的活动或利益有三个一般的结果:

1. 首先,它扩展、保障和解放了群体成员的活动。它赋予其成员豁免权、特权、满足、自由、主张和权利,若非如此,群体成员不拥有它们。
2. 它强加给群体成员期望、限制、要求、负担、责任、命令和禁止,以及义务。
3. 由于代表群体利益的地位、权力,群体产生了崇拜、敬重、赞同、尊重和威严,不管这些功能是实际上的或想象中的;同时,它也产生了嘲弄、不敬、责备、惩罚等等。客观地说,被人们偏爱和敬重的这些特征和行为是美德;那些引起群体的不尊重,是邪恶、犯罪和越轨。

这三类是道德的具体素材,它们之间的冲突引起了各种道德问题。它们无穷无尽、各种各样,但我们可以指出一些一般的类型。首先,个人倾向于超出群体允许的范围为自己的满足和权利辩护,以至于他们从社会角度看属于越轨的东西宣布为自然的主张和自然的善品。其次,要求和责任通常由群体中某些特定的成员表达出来,这一事实导致了代表职能和职务与个人的舒适和便利之间的混淆——作为一个家庭中的父母;国家中的官员。渴望尊重和地位导致(a)伪装,不诚实;以及(b)热切地盼望着有名望的职位,在这样的职位上,代表的职务赢得了荣誉,并且遮蔽了个人的弱点和过失。

实际上,在一个群体中流行的标准表达了规则或规章,它们在习惯上控制了特权、豁免权和权利的授予,对于义务的执著以及对声望和荣誉的授权。道德法则和道德标准是在这个方面,任何群体都具有的统一的和持久的行为方式的名称。对它们的批评就等于采纳另一个社会群体的立场,不管是实际上的或可能的。有另外的表扬-责备的习惯,以及另外的权利-义务体系。识别个人的"良知"预示了社会的变化。

C. 标准的性质

Ⅰ. 标准、规范这样的术语,经常用来指示在行动中遵循或遵守的模式、楷模、规则,包括它们拥有控制行为的权威的主张这一观念。"标准"这一术语包含了同样的观念,但却指示控制判断行为而非外在行为的原则或模式。它指示了这样一个原则,人们有意识地诉诸这一原则作为相互竞争的要求者之间决策的基础;这一原则是对价值的智识上的度量,而非仅仅是实践上的标尺。它是一个方法论上的概念。

从我们的立场看,标准是假设的,而非范畴性的;是实验性的,而非绝对的。同样,尽管它事先被陈述出来,但实际上却代表了一种结论。它可以比作卫生学或医学中应用的健康标准,或者自然科学中应用的真理。

Ⅱ. 一个社会标准必须(1)表达了如实际存在的那样的人类社团的内在的界定原则,但是(2)具备这样一种形式,以便观念或原则可以与现存的、具体的各种形式作对照。为了使社会中有一个群体存在,不得不满足某些条件;这些特征从社会中抽象出来,界定社会。当实际的现象与它比较后发现它们如何充分地实现或表达了它,这个定义就变成了一个标准。从经验上看,一个理想表达了一种展望到了其极限的一种实际的倾向。因此,一个社会理想代表了一种界定被推到其极限的实际的社会的倾向。由此,极限成了对实际现象的一种测度,尤其是当把它与相反方向或相对立的方向(一种关于倾向的最大值和最小值的理论)的极限相对比时(关于倾向和原则,参见:《人性与行为》)。

Ⅲ. 作为社会性群体决定性的或典型的条件是意义的传播、参与、分享和相互渗透(参见:《民主与教育》,第94—100页)。

社会探究的现存状况反映在人们发现的关于社会大量不同的定义中,事实上,许多著作家根本没有给这一概念下定义,甚至在关于社会的长篇大论中也没有。上边的定义对于陈述标准和其他重要的议题如此根本,以至于我们应该仔细地审视它的内涵。它(1)与生物学的定义形成对比;(2)与外在服务的交换的概念形成对比——劳动力的分工与合作;(3)与法律的概念,比如控制,约束不同;(4)与根据一种心理状态或过程的精神的定义不同,不管是模仿、暗示、意志(目的),还是思想,等等。如果不存在某些心理过程,意义就是不可能的;但正如意义不是生物的一样,它也不是精神的,而是独一无二的社会事实。语言也不是完全物理上对思想的表达或言说,而是不能被还原为精神术语的典型的社会过程。

比较上述定义与斯宾塞的定义:*Sociology*, Vol. I, pt. 2, ch. I; Mackenzie, *Social Philosophy*; Windelband, *Introduction to Philosophy*, pp. 253 - 277 (communal will); Tarde, *Laws of Imitation*, ch. 3, esp. pp. 68, 70, 87; Baldwin, *Individual and Society*, ch. 2; *Social and Ethical Interpretations*, ch. 12, esp. p. 504; Cooley, *Social Organization*, chs. I and 6; Giddings, *Descriptive and Historical Sociology*, pp. 9 and 185; *Principles of Sociology*, ch. I, "social facts are psychic," pp. 3 and 17; Follett, *New State*, chs. 3 - 6; MacIver, *Community*, chs. I and 2, esp. pp. 5 and 22("willed relationship"). Students should collect and analyze as many other definitions of society or the social as possible, and also the implied definitions of authors that give no formal definition. 学生应该收集和分析尽可能多的对社会或社会性的定义,同时分析那些没有给出正式定义的作者们所隐含的定义。

Ⅳ. 除了将这一标准应用于上面列举的作为不同群体的典型特征的五种不同的倾向以外,它也适用于将不同的利益融合在同一群体中的倾向,以及适用于在分离的群体之间对利益的分配。这种融合往往使一种利益出乎意料地占据支配地位,并且压倒其他的利益;这时,与它们的解放和充分发挥的作用——劳动力的分工——相关的冲突与问题趋于不适当的孤立。因此,趋于一种固定化,而这种固定化妨碍了意义或参与的取舍。

1. 通过所有利益的血统联结，通过淹没经济、政治和科学利益来阐明统治现象。并非在每个参考文献中，它们都与亲族联系的道德后果有紧密的联系。关于某些事实，请参见：威斯特马克（Westermarck），第 20、25、2634 章；肖纳（Sumnen），《社会习俗》(Folkways)第 13 章；霍布豪斯《进化中的道德》第 1 卷，第 3 章。请注意，在东方道德中，所有的美德、责任、权利与子女的虔诚联系在一起；在政治方面，与家长制的家庭在决定道德实践和道德信念时的影响联系在一起。同时，请注意与诸如父亲身份、兄长身份、兄弟情谊和爱等术语联系在一起的积极的道德贡献。在萨瑟兰（Sutherland）的《道德本能》(Moral instinct)中，人们将会发现，把作为道德力量的同情与亲族因素联系起来的系统尝试。

2. 在西方中世纪时期，我们发现了体现在教会中的宗教利益的支配地位。比较教会与国家、神学和科学等等之间的冲突[参见：莱奇（Leck），《理性主义史》，(History of Rationalism)；A·怀特（Wite），《科学与神学的战争》(Warfare of Science and Theology)；阙普（Drape），《宗教与科学的冲突》(Conflict between Religion and Science)]。但是，僧侣和医务人员群体的影响可以追溯到很远，而且这一群体典型的实践（仪式、典礼、狂热者）和信念的影响是相当普遍和深入的——请比较道德观念与宗教信仰和宗教裁判的普遍的融合（威斯特马克，第 50—52 章；霍布豪斯，第 2 卷，第 1—4 章；冯特，《伦理学》(Ethics)，第 1 卷，第 2 章；泰勒（Tylor），《原始文化》(Primitive Culture)）。他非常关注神话、巫术、仪式在原始生活中的重要性，但他并未考察它们对道德理念和行为的影响。关于宗教的广泛影响，请参见肖特维尔（Shot-Well）的《宗教革命》，尤其是第 1、2 章。

3. 当前在西方，经济群体及其活动模式与利益有着相似的被夸大的地位。请注意对物质主义、商业主义、机械主义、个体主义的自我中心主义，以及在它们导致坏的道德后果方面的普遍抱怨。如果分析得更详细，凡勃伦（Veblen）的所有作品都指出了源于现代工业社会各种考虑的支配性影响。

关于利益和群体的分化方面，存在着从现代生活隔离的、密不透风的区隔性的分裂所产生出来的各种问题（参见《民主与教育》，第 8 章）。由于群体之间的互动，活动和满足不仅狭隘了，而且变得麻木不仁了；为了商业而商业，为了艺术而艺术；专业化，祛除了人性的科学，等等。如果完全的分离是可能的，那么，一定会有生活的贫瘠而非冲突。因为它从来都没有变成完全的分离（因为一个群体活动的结果可以带到另一个群体中,正如上面的经济群体的例子中表明的那样),存在着标准和理想之间的竞争,以及价值和努力毫无秩序的混合物:躁动不安、郁郁寡欢、对于变化和快速运动的偏爱都是症候。同时,请注意世俗的、暂时的与精神上重要的事情的分离。

Ⅴ. 我已经指出:(1)主要存在于个体中的权利、义务、美德和满足,就其以社会为条件或由社会所产生而言,它们是社会现象;(2)个体之间利益的冲突对道德理论具有重要意义时,是群体冲突直接或间接的结果(或者具有代表意义的重要性);(3)人性既有个体化的倾向,也有联合成统一体的倾向。尽管它们在思想中是可以区别开来的,但在现实存在和实现能力上则是相互关联在一起的。因此,我们被引导对下面两点进行比较:一方面是像他们已经被表达出来的那样的社会哲学的议题的问题,另一方面是它们源于个体与社会之间冲突的观念,或者它们是一种本质上自我中心主义的个体主义的人性所要求的社会化的偶然事件。

群体倾向的这五种差别在它们对个体性情和愿望的形成所产生的不同影响方面,意义是重大的,这些性情和愿望出自朴素的人性。以单一方式或直接的交往为例。主体变得不负责任,毫无思想,变幻无常,易受煽动家情感的呼吁;对从性、食物、娱乐中获得的直接利益,远远多于从遥远的全面的利益中得到的满足感,得过且过,等等。简言之,它们逐渐获得了这些特征,这些特征形成了惯用的论据,此论据反对让民众负责任地参加处理这种事情。另一方面,主人们变得傲慢、严厉、专断,只看到自己阶层的利益,以恩人自居,从他人的依赖和对他们的施舍中炮制出一种美德;并且轻浮,爱奢侈,铺张浪费,等等。或者,以朝向地方化倾向的效果为例。个体中的人性变得偏执、嫉妒,带有党派偏见,怀疑其他群体,想象力受到限制,并且倾向于固定化或例行公事。再则,传统的意义可能积聚起来,群体生活具有了强度和深度,这种深度对群体成员产生有益的影响;与此同时,一个范围广泛的群体就像当前我们的国家一样,走向了浅薄和外在的一致。比较一下海岛和大陆上的人们心智类型的差别。一般来说,人们注意到,理智觉醒时期和生产力外在扩张时期是巧合的,原因是引入了外在新的刺激因素。与外部的敌对群体之间的交往有一种固定化的倾向,随之而来的是对其成员精神生活的限制。对比斯宾塞关于政治机构起源于军事头目需要的理论[参见:《社会学》(Sociology),第2卷,第二部分);奥本海默(Oppenheimer),《国家》(The State);

休谟(Hume),《人性论》(*Treatise*),第2卷,第8部分]。

VI.

1. 关于个体与社会的许多争议都源于这些术语许多不同的含义,以至于"个人主义"至少在七种意义上被使用：

(1) 褒义的道德意义：具有很强的宗教的和精神的隐含意义；个性是具有终极价值的事情,是判断所有其他事情价值的终极标准这样一种观念；个体的个性是神圣的、崇高的。粗略一些说,个体性是独特的,每个人都具有一些不可估量、不可替代、不能用贡献来衡量的东西。这些观念本身不能确立社会存在或社会存在道德价值的合适的概念。例如,它们与下面这种观念是相当一致的,即实现个性只有在社会生活中并通过社会生活才是可能的,个性的充分展现与其他的个性密不可分。这样,个人依赖于教会、圣徒团体的终极理想。

(2) 作为独立、坚强、首创精神的根基和源泉的个体性；一种与依附、依赖、一致形成鲜明对比的观念,非常像豆荚中的一些豆子。类似于(1)的独特性的观念,但要根据已经指出的确定的性质来解释它；比如请参见：爱默生(Emerson),《自立》(*Self Reliance*)；穆勒,《论自由》(*On Liberty*)；极力反对集体主义的思想和实践,理由在于它们引起了道德依赖,破坏创造力和创新精神,并通过助长懒惰而削弱士气,等等。参见：伯洛克(Belloc),《爱奴役状态》(*The Servile State*)；马洛克(Mallock),《纯粹民主的限度》(*Limits of Pure Democracy*),第4部分。在很大程度上可能采取下面的形式,固守理智上的个性、思想和信仰的独立,从传统中获得解放,例如蒙田、培根、笛卡尔,以及16、17世纪的其他思想家。

(3) 对于独特性理念更加确定的限制：受到科学思想的影响,是生物学上的；与遗传的和具体的特征截然有别的,最终是可变的要素；与遗传的和共同的东西区分开来。偏离的根源、首创,新物种的可能起点[参见：赫胥黎(Huxley),《动物王国中的个体》(*The Individual in the Animal Kingdom*)]。上面三种含义是实践的和科学的,而非系统地属于哲学的,尽管它们已经以哲学的体系展现出来了。下面的四个标题指涉理论,指涉"主义"。

(4) 17世纪晚期以及18世纪欧洲政治反抗和政治革命的学说：试图推翻或限制现存的政府,因为它们是暴戾的,侵犯或破坏了自由；通常与自然权利学说联系在一起；这是政治上作为一种主义的"个人主义"。参见：里奇(Ritchie),《自然权利》(*Natural rights*)；庞德,《法哲学导论》(*Introduction to Philosophy of*

Law)，第 81—99、157—169 页。

(5) 一种经济学说和政策：一种放任自由的理论，最小化法律和管理的政治行动，限于合法地界定的"正义"。经常与政治上的自然权利理论共同持有——政府限于保护自由和财产的自然权利，它对工商业的干预是不合法的；能够独立地宣称的学说，例如被边沁和功利主义者基于如下理由而坚持，即这样的政府干预是不明智的。在斯宾塞《人与国家》(Man versus the State)，以及许多其他的著作家那里，我们可以看到将自然权利和功利主义的论证结合起来。

(6) 关于自我利益或利己主义的伦理学说，建立在下面心理学观念的基础之上，即行为的唯一动机是自爱或个人的愉悦。或者被用来支持政治的或经济的个人主义，正如那些已经被界定过的或用来为一种强有力的中央权力辩护，正如对于霍布斯。

(7) 一种形而上学的学说以某些形式将"心灵"等同于个性的价值，并且断言心灵内在的分离性；以其他的形式将个体性等同于个人的和不可传播的内省式心理学的"意识"。将利己主义、自我等同于心灵，将心灵等同于意识。一个不同的形式是卢梭的，将个性等同于源初的和完全的意志自由。在 19 世纪，(7) 经常被用来为意义(5)和(6)提供一个终极的哲学基础。很可能将这三种意义朦胧地混合起来，以接近当前许多争论中"个人主义"这个词最流行的涵义。

2. 相应的模棱两可存在于社会以及强调社会的理论这一边。它完全被等同于制度的、惯例的、权威的控制，等同于众所周知的善品或价值，等同于相互支持和服务等等，因此被毫无区别地加以称赞或谴责。

我们从强调这些意义中的一个或另一个理论中挑选出下面几种：

(1) 为了占据不利地位的群体的利益，政治权力对立法、行政和税收的干预，例如参见：戴西(Dicey)，《英国的法律与舆论》(Law and Public Opinion in England)，导言，第 7、8 章；杰斯罗·布朗(Jethro Brown)，《预防及控制垄断》(Prevention and Control of Monopolies)。这一学说显然是关于"个人主义"的放任自由理论的对应理论。

(2) 对于土地、生产手段以及产品分配的集体占有权——废除私人租金、利息、红利和工资，狭义的"社会主义"；可以和(1)结合起来，或者反对对政治行为的所有依赖。伯特兰·罗素的《通向自由的既定道路》(Proposed Roads to Freedom)是对各种观点的简明概括。

（3）"社会连带主义"（solidarism）的学说，或者个体团结成一个群体。参见：纪德（Gide）和里斯特（Rist），《经济学说史》（*History of Economic Doctrines*），第587—614页，以及给出的参考文献，尤其是布伊瓦（Bourgeois），《团结》（la solidarite），以及第594页上其他的参考文献。

（4）这样一种学说，即认为所有道德上的善都是共同的、分享的，通常与下面这种观念关联在一起——这样的经济上的产品是竞争性的和分裂的，因此，道德上的善的集体行为屈从于它。参见：格林（T. H. Green），《政治义务原理》（*Principles of Political Obligation*），第44—47、123—124页；《引言》（*Prolegomena*），第210—231页。

（5）形而上学实在论，为了实践的目的可以将之归类为"有机的唯心论"。这样一种学说，认为只有整体和普遍的事物才是真正意义上真实的，个体只是整体的"分殊"或部分，它们自身没有真实的存在。参见：柏拉图《理想国》的某些部分，以及黑格尔《历史哲学》导论，第34—41页。

3. 从概括中看，似乎形而上学和实践上的许多议题在日常的个体与社会的反题中是混淆在一起的。

（1）从形而上学和逻辑上说，整体-部分，普遍-特殊，元素-关系，区分-整合，等等。

（2）传统、惯例、制度性的和已确立的事物，以及创新、变化各自的价值："秩序和进步"。

（3）习俗、习惯各自的价值，无意识的控制和成长，以及慎重的目的、选择和规划的要素，等等。社会"成长"有多远？这在多大程度上是由人们刻意为之（一个早在希腊的讨论中提出、后来在19世纪又被提出的问题）的？

（4）存在于源初的人性（经常与个体相混淆）以及文化，或者在语言和其他社会机构的影响下习得的东西之间的区别和联系。许多所谓的个体对社会的抵制，是"朴素的内在倾向"对包括修正在内的习得之物的抵制。

（5）社会的秩序和进步最好是通过累积性的网络来实现，或者是通过大量相互独立的行为的代数积来实现，或者是通过依赖先前的商谈和共识的共同行为来实现？通过相互独立的需求之间的作用，或者通过一些有意识整合起来的知识和目的的组合而实现？例如参见：纪德和里斯特，第68—93页；斯宾塞，《人与国家》。

(6) 大多数个体的利益最好通过允许所有单个个人选择的最大化来实现，或者通过这样的行为来实现，这一行为是否决定了他们作出选择和安排所处其中的条件？对于这一问题，有一般的答案吗？或者，它的答案随条件而变化？

(7) 财产的私人占有权和集体占有权的比例多少就能最好地运行？什么样的集体性群体应该是集体占有权的单元？对这一问题的答案，是一般的还是地方性的？里查德（Richard）的《十九世纪的社会问题与哲学运动》(*La Question Sociale et le Mouvement Philosohpnique au Xix Siecle*)，是关于最近"个体主义"和"集体主义"学说之间冲突的最好的陈述。

VII.

247　　因此，直接的和最终的关注都是功能。"生命"在其通俗的意义上，指示活着（being alive）的各种各样显而易见的结果——呼吸、消化、运动、感觉和思维等等。生命只是在第二位和经过长期反思之后被还原成大量特定的和微小的化学-物理事件，并且标示出它与确定的结构性器官之间的关联，而对于器官的观察要先于对这些过程的观察。因此，功能不是被视作各种结果的最终协调，而是被视作一种原初的、单一的力量，或者像它自身一样是一个过程，例如流行的观念将呼吸视为一个单一的自我实施的行为，或者通过肺完成的行为，而不是由无法计数的微小过程构成的高度复杂的统一体。过程可以比作一条溪流的能量（溪流本身由大量的单元-过程组成），结构可以比作河岸、河床等。功能可以比作溪流被投入的使用或结果、灌溉、碾磨等。

过程是"动态的"（kinetic），包含对能量的再分配。结构代表"潜在的"能量的稳定形式——势能（energy of position）。它们限制并引导运动着的变化。功能是发生的用途、享受和利益。在社会生活中，可以把功能等同于影响权力、能力、才能和享受分配的经济-工业活动。结构是以制度化的组织的形式出现，这些组织以法律和政治的形式表现出来。

248　　功能是严格意义上的社会-道德阶段、商品、价值和利益。但是，由于对功能的理解和调控有赖于有关过程和结构的知识，并且由于后面一种情况是影响功能具体状态的手段，因此，从根本上说，过程和结构包含在所有的评价中。只有通过对它们的研究，我们才能获得有关价值、满意现存状况的洞见，并作出明智的规划，以便修正它们所隶属的情境（situations）。

借助这种方法，我们避免了在社会后果与目标理论中所发现的典型谬论。

这些呈现如下形式:(1)把功能、道德价值和理想目的视为(a)原初的因果力量,或者(b)自我解释的、忽视性的(neglecting)因果过程;(2)把结构(法律和政治状况)视为(a)因果力量或者(b)人类联合的目的、对象,以至于"组织"而非联合和交往成为善的标准;(3)把经济-工业过程视为(a)最终的(正如在所谓唯物主义学说中的那样),或者(b)一种粉饰性机构、结构,这是一种无关紧要甚至是人为的侵入。粗略地说,第一种可以称作是理想主义或唯灵论的谬误(对比一下桑塔耶那);第二种可以称作是形态学、解剖学或组织学的谬误;第三种是唯物主义的谬误。

第一部分　关于影响社会形式和善的过程的研究

这里的讨论分为三个部分：(A)理论分析；(B)考察一些与经济-工业状况和能量相关的、典型的、历史上著名的社会哲学；(C)理论再考察。

A. 理论分析

Ⅰ. 经济与生物过程。从根本上说，经济过程是在一个明显的人的层面上对生物过程的继续。生物过程在最低限度上，是实现诸如维持——保持和永恒化——生命功能的有机体和环境之间调整的东西。分析的时候可以发现，它包括：

1. 一种有机体和环境不受干扰的平衡状况，只要生命延续，它就会在一定程度且一定水平上持续存在。直到死亡发生时，在有机体和环境不受干扰的协调的一些层面就出现了缺陷和失调。协调存在的具体形式是适应和习惯。有两种一般的方式处理所包含的问题：一种是重构性成长，另一种是对简单或低水平习惯的维持。比较一下植物和动物的有机体，以及后者的原始形式。在复杂的形式中，可以通过退回到一种较低的水平而使问题得以解决。生命可以继续，由于有机体和环境之间的适应或整合在这样一个层面被确立起来，从先前习惯的立场来看，这一层面包含着恶化：寄生，长期的固化，对"较高水平的习惯"的摒弃，适应一种较少异质性的环境。

2. 受干扰的平衡状况：需要。需要具有两面性——它包括适当发挥作用所必需的东西的缺乏、不足和贫乏，以及一种需求，或者朝向确保能够恢复平衡——满足需要——的状况的强迫性运动。相应地，存在一种紧张、躁动不安的状态;从高点向低点的能量浮动,结果导致活动或外部运动的变化;追逐与回避的运动。

(1) 需求是为了环境中的某些东西——食物、配偶、住所等。在周围环境中或朝向周围环境运动的产物必须是这样的,以至于供给不足并恢复平衡——这只有通过外部事物的一些变化才是可能的。正如对一种事物的需求一样,需要(need)是一种缺乏(want)——有机体需要营养;它缺乏,需求食物。因此,尽管主要的需要不多而且简单,但是需求可能变得无限复杂和多样化。

(2) 作为有机体和环境之间整合的恢复,满足是客观的,而不仅仅是一种感觉或内在状态。作为感觉的满足,依赖于有机体-环境之间一定水平或其他水平上的整合的存在。进一步说,由于是对需要的满足,满足是有质的区别的,在本质上,它随着生活习惯而变化;它们随着需要(不足和需求)和对象的变化而变化。因此,满足是变化的;对于理论来说,没有什么比这一点更令人困惑,即忽视询问某种事态是一种对于什么的满足,以及它对于随后的习惯并因此对于其他需求和满足的影响是什么。

3. 前文中已经隐含了对有机体-环境之间整合的干扰,同样也是有机体内能量-关系的失衡;有机体-环境之间平衡的恢复,是有机体的一种再整合。这包括以两种形式对有机体的修正:(a)通过记忆或条件反射形成习惯、技能和能力;(b)通过利用耗费的过剩能量中所获取的原料实现成长(成长也包括再生产)。

Ⅱ. 经济学的解释。尽管整个的经济-工业循环代表生物过程或者维持生命过程的持续,但它在人的层面上的持续呈现出重大的差别。

1. 对于事物的需要是一种持久的占有和控制的需求,而不仅仅是为了暂时的利用。自然事物与人类活动之间某些实践的纽带成了思想、欲望和目的的对象。(a)土地和(b)人口是对外部事物与生命过程维持之间的联系所作的两种主要概括。

2. 满足需求的运作包括在有机体的活动与外部变化之间,介入日益多样和复杂的工具、器具和设施。因此,出现了第二位的需求和满足,它们在这样的程度上制约着首要的需求和满足,以至于将关注、兴趣和努力聚集在自己身上。

3. 工具的使用意味着对环境的某些修正是相对永久的,它们超出了直接匮乏的要求。因此,工具使得对环境作出进一步的持久修正成为可能,这种修正决定着将来的活动、要求-努力-满足。这些文化的或人为修正的环境一代代持续下去，极大地改造了生命过程表现自身的模式(它们提供了把经济过程等同于生物过程并非容易和显而易见的主要原因)。它们是一些诸如此类的东西：道路(中转和运输设施)、建筑、家具、衣服、音乐、文学、传统和占有与使用的习俗，它们形成财产、家庭和社会等级等法律规则(这就是说，政治和法律机构或结构开始限制和决定更为直接的生物过程的运作)。

Ⅲ．经济学分析

1. 把活动改造成职业是首要的事实。职业不仅仅是向环境支出能量以维持生命过程，也是对特定种类的对象的连续关注(concern)——兴趣和注意。

2. 每一种职业都拥有一个特定的技术——客观的装备和规范的程序或技能——工艺或者艺术。

3. 职业的区分推动服务和商品的交换。通过对其他人需要和职业的干预，需要和满足越来越多地受到调节。

4. 生活水平改善。生活并不是单单维持生计。生活是一件具体的事情，它是与特定的需要、资源、机会和习惯相应的，具有特定品质的、特定类型的生活。需求和满足的水平得以确立，它们本身成为需求的一般化对象。也存在对于认同、尊重、声誉和体制的第二位的需求。它们标志着拥有适合这一职业的生活水平。这些不仅仅是经济的结果，而且具有一定的经济效率。

Ⅳ．标准和理想。生物循环的限度是指一些可能被称作生产性消费或者完满的生产(consummatory)的东西。当这成为一个自觉的目标或意义时，它就提供了一个评价任何特定经济状况或经济运行的标准。它是趋向于生产(环境改造中所消耗的能量)和消费(外部改造结果向生命活动的回归)的整合，还是趋向于两者的分离呢？职业的划分和服务与商品的交换，使得较为简单阶段时没有看到的分离成为可能。以至于确保和保持这一整合成为深思熟虑和努力的目标——随着运行受到越来越多的调控，这一问题的范围和剧烈程度也与日俱增。

Ⅴ．对职业的区分

一种粗略的、描述性的考察表现出下面的类型：

1. 家庭(包括孩子、仆人等)及物质设施的维修和保养。

2. 土壤耕作。

3. 制造和使用工具以生产其他产品——制造业。

4. 商品的分配——面向消费者的零售和批发。

5. 运输——从畜力车和燃气车到铁路系统的管理。

6. 提供资金的职业——成为必须的,因为"日益增加的调控",使得发起和见效之间花费更长的时间。

7. 专门行业——医生、牧师、律师和新闻记者等。

8. 教师、研究人员和公众代理人。

9. 艺术家、画家、雕塑家、建筑师和作家等。

10. 提供休闲、娱乐、社交和色情等。

11. 政府官员,从警察、顾问、士兵到法官、总统和国王。

分析表明,某些原则贯穿以下任何一条目的:

1. 为了通过他人而实现一种不可告人的满足,供应原料、工具性机构的倾向——伴随着享有闲暇阶层的相应区分——这在亚里士多德的《政治学》中已经得到明确表述。参考其著作第 3 卷第五章和第 4 卷第 8—9 章。

2. 将行政的、管理的和调节的功能与直接处理具体原料的那些功能相区分。

3. 关注补救和治愈病理状况的职业,这有别于那些与正常状况相关的行业——专门行业和社会病理学——医务人员、牧师和律师等。

4. 与交换媒介相关的行业地位和影响的提升——金融。

5. 宣传作为一种与无知、保密等相对的职业的地位。媒体机构、广告、报纸、教师,作为一种行业传播信息。

Ⅵ. 判断标准的应用

1. 获得并维持生产性消费的问题采取如下的职业区分和互动形式:(1)从每个生产单位唤起最大的生产能量或"服务";同时(2)向每个单位确保利益、满足或生产价值的完全回归。后一种情况意味着有意识地实现一项活动的意义,它的获得依赖于物质产品的分配(唯心主义和唯物主义的谬误)。一种职业、行当和行业的道德意义,首先取决于下面这一事实,即它焕发了能量、创造技能和知识,解放并巩固了个体化的能力。其次,依赖于它使参与到其他行业的结果中以便丰富生活的重要内容成为可能。

2. 限制和反常是显而易见的。当经济过程的状况导致如下结果时:(1)一方面是苦工,另一方面则是对能量史无前例享乐性的消费。问题是关于行业自身的内在回馈:艺术活动相对于对能量机械的和外部的消耗:解放与奴役。

(2)由智识引导的心智和身体与运行有效的"心智和身体"的分离。(3)控制、管理和行政与服务和回应性的分离:权力和不负责任。(4)不同类型的行业具有的高度不同的赞誉、尊重、荣誉和声望:"演员和弃儿"。(5)过度专业化和补偿性发泄:劳动和虚度。这些后果可以与已经列出不同形式的群体的不同倾向进行对比(第 236—237 页)。本土化与扩张的程度、停滞与流动的程度、隔绝与交流的程度、单向影响与互惠影响的程度取决于工业、技术、分配和交换的状况,因为这些方面反过来受到法律和政治结构的影响。

3. 经济事务当前状况明显的特性有:

(1)在一项生产活动的发起和它所享有的成就之间进行干预过程的范围和复杂性。

(2)随之而来面向市场进行的规模生产——为了销售和利润——市场实际上是一个世界性的事物。因此出现对预测性因素的夸大、缺乏充分的调控和由此带来的不安全感、危机与混乱,以及夸大物质和外部产品,忽略质量和艺术。

(3)巨大的集中——包括资本和人口,导致个体淹没在多数中。

(4)与机器使用相连的生产性劳动力的极端分化,这趋向于以人类身体的能量取代自然能量。

(5)控制,更多成为一种对交换媒介的控制,首先是对金钱的控制,其次是对运输手段的控制,第三是对生产的机械工具的控制。

(6)对公共职业的限制和歪曲。

B. 历史性的:经济社会哲学跃升为独立和优于政治学和伦理学的理论

Ⅰ. 亚里士多德和中世纪阶段:作为一种物质的和暂时的需要,它们的满足是通过自然确定的,并从属于理想和政治工具。因此,通过政治和道德对其进行控制的需要源自于缺乏。被工业和贸易占据的阶层是低劣的;社会的必需品,但并非社会的真正组成部分。

Ⅱ. 变化的开始。霍布斯心理学。由权威的组织起来的社会所颁布的政策和道德,这个社会为了安全和秩序,为了需要的安全的和有秩序的满足,有必要控制需要发挥作用。哈灵顿以及这样的学说,即,政治稳定取决于财产(土地)的平衡分配。曼德维尔以及这样的学说,即,公共的善和繁荣可以通过"个人的邪恶"——为了获取个人满足而采取的行动——得以增进。

Ⅲ．亚当·斯密。社会现象的整齐划一和秩序不是因为理性，而是因为众多自发行为的同时发生。这是指这些行为的发生并没有设定的社会性目的，而是出于自然倾向，例如改善个人状况以及物物交易等。需要产生了劳动，包括体力劳动和脑力劳动。分工，社会的相互依存，为获得资本而进行储蓄的需要；后者进一步刺激了劳动和交换等等；条件的继续改善和进步。自由对于这些自然的、未预先策划的力量的运作，发挥了最大的影响；保护和维护它们的运作的政府功能，而不是发起或引导它们的政府功能。

Ⅳ．休谟。人类机构和安排与物质的东西一样，是自然齐一性(natural uniformities)的表达，其优势在于，在物质的东西中，我们可以用经验的方式把握"结合"或联合的因果力量。人，自然地处于孤立中，是最脆弱的，同时也是动物中最贫乏的东西。社会是对人类这种状况的自然补救。然而，最初的社会的形成，并不是因为感受到了联合形成的力量、劳动力分工产生的技能、更少受制于运气的偶然事件和相互帮助所带来的优势，而是出于动物的原因——生殖和养育后代。这样的联合在范围上是有限的，并且最初发端时没有任何原因或可期待的用途，使人类习惯于联合状态所具有的优势，并引领人们认识一个更大范围的联合——公民社会——将如何有助于他们。因此，公民社会并非是与生俱来的，而是一种人类的作品，亦即在回应一种感受得到的需要时的一种发明。所服务的特殊需要是一种对于外部商品的安全的需要，它们(a)与自我不是紧密地联系在一起，(b)相对于他人具有优势，因此受到他人的觊觎。因此，公民社会源于把所有物转化为财产——一种得到社会认可的和稳定的所有物。这就是正义的起源。通过规定财产-商品交换的协议和覆盖未来交易的契约，确保进一步的安全和稳定。

特别需要注意的，是与理性和理解相关的需要、激情的首要地位，以及政府确定的经济根源和功能。同样，从道德上说，尽管一般的谨慎和同情，如有限的慷慨，是自然的美德，但是正义和联合的美德——信守承诺等——却具有社会-经济的根源。

Ⅴ．重农主义者(在时间上早于斯密和休谟)。社会中自然的法则的观念；把传统的自然法从理性和形而上学转化成关于劳动、财富的生产和分配的法律，后者仍具有对于实在法的优先权。乐观主义、和谐、天赋的自由、知识和遵守社会、自然法都与人为、发挥干预作用的"法律"相对立。斯密-休谟运动实际上把这些不可更改的、整齐划一的自然法改变为关于人类的本性的法则,因此使心理现象成为社会现象和理论的基础,使需要、愿望和其他自发的——未经反思的——行动成为根本的(这一运动与知识理论中感觉主义的经验论倾向并驾齐驱,而且在许多方面显得更为重要)。关于其后果,参见密尔的最后一本著作《逻辑学》。

Ⅵ."悲观主义"的回应。与自然神论和"自由主义"的其他阶段相一致,盛行的假设是乐观主义的。"自然"是一种和谐的原则,如果自然法则得以遵守,那么其结果则是社会和谐。经济学家稍后指出了一些特定的、不可避免的冲突。马尔萨斯——人口增长的自然倾向是与减少回报及食物系列的极限的终极固定性的自然倾向相冲突的,其结果是竞争性的斗争和一方(马尔萨斯和达尔文)的沮丧。里卡多(Ricardo)——土地的限制和继之而来不可避免的拥有土地阶层的优势地位。其他经济学家提出了工资的"铁律",以及劳动阶层的回报自然趋向于达到维持生计的水准;"沉闷的科学",关于自然法则的理念僵化为宿命论之类的东西。

Ⅶ. 斯宾塞把工业社会构想成一种自然的和理想的组织;政府和军事组织;自然的正义;原因和结果;能力及其自然回报。

Ⅷ. 伦理评价的复兴。抗议现存的工业体制和古典的政治经济学;乌托邦社会主义。

Ⅸ. 历史演化的哲学;由经济安排所控制的各个阶段的相继;对私有工业的资本主义阶段反思的古典政治经济学;作为后果和工具的政治国家。"科学的"社会主义。当前制度衰亡的辩证法。

C. 理论再考察

把谴责现存工业社会的根本批评作为起点,它们可以分为如下几点:

Ⅰ. 关于个体美德(工业等)和满意的理论并非与事件的进程相对应;在后者,个体的需要、努力和成就是集体地受到在个人控制之外的事物制约的,同时仅仅受集体调控的影响。因为一致的行动只能对状况进行调控,深思熟虑的计划应当取代"自发的自然的"行为。

Ⅱ. 自然的和个人主义的制度,不是创造渐进的和谐,而是正在产生与日俱增的不平衡。

1. 资本家(生产工具的所有者,分配和交换的主导者,以及因此劳动者从事工作的方式的控制者)和劳工之间利益的分离和冲突。低工资,女工和童工等;低劣的工作环境,长时间的劳动时间。

2. 控制生产、运输和交换的人们与消费者之间利益的分离。为了私人的利润而不是为了使用所进行的生产和交换。浪费;把劳动力和资本导向人的非生产性的渠道。

3. 金融资本与物质的生产工具和科技技能之间利益的分离。生产屈从于销售和红利的回报;在外的所有权(absentee ownership)。

4. 供需之间的分离。"生产过剩";经济危机日益严重;工业机器的故障;劳动力失业和资本;金融工具优势的回报。不安定而非声称的安定目标。垄断控制而非自由竞争。

5. 偶然性而非规律的支配。也就是说,"自然的法则"只是机械的、物质的关系的一种陈述,它把所有优势都给予那些仅仅是偶然处在掌握较高权力的位置的人们(通过出生、继承或者接触媒体、培训的机会,等等)。财产与其说是勤奋和节制的回馈,毋宁说是一个基于偶然性向工业征税的机会,因此导致了社会的解体。不是激励一般的身心勤奋,相反,对获得游手好闲、轻率、奢侈的各种手段征以额外的费用;金钱"财富"的积累,一种豁免。工业降低为可恶的苦工,随之而来的是怠工和低效率,以及生产的减少。社会混乱而不是有组织。

6. 国家利益的冲突,而不是和谐的相互依存;孤立的、不负责任的地域性民族国家的发展,具有掠夺的和帝国主义的习惯,旨在控制落后国家的劳动力和原材料,并且寻求国外市场,在国内实行保护性关税——这违背了国际和谐与世界主义增长的预言。

Ⅲ. 先前的经济学派所称作自然的东西,实际上是物质力量和社会习俗、法律和其他东西的混合;只要有任何社会调控,它就决定物质力量的方向和后果。"自然的"理论,尽管从名义上说是非伦理性的,但是在运行中却提供某些倾向和政策的伦理辩护;不可避免的东西被接受;违背自然法则徒劳。另一方面,在以下论断——即认为经济哲学对当前的工业制度负责——中存在着同样的谬误。参见:托尼(Tawney),《一种贪婪的社会疾病》(*Sickness of an Acquisitive Society*)。

最多可以说,哲学不能够为处理实践中的罪恶提供建议,而且通常会掩盖和庇护它们。实际的事实与理论推演的事实之间的差异,表现出经济理论的虚假;但是,这些事实本身有其独立的来源。

1. 物质因素的地位。正如人类环境的物质能量是独立于人类的意愿而发挥作用的,并且最多通过人类的目的得以利用和获得解释(account),因此,通过使用机器释放出来的自然能量也具有独立于人类预知的后果;创造新的需要并设定新的条件,例如,快速的中转和运输。这些后果要比"动机"(不管是利润还是服务)这样的问题更为重要。

2. 集体地组织和传播的智识的结论已经介入其中。工业革命是科学革命的产物。任何忽视智力发现、发明和组织(像经济因素一样)的观念,事实上在很大程度上是虚构的。心理因素从来不可能产生现存的状况,也不能对此作出解释。

3. 就经济方面而言,当前的社会状况是错综复杂的,绝不是单一原则的纯粹显现。自然法和自然权利理论的追随者,在一定程度上有权对批评(其理论尚未受到考验)作出回应。前工业化时期继承下来的习俗、传统、法律和政治机构,影响并修正更新了经济力量的运作。有一种文化的滞后[奥格伯恩(Ogburn),《社会变化》(*Social Change*)]。被称作"自然的"东西,事实上是需要加以引导的物质力量及适应过去条件的社会伎俩(social artifices)的复合体。

因此,这三个因素必须受到关注。科学的发现和实践中的发明是如此紧密地连接在一起,以至于把 1 和 2 放在一起考察是非常便捷的。

Ⅳ. 社会后果。一些主要的后果是:

1. 增加的流动性。(a)距离的消除;摧毁了阶层和地理方面的固定羁绊;旧的身份形式的毁损。生活节奏加快和日益增长的不稳定性。对适应加速的新控制方式的需要。(b)智力流动性的增加;教条、固定观念的日渐式微,对传统形式的侵蚀;智力冒险和实验;冒险;发明、创新和扩张。(c)情感的不稳定——很大程度上在病理方面是显而易见的——狂热的爱,刺激,神志失常的增加,自杀,个体不适应(Maladjustment)等。

2. 量化标准。(a)定性标准的消除,已经趋向于同质和平等——至少是消除一种机械性的平等。(b)质量的从属,因此个体性的从属,一个波动的群体或者集合的从属,而不是一个固定身份的群体的从属。(c)物质部门和机会的猛增;将"手段"视为"目的"。

3. 联合性分组的新形式和习惯。仅仅看到支离破碎的旧群体,并且忽视了由于与新形式的接触所出现的新的分组模式的谬误。行会被摧毁,联盟得以形成。旧的"产业"被公司、雇主的联合等取代。"个体的"和"社会的"是指示实践中的常量的形容词;那是它们的具体表达,而这些表达在发生改变。当前处在一个为了任何可以设想的目的、在任何可以想象的基础上的"组织"和"社会"主导的时期;结合2①,结果是由群体压力所导致的、机械的标准化;重视一致性。术语(term)社会化的含糊不清;在社会之间作出区分的必要性;或者使用个体的,或者使用社会的,作为颂扬性的道德术语的谬论。依赖于特定个体或团体的结构和运作。

4. 环境的拓宽和多样化。作为经济发展的结果,一个免费的、非经济的环境发展起来。人们可以自由享用的东西成为理所当然的。经济过剩,西蒙·彭定康(Simon Patten)的观点。公园,艺术长廊,图书馆,学校;廉价阅读的事情,图画和交通运输。

5. 民众政府的提升。在为公共事务的行为提供名义上的份额时,同质和平等见到成效。劳动力的聚集造成了新的政治状况,以及量化生产所必需的资本的聚集。权利与义务对立的谬误。这是一些已经产生自由感的东西,也是一些产生更有效占有要求的东西。即便政治上的民主体制崩溃了,非政治的影响或许已经不仅仅为其提供了辩护。

Ⅴ. 关于旧有因素的永恒化,阐述如下:

1. 法律制度。关于主人与仆人的旧有法律规则,几乎毫无改变地继续存在于支配雇主与员工的规则中。一般来说,应用于手工劳动、生产和小范围内个人交往的规则,也继续存在于大规模的机器生产中;公共运输职业者和雇主之间的差异。被控诉为麻烦的源头的"权利"概念,在很大程度上是一种封建遗留。

2. 政治的-法律的:财产不是一种经济事实,而是受法律考虑影响的一种经济事实。因此,从设定为纯粹的心理需要推衍出财产持有和分配体系的企图是杜撰的(mythical)。因为需要的形成和它们的外在表达总是受到政治的-法律的安排的制约,这些安排由于集体起源而受制于集体的调控。土地法;继承;税收;政府的"警力";"受公共利益的影响"。

---

① 即上述第二点"量化标准"。——译者

管理土地使用和占有的法律的根本特征。亨利·乔治（Henry George）的哲学。人口和政治影响；高出生率的国家主义的利益；童工法的效果；管理有关避孕的知识传播的法律效果。即使承认政治-法律体系是先前的经济活动和经济关系的结果，它们也具有自己的属性和权威。无论如何，需要——努力——满足没有分离的和独立的状态及进程，它们可以从如此这般的个体心理学中推衍出来。这里的心理学，本质上是一种社会心理学。

Ⅵ. 伦理评价。涉及的道德问题可以通过援引已经提出的标准得到说明：完满的生产和生产型或创造性的消费，两者都不尽如人意地屈从于分配性交换的过程；这个问题的要点是这样一种社会交换，它将使分配性交换屈从于生产-消费。

失调（mal-adjustment）的各阶段：

1. 需要是大量的和多样的，因此，价值的可能范围得以扩展和丰富。但是，被刺激起来的特定需要的性质是偶然的，并且它们满足的前景是不确定的，因为它们在很大程度上取决于遥远和复杂以至于不受个人控制的条件。(1)为了职业之外的满足的补偿性需要。(2)许多能力，科学的和艺术的能力，由于缺少机会，并且由于与金钱和物质的成功有关的需要的过度刺激，没有转化为需要。甚至当满足需要的对象存在时，个人潜能的教育决定着这些对象是否获得重要的价值。(3)不安全和恐惧盛行；大范围的经济失败；形势激起了对金钱（为了防止未来社会地位的衰落）过度的欲望，这也是反思性事业的激励。(4)上层阶级对权力和奢侈的恣意需要，以及所有恣意的需要的危险特征。炫耀性的浪费和引人注目的消费，参见：维布伦（Veblen），《关于闲暇阶级的理论》（*Theory of Leisure Class*）。

2. 消费中没有艺术对应于其他领域的艺术。(1)消费领域几乎没有被技术和科学触及；心理学发展至今仅仅与生产和销售有关。消费者教育如此这般相对失败。(2)生产和交换分解为相关系列，每一部分都很容易受到修正；接下来逐渐改善。消费趋向于停滞的和保守的；创新主要受到外在力量的强制，是为了销售商而非消费者的利益。(3)价格体系规定了交换中的需求，并使它们彼此之间可以比较；交换价值受制于量化的测度。没有用于使用价值或者消费的测度。即使像有机体的必需品、舒适生活的必要条件、可欲的非必须品、有害的奢侈品这样的一般划分，也是不精确的。人倾向于欲求他们在现实或想象中能够得到的东西,因此使用价值体系逐渐适应交换价值体系。物品和服务的量化测度,与需要和实际满足的定性特征之间明显的冲突。人性的和金钱的评价;后者是客观的和定量的;前者是根本的,但是主观的和可变的。

3. 在空间和时间上相远距离的消费者;没有使它们的要求行之有效的机制;一个未加以界定的群体,包括一般意义上的每个人,并不特定指某个人。在生产者和交换者之间的关系中,比它们与消费者之间的关系中,更好地发展出良好信任、责任、信誉和可信性;关于责任的法律的和流行的规则,更为明确和系统。见到这样一个时间段,不考虑为未来使用者而保存自然资源,毫不保留地榨取自然资源。

4. 在生产方面,类似的现象由于屈从于交换价格体系的要求而发生:(1)生产中人力和金钱成本的背离;冷酷无情的(非人格的)资本和人类能量,物质的和道德的;疲倦,浪费,压制,例行公事,机械的单调,缺乏思想和创新,不负责任。(2)积攒和增加资本的人力成本;因已有的财富数量而有所不同;有一些是自然剩余的积攒,在其他人那里是有所顾虑的个人剥夺;古老的"节约"论点的谬误。(3)不是潜力对工作的有效选择和适应,潜力与职业之间的关系在很大程度上是偶然的。(4)"创造性"的行业屈从于贪婪的行业;能量被扭曲为金钱的渠道;智力工作者的阻碍,例如教师和研究人员的地位。参见:霍布森(Hobson),《工作与财富:人的评价》(Work and Wealth: A Human Valuation)。

Ⅶ. 价值和评价。根本问题是存在于人类的善(价值)和经济满足(价值)之间的关系。两种理论的可能性,即人的价值决定经济价值,或者两类价值在不同的领域独立存在,与事实不符。经济价值和评价决定一个完整的人类价值体系——福利和财富相一致——这一理论的可能性在现存状况下被如下的事实——经济体系是一个内部对立和冲突的体系,以至于人类的对应部分是效用和负效用的混合——予以否定。

我们首先考虑古典理论,根据这一理论,一种自由竞争的经济体系至少导致个体的善与社会的善之间大致的一致。这一观点两种主要的理论前提是:第一,需要因而价值是同质的,并且形成一个连续的系列,其成员单单以程度(强度或者比率)为基础就可以彼此之间相互比较。第二,交换价值对于实现不同需要和使用价值的对比和测量来说,是一种充分的机制,因此也是在单个的单向的系列中向任何一方指定其位置的充分机制。从这两种前提中可以得出,需要是现成的,先于反思的智力,以至于后者对比较和实施它们是工具性的、至关重要的,却并不影响其形成。评价和价值是独立的,通过交换体系的运作,前者仅仅是赋予每一项价值在该序列中的适当位置。

这一理论的较早形式是享乐主义的;欲望、需要都以愉悦作为其目的。不同程度的愉悦,提供了测度价值和对需要进行比较的公分母。该理论的最新形式一般来说摒弃了享乐主义的立场,而采取一种所谓的"社会有机体的"观点。但是,这里所使用的社会单元或连续性的观念具有这样的性质,以至于通过"边际效用"的概念,将上面的前提完整地保留下来。据说,任何商品或服务的交换价值都等价于满足或使用价值的"经验总体"中最终的或者边际差别。因此,市场(价格体系)现象构成了由所有需要和所有经济单元的满足组成的平衡,以便挤出最后可能的价值增值并且物归其用。"为每种物品贴上价格,是集体的有机体在估价自己每种产品的重要性时的一种行为……它是社会节约生产性力量、并把其转移到能够发挥最大作用的地方的一种行为"[克拉克(Clark),《财富分配》(*Distribution of Wealth*),第 46 页]。"该理论宣称,每个人将倾向于得到自己的价值——也就是其边际产品的价值——作为自己的工资,不多也不少"[切普曼(Chapman),《劳动与工资》(*Work and Wages*),第 2 卷,第 14 页]。同样的规则应用到任何生产要素获得的报酬中。把满足——人类价值——等同于提供的社会服务的应得报酬,显而易见等于为交换体系提供一种道德辩护。后者看来好像是这样一种机制,通过它,这一等同得以具体实现(这被理解为这一方案仅仅表现了一般的倾向,并且在实践中受制于制约其完全实现的条件。但是,像关于自由移动物体的数学一样,它给出一种理想的方案,由此实际的折扣和津贴将被计算出来)。本质上的谬误在于该理论假定,原初的和自然的需要决定了生产和交换的经济现象。事实上,在它们成为经济学上需要——有效需求——之前,它们被现存的分配——交换体系重塑了。市场和商业决定需要而非相反;这一理论走向了恶性循环。

1. 含糊不清的中间项:心理的需要和作为实际需求的需要——伴随着有效供给的能力[切普曼,《政治经济学》(*Political Economy*)——作为客观的选择的偏好和拒绝;实际的买卖,第 34 页]。

2. 它假定不同需要之间的相互关系,与满足像饥饿一样的迫切需要的相继增加的关系一样。事实上,不同的需要本身是性质上的,而且是不可通约的。总体上说,最强烈的迫切需要胜出;当它出现时,每一种或者得以满意,或者受到挫败。只有在为了选择而出现反思的地方才有比较,这种比较把每种需要置于活动体系中,每种需要都从其在这一体系中的位置推演出其特征、程度和等级。每个对象只有是一个活动的分配体系的对象时,才具有确定的价值。就这一体系没有在思想中被理解而言,它存在于习惯的体系中。因为它们是由客观经济体系中人的经济地位决定的;是与某个经济阶层相适合的生活标准。一方面是需要,另一方面是满足,在维持这一生活标准所要求的能量的数量中发现了它们的公分母,这为每种特定的需要和满足分配了位置。对这一能量的测度是金钱。回溯性的谬误。苦难、痛苦和损失并非内在地与福利和收益相称,只有当转化为客观的社会尺度时才成为相称的。

3. 许多需要在表现方面与饥饿的系列满足是不能等量齐观的;除非完全满足,否则根本就没有得到满足。对于必需品、食物和衣服等最低的需要而言,这是真实的。尽管对于超出最低需要的东西,需要随着满足它们的东西而增长,而不是减少。拥有的越多,需要就越来越多,那么用以满足需要的东西就越来越多,而不是越来越少。因此,不太富裕的人的需要,实际上和富裕的人的需要是不可同日而语的。在后面的情况下,需要和满足属于新的需要、权力和物品的范围。在确保新需要的满足中,权力的行使将会从那些处于不利地位的人那里索取如此多的能量和产品,以至于将他们的需要和满足进一步限制在最低的、非常狭小的范围内。分配性的交换使需要标准化,以至于可以为了计算的目的明确地数出来。但是,这种标准化是从价格和收益体系来说的。

4. 需要和满足的个体化只有在边际区域才是可能的,边际区域依赖超过有机体的和阶层的生活标准并在其上的权力(资本、收益)的过剩。换句话说,这一边际区域实际上是最不可计算、不可测度和不可比较的。新颖的"创新"、质的"进步"取决于盈余。这一事实通常用于对资本主义体系进行辩护,尽管它为资本提供辩护,实际上指向一种更广泛的资本分配的需要,以致借助于盈余。每个个体的需要和能量,在它自身中促成新的需要和价值。尽管资本主义体系为进步、变化以及能量和商品的多样化作出了巨大的贡献,然而,在拥有盈余的阶层的需要和权力的基础上,它已经限制和偏离了进步的方向。这意味着,对于盈余的实际利用并不是以社会为导向的。

参见:Hobson, *Work and Wealth*, ch. 22, especially, pp. 343 – 45; See Cooley,

"Valuation as a Social Process," *Psych. Bull.*, Dec. 15, 1912; "The Institutional Character of Pecuniary Valuation," *Amer. Jn Soc.*, Jan., 1913; "The Sphere of Pecuniary Valuation," *Amer. Jn. Soc.*, Sept., 1913; Anderson, *Social Value*, and *The Value of Money*, *especially* chs. 1 and 5; Perry, "Economic Value and Moral Value," *Quart. Jn. Econ.*, May, 1916; Veblen, "The Limitations of Marginal Utility," *Jn. Pol. Econ.* 17, p. 620; Downey, "Futility of Marginal Utility," *Jn. Pol. Econ.* 17, p. 253. For an account of Hobson, see *Jn. Phil.* article by Overstreet, 12, p. 281.

Ⅷ. 工业中的根本伦理问题。作为结论,我们有义务拒绝两种理论:第一,经济体系自然和自动地实现(在其主要倾向上)个体与社会利益的一致、个体价值与社会服务的一致;第二,伦理和经济价值是可能分离的,把前者看作是理想的或"精神的"。把后者看作是纯粹"物质的"。这一理论——意味着通过动机和理想来赋予物质的工业体系以活力,使物质的东西屈从于道德的东西而使问题得以解决——有独立的道德来源,后者是不可能的。因为理想和动机在处于相应经济阶段的社会力量的影响下,呈现出具体的形式;否则,它们就太模糊和"一般",与有效的权力相分离。一个充分的道德目的和价值体系的形成,并非指它们的实现,而是要受到社会工业体系的修正的制约。然而,由于后者的运作隐含了一些定向的目的,因此,我们看上去处在一种恶性的、不可中断的循环中。

这一循环是真实的,但由于它包含时间,因此并非是不可中断的。如果这些因素是静止的,如果时间的过程在一个具有代表性的时刻被阻止,那么,问题就是不能解决的。在一个时间过程中,结果反过来是原因,并修正其他原因的运作和结果。当结果以需要、信念或理念的形式呈现时,尤其如此。

工业体系已经产生了下面的结果:(1)在社会的基础上实现对能量一定程度的组织和调控,以至于满足他人的需要。(2)在一定程度上产生了对需要、行动、对象在其确定的、标准的关联中有意识的评价和判断。(a)关于在任何事务中以及对任何原料和能量的使用中的效率(经济)的概念,(b)关于在各种不同活动的分配中协调的概念,(c)关于能量的日益释放以及作为进步的机会和手段的需要剧增的观念,都是经济发展的结果。简言之,人类活动的合理化,从本能的向理性的阶段的转变,从根本上说是经济要求的产物。后者已经强化了对与结果相关的方式和手段的重要性的认识,以及对随着可供利用的方式和手段而变化的结果的重要性的认识。定量的关系和测度隐含在这一关系中;作为数学工具,金钱使会计和审计成为可能[参见米切尔(Mitchell),《政治经济学杂志》,第18期,第97、197页;尤其是后者,关于"经济活动的合理性"]。根据其自身的标准判断,固有缺陷是没能将合理性引入对于消费的限定(米切尔,第200页),在这里,潜意识的"本能"和例行的习俗仍旧占据主导地位。那么,根本的问题在于把消费带进一个真正意义上的经济领域中,而不是减小后者的范围。明显的困难是:(1)消费定性而非定量的特征,(2)消费的个体化的特征或独特的特征,(3)它与偏僻的、相对私人性的联系阶段即家庭之间的联系,(4)它与首要的和本能性的需要,与饥饿、性、表现和服从等之间的密切联系,以及(5)随之而来的受到模仿、时尚、声誉和不合理的习俗的更大影响。总而言之,消费既是最大限度的个人的兴趣、冲动的领域,也是最大限度受习俗影响的领域。因此,它也是对合作性组织和科学的决定的抵制。为了分配性的交换,关于使用价值的经济理论将它们同化成为了分配性交换的、相对合理化的生产过程的对象;关于善的审美和道德理论,通常把价值与社会力量隔绝开来。因此,它们完全根据直接的喜好来定义价值;或者根据先验的或非经验的满足来定义真理或道德的善——或者根据与在经济活动中发挥作用的需要相对立的需要的满足所决定的利益;利他主义相对于自我利益等;义务相对于权利。在霍布森的《工作与财富》第350—361页中(很可能受到柏格森的影响),发现了这一反题的有趣版本。"物种的集体生活"的理念具有自己典型的本能,形成了一种"一般的意志";而且,它将自身呈现在进化过程中;并提供了调节性的"人们的本能智慧",是工业和交换屈从于有机体的社会福利的终极辩护。

唯物主义的重商主义和道德理想主义因此具有同样的根本性谬误,手段与目的的分离,尽管是从对立的两极作出的分离。"理想"在实践中不得不被转化为具体的力量和发挥作用的条件,在理智上不得不被转化为详细的知识。有效的并非是"理想",而是其在情感和理智上概括出的社会状况。这详细阐释在康德"目的王国"的伦理学中。

在沉思分配-交换屈从于生产性消费的可能性中,我们注意到了下面的鸿沟;如果它被填平,那么将会修正经济体系的结果。

1. 并不存在与物理科学相比的人的——或者心理的——科学;对于外部能量的控制,已经超过了对于心理——物理能量的控制。

2. 从真正的意义上说,宣传并非是一种经济力量。经济形势的遥远和复杂性，使有关掌握贯穿其中发生了什么的知识至关重要；当前，需要的信息不足，或者说被少数人以一种片面的方式占有。如果没有对关于生产、交换和消费所有事实的知识的组织，那么没有任何社会主义的方案能够发挥作用；一旦有了这样的知识，即使没有政治上的社会主义，也可以证明是一种充分的控制手段。

3. 技术人员（包括管理能力）不是以这样的方式被组织起来，以至于将它们的潜力致力于如此这般的工业发展〔参见：维布伦，《工程师与价格体系》(Engineers and the Price System)〕。

4. 消费者不是这样的组织，以至于使他们的需要在经济上卓有成效。在制造业和运输业中有一定数量的集体议价，但在消费者与生产者和分配者之间的关系中却很少。

政治和法律组织开始是作为一种个体权力和收入的来源，但是在一定程度上逐渐变成了社会意义上的功能性的；在工业领域，也可能发生同样的过程。

第一部分的一般参考文献

Bonar, *Philosophy and Political Economy in Some of Their Historical Relations*; Halévy, *La Formation du radicalisme philosophique*; Leslie Stephen, *The English Utilitarians*, 3 vols.; Bentham, *Works*, Vol. 3, "Manual of Political Economy"; J.S. Mill, *Political Economy*; bk. 6 of *Logic*; Beard, *The Economic Basis of Politics*; Labriola, *The Materialistic Conception of History*; Seligman, *The Economic Interpretation of History*—contains numerous references; Gide and Rist, *History of Economic Doctrines*; Engels, *Socialism, Utopian and Scientific*; Simkhovitch, *Marxism versus Socialism*; Marx and Engels, *Communist Manifesto*; *Int. Jn. Ethics*, Vol. 33, Freeman, "Some Ethical Consequences of the Industrial Revolution"; Addams, *Democracy and Social Ethics*, ch. 5; Solovyof, *Justification of the Good*, ch. 7; Veblen, (in addition to previous references)—*The Vested Interests*; *Theory of Business Enterprise*; *Engineers and Price System*; *The Place of Science in Modern Civilisation*; Hobson, (in addition)—*Evolution of Modern Capitalism*; *The Industrial System*; Patten, *Theory of Prosperity*; *Theory of Social Forces*; *New Basis of Civilization*; Russell, *Proposed Roads to Freedom*; and *Prospects of Industrial Civilization*.

第二部分　社会结构和机构——
　　　　　政治的和法律的

社会事务中事实上的最后的权威或规则是风俗和社会习俗。政府体系是管理机构,而不是管理本身的本质。每一个群体有着对其成员具有权威的行为规则、家庭、教会、行会甚至俱乐部。独特的当代现象是国家权威的兴起和相应的集权与附属群体的规则的从属化。

在任何社会群体中,像法律这样的习俗的典型特征是:

Ⅰ. 一般性。单一的和共同的行为模式延伸至一定数目的个体,并在相当长的一段时期内持续不变。范围、幅度和传统;情感的结果。习俗作为自然的和神圣的。秩序、规则的双重含义。

Ⅱ. 通过特定的个体得以表达;年长者,领袖,长官和牧师;起初是作为阐释者和执行者,后来作为立法者。个体权威与规则权威之间的冲突;暴政在持续存在时具有传统和一般习俗的约束力。由被统治者默许(如果不是一致同意)的政府。

Ⅲ. 权力——不同于经济权力,在于共同体的代表实施的强制得到准许。习俗是一种有组织的权力,打破习俗会产生为确保组织持续存在的反抗。强制变得显而易见,取决于:(1)统治者的独裁权力(它有别于习俗的摇摆)的程度;(2)构成因素的异质性程度,这些因素使管理自身表现为外部的和机械的,而不是内部的——"无政府状态加上警官"。

根本性的问题:

1. 如果习俗占支配地位,那么还怎么能够存在源于习俗的呼吁?除了根据其他习俗来质疑习俗,它如何能够受到质疑?除了通过习俗之间的冲突及更强大的习俗存续外,如何能够有变化?除了苛责和允许习俗外,权利和义务还意味着任何别的东西吗?实际上或事实上的使用和习惯,与善或与习俗的后果(正如它们自身向反思性的判断所表现出来的那样)之间的关系问题。如果习俗是合法性的来源,那么习俗的合法性受制于判断吗?

2. 如何能够将权威与优势力量区分开来?实际的权威如何拥有道德的权威?强制的道德根据是什么?善与暴力之间的关系是什么?理性是对目的和理想的感知,而意志是执行力吗?哪一个是最高的?

3. "公共的"(这有别于个体的)概念的基础和意义是什么?个体发起的行动在后果方面可以是社会性的——但愿如此,政治和法律意味着公共的,有这样一种东西吗?或者这仅仅是一种想象吗?它是一个恒定的还是相对的事实?公共行为与个体行为之间的界限是什么?在哪里?

4. 国家作为政治上有组织的社会,其功能和局限。国家与社会(例如,同其他社会群体)之间的关系是什么?是包罗万象的,还是明确的?一元的,还是多元的?绝对的和有限的国家。这些限制是个体的"自然权利",还是一个抽象的理想,或者是群体相互关系中的政策事务?如果是后者的话,那么,什么样的考虑决定政策?

5. 制订法律的功能:立法机关和法庭。法律的来源是什么?在立法和司法裁决中,法律的对象是什么?确定性和稳定性的冲突,以及社会变动的冲突;一般性与特定案例的冲突。政治——与公共福利相关的社会政策——公正的法律。国家与法律之间的关系;法律与道德之间的关系。道德和法律的同化。

6. 国家相互之间的关系;国际法和国际关系。战争与和平。一个人类的组织可能吗?

第二部分的一般参考文献

Sumner, *Folkways*; Wallas, *Human Nature in Politics*; and *The Great Society*; Ross, *Social Control*; Cooley, *Human Nature and the Social Order*; *Social Organization*; *Social Process*; J.S. Mill, *Representative Government*; *Subjection of Women*; *On Liberty*; and bk. 6 of *Logic*; Spencer, *Social Statics*; and section on Political Institutions in *Principles of Sociology*; and on Justice in *Ethics*; Bagehot, *Physics and Politics*; Hobhouse, *Liberalism*; Cecil, *Conservatism*; James Mill, *Essays on Government*; Godwin, *Enquiry concerning Political Justice*; Laski, *Authority in the Modern State*; Maine, *Popular Government*; Laski, *Studies in the*

第二部分 社会结构和机构——
政治的和法律的

社会事务中事实上的最后的权威或规则是风俗和社会习俗。政府体系是管理机构,而不是管理本身的本质。每一个群体有着对于其成员具有权威的行为规则、家庭、教会、行会甚至俱乐部。独特的当代现象是国家权威的兴起和相应的集权与附属群体的规则的从属化。

在任何社会群体中,像法律这样的习俗的典型特征是:

Ⅰ.一般性。单一的和共同的行为模式延伸至一定数目的个体,并在相当长的一段时期内持续不变。范围、幅度和传统;情感的结果。习俗作为自然的和神圣的。秩序、规则的双重含义。

Ⅱ.通过特定的个体得以表达;年长者,领袖,长官和牧师;起初是作为阐释者和执行者,后来作为立法者。个体权威与规则权威之间的冲突;暴政在持续存在时具有传统和一般习俗的约束力。由被统治者默许(如果不是一致同意)的政府。

Ⅲ.权力——不同于经济权力,在于共同体的代表实施的强制得到准许。习俗是一种有组织的权力,打破习俗会产生为确保组织持续存在的反抗。强制变得显而易见,取决于:(1)统治者的独裁权力(它有别于习俗的摇摆)的程度;(2)构成因素的异质性程度,这些因素使管理自身表现为外部的和机械的,而不是内部的——"无政府状态加上警官"。

根本性的问题:

1.如果习俗占支配地位,那么还怎么能够存在源于习俗的呼吁?除了根据其他习俗来质疑习俗,它如何能够受到质疑?除了通过习俗之间的冲突及更强大的习俗存续外,如何能够有变化?除了苛责和允许习俗外,权利和义务还意味着任何别的东西吗?实际上或事实上的使用和习惯,与善或与习俗的后果(正如它们自身向反思性的判断所表现出来的那样)之间的关系问题。如果习俗是合法性的来源,那么习俗的合法性受制于判断吗?

2. 如何能够将权威与优势力量区分开来?实际的权威如何拥有道德的权威?强制的道德根据是什么?善与暴力之间的关系是什么?理性是对目的和理想的感知,而意志是执行力吗?哪一个是最高的?

3. "公共的"(这有别于个体的)概念的基础和意义是什么?个体发起的行动在后果方面可以是社会性的——但愿如此,政治和法律意味着公共的,有这样一种东西吗?或者这仅仅是一种想象吗?它是一个恒定的还是相对的事实?公共行为与个体行为之间的界限是什么?在哪里?

4. 国家作为政治上有组织的社会,其功能和局限。国家与社会(例如,同其他社会群体)之间的关系是什么?是包罗万象的,还是明确的?一元的,还是多元的?绝对的和有限的国家。这些限制是个体的"自然权利",还是一个抽象的理想,或者是群体相互关系中的政策事务?如果是后者的话,那么,什么样的考虑决定政策?

5. 制订法律的功能:立法机关和法庭。法律的来源是什么?在立法和司法裁决中,法律的对象是什么?确定性和稳定性的冲突,以及社会变动的冲突;一般性与特定案例的冲突。政治——与公共福利相关的社会政策——公正的法律。国家与法律之间的关系;法律与道德之间的关系。道德和法律的同化。

6. 国家相互之间的关系;国际法和国际关系。战争与和平。一个人类的组织可能吗?

第二部分的一般参考文献

  Sumner, *Folkways*; Wallas, *Human Nature in Politics*; and *The Great Society*; Ross, *Social Control*; Cooley, *Human Nature and the Social Order*; *Social Organization*; *Social Process*; J.S. Mill, *Representative Government*; *Subjection of Women*; *On Liberty*; and bk. 6 of *Logic*; Spencer, *Social Statics*; and section on Political Institutions in *Principles of Sociology*; and on Justice in *Ethics*; Bagehot, *Physics and Politics*; Hobhouse, *Liberalism*; Cecil, *Conservatism*; James Mill, *Essays on Government*; Godwin, *Enquiry concerning Political Justice*; Laski, *Authority in the Modern State*; Maine, *Popular Government*; Laski, *Studies in the*

Problem of Sovereignty; Bryce, *Modern Democracies*; Trotsky, *Dictatorship vs. Democracy*; Mallock, *Limits of Pure Democracy*; Eldridge, *Political Action*; Lippmann, *A Preface to Politics*; Croly, *Progressive Democracy*; Ostrogorski, *Democracy and the Party System*; B. Adams, *Theory of Social Revolutions*; H. Adams, *Degradation of the Democratic Dogma*; Ireland, *Democracy and the Human Equation*; Follett, *The New State*; Oppenheimer, *The State*; Nock, articles on the State in the *Freeman,* summer of 1923; Ford, *Natural History of the State*; Willoughby, *The Nature of the State*; Hobhouse, *Metaphysical Theory of the State*; Bosanquet, *Philosophical Theory of the State*; Dewey, *German Philosophy and Politics*; Veblen, *Imperial Germany*; Pollock, *Science of Politics*; Jenks, *State and Nation*; Dunning, *History of Political Theories*, 3 vols.; Janet, *Histoire de la science politique et morale*; Burns, *Political Ideals*; Green, *Principles of Political Obligation*; Laski, *Political Thought in England from Locke to Bentham*; Davidson, *Political Thought in England from Bentham to J. S. Mill*; Graham, *English Political Philosophy*; Dicey, *Law and Public Opinion in England*; Ritchie, *Natural Rights*; Andler, *Les Origines du Socialisme d'État en Allemagne*; Carlyle, *History of Mediaeval Political Thought*; Figgis, *Studies of Political Thought from Gerson to Grotius*; Coker, *Readings in Political Philosophy*; Merriam, *History of Theory of Sovereignty since Rousseau*; Bullowa, *History of the Theory of Sovereignty*; Gierke, *Political Theories of the Middle Age*; Barker, *Political Thought in England from Spencer to the Present Day*; Brown, *English Political Theory*; Hearnshaw, *Social and Political Ideas of Some Great Mediaeval Thinkers*; Willoughby, *Political Theories of the Ancient World*; *Prussian Political Philosophy*; Rickaby, *Political and Moral Essays*, on Origin and Extent of Civil Authority; *Int. Jn. Ethics*, Vol. 30, article by Wilde, "Attack on the State"; *Int. Jn. Ethics*, Vol. 31, "State Under a Shadow," by Wadia; Solovyof, *Justification of the Good*, chs. 8 and 9; Addams, *Democracy and Social Ethics*, ch. 7; Höffding, *La Morale*, bk.C, "L'État"; Wundt, *Ethics*, pt. 4, ch. 3, "The State"; H.C. Adams, *Economics and Jurisprudence*; Russell, *Political Ideals*; Lilly, *Idola Fori*, on Popular Government.

关于土耳其教育的报告与建议

导　言

　　这个报告的首要之事是确定土耳其学校的目标和目的。只有当这个事情确定以后，我们才有可能清楚地知道该采用什么方法，以及如何制订一个明确的规划来推进教育逐步地向前发展。学校应该获得的一个清晰目标，就是保护学校免受那些不必要的变革——这些变革刚一发生就被其他所谓的革新所撤销，导致一事无成。从积极的角度看，一个清楚的目标将揭示变革所需要的步骤，为所推荐的方法和手段提供审查和检验，并且揭示在教育中应该采取的后续步骤。

　　幸运的是，确定土耳其教育体系的主要目标并不困难。它是土耳其作为一个独立的、自由的、有活力的共和国取得文明国家完全成员资格的要件。为了达到这个目的，学校必须做到：(1)形成适当的政治习惯和政治观念；(2)培育各种形式的经济和商业技巧及能力；(3)为了全体成员政治上的自治、经济上的自立和工业化进程，发展出相应的性格、理智和道德的特征和品质，即自发性和创造性、独立判断、科学地思考，以及为了社会公共的目的进行合作的能力。为了实现这些目标，公民中的大多数而不仅仅是特定的领袖人物必须接受教育，才能理智地参与到整个国家的政治、经济和文化的增长中去。

　　实现这个目标，不仅要求学校在学术科目上训练学生，而且要求学校成为共同体生活的中心，特别是在那些很难接触到社会生活积极趋势的农村地区。学校在这些地方要成为健康的中心，不仅仅要教授给学生，还要教授给整个村庄有关公共卫生学、传染病、疟疾及其对抗它们的知识。通过教师、学生和公共卫生官员，以及当地医生的合作，学校应该成为与流行病因作斗争的中心。例如，在疟疾区，学生应当参与寻找蚊子滋生地等活动，向社区展示远离疾病的途径和方法。学校应当有足够大的操场和相应的设备,为学生提供适当的游戏、运动和训练的场所;与此同时,学校能够成为社区休闲和运动的中心。学生们要负责照料那些还没有上学的小朋友,负责在那里指导他们。

除此之外,学校还要指导学生进行职业培训和工业培训,因此应当成为收集和传播经济信息和工业信息的中心。例如,当商业部或农业部希望传播特定的信息和建议,学校的学生应该参与将这些内容传递给他们的父母和学校所在地的社区成员;同时,他们应该负责收集商业部和农业部所需的统计数据和其他信息。这样做有双重的目的:一方面,可以确保有一个机构和中心来收集和传播那些对国家有益的知识(由此将学校和社区以及国家生活联系起来);另一方面,可以在学生中形成一种有益于国家的理智习惯,并防止他们学习那些无意义和无用的东西。

正如学校应该与公众、国家的卫生生活和工业生活相联系,所有的产业,特别是那些由政府控制的产业,应当有其教育的方面。

每一个市政的电力照明设备和发电场,每一个市政的机械设备,都应该有与之相关的培训学校。在这里,学生不仅仅接受学徒工方面的教育,而且接受在更先进的方向上具有更全面和更科学的教育,以使他们以后在新的环境中从事相似的工作。每个职业技术学校应该与它们的实践企业相联系,在学生获得最终的学位之前,必须在这些企业进行一定量的服务,以便确保学校教育与实践工作相适合。同样的原则也要应用到由政府控制的采矿、森林、铁路、电讯和电话系统。同样,随着土耳其迅速的工业化,由私人控制的工厂越来越多,政府应该强迫这些私人所有者为在他们工厂里工作的职工子女提供适当的照料,如托儿所、幼儿园等,同时为青年人提供更多的技能培训。

1. 规划

为了确保教育规划的形成和实施是服务于土耳其的社会目标,需要一个一般性的规划来确定未来数年内(8 到 12 年)的教育活动。这个规划一旦被大国民议会(Grand National Assembly)所采纳,并且作为教育部的章程或纲领实施,那么就独立于人事的变更。这个规划一旦被采纳,就应该在通过它有效的议会任期内不被改变。在它得以应用的期限中,它应该是一个分级的或者进步的规划,指出在未来数年中要实施的一系列步骤,例如开办额外的和新的学校等等。

很明显,这样一个稳定的规划是十分重要的。因此,只有在充分研究后,它才能被议会所采纳和拟定。用两年的时间形成为这个规划提供建议的专业委员会并不算长;与此同时,为了最大可能地确保规划的稳定性和不改变现存的体制,这个规划不能单纯地被理解为开设新学校和为教师提供更高的报酬和更大的稳定性。

公共教育部(Ministry of Public Instruction)应该与现有的教育机构相互合作,进行最初的规划研究。它应当组成多个次一级的委员会,向其报告和提供建议。他们也要建议委员会的成员名单,出国考察其他国家的教育体制,这些次一级的委员会中至少要有一名中央教育部的成员。

关于这个主题,正如我在之前最初的报告中所致力于做的,在此只是简要地归纳一下那个报告的结论。在国外,委员会要做的更重要的研究是:(1)特别是那些关系到清洁和卫生环境的建筑、场地以及设备,那些能够最好地适应促进手工和其他个人活动的建筑和安排;(2)包括小学高年级在内的实践和职业工作,不同类型的中学、农业、工业和商业学校,以及在师范院校内的职业和实践学科;(3)身体训练、运动和游戏,特别是那些准医疗的训练和户外活动;(4)包括成人教育在内的农村学校和农村的发展、合作社(cooperative societies)等,尤其是丹麦。每个委员会应该不仅仅收集所参观学校体系的文献资料,还要为所有新出版物的常规传递做好准备。那些负责在小学包括幼儿园进行身体教育和手工活动的委员会,应该将他们的参观扩大到美国。

2. 公共教育部的组织

重复一些在之前报告中的建议。

(1) **教育文献**。应该注意翻译外国的教育文献,特别是那些说明实践方法、设备等等的进步学校。教师们应该花费时间广泛地传阅和认真地研究这些文献。公立教育部的这个部门也可以管理教师阅读组和研究俱乐部分派阅读书籍和期刊的计划;可以预先指导教师组织进行阅读和讨论。阅读材料的选择,应该是主题重要的材料和设备,能够促进教学方法而不是理论性的主题。

这个部门也可以归"巡回图书馆"(travelling libraries)管理,具体负责科学设备、手工工具、材料和模型、好的建筑物和内部设施图纸的照片、图片等等。这个建议与提高已在服务教师标准的需要相一致。分发的材料应当简单且费用较低,能够由当地的工人——或者学生——进行复制。

(2) **图书馆活动**。为了给青年人提供更多更好的阅读材料,同时为了提升成年人的阅读习惯,我特别要强调在最初报告中说过的扩大公立教育部图书馆活动的重要性。每个学校都应该是一个活跃的图书馆中心;在最初设计时,每个建筑物都应该有一个专门的房间用作图书馆。图书不仅仅给学生使用,而且要适应所有社区的居民。必须指出的是:光给图书馆购买图书和设备是不够的,更重要的是让这些书籍流通起来;这可能意味着在开始的时候,人们会把书带回家,直到他们养成看书的习惯。通常认为,图书馆将书用于普遍用途,美国比其他国家做得更好。开始,可以精心挑选一些人去美国进行专门的培训。此后,至少应该有一所师范学校开设一门课程培训教师,以帮助那些较小的社区;因为它们规模太小而无法负担接受特殊训练的图书管理员。

(3) **学校建筑**。公共教育部应该有一个专门的部门负责学校的建筑、设备和卫生。认为任何一个受训的建筑师可以在无需教师意见的帮助下设计出一所适合的学校建筑,并且该建筑可以安全地委托给普通的建筑师和学校行政人员,这种看法是极其错误的。如果用惯常的方式建造建筑物,钱就会用于外部的装饰而不是真正的教育需求。因此,这个部门应该选择那些在初级教育和中级教育方面的专家,因为他们了解教育目标、方法和建筑物的设备、场地,以及照明、卫生间设施、座椅等问题。

(4) **信息**。这是数据统计和人员部门,它应该掌握每个学区所有学龄儿童的数量、没有被现有设施照顾到的人群数量,与享用这些设施相关的当地条件、运输的方式,以及当地工业等情况。他们还应该掌握每年死亡、退休或未达标的教师数量,以及他们退出教育服务的原因。通过这种方法,可以知道每年需要多少新教师来弥补离开者的空缺和满足新设学校的要求。没有这些统计信息,我们就不可能弄清楚每年需要新设学校的数目,也不可能弄清楚需要多少建筑物和准备就绪的教师。

公共教育部和土耳其学校体系之间的关系是极其重要的一个问题。一方面,很明显,在一个还没有建立公立教育体制的国家,其目标在事实上而非在纸面上就是要发展这样一种普遍的和强制的公立教育体制。由于大部分社区对这种教育依然无知,而且不知需要何种教师,公共教育部就必须进行领导。另一方面,公共教育部越来越多的中央集权活动所产生的危险,将会扼杀地方的利益和主动性,阻止地方社区承担他们应该承担的责任;并且会产生雷同的教育体制,缺乏对不同地区多种需求灵活的适应性,例如城市、乡村、沿海,以及不同类型的农村社区,就如游牧、农耕、棉花和水果的不同。此外,任何中央集权的体制都会带来另一种危险,即行动的官僚化、任意性和专断性;毫无作用的记录、从他人那里获取无用的报告这类无用的和马虎的机械工作,一般地,这种现象在法语中被称作"papasserie",在英语中则被称作"red-tape"(官僚习气)。

为了确保土耳其新构成的教育体制有足够的激励和管理,同时又避免伴随着过大的中央权力而带来的邪恶,公共教育部成员的工资应该足够充分,以便吸引最具有教育天赋的人参与。公共教育部还要对国外教育系统作定期的考察和研究做准备。公共教育部的功能应该是理智和道德上的领导者和激励者,而不仅仅是处理具体行政事务的监督者和执行的管理者。包括适应当地环境在内,尽可能多的管理和执行的细节都应该依照当地的条件发展,因而当地教师组织的意见应该得到采纳,除非公开的讨论中有反对的意见。

土耳其在其教育体制中需要统一,但必须牢记的是:统一和划一(uniformity)是有巨大差异的,一种机械的划一体制可能对真正的统一是有害的。公共教育部必须支持统一,反对划一,支持多样性。只有通过教材的多元化,学校才能与当地的环境和需求相适应,也才能照顾到不同地方的利益。统一基本上是一件理智之事,而不是行政和文案(clerical)之事。只有通过公共教育部吸收那些有能力成为土耳其教育激励者和领导者而非独裁者的成员,这一目的才能达到。

统一和划一之间的区分,也可以用研究性的课程加以说明。例如,通常的研究计划将会规定一个最短的时间对自然进行研究。官僚制的划一也会为所有的学校规定相同的主题和方法。但与之相反,公共教育部不应该仅仅容许多样性的存在,而是要促进多样性,甚至坚持强调多样性。它将指导对国家不同地域之问题和需求的研究,并指出多种研究主题、材料和方法,以适应游牧、果物种植、粮食种植、棉花生产、养蚕缫丝,以及城市工业区和商业区等特殊的生产能力。教师通过阅读和研究课程的方法,也通过师范学校对其所在地区不同部分的特征讲授,可以确保特殊的情境、资源和本地特殊的需求,并将对自然研究的教学与学校所在的社区生活联系起来。相同的原则也可以应用到教授地理和历史,在这些科目中,在研究课程所规定的一般限制内,公立教育部应当促进对当地的地理和历史的教学。将主要的注意力放在这些问题上,会使教育部门避免堕落成为例行公事的职员办公室以及保管图书的办公室的危险;并且可以避免成为一个专断的独裁者,激起与当地学校行政人员的对抗而非合作的危险。

同样的观点可以在中学和师范学校得到证明。通常,人们认为,现存的中学过于严苛,所有的中学都是一个单独的类型,即学术型。在此,就很需要多样性。但是,公共教育部并不容许任何体制指导之外的多样性。公共教育部应该研究中等教育和国土不同部分需求的适应问题,并准备一个有差别的中等学校、农业学校、工业学校和商业学校的计划。这些都要与区域研究结合起来,决定在哪里兴建学校才能带来最大的优势。同样的原则也适用于师范学校。

再举一个能说明公共教育部行动本质的例子。现有的监督体制通过扩大监察官的数量来保证公共教育部和不同学校的接触,通过教师的准备、建筑物以及设备来检查它们与规定标准相差有多远。但甚至是最适合的职员详尽地服务于这个目标,他们也不是土耳其教育的激励者,也不能满足公共教育部制订的理智引导的其他目标。因此,有必要增加一个巡查监督部门,他们的责任与其说是向教育部汇报关于学校的条件和工作,不如说是为当地的教学和行政职员提供改进设备和方法的建议。因此,他们应该从最优秀的教师中挑选出来,并且派到国外学习方法(一年),然后再将他们派往比较落后的地区,将他们的知识和经验传授给当地人。他们应该有能力领导当地的公民,能够在社区有关教育事务的问题上产生积极的影响。

3. 教师的培训和待遇

最关键的问题是如何准确地吸引那些有聪明才智并愿意投身教育事业的人们,并且使他们既具有所教授科目的知识,又了解现代进步的教育理念。从长远看,教师和学校都存在这样的问题。由此,这个问题可以分成下面两个部分:

(1) **教师的待遇**。这包括薪水和行政待遇。人们公认,这两方面现在的待遇都不能令人满意。(a) 薪水应该迅速地大幅度提高。只要经济报酬足够满足教师为其自身和家人提供一个恰当的生活标准,薪水从来不是吸引人们从事教育职业的主要考虑,但正如土耳其现在的状况所示,薪水过低将会导致不良的后果。没有足够多的人愿意从事教育工作,这一点从放弃教职人员的数量上可以看出问题的严重性。此外,师范学校无法招收足够将来所需教师数量的学生,即便在大多数情况下,就现存的学校而言,师范学校是最省钱的。很明显,土耳其需要更多的教师,也需要更多的师范学校,但除非现有的师范学校可以招收到恰当和足够的青年人之前,没有必要兴建更多的师范学校。但是,他们不会被无法养活自己的工资所吸引。

另一个不良的后果,则是即使是最投入的教师现在也无法全身心地投入他们的教学职责之中。因为他们首先要考虑如何养活自己和家人、如何支付他们的账单,至于提升教育的利益以及培养职业精神则不得不放到第二位。此外,这还造成了教师职业普遍的不稳定性。在土耳其的某些地方,特别在生活成本昂贵的大城市,相当多的教师试图寻找其他薪水更高的工作。他们将教师职业看作是暂时的和不稳定的。甚至在教学的同时,他们会被迫去寻找一份额外的兼职工作来赚钱,或者讲完一个学校的课再去另外一个学校带额外的课,以便能够生存下去。

因此,在现阶段,土耳其教育中最重要的问题是重新确定薪水。需要立刻作出某些调整,以满足当下的紧急情况。应该由公立教育部、财政部、教师组织以及各省的行政官员代表组成一个联合委员会来考虑整个的问题:生活成本、货币贬值、缴税方法、增加收入、补充设备,以及给教师提供免费的交通、提供燃料,由社区提供免费的或成本价的房屋或住所等等,还有其他能够为教师提供有保障的、安稳的和有吸引力的条件。

提供经济建议超出了我的范围,但我在此想强调一点。现今的土耳其有大量未使用的土地,以及归政府所有的自然资源。可以在每个省留出这些土地中的一部分,将其未来的收入投入到本省的学校。这个计划并不会立刻为学校增加大量的收入,但随着人口的增长和经济不断繁荣,它将提供固定的收入、不断增加的租金和出让金(这些资金永远只能以学校为目的进行投资)。美国政府在其早期就采用了这种方法,并且从中受益巨大。正如刚才所提到的,财政委员会的职责之一,就是准备一个明确的计划,将未使用的土地留拨出来并将其分配到学校。

(b) 关于教师待遇另外一个很重要的方面,涉及任期的保障和职位的稳定。在这方面,现在土耳其在职教师的情况要比行政官员、主管、副主管好。后者经常会被突然调换职位,以致丧失他们的职业士气。因此,尽管可以获得更多的薪水,但大部分有能力的教师会谨慎地避免担任行政职位;并且,那些担任行政职务的人一旦被当地有影响力的人了解，就不得不转调到其他地方。同时，他们已经在当地建房或租房，组建了自己的家庭，他们对此负有责任，不能抛下家庭，而且搬家费用非常昂贵。尤其令人气馁的是，只有在新学年开始前的很短一段时间才能看到变化。通常的章程应该反对这种不必要和有害的游动倾向，应该建立一个有利于长期定居的前提，并且当需要变化的时候，保证在所在学年结束前较早地通知要调迁之人。

(c) 在教师待遇方面应当引起充分注意的，还有教师的住房问题。通常，当考虑建设一座新学校时，应该在距离学校很近的地方为教师提供土地和房子。按照这种方法为教师在农村和落后地区提供住宅，应该使之成为卫生建筑和便利安排的典范，例如供水、清洁等等。只有这样，教书这个职业才能变得更有吸引力，教师生活的标准才能对社区的公共生活产生影响。在城市，住宅也应该提供在地理上接近学校的地方。这种供给不仅能够帮助教师解决生活问题，而且有助于帮助教师和学校以及学生的社会生活建立更密切的联系，由此可以提升学校的道德氛围，也更有可能将学校从那种兵营式的氛围转到家庭式的氛围。

(4) 如果能将学校的行政主管从他们所负责的不那么重要的琐事中解放出来，如果经费支出的规则能够进行修正，那么，学校行政主管的职位就会变得更加有用，也更有尊严。这是很荒谬的，当一个校长需要一笔钱来维修楼房，比如说十里拉①，不得不先咨询一个很大的非专业的委员会。这会阻止维修所需要维护的房屋，阻止迅速买入所需要的仪器；会占用那些本可以更好地运用到教育事务上的时间和精力，并且浪费那些组成委员会的其他行政人员的时间，因为如果不花时间在这件事情上，他们无法依照真实的情况来判断该项支出是否合适。行政人员太多的时间和精力都被这种无用和无效的方式消耗掉了。会计和审计是很安全的方法，可以保护教育经费不被浪费和使用不当，这是比现在的方法好得多的方法，同时可以使管理者有精力来处理适当的教育职责。在大城市的学校体系中，可以设立两个教育主管，一个负责教育方面的事务，另一个负责经济和办公事务方面的。

(2) **教师的培训**。这个主题包括师范学校对已经在服务教师专业的提升，以及为了高等服务，例如主管、监察员、公立教育部和省办公室的职员所挑选的

---

① 里拉(lire)，意大利货币单位。——译者

教师。

　　对师范学校而言,其主要需求有二:一是提升质量,通过实践和准则的教育,他们应该成为最先进教育方法的标准榜样,这当然也包括初级和中等实践教育的设备和管理。师范学校,包括教师的院系和附属于它的实践学校,都应该有全国最进步的教师;它们的建筑物、操场和设备也应该是典范的,这将在无意识中影响它们的学生和毕业生的态度。我建议采用这样一种明确的计划来促进这个结果:师范学校的每位教师每隔五年或六年就有一个全额带薪的年假,在土耳其或者出国进行职业或者设备的研究,这可以由当权者通过会议决定。如果这个体制被采用了,毫无疑问,可以和某些国外学校的教育主管一起进行安排。这样,这些老师在费用方面可以受到优待,等等。

　　二是需要不同类型的师范学校,在师范学校内的课程也是如此。仅仅有初等和中等的培训学校是不够的,还应该有不同类型的师范学校来培训农村学校的教师,它们特别关注土耳其的生活支柱——田里劳作者的需要。除非有学校特别关注农民和农场主的利益,否则,普遍教育的建立存在很大的危险,这种危险甚至会危害到社会。这可能只会建立起一个理论的和学院的教育体系,在没有教会青年一代任何其他东西的同时将其注意力从农村生活转移开去。此外,土耳其国家繁荣的发展与农业过程的进步有着密切的关联,因此,教育最重要的问题就是要发展出一种其研究课题和农村生活紧密相连的初等学校和中等学校。这样,人们可以清楚地看到上学所带来的实际好处,并且其培训的结果毫无疑问地将应用到实际生活中。但是,除非通过一种科学的培训学校来培训老师,否则,不可能达到这个结果。事实上,这个结果有赖于师范学校的部分管理者对国外如何处理这个问题有良好的经验——在这个报告之前的部分曾经指出过这一点:派委员会去国外学习和研究。另外,一些师范学校的规模应该扩大,以便提供特殊的课程培训商业和工业学校的教师,自然文化、体育卫生、幼儿园儿童、音乐、绘画和建筑的教师等等。至少还应该有一所学校为那些准备成为学校行政主管和监察官的人提供特殊课程,这些课程仅对那些之前具有成功经验的教师开放。至少有一所师范学校有研究生部,它所开设的课程是关于某些特殊主题的内容,例如自然研究、历史、地理、文学、外语,它的目的是为其他师范学校培训教师。

　　除了已经建议过的阅读组之外,还应该设立相应的课程为教师服务。这或者由公立教育部施行，或者由一所师范学校施行。夏令营的问题，尤其应当引起关注。禁止参加夏令营的法律，至少对教师应该有所修正。通过选取一个有吸引力的地方，以及通过细心的组织和工作，为适当的休闲做准备。夏令营不仅是一种很有价值的提高在职教师福利的方法，而且对教师的健康可以提供积极的帮助。在土耳其当权者指导下的夏令营，也可以与在土耳其的某些外国学校进行特别的安排，在暑假期间免费使用它们的建筑和设施。作为一种激励，可以为那些成功和有雄心的教师提供免费的奖学金和膳食。

对在职教师培训时，另一个重要的方面就是派他们出国进修。应该有一个覆盖很多年的明确的和稳定的计划和政策来保障每年就某些选定的专业，选派一定数量的教师出国进修。每年从师范学校和大学里选取一批优秀的研究生出国学习，这是可取的。即便人数没有那么多，选取一些经验丰富的教师，包括公立教育部的管理者和其他行政官员出国进修，是同等重要的事情。与那些没有经验的人相比，这些有经验的人可以在一个更好的位置获取国外教育的益处；他们更可能进行甄别，而不会以一种机械的方式抄袭那些恰好是他们接受培训所在国家的教育方法。

4. 学校体系

这里最基本的原则是：学校体系中的每个部分本质上都应该是一个完整的单元，因此，那些完成它的部分，无论它们是否上升到学校体系中一个更高等级，都将获得一种确定的和明显的优势。现在，甚至在土耳其的初等学校，这个原则也没有被完全执行。建立这些初等学校，在很大程度上，似乎仅仅是为大学和其他更高的学校做准备的。由此，那些上了中等学校而没有进入更高学校的人无法从他们的教育中获益。

小学。 正如这个报告的前一部分所指出的那样，研究计划的内容应该依据各地条件和需求的不同，在全国不同的地方进行修正。不进行这种改变，学校的学习将不会和学生的生活相关联，因此永远不会实际地帮助他们，也不会真正吸引他们的兴趣和关注。

这个体系应该足够灵活以使其适应各地的特殊条件，特别是经济条件。在有些地区，父母不愿意在一年中的某些时间送孩子去上学，乃是因为地里的农活需要劳力。所以，学校开学和结束的时间应该足够灵活，以在空闲时间留住这些孩子。当然,如果孩子们能够在整年中免于这种劳动而去上学,自然是很可取的;但是,在经济条件得到改善之前,在一段时间里进行折衷处理,远比有一份纸面上完美而实际上根本留不住学生的计划好得多。

在某些地方,为了留住学生,学校每天的上课时间比常规时间缩短一些,或者在非常规时间上课;在某些情况下,计划只包括简单的读写和基本的算术,直到他们养成上学的习惯。

在城市和发达的农村地区,应该尽快建立起连续的小学。在这些学校中,按照当地不同的风俗,学习安排应该主要是实践的、农业的或者是工业的。

中学。应当为那些有能力和雄心准备进入更高学校学习的学生创造条件,让他们学习的课程和方法主要适应学生更直接的生活需要。更高等的学校应该制订入学标准及其课程,以便那些有能力进入更高等学校的学生在完成中学课程之后追求更好的学习,即便在他最初的计划中没有完成高等教育这一项。

正如之前所指出的那样,需要各种不同类型的中等学校,例如农业学校、工业学校、商业学校。在君士坦丁堡(Constantinople)、埃尔斯伦(Erzerum)这类地方,应该选择一些大学预科(lycées)来进行像科学和外语之类的特殊教学。将外语教学限定在那些说外语的人,是一个错误。法语可能依然是最主要的外语,但一些学校也应该教授德语、英语以及意大利语。语言的选择,应该依据当地的需要和学校所强调的特定目标来选择。在有些地方,英语或德语在商业上可能比法语更重要。在师范学校,应当容许同样有差别的语言教育。在较大的城市,一些大学预科应该有专攻医学院的预科课程,以致要教授一些科学研究课程;这些课程主要面向没有专业基础的学生,相当于在海达帕沙(Haida Pasha)医学院最初两年所上的课程,以便使进入医学院的学生把更多的时间投入严格的专业课程。

现在,在土耳其的中等学校,最严重的问题可能是专业化课程和教师匮缺。没有人会质疑在中等学校里教授数学、科学、历史、文学和外语需要专门的知识和技能。但是,目前这些分支学科及其教学在两个方面似乎都是有害的,任意地设置科目,割裂科目彼此之间的联系,因此这些科目对学生来说是不真实的,因为它们与真实的生活毫无关联。无法让科目之间相联系,意味着浪费时间、精力和兴趣。历史和地理是紧密联系的课程,作为一个原则,应该由同一位老师教授给同样的学生。数学的特定分支与科学或经济生活有紧密的联系,发挥着重要的作用,在这些主题下面,它们应该由同一位老师教授。自然科学的差异是比较晚发展出来的,现在流行将物理学和化学相区分、将植物学和动物学相区分的做法都是人为的。我们应该研究关于介绍性的科学通论(General Science)课程的计划。此外,如果可能,它们应该与实际的工业课目相联系。另一个危害则是:由于没有足够的班级填满时间,专业教师被迫从一所学校赶到另一所学校去兼课,这往往是一个很大的数量。结果,专业教师无法将自己的生活与任何一所学校相联系。通常,他会觉得自己对社会的道德氛围没有任何责任,没有任何团体精神(esprit de corps),最多是教授者而非教育者。

高等学校。(1) 大学。我并不关注高等教育。大体而言,大学似乎有了一个欣欣向荣的开始。当然,还是要对选择大学教师给予特殊的关注,以保证他完全接受过现代方法的培训,并且愿意投身土耳其理智环境的改进。为那些在其所学专业成绩最优者以及表现出不同寻常天赋的学生提供去国外继续学习的奖学金制度,将是一个有益的帮助。大学应当为中学的高年级提供教师,特别是那些专业的科学和文学研究。为中学较低年级提供教师的服务,应该由那些为小学和继续中等教育的师范学校承担。否则,中等教育可能有脱离实际生活的危险,变成纯粹学术研究类型的学校。

(2) 很明显,全面科学类的技术和工程培训是土耳其最大的需求之一,而这种需求只有通过部分派遣学生去国外学习才能满足。如果土耳其有足够数量经过培训的公民来监督和管理这些事业,那么,土耳其通过国外借款来发展通信业和工业的危险就可以大大地降低。很明显,只是向国外债权国家借钱而不将整个企业的建筑和管理置于外国人之手,比缺少本国训练有素的人、将任何钱置于国外的控制之下要安全得多。通过一些在国外学习的第一流人才,足够让土耳其建立一所技术学校,培养和补充本土的教师。尽管建立这样一所学校和从国外吸引有能力的教师花费巨大,但是值得的。

(3) 我建议在君士坦丁堡大学成立一个考古学专业。利用它那里现有的和肯定会继续丰富的博物馆设施,以及非常重要的出土文物和仍在挖掘的文物,一个考古学学院将培训土耳其的学者能够照管古代的遗迹——毫无疑问,这是世界上还存在的最重要的遗迹——并且将吸引古代历史和古代艺术的国外学生。无疑,合作办学可以使来土耳其进行文物考古的外国学者利用空余时间来讲授他们自己的专长,尽管这是在许可的条件之下。博物馆和它有才干的管理者已经提供了条件,可以成为和大学联合的中心。

（4）我还建议在大学新设一个公共和社会服务部。这个部门的职员应该由那些对救济和慈善问题有特殊兴趣的人组成，他们知道如何最好地安排庇护所和孤儿院、其他国家解决贫困和受难者的方法、惩教机构和管教所的管理、社会定居点、公众护理，以及在小孩出生前后母亲的照料等等。应该对这个主题感兴趣的青年男女提供奖学金，支持他们去国外类似的学校学习——例如纽约城市大学的社会工作学院，为他们将来在这些学校教书做准备。这个工作也包括在君士坦丁堡城里的实践活动。

孤儿院。如果有更多的时间，我希望能参观孤儿院，特别是女孩的孤儿院。但是，我对这些孤儿院所提供的实践和工业教育机会印象深刻。我们参观的位于博斯普鲁斯（Bosphorus）北部一所由私人经营的孤儿院，极好地证明了这一点。学生在专家的指导下，在一座很大的花园里学习各种园艺。男孩和女孩通过照料家务和做饭，学会居家技艺等等。结果，这些孩子都很快乐，因为他们有值得做的事情；在降低孤儿院支出的同时，也为孩子们以后的生活进行了充分的训练。在这些学校里，通过招聘在艺术和手工，特别在农业、园艺、动物看护、蜜蜂养殖等方面有能力的管理者和教师，不仅能教育那些不幸的孤儿有价值地生活，而且成为土耳其公立学校的教育实验基地。一个并非土耳其学校所独有的、几乎所有学校都存在的巨大缺点，就是学校学习和儿童真实生活及其生活环境相脱节。学校变得孤立，是一个单独和人为的世界；学生在学校中所学的东西，似乎与围绕着他的真实生活完全无关。在孤儿院，似乎非常容易将地理、语言、算术、自然研究的工作与商店、花园、居家管理等活动联系起来。因而，孤儿院可以成为其他学校目标和方法的典范。毋庸置言，尽管孤儿院应该基本上是工业学校，但还是应该准备从中挑选出十分之一左右的优等生分批接受使其得以展示突出才能的特殊教育，包括大学教育、医学、护理和工程教育。

5. 健康和卫生

健康。对我来说，健康和卫生这一主题是需要特别讨论的重要问题。毫无疑问，身体上的健康和活力是其他任何方面进步的先决条件，并且预防远比治疗要好得多。即便不提其他方面的损失，在安纳托利亚（Anatolia）由疟疾流行而给土耳其带来的经济损失也是难以估量的。当一个公众委员会现在来研究这个问题的时候，如果离开了学校的合作，绝不可能达到最好的结果。很明显，当害虫在土耳其十分普遍且人们在家里缺少所需的卫生条件时,沙眼和多种皮肤病以及头部疾病就不可避免地流行起来。我相信,通过医生和健康专家与学校的老师和学生相互协作,这些疾病可以最有效和最迅速地得到治疗。应该立刻开展一场普遍引起公民关注的积极的健康运动,教师和学生尤其应该关注健康问题,通过现代科学方法和知识的传播来极大地降低土耳其人民所遭受疾病的可能性。公立教育部应该联合公众健康部门印发宣传册,通过学生将其传播到家庭;同时,应该挑选一些人在学校和公众会堂就这些主题进行巡回讲演;还应该至少花几年的时间,开设一些强制性的卫生实践课程,这可以从小学低年级简单的健康演讲开始。

每个学校所提供的公众操场应该足够大,能够为所有的学生使用。并且,要促进户外体育和户外运动,这也是健康运动的一部分。

现在,医学院已经招收妇女,并且建立了一所护士学校。尤其应该选择年轻的妇女作为当地公共卫生和公共保健的家访者和指导者来培训,因为妇女比男性更容易获得进入家庭的机会,也更容易与母亲建立亲密的关系。学校的医生不应该仅仅选择那些有能力治疗个人疾病的人,而应该选择那些有志于公共健康、公共保健和预防疾病的人。此外,在中学和更高年级的学校应该对性保健给予特别的关注。

6. 学校纪律

我没能亲眼看到学校的运作,但从所听到的学校纪律和培训方法中得到印象太过于正式。在一个共和政体中,学校所需要的管理和纪律体系与一个独裁政体的学校是不同的。命令的方法、专断的控制和机械的服从并不适合将学生培养成民主体制中的公民。我建议,教育当权者也许可以通过教师组织的中介,制订一个学校管理体系的特殊研究,这可以保证部分学生的参与和理解。采纳这样一种明确的学生管理计划是非常重要的,即学生必须被培训成能认识并且承担促进学校物质、理智和道德福利的责任。

7. 杂记

(1) 在教育部控制下的印刷企业似乎做得很好,并且将得到审慎而有效的管理。如果能够通过更换过时的机器并且全部安装新的现代机器,那么,它就可以得到加强。尽管最初的花费会很多,但新机器每天至少比旧机器快5倍;而且在一个有进取心的企业里,工作了40年的老机器早该淘汰了。此外,管理者的双手被过多琐碎的购买和合同规则所束缚,这阻碍了印刷企业与其他能够更快速行动的企业在商业上的竞争。尽管有以上两个阻碍,印刷企业事实上还是在盈利这一事实就表明了它的妥善经营。

(2)我所看到的每一件事情,都使我确信:土耳其的年轻人在素描、绘画以及设计和颜色艺术方面,比同龄人更具才华。这是一种就其自身值得发展的天赋,并且发展这种天赋有助于通过艺术培养人们的文明程度。此外,通过利用设计来复兴和发展多种形式的工业时,它同样具有显著的经济价值。君士坦丁堡的艺术学校,一直在冲破重重困难,做一项出色的工作。它被那些信心不足和不适合的人所限制,但始终朝着正确的教育方向努力,教师应该在日常工作中将其当作一项责任。为了它特殊的目的,很需要兴建一所装备了适当的展览厅,还有工作室、教室以及表演室和图片室等在内的建筑。

(3)私立和非政府的学校。目前,土耳其教育正处于过渡阶段。在经济不景气时期,私立学校能够提供特别有价值的服务。由于经济原因,普通学校无法运行时,可以补充一定数量的私立学校。此外,它们还能参与新方法和原则的检验和发展。公立学校一般比较保守和遵从统一性,而私立学校则可以进行实验。其他国家的经验表明,私立学校在教育上通常进行新的尝试,而不愿意坚持旧的习惯;在私立学校检验之后,如果成功,公立学校则可以采纳。因而,为了土耳其教育的利益,公立教育部应该尽可能和本国以及外国非政府的学校合作,在特定主题的范围内鼓励多种教育方法。有关国家生活和政策这些事情总的控制和监督当然掌握在政府及权威的手中,在这些限制之内,我们之前说的过多统一性所带来的不良后果也以特殊的力量应用到私立学校。通过在教育方面促进主动性和创造性,这些学校可以作为国家教育的实验站。外国学校或许会遵循其本国主流的教育方法,因此无需花费金钱和时间出国,就为土耳其教育提供了一个观察不同学校管理和教育典型方法的机会。如果有些组织能够在外国学校和政府学校的老师之中提供交流的机会,并且能偶尔一起开会相互讨论和解释,这将使外国的教师近距离地了解土耳其学校的需求和目的,此外能够告诉土耳其教师许多外国的教育实践。

最后,我希望表达我对所有教师、教师组织和公共教育部工作人员的衷心的感谢,他们热情地接待了我,让我接触到了土耳其教育的问题。特别要感谢那些热情地担任我和我夫人翻译的人,对他们的感激之情无法言表。我也要对纽约城市大学的查尔斯·R·克兰(Charles R. Crane)先生的帮助表示感谢,没有他的帮助,我们对土耳其的访问是无法成行的。我希望我们访问的结果在某种程度上能对土耳其的教育体系有所助益,因而以一种无论多么微小的方式实现土耳其人重要且持久的兴趣和信念。

杂　记

关于土耳其教育的预备报告①

既然大批教师无疑是真心实意的,既然不改进教师的备课工作就无法对教育进行真正的改进,而这种改进既表现在学术方面,也表现在熟悉世界上其他地方使用的非常先进和有效的教学方法上,那么,以下的预备性说明仅限于就下一年度开始的、可以帮助教职员工进行这类改进的方法提出的一些建议。

1. 扩大和加强翻译、出版和发行外国教育文献的能力。这些翻译作品应当出自期刊性文献以及著作。就后者而言,不必总是翻译整本书,而只需翻译最适合土耳其教师需要的那部分内容。材料应当主要有实践性,而不是理论性。这种材料涉及诸如此类的题目:学校大楼的设备、环境卫生、活动场地、能在学校和村庄制造的科学仪器和工业仪器;这种材料也涉及在确保学生首创精神和自发活动的实际经验中找到的那些教学方法;涉及对一些先进的学校所使用的方法的说明;涉及在学校与学生父母之间建立密切联系的方法,以及当地社区生活中的其他因素。在第一二年,这类文献主要满足小学教师以及师范学校初级班的需要。

2. 给"教师读书会"和讨论小组准备文献。应当事先准备一年的教育阅读计划,包括已经运用的教育文献以及某些新的翻译作品,每月要指定阅读某些章节和文章,鼓励教师每个月或两周碰面讨论,特别是讨论为使阅读的东西与学校管理方式和教学活动相适应而能够做的事情。因为薪水低,这类文献应当免费

---

① 关于土耳其教育的预备报告,来自华盛顿特区国家档案馆外交分支一份未发表过的打字稿复印件。此报告还有一份由美国大使馆发送的附函,参见本卷附录8。

提供或象征性地付点费用。

3. 就我注意到的来说,一些学校十分完善地配备了说明动植物生长情况的图表,而一些中学为物理和化学的示范性试验配备了充足的仪器设备。需要有大量简单的、相对廉价的仪器供学生使用,而不是让学生在教师做的示范性实验中简单地看看或观察一下这些仪器。这类材料的某些部分可由学校制造(如果这些学校配备了手工训练设备的话),或者由当地的手艺人制造。但是,许多教师需要关于制造和使用何种仪器设备的指导。因此,教育部(指土耳其教育部——译者)要与地方当局合作,准备并四处进行模型方面的"巡回展览",这些模型可以在该校存放几周并加以复制,然后送到另一个学校,如此等等。

4. 我得知,一些年轻人在获得阅读能力以后,缺乏在家里阅读的材料。如果教育部的图书管理部门尚未进行这一工作,我建议另设一个巡回图书部门。这些巡回图书应当是一些主题有趣的书籍,每批25本或50本,分发到各校;在每个地方放几个月,由学生拿回家,供他们本人及其父母阅读。在一些社区,成人也应当接触这些书籍,以便形成阅读的习惯,不管他们是否有孩子在学校读书。教育部要确保土耳其的作者们合作,每年系统地补充用于这种循环使用的书籍的数量。一般来说,较大的城镇可以支持自身的公共图书馆,而公立学校应当是当地乡镇的图书中心。应当作出规划的是:每个学校的建筑要设立独立于这些流动图书馆的图书室,这些图书室不仅供学生使用,而且供居民使用。建筑规划、校舍应当为此提供房间。教育部的图书部门应当编制和发放适合这类图书馆使用的卷数不等的书籍目录。在早期,某个高等师范学校应当开设由训练有素的图书管理人员提供的课程(选修课而不是必修课),以便提供图书管理方面的指导。因为经验表明,在任何国家,要确保一个地方的居民有效地使用图书,仅仅提供图书是不够的;应当将图书直接送到居民家里,直到他们形成到学校来取书的习惯。

5. 与人们通常相信的情形相比,学校大楼的建设与给予的指导、学校的训练方法和指导方法具有更为密切的关系。通常的建筑几乎自动地妨碍采纳先进的方法,使教师和学生限于使用教科书和黑板,至多加几张地图、图表和实物教学材料而已;而这些实物只是让人观看,而不是让人主动使用的。这一事实过于重视被动的方法和死记硬背,而牺牲了判断、发明和执行能力。因此,有一点非常重要:对学校大楼的建设和设施的重视,应仅次于对教师备课的重视。建筑师通常不熟悉教育要求,地方政府对大楼外观的考虑往往多于对它如何适合教学要求的考虑。没有配备适当卫生设施的大楼,没有用于手工训练、家政、绘画和艺术、图书馆和博物馆等方面的场地,就不可能有先进教育的持续发展。在每间教室里,应当为地理、自然研究和历史等方面的绘图技艺和促进创造性的工作提供足够的空间。因此,我建议,内阁要增设学校建筑和设施部门,其组成人员需要有娴熟的建筑技术,还需要充分了解学校的环境卫生、教育原则和实践,以及在不同国家找到的最适应教育需要的各种设备。应当补充的是,这一建议并不意味着所有建筑都要建得精巧昂贵。人们也应当研究一下经济。在土耳其某些乡村地区,也许更适合采用"露天"和"半露天"的建筑。无论如何,这个部门要收集和不断研究所有先进国家的建筑规划,制订各种建筑的详细计划,跟上将要引进的一些改进方法。下一次预算拨款至少应当为给这一行当培训两三个人提供足够的经费。

6. 显而易见的是,既然土耳其刚刚开始发展公立学校体系,第一步就应当取得重大成效,因为它们将成为以后所要做的事情的基础。此外,还要制订一些规划,这些规划要涵盖一种持续多年的稳步发展的计划。因此,更好的做法是:在对它们进行透彻的研究之后,采取一些适宜的措施。当然,人们对执行这些计划要有充分的准备,而不应在缺乏训练有素的人员的情况下仓促行事。因此,我建议,除了派学生出国深造外,还应当挑选一些教师(既包括现在挑大梁的教师,也包括有发展前途的年轻教师),为他们调查和报道一些特殊的事情提供必要的经费。比如,应当规定:在持续多年的时间里,每年派遣一个由经验丰富的教师组成的委员会,与中央政府和地方教育当局的代表一起出国考察;他们应当访问不同的国家,对指定的课题进行比较研究。这些委员会应当有两个目的:第一是提供信息,这类信息将成为为土耳其学校的实际发展提供建议的基础;第二是激励教育工作者本人。就已经提出的某些方面来说,最好是在1924—1925年度的财政预算中,仅仅纳入预备研究项目和适当的人员培训项目,而不是立即着手实施上述计划。比如,对大楼的建设和设施的研究,还有为科学仪器和其他仪器的巡回展览做准备。当我们从图书馆入手时,应当选择几个男女青年到国外学校的图书馆去学习。我还建议,派一个委员会去丹麦研究农业教育和成人教育,或者研究平民学院以及经济合作。我的意见是:学校应当成为工业革新的中心、知识分子的中心。丹麦也许比其他任何欧洲国家能够提供更多的有关农场主之间合作方法的经验,这种合作既促进了物质繁荣,也促进了个人独立和社会精神。

当一年或五年内无法达到目标时,应当使教师们做好准备,他们可以在每个社区带头指导和引领地方居民从事每项工业改进和社会改进工作。

7. 对那些不会立即进入大学而是进入农业和工业活动的小学毕业生,以及尚未毕业就离开小学而需要学习实用知识的人来说,下一年的主要学习科目和准备应当是中学或继续教育学校的延续。我并不建议下一年尽量开设这类学校,而建议为一个研究委员会制订财政预算,让部分成员去国外调查类似的学校,让部分成员到土耳其各地去研究当地的条件和发展工业的可能性,让他们为未来学校选址,为未来的教师物色人选。在后者中,一些人应当成为教师,一些人应当接受更多的实用培训,一些人应当成为接受更多理论教育和教学知识的实际工作者。也许,从其他部门接收的农校和商校,会成为这类新型学校的第一个中心。经过一年的研修,他们可以渐渐地被改造过来;每年改变几个人,就会很快培训出一些教师。

8. 所有这些不同建议的核心观念是需要发展师范学校。在两年之内,经各委员会研究,应当开设一些系科用于培训家政学教学方面的专家;开设手工培训和工业教育系科,包括工业绘图与设计系科;开设力学原理、体育,尤其是户外游戏与运动、生理学、卫生,农业等系科。开始时,可以招收小学毕业生,但要尽早接受那些接受过第一轮或三年中等教育的学生。每个这样的师范学校,应当有职业中学或连续性的小学与之配套。一般来说,这些新的师范系科应当成为其他师范学校的补充;但在特殊情况下,可以专门开设这类学校。

9. 至少在两个高等师范学校里应有部门培训指导员和督导员。应当录取那些最有前途的毕业生,或者经过特别挑选的教师。

财政预算一览

1. 编列经费用于培训少量人员,在教育部里成立负责建筑、场地和设备的部门,其原则是:对这类人员来说,对先进教育需要的了解与建筑知识同等重要。

2. 编列经费用于成立专门委员会,研究职业中学问题,准备内容多样的学习课程,以适应具有不同环境和工业门类的不同地区的不同需要。制订一份超过8年或10年、开设一系列这类学校的计划。

3. 编列经费用于成立专门委员会,对在师范学校里开设新的部门进行类似的研究并撰写报告,而设立新部门旨在培训(1)特殊学科分支(如手工培训、体能发展、家政学,等等)的专任教师;(2)指导员和督导员。

4. 编列经费用于增加与收集、翻译和发行先进的实用性教育文献相关的部门的活动。

5. 编列经费用于(1)筹建流动图书馆,(2)准备训练有素的图书管理员。

6. 编列经费用于(1)筹备机械和工业仪器模型的教育巡展,(2)派人到国外去研究别的地方正在使用的这类仪器的材料,并准备作进一步的改进。

7. 编列预算用于筹建委员会。该委员会旨在通过访问外国并收集材料、收集涉及建筑、运动场地、学校花园、廉价的科学仪器和设备(供学生使用而不仅仅供教师演示用)的规划,研究适用于不同地域、气候、城市和乡村环境的不同类型的建筑。这个与教育部里的建筑相关的工作委员会,首先要涉及对教育目的和方法与建筑和场地布局之间密切关系的全面了解。

8. 编列经费筹建特别委员会研究乡村学校,特别是研究与农业发展相关、与从事买卖的农贸公司相关的学校,等等。丹麦也许与荷兰和瑞士一起,成了从事这类研究的最好地方。

上述建议是以下面两个基本原则为基础的:

1. 土耳其的学校并不像它们需要延续多年的可行的发展规划那样需要独特的形式。比较好的办法是推迟合意的发展项目,直到各类问题得到透彻研究并执行新规划的人员已经齐备,而不是在时机尚未成熟时就引入那些项目。否则,会导致漫无目的的改变和不稳定性。

2. 公共教育部是设立研究和准备这些发展计划的委员会的中心。这种方法会使部长避免成为过于专注形式、官样文章和日常文书工作的官僚。该部应致力于成为知识和道德的引领者和土耳其教育的激励者,并避免开展所有不能达到这一目的的活动。其目的应当是集思广益、分散执行,以及委派人员的多样化。

《对个体建构性的有意控制》导言①

308 　　现在人们尤其需要亚历山大(Alexander)先生提出的原则和步骤。奇怪的是,这恰恰是它们难以理解和接受的原因。因为,尽管他的学说中没什么难解之处,尽管他使用了最简单的英语而非技术性的术语进行阐述,但在不运用对原则的实践证明的情况下,任何人都难以把握它的全部力量。我从个人经验得知,即便那样,它的充分意义仍然缓慢地被人所理解,并且新的意义不断地显示出来。既然我对亚历山大先生清楚而全面的阐述不能增加什么新的内容,这篇介绍性的文字能采取的最有用的形式就是试图说明在把握他的原则时困难何在。

　　如前所述,主要困难在于,在这一陈述中的明显矛盾恰是恶性循环;这一循环在正文部分被频繁地指出来,并得到充分的考虑。人们之所以非常需要这一原则,是因为在涉及个体的自我和生活方式的所有问题上,存在着对我们自己和我们行为有缺陷的和低级的感性鉴别和判断,它们伴随着我们经过错误调整的心身机制。我们恰恰要把这种歪曲的意识带到对亚历山大先生的解读和理解上,这种意识使我们难以觉察到他对它的存在、原因和结果的陈述。我们习惯于这种意识,把它视为理所当然的。正如他清楚地表明的那样,它形成了我们的正当性标准,它影响到我们的每一种观察、解释和判断。它是进入我们每一种行为与思想的因素。

　　因此,只有当亚历山大的课程的结果改变了感性的鉴别并采取新的标准,以

---

① 首次发表于 F·马赛厄斯·亚历山大所著的《对个体建构性的有意控制》(*Constructive Conscious Control of the Individual*),纽约:E·P·达顿出版公司,1923 年,第 xxi—xxxiii 页。

便能对新旧条件进行比较,他的学说的具体力量才能被人们清楚地理解。不管亚历山大先生学说的全部要旨如何,正是这一点,使任何人实际上不可能一开始就超越了获得某种特殊的缓解与治疗方法的观念而在任何其他观念上与他达成一致。甚至对他的课程有相当程度的经验之后,一个人完全可能仅仅因为特殊的既得好处而重视他的方法,即便他承认这些好处包括改变了的情绪状态和不同的生活观。只有当一个学生充分注意到他的方法而不是其结果时,他才会意识到他的感性鉴别的持久影响。

我们对自己的感性意识的这种歪曲走得如此之远,以致缺少标准来判断一些声称与个人相关的学说和方法。我们在对可能的一般理论的依赖与对特殊既得利益的依赖之间摇摆不定,在极端的信任与彻底的怀疑之间摇摆不定。一方面,当为万应灵丹提出的所有要求伴随着个人的利益和治疗手段时,人们乐于接受这些要求;另一方面,人们已经看到这么多万应灵丹生生灭灭,以至于已经相当正确地怀疑任何适用于发展人类福祉的新的不同原则的实在性。目前,世界上充斥着解除人类继承的许多疾病的不同方法,比如,为矫正姿势而进行锻炼的种种方法,心灵(mental)、心理(psychological)和灵性(spiritual)康复的各种办法。结果,除了偶尔有一种在全国迅速蔓延的情绪波动之外,一种不熟悉的原则中存在着基本的真理——这种看法很可能产生下述感觉:居然有对大部分事情有合理了解的人迷上了另一个到处开"包治百病"处方的人。人们可能会问:亚历山大先生的学说如何才能与其他方法区分开来?有什么根据保证其中的某个方法也许对某些人效果更好,而对其他人效果更糟?如果有人在答复时指出亚历山大先生学说的特殊的有利结果,那么,就要提醒他注意这样一个事实,即我们能够做出这种有利于所有其他方法的令人叹服的证明。那么,需要决定的核心问题是:这些结果的价值是什么?我们如何判断它们的价值?或者,如果这里涉及结果背后的理论,那么,大部分方法都可以精心地推断并且宣称有科学的或精神的支撑。那么,在哪些基本方面,亚历山大学说的原则和结果不同于这些东西?

这是一些平淡无奇的问题。我觉得,这篇介绍所能做的最好的事情就是提出某些简单的标准;根据这些标准,我们可以对任何计划进行评判。其他一些问题可以显示我们借以找到这些标准的途径。一种方法首先是旨在减轻已有痛苦的补救性方法、治疗性方法吗?抑或,它本质上基本是预防性的方法吗?如果它是预防性的而不单纯是校正性的方法,那么,它适用于特定的范围还是具有普遍性呢?它将"心灵"和"肉体"作为相互分离的东西来处理,还是考虑人的个体性的统一性呢?它考虑"心灵"和"肉体"的一个部分或一个方面,还是考虑整个存在的再教育?它通过对症状的治疗来直接达到可靠的结果,还是考虑这些疾病的原因,而这些疾病以这样一种方式显示出来,以致任何有益的可靠结果都是作为一种自然结果,几乎可以说,是在这种有条件的原因中发生的基本变化的副产品吗?这一模式带有教育或非教育的性质吗?如果支持它的原则是预防性和建设性的,那么,它通过建立某种自动的安全机制从外面发挥作用,还是从内部发挥作用?它廉价易行,还是要求相关的个人作出理智和道德的努力?如果它不能提出后面这种要求,又是什么呢?毕竟,它只是一种最终有赖于某种把戏或魔法的模式,这种魔法在治疗疾病时肯定会留下其他许多麻烦(包括自恋倾向、受抑制状态、持久的理智控制能力的减弱),因为它并不考虑原因,而只是将它们的影响引向不同的渠道,由此改变了许多症状,仿佛它可以察觉到未曾感知的更精微的症状。在阅读亚历山大先生的著作时,任何牢记上述问题的人都不难区分支持他的教育方法的原则与不同方法的原则。人们可以将它与那些方法进行比较,并且可能将它们相混淆。

311 任何健全的计划都必须既根据具体的结果又根据一般原则来证明它的健全性。我们常常忘记的东西是:对这些原则和事实不应分开来评判,而应当将它们联系起来进行评判。而且,任何理论和原则必须最终根据它运用的结果来评判,我们必须在实验中通过观察它如何起作用来证实。然而,为了证明一种要求(claim)是科学的,它必须提供一种方法使其结果显得明确且可以观察到;并且,这种方法必须提供一种保证,即被观察的结果,实际上源于这种原则。我毫不犹豫地断言:根据这一标准,即根据在影响确定的、可以证实的结果时发挥作用的原则的标准来评判,亚历山大先生的学说在最严格的意义上说是科学的。它符合两个要求。换言之,亚历山大先生的计划满足科学方法的最严格要求。

亚历山大先生的原则或理论与其发挥作用的被观察到的结果同时发展,并且彼此有着非常密切的联系,两者都源于有步骤的实验方法。他绝不是为自己提出一种理论。这一事实对无意中养成了依赖对技术性术语的某种普遍迷恋的"知识"分子(intellectual person)来说,是令人失望的。但是,这种理论绝没有超出被使用的步骤的需要,也没有超出通过实验证实的结果。在使用非常敏锐的观察能力时,他注意到在对他使用的手段作出反应的许多个人那里发生的各种变化,并且追踪与个人的习惯性反射相联系的这些变化;与已经获得的更为明显的有益结果相比,他也以更大的关切注意到由于运用既有的坏习惯而导致的反应。每一种这类不合意的反应已被认为出了一道难题,即发现某种可能妨碍唤起这些本能性反应以及与之相联系的情感的方法的难题。并且,代之而来的是,这类已经采取的行为为正确的感官鉴别提供了基础。我们已经对这一过程中的每一个步骤作了分析和阐述,用于发展实验方法的手段的每一种变化条件和结果(不管是积极的还是消极的,也不管是合意的还是不合意的)已经得到进一步的发展。对这种已经得到发展的方法的运用,当然为观察和全面的分析提供了新的材料。从表面上说,原则和结果的这种同步发展过程没有尽头。只要亚历山大先生使用了这种方法,它就会成为一个不断趋向完善的过程。它不会达到已臻完善的阶段,就像任何包含理论和证据的真正的科学研究程序不可能达到已臻完善的阶段一样。亚历山大先生学说的明显事实是诚实和严谨,由于这种诚实和严谨,他绝不会使他的表述超出被证明的事实之外。

因此,显而易见的是:亚历山大先生的学说所获得的结果处在另一个层面上,这个层面完全不同于在各种系统之下所获得的结果,而那些系统一度非常流行,某种时尚(tide of fashion)和引起公众注意的东西已经取代它们。强调对这些系统的要求的大部分人,指明了"治疗手段"以及其他作为证据的特殊现象;这些现象表明,它们是建立在正确原则的基础之上的。甚至对专利药物来说,可以引出大量的证据。这类理论和例子中的具体事实,彼此之间并无真正的联系。某些结果,那些"好的"结果,被挑选出来并引起注意,但人们并没有尝试去发现什么样的结果正在发生。"好的"结果乃是被淹没的结果。没有办法可以表明有什么样的结果(如果有的话)源于被引用的原则,抑或它们是否源于完全不同的原因。

但是,这种科学方法的本质并不在于大量采纳一些结果,而恰恰在于详细追踪这些结果的手段。它也在于我们可以具体地追踪那些用于解释结果或后果的过程,以表明它们实际上产生了这些结果而不是其他结果。比如,如果一个化学家一方面证明许多具体的现象,而那些现象是在他尝试做一种实验之后发生的;另一方面证明许多一般原则以及经过审慎推演出来的理论,然后断言两者是相

313 互联系的,以使那些理论原则可以说明那些现象,那么,他只会遭到嘲笑。显然,科学方法尚未出现,他不过是在提供论断。

亚历山大先生持续地阻止人们求助于"一些补救方法"或任何其他明显的现象。他甚至阻止人们保留这些案例的记录。然而,如果他并不全心全意地致力于提供一种原则的证明,即科学意义上的证明,那么,他会乐于作为一个兜售奇迹的人而追逐时髦。他也一直无心建立涉及生理学、解剖学和心理学的科技语的令人印象深刻的展览。而那一过程本当是容易的,并且是一种引人仿效的确定方法。由于秉持这种诚实和彻底的精神(尽管非常奇怪,仍一直保持着),而没有转向涉及名声和外在成功的次要问题,亚历山大先生证明了一种设计对人类的行为进行控制的新的科学原则,而这些原则像任何已经在外部自然领域发现的原则一样重要。不仅这一发现,而且他的发现有必要完成对非人的自然的发现,如果这些发现与发明不会最终使我们成为奴仆和工具的话。

一个科学工作者清楚地意识到,不管他的理论推理如何广泛和全面,也不管如何确定地证明一种特殊的事实结论,只有他实际上观察到那个事实,只有他已经运用了他的感官,才有资格断定那个结论是一个事实。就明确的人类行为而言,在亚历山大先生之前,还没有人考虑过为了检验和确定理论原理需要什么样的感性观察。在这一领域的思想家们,更没有提出一种技巧对必要的感性材料进行确定的有用的控制。在对它的描述中,诉诸暗示、无意识、潜意识,就是回避这一科学任务。涉及单纯的体育锻炼的制度,同样忽视了借以观察和分析它们缺陷的方法。

314 正如亚历山大先生在他的论著中清楚地指出的那样,一旦我们朦胧地感到有必要具体地检查和实现涉及我们自己和我们行为的思想和判断的意义,我们就会回到以前对什么是"正确的"东西的预感。但在具体的情况下,这仅仅表示我们感知到"熟悉的"东西。就我们具有需要接受再教育的坏习惯而言,在我们对自己和自己的行为的感知中,那种熟悉的东西只能是对正在我们身上发挥作用的坏的心理习惯的反映。当然,这恰恰就像一个经过推理而相信我们所说的哥白尼理论的科学工作者,试图通过原封不动地诉诸那些将人引向托勒密理论的观察而对这种推论进行检验。科学的进步显然取决于对作出新的观察的条件的发现,取决于旧的观察结果在不同条件下的重复,换言之,取决于发现我们(就像在科学工作者那里出现的情形一样)为什么作出并依赖那些导致错误的观察的方法。

在对亚历山大先生的方法的实际运用进行多年的研究之后,我敢相信这样一个事实,即他已将相同的实验方法和产生新的感性观察的方法运用到关于我们自己和我们行为的观念和信念上,他也将那些实验方法和产生新的观察结果的方法作为发展思想的检验方式和手段,而那些实验方法和产生新的观察结果的方法乃是物理学所有进步的源泉;并且,虽然人们在其他任何计划中这样使用对我们的态度和行为进行感官鉴别的方法,虽然人们在其中提出了创造一种对我们自己进行新的观察的技巧,虽然人们完全依赖这些发现,我却从未听说过。在一些计划中,人们直接诉诸"意识"(它仅仅显示了糟糕的状况);而在另一些计划中,这种意识被完全忽视了,相反,人们依赖身体锻炼,依赖身体姿势的修正,等等。但是,亚历山大先生找到了清楚地发现同一个整体的这两个部分(心-物)的相互关系的方法,找到了创造一种对新态度和习惯的新感性意识的方法。这是一种成就所有科学发现的发现,这一发现使所有发现不是用于消灭我们,而是用于人类在促进我们建设性发展和幸福方面所做的工作。

无人否认我们自己是作为动力而进入我们所尝试的事情和所做的事情中,这是不言而喻的事情。但是,要加以注意的最困难的事情是最接近我们的东西,是非常一贯和熟悉的东西。这种最接近的东西恰恰是我们自己,是我们自己的习惯,是我们作为动力在确定我们尝试的事情或做的事情时做事的方式。通过现代科学,我们已经基于其他事物并通过其他事物把一些事物驾轻就熟地用作完成结果的工具。结果几乎是混淆、不满和冲突的普遍状态。但有一个因素尚未被作为工具性来研究,这个因素是运用所有这些其他工具时的首要工具,即我们自己,换言之,是我们自己的心身倾向,它是我们使用所有动力和能量的基本条件。这种失败说明了我们为什么在掌控物质力量时已经在很大程度上被物质力量所掌控,直到我们无法指引人类的历史和命运,这一点不是很有可能发生吗?

我认为,以前从未有过对迄今所有外在补救措施的失败如此敏锐的意识,也从未有过对所有外在于个人的补救措施和力量如此敏锐的意识。然而,表明回归个人(作为人和社会集体完成的事情的最终力量)的需要,指出澄清整个人类所能达到的目标的最终条件的必要性,是一回事;而发现借以完成所有任务中的最伟大任务的具体步骤,则是另一回事。这件必不可少的事情,就是亚历山大先生所完成的事情。如果不与缺乏良好协调的人打交道,就不可能作出这一发现,也不可能对这一步骤的方法进行完善。但这个方法不是补救办法,而是建设性教育的方法。它的适当的应用领域在青年那里,在成长的一代人那里,这样,他们就会尽可能早地逐步掌握感官鉴别和自我判断的正确标准。一旦新一代人的适当部分能够很好地协调起来,我们就会确保未来的男男女女们能够独立,他们就会拥有令人满意的心身平衡,他们就会乐观、自信和幸福,而不是恐惧、困惑和不满,也不会受到环境的伤害和遇到偶然的不幸事件。

为了文化①

先生们：

众所周知，奥地利和德国的大学和科学家们正急需帮助。他们不仅在肉体上遭受苦难，而且在精神上受到煎熬。我们收到了无数的求助信，这些求助信挑明了一些科学机构和协会的苦恼，而这些机构和协会对取得未来的科学成就至关重要。

为了缓和这一局势，德国科学和艺术救援协会已经组成。自 1920 年以来，它通过为一些机构提供帮助，以及为研究和出版提供手段，对维持奥地利和德国的科学工作作出了贡献。这个协会正在与"奥地利和德国科学救援协会"(Notgemeinschaften Oesterreichischer und Deutscher Wissenschaft)密切合作。该救援协会包括奥地利和德国所有重要的大学和研究机构。这个协会得到的所有基金已被毫不拖延地收转和分配，使学者和科学家们能够从事他们的研究工作。

该协会希望那些感兴趣的人会帮助它从事这一工作，其方式是要么成为会员，要么捐赠和鼓励。他们的合作将给身处这些受难国家的苦难者给予鼓舞。

如果任何成员或捐赠者希望他的捐赠可以分发到某个特定的科学分支或研究机构，他的愿望会得到满足。我等谨提以上倡议。

哥伦比亚大学　约翰·杜威
普林斯顿大学校长　约翰·希本(John Grier Hibben)
斯密斯学院校长　威廉·艾伦·尼尔逊(Willian Allan Neilson)

---

① 首次发表于《自由人》(Freeman)，第 7 期(1923 年)，第 38—39 页。

杜威为拉佛勒特助威①

哥伦比亚大学的杜威教授昨天说,两个老牌政党"一直在发表夸夸其谈的演说",而参议员拉佛勒特却在面对现实问题。

他说:"我多年的坚定信念是,确有必要回到美国政治的现实。拉佛勒特参议员是美国公共生活的著名人物,他将彻底的科学方法运用到公共问题。只有当他本人掌握了局面时,才会着手处理任何问题。他刨根究底,并且了解所有的事实。没有全面的信息和理应作出的统计,他决不会采取行动。正是这一点,使他的建议变得可行和可靠。"

杜威教授说,拉佛勒特关于国际事务的计划是唯一"可靠和可行的计划",因为它要求修改《凡尔赛条约》,要求宣布战争为非法,并要求从经济观点解决国际问题。今晚,他将担任坐落在花园街的拉佛勒特学院师生联谊会的主讲人。

---

① 首次发表于《纽约时报》,1924年10月23日。

关于经院哲学的声明[1]

亲爱的斯蒂纳(Steiner)先生：

对你在12月2日的询问，自然难以作出充分的回答。然而，我愿意大致提出以下几点可能的说明性理由：

(1) 忽略经院哲学，在一定程度上是由于心理学和教育学的原因，而不是逻辑学的原因。当然，说得难听一点，在思想上和其他事情上存在着某些赶时髦的倾向而忽略经院哲学体系，在某种程度上仅仅是由于这样一个事实，即天主教会之外的一些思想家和作家现在对经院哲学主要关心的难题和问题没有浓厚的兴趣。这样一来，教师们自身接受训练时所秉承的传统和受到的影响具有某种结果。在新教资助的机构中提供的哲学史课程，强调古希腊的思想和自培根以来的现代思潮，而不是经院哲学，因此忽视经院哲学的习惯往往是持久的。

(2) 我认为，在寻找心灵的这种态度的客观的原因时，对基督教启示的内容的强烈兴趣(如果不是实际上的信仰的话)的衰退与它有着极大的关系。

(3) 近代科学在方法和结果方面的发展引起了一些新的问题。与经院哲学关注的那些问题相比，人们更加广泛和强烈地感受到这些问题的存在。这一看法同样适用于近代政治变迁和产业变迁。

(4) 这一方法似乎理性主义色彩太浓，而经验素材不足，以致无法求助于当代思想的某个流派。而那些带有理性主义倾向的人，现在似乎宁可遵循近代数

---

[1] 1923年11月14日的信，出自密苏里州圣路易市圣路易大学哲学系档案。有关斯蒂纳提出的一系列问题(本文是对它们的回答)，参见本卷附录9。

学所确立的模式。

我可以补充的是,在我们哲学系,我们开设了一门经院哲学课程。克利夫德(Clifford)神父在讲授这门课程时,显得非常称职。哈佛大学已故的罗伊斯教授,比我们大多数非教会的哲学家更加熟悉经院哲学的思想,并且对经院哲学思想更有兴趣。

希望这些片言只语式的建议会对您有所助益。

约翰·杜威谨呈

附 录

1.
哲学反思的动机的主要类型[①]

罗宾逊(Daniel Sommer Robinson)

本文不求思想深刻,我在此只想以稍显新颖的方式来呈现一些熟悉的想法。我个人发现,那些想法令人大开眼界并且很有启发意义,这表现在它提供了确定某些态度的手段,而这种态度在当代哲学中正引起轰动并显示出甚嚣尘上之势。能在这种滚滚烟尘中将持久的向心的粒子与那些离心的转瞬即逝的粒子辨别开来,对每个学生来说是绝对必要的;这些学生与其说对捍卫特殊学派的典型信条感兴趣,还不如说对什么是哲学上的真理感兴趣。径直作出这种辨别并且按我的判断一种最好不过的方法,就是对动机的主要类型进行客观的分类和分析,而这些动机隐含在造成这一滚滚烟尘的各种细小的哲学尘埃之后。但是,在展开讨论之前,我们需要事先做一点说明和提醒。

人类所有的动机是高度复杂的且奇特地混合在一起,这一点是大家普遍接受的基本真理。最高尚的行为可以是并且常常是一系列动机的结果,其中的一些方面如果不是污秽的话,也算得上是平淡无奇的常识。一个人不必专门研究犯罪学才会明白许多隐藏的犯罪乃是错综复杂的动机的结果,而其中的有些动机实际上是值得赞扬的。一个人做的好或坏的行为都是同样的材料造成的,它们都源于精神生活的同一个泉眼(fountain-head),即混沌不分的、情绪的、本能的和感觉的混合物。由于没有更好的名字,我姑且把它称为"暂时的行动的自我"。

这一众所周知的事实,给任何将下述动机孤立起来进行分析的企图带来了特殊限制:这种动机导致某个人沉迷于哲学反思的生活。的确,此处的问题比涉及单一行

[①] 首次发表于《哲学杂志》,第 20 期(1923 年),第 29—41 页。至于杜威的答复,参见本卷第 14—19 页。

为的问题甚至更难解决,因为哲学反思的生活是包含许多单一行为的非常复杂的活动。如果说我们难以发现隐含在单一行为之后的动机,那么,实际上就更难分离出进入这一由动机推动的过程的各种因素,而那个过程多年以来一直贯穿于一个哲学家的生涯之中。事实上,我们必须坦率地承认,就个别的哲学家而言,这一极大的困难使得那个任务实际上无法完成。既然每个哲学家都十分清楚他并不充分理解自己,以详细追溯他终身不变的动机的线索,那么,他就无法表现得如此自以为是,以致宣称能够分析隐含在另一个人的反思活动之后的动机。不是人选择哲学,相反,哲学是伟大的超个人的东西;正是它,选择了某些人来传递信息,发表洞见。我们不能怀疑这些人被激励起来(motivated)从事哲学研究,但我们必须承认,动机是非常生动而又复杂的东西,以致任何人都难以进行深入的分析,并且说"这个人是由这个动机推动的,那个人是由那个动机推动的"。事实是,每个真正的哲学家的动机都是由这个和那个动机复合而成的。这位哲学家越是深入理解人性并且越是真正的哲学家,他的动机就越是深邃。

尽管如此,每个研究哲学史的人必须承认不同类型的动机的存在,即便不能说任何个别的思想家受到某个动机的指引,而不是受其他动机的指引,或者排除其他动机。本文就是要关注动机的这些主要类型。哲学家们的名言被用来说明这些主要的类型,但我明确希望事先抛弃我给任何哲学家加上的负担,特别是给那些我引用其动机的哲学家加上的负担。我援引这些动机中的某一类动机而排除另一类动机。我认为,某些类型的动机是某些类型的哲学的特点,但我否认这类哲学的创立者、拥护者和宣传者必然作为个别的哲学家而仅仅具有支配着他们的哲学标签的那类动机。我们希望,至少每个哲学家在这个方面比特殊的主义更大,而他也许选择捍卫这个特殊的主义。

我发现,值得区分的主要动机有:(1)享乐的动机;(2)神学的动机;(3)社会学的动机;(4)科学的动机。我将以这个顺序讨论这些动机。

I.

一个我个人深深尊敬的伟大哲学家、一个人们普遍因为其才智而深深尊敬的伟大哲学家曾经跟我说过,他无法接受现存的任何哲学体系(我们特别谈到唯心主义),因为这样做意味着所有进一步思辨的大门被关上了,哲学研究将自身化为对别人思过的东西的再思,因此,其中没有什么乐趣。这一点表明,我所说的享乐的动机是指什么。它是为了消遣而从事哲学研究或是为了有事情可做而建立一种思辨体系。从这种观点看,哲学的世界观是一种宏伟壮观的玩具,它是人的理智为了满足娱乐的本能或好玩的天性而制造出来的。自然地,制造自己的玩具比玩别人制造的玩具更有趣味。正如许多人通过玩室内游戏或户外游戏而找到乐趣一样,深深爱上辩证法的奥妙的哲学家通过变戏法式的理智抽象的单人游戏而找到了孩童般的心灵快乐。

罗伊斯教授曾为这类动机找到了合适的美妙表达。当时,就哲学研究者在反思生活中取得的快乐,他曾这样写道:"让我坦率地承认,如果你愿意这么说的话,与你亲爱的另一个自我玩猫捉老鼠的游戏的确非常快乐。如果你选择这么说的话,它有点像幼儿们以原始的方式隐藏和寻找适合他们那个年龄的东西而取得的快乐。这位哲学家说,'我的真理、我的生活、我的信仰、我的气质在哪里呢?'如果有些著作在阐述他的体系时走得更远,他会在宣布这类反思并非完全没有理性价值时说,'啊,就在**那里**'。健康的婴儿在他那里(on his side)。但是,我为什么通过故意将思辨与游戏作比较而明显地贬低思辨呢?我会回答,因为在某种意义上,所有的意识都是游戏。一系列的渴望、一系列的反思都是游戏,如果从外面看,这些反思可谓是多余的。对意识的证明,就是拥有意识。现实的状况的确是精神对自身这种辉煌的运用,对通过故意的丢失、通过寻求、通过快乐的认知不断更新自身财富的朴素的喜爱,但这是神圣的生活本身的消遣。"①

对一种叔本华式的气质而言,这种动机便呈现出更加灰暗的色彩。事实上,在极端浅薄的乐观主义中,或者在彻底的忧郁的悲观主义中,它似乎能同样结出丰硕的果实。不管有人主张哲学研究是各种各样的快乐之一(没有一种快乐比另一种快乐更加极端),还是唯一能产生持久满足的职业;不管他是否主张世界是彻底的恶,主张哲学作为一种消极的善在于它在某种程度上减轻了生存的可怕的苦难,也不管他是否秉持处于这两个极端观点之间的某种观点,这种动机无论如何都是积极的。它引起伊壁鸠鲁主义、斯多葛主义和怀疑主义。无论人们何时何地转向作为精神天堂或处于真正的地狱中的避难之城的哲学,这类动机乃是显而易见的。

《失乐园》(*Paradise Lost*)中有对这类动机的极端悲观主义式的绝妙说明。弥尔顿(Milton)描述了暂时躲在地下的魔鬼们的各种职业,而撒旦并未出现在其令人神往的大地之旅中。他怀着真正的敬意,对一群为了减轻烦恼而转向哲学研究的小魔鬼作了这样的描述:

---

① 《近代哲学的精神》,第 21 页

> 散居山林的魔鬼纷纷退隐,
> 有些魔鬼在思想中飞升,迁想妙悟,
> 出于远见、预知、意志与命运,
> 出于铁定的命运、自由的意志、绝对的预知,
> 他们徘徊于迷宫,找不到尽头。
> 他们激烈争辩,争辩善恶,
> 争辩幸福和最后的苦难,
> 争辩激情与冷酷、光荣与耻辱,
> 争辩徒劳的智慧和虚假的哲学。
> 然而,以愉悦的魔法,他们能够
> 解除短暂的痛苦或忧愁,激起飘渺的希望,
> 或以持久的耐心、三倍的坚韧,
> 充塞冷酷的心胸。

这里有对从事哲学反思的享乐动机非常贴切而又富于诗意的描述吗？从这里到被人经常引用和公正赞扬的罗素先生的《自由人的崇拜》(Free Man's Worship)中表达的观念并不遥远。仅仅在罗素先生看来,人们才会与密尔顿笔下的魔鬼们秉持完全相同的立场。有思想的人们面对这样一种无可置疑的科学知识——无论就个体来说还是就集体来说,人类注定会毁灭,但他们仍然在对未来可怕的灾难的沉思冥想中找到了自由,并因此获得了某种无情的达观。即便他十分确定地知道那样一种物理过程在起作用,那一过程完全会从宇宙中不仅抹去所有人的所有工作,而且会抹去作为宇宙戏剧的观众的人本身,个别的思想家仍然可以在哲学中发现一道照亮他的阴暗日子的光芒。罗素先生笔下的自由人取代了密尔顿笔下的魔鬼们,而诗人对在地狱中从事哲学反思的动机的说明可以转用于描述人间。不屑说,弥尔顿原本就是从人间取得这种说明的。

魔鬼哲学家和自由人怀有享乐的动机,这一事实不应被看作对这类动机完全的贬低。在某种意义上,每个哲学家既是魔鬼,又是自由人。在哲学的名人堂里,一些高尚而敏锐的思想家通过了这扇大门。哲学为人们提供了有趣而又令人快乐的理智活动形式,提供了一种能够唤醒人性中最美好的东西的理智活动形式;并且,人们可以在某种程度上通过哲学研究找到愁苦的慰藉,找到减轻悲伤的方法,找到摆脱折磨的办法(尽管短暂)。是的,由于哲学研究中有乐趣,每个哲学家能够并且应当感到高

兴的是,他所喜爱的主题并不完全缺少实用价值。

他对形而上学真理的追求是受这类动机推动的,他必须永远保持警惕。此处潜藏着不易觉察的危险,培根曾以他的著名"假相"(指培根提出的四假相说——译者)来警告这种危险。受这种动机的推动,我们可以建立一个与实在不一致的纯粹系统,因为一个有序的、系统的世界的确比一个混乱的世界更令人快乐。在分享罗素先生对哲学的偏爱(它在某种程度上带有痛苦根源的性质)时,我们很可能面临创造出比现在的世界糟糕得多的世界的危险。哲学家们的思辨常常被指责为武断的建构、幻想的游戏或梦幻的世界,被指责为剧场假相!如果这种指责常常是正确的,有时候是因为这样的事实:某些体系是过分的享乐动机的结果。我感到高兴的是,罗伊斯教授纠正了过分强调将哲学作为游戏的做法。为此,他发表以下声明:"我要向你们承认,尽管我本人常常通过纯粹精细的思辨而获得了个人的某种快乐,尽管我也常常因吝啬而感到快乐,正是这种吝啬使得职业的研究者为满足于思辨的珠宝的硬度和光泽而将它们隐藏起来,但我总是发现,当我渐渐想到这件事时,在一种形而上学体系中毕竟没有美感,而这种美感不是从它作为精神体验的记录的价值中产生的。"①享乐的动机是外在的和人类中心主义的。它不会将人带入实在的核心,因为它不可能做到这一点。它因为它的不充分性、因为它将哲学放在快乐的祭坛上牺牲掉而受到指责。

II.

哲学是以比较高的文明状态为前提的。只有当一个民族创造了文学、法律、宗教仪式和信条时,哲学才可能产生。这就意味着,无论从逻辑上还是从实践上说,它会紧随社会的、道德的和宗教的习惯和风尚、信条和信仰的发展。因为人们在开始哲学反思之前,必然深深地扎根于高度文明的环境。在思想家成为哲学的技术性意义上的思想家之前,体现环境特点的所有观念早就进入了这位思想家的精神的形成过程。

在许多人的心目中,恰恰是眼下讨论的文明所特有的宗教观念在反思性的自我分析和思辨的思想兴起之前的岁月中发挥着主导作用。从被教条、非批判地接受为永恒真理的宗教信仰入手,继而致力于那种会促进这些信仰的和谐并强化这些信仰的任意思辨(首先不对信仰本身进行批判性分析),这就是我所说的带着神学动机进行哲学思辨的意思。在哲学史上,存在着这类动机的许多鲜明例证。陈腐的说明就

---

① 《近代哲学的精神》,第23页。

是中世纪的经院哲学,而新经院哲学和带有强烈色彩的新教基督教哲学渗透着同类的动机。将你自己的环境中流行的宗教观念作为不可置疑的真理来加以接受,并且提出一种哲学学说或一种为它们辩护的体系,就是在这种神学动机的推动下开展哲学研究,不管这位思想家是穆罕默德还是孔子,是犹太教徒还是基督徒,是天主教徒还是新教徒。

然而,我马上要补充的是:这并不意味着每一种有神论的哲学都有神学的动机。这是一种完全错误的推论,但人们常常把它作为基本的不言自明的真理提出来。当一种有神论哲学成为一个思想家对哲学问题深邃而真诚的思考的结果和表达时,当它表现了这位思想家对事物本性的敏锐洞察时,这种哲学并不带有神学的动机。只有当它在反思的开端被作为独断的假设加以接受时,才会带有神学的动机。正如桑塔耶那博士所评论的那样,罗伊斯教授是一个"没有明显的基督教信仰的人"。尽管如此,他采取了一种他故意称为有神论的哲学立场,人们通常认为这种立场符合基督教哲学的精神。但是,人们几乎无法指责罗伊斯教授带有神学的动机。

这也不像通常那样意味着,每一种带有神学动机的思想体系或哲学信条是有神论的,甚至对神学表示友好;既有消极的宗教信仰,也有积极的宗教信仰。在现代世界中存在着浓厚的知识氛围,在那里,彻头彻尾的反宗教的哲学心灵正在形成,既有无神论的教条,又有有神论的教条。凡是为反对一种宗教世界观而从事哲学研究的人,就像为了确立这种解释而从事哲学研究的人一样,带有神学的动机。"宗教是一种应当消灭的危险迷信",这是一个年轻的哲学研究生说的话。这些话所表达的意思,令不止一个当代哲学家感到亲切。当然,尼采已经成了一个终其一生对各种宗教,特别是对基督教抱有无法消除的疯狂偏见的哲学家的经典例子。对他来说,哲学家面对的选择始终要么是基督,要么是反基督。他在某个地方说,他之所以首先对叔本华的哲学感兴趣,是因为他得知叔本华是宗教的敌人。这就是起作用的神学动机的消极类型。它也始终在那样一些类型的哲学家的思维中起作用。这些哲学家将根除宗教看作是哲学的唯一任务和绝对义务。海克尔(Haeckel)是另一个明显的例子。

那么,如何看待神学类型的动机呢?它在逻辑上有赖于娱乐型的动机,并且带有它的弱点。如果人们的宗教信仰无法在哲学上进行辩护,人的幸福是不可能的;因而,哲学必须千方百计为它们作辩护,那些带有消极性的神学动机的人就是这么认为的。如果人的宗教信仰是可以辩护的,人的幸福是不可能的,那么,哲学的工作就是消除这些荒唐的迷信,那些带有消极的神学动机的人就是这么认为的。犬儒派则会制造完全简单的毁灭性的悖论。如果人的幸福是可能的,要么必须证实宗教信仰是对的,要么必须证实它们是错的,但它们既不会是对的,也不会是错的,因此,人的幸福是不可能的。我们不妨承认犬儒派是对的,并且,神学类型的动机可以转变为消极的享乐型动机。享乐型动机要么采取积极的形式,要么采取消极的形式,它事实上是神学型动机的根源。因此,后者就像前者一样,是人类中心主义的和次要的。它也将哲学放在个人满足的祭坛上牺牲掉。

而且,一个矛盾是,一个哲学家拒绝将他的任何信仰放入严格思想的熔炉中。必须用朴素实在论的所有其他工具,把存在上帝这种信仰与所有其他宗教信仰一起投入这个熔炉。但是,也必须将没有上帝这种信仰投入熔炉。反宗教的或自然主义的教条主义就像宗教教条主义一样应当受到指责,也像宗教教条主义一样不可容忍和危险。一个哲学家的理想,就是在不带偏见或者没有个人打算的情况下重新开始。

然而,神学型动机取得了好的结果。这也是对哲学最充分、最有吸引力的研究方式之一。许多研究者因为热切期望将其宗教洞察建立在不可动摇的基础上而进入了形而上学真理的深处。另一方面,哲学简直无法放任尼采的刺激。凡立即谴责神学型动机的人,要证明他自己并不知道它具有创造新的有价值的哲学解释的潜力。但是,我认为,存在更好的到达哲学领域的入口;此时,没有真正的哲学家能够无视怀有神学动机的思想家们给予世界的思想体系。

III.

然而,在考察这个更好的动机之前,首先有必要处理另一个动机,它面临被人视为与前一个动机相同的危险。这是社会学类型的动机。在处理这个动机时,我打算表明,试图将它与科学型动机等同起来错误何在。

国外有一种理论认为,我们的整个社会结构都是偶然的、非理性发展的产物。事实上,这是完全错误的。由于科学是新近的发展,或者,至少只是在我们的时代,它才在社会科学中取得丰硕的成果。我们很少能假定,甚至压根儿就不能假定理性在产生各种制度和理想、风俗与法律的过程中发挥过作用,而那些制度和理想、风俗和法律恰恰构成了现代文明的本质。因此,现代人的真正任务就是在现代物理学和化学的基础上,并且在现代社会政治科学的直接指导下,创造一种合理的社会秩序以补救现存不合理的社会秩序,而现代人恰恰因为他们是现代人,因此必须注意到现存的混乱的社会形势、产业形势和国际形势。现有的秩序被认为完全陷入了混乱,因为它是以这样的原则为基础的:"人人为自己,落后者遭殃。"让我们基于满足最大多数人的愿望或利益的原则,将我们的科学知识应用到创造一个更美好的世界的任务。

> 世界陷入了混乱,哎,该死的怨恨,
> 我生来就是纠正它的。

莎士比亚让哈姆雷特说。但在承认这个前提的真理性时,今天的许多人会说:哎,该死的特权,我生来就是纠正它的。既然这个有病的世界要贴上现代科学知识的膏药才能痊愈(这也许是能剔除腐烂的唯一治疗方法),这类思想就会大量谈论科学和科学方法。它谈得如此之多,以致一个初学者会上当受骗,错误地以为它必定是一种带有科学动机的哲学。凡是将这一流行的理论作为无可置疑的自明之理而加以接受并为了建构支持它的哲学的明确目的而沉迷于哲学反思的人,都带有社会学的动机。下属事实表明,这并非真正科学的动机。它说,当人们出于想知道世界实际上是什么样子的非功利的愿望而从事哲学研究时,产生了各种各样的老问题——一与多的问题、变化与持存的问题、机械论与目的论的问题、形式与质料的问题,等等——全都过时了。它主张,为回答这类问题而建立的哲学由此证明了它的不适当性和过时性。换言之,这种哲学并不关心那种永恒的非人类的实在(人通过感性知觉接触这种实在),因为在这种哲学看来,对贝克莱和休谟来说,并不存在非感知的实在。人的经验被用大写字母和斜体字写成Experience,这种经验是人需要承认的唯一实在。让我们都致力于整合这个重要的社会整体,即经验,直至它成为受过学术训练的思想家希望它成为的那个样子。为了安抚信教的人,我们不妨把它称为上帝,这是唯一真正的上帝,因为它是不断起作用、不断发展的人造的上帝。受这种理想的指导,我们应当创造一个比人们已知的世界好得多的世界,创造一个比人们已知的上帝好得多的上帝。因此,我们要让我们自己和我们那些受奴役的教友们摆脱传统教条(哲学教条和宗教教条)的刺人樊篱,包括那个无意义的荒唐的格言:上帝昨天、今天和永远都是同一个上帝。

> 真正的自由不就是
> 为了我们自己的珍贵利益而突破樊篱,
> 硬起心肠忘却我们对人类的恩义?
> 不!真正的自由就是
> 分担我们的兄弟戴上的所有锁链,

以双手和真挚的情怀使他人获得自由。

哲学家们唱着这首战歌,以一群成分复杂和能力非凡的人为先锋胜利地进军,去占领那个希望之乡,那里流淌着用科学的方法提炼的牛奶和蜂蜜。

这类动机常常出现在《实证主义和实用主义》(*Positivism and Pragmatism*)中。它在孔德(Auguste Comte)的哲学中起的作用,是众所周知的。它也反复表现在斯宾塞(Herbert Spencer)的社会和伦理论著中。詹姆斯(James)关于实用主义的讲演,在他的著名的社会改良学说(人能够创造更好的世界的学说)中达到了顶峰。人们不应感到惊奇的是,詹姆斯本人对创造更好的世界的意义的温和声明本应随着实用主义的发展而大大扩展,直到对许多当代实用主义者来说,哲学本身完全从属于社会改良工具的地位。听听杜威教授的说法吧!我们可以把这篇文章"看作是一种尝试,即推进把哲学从过分紧密、独一无二地依附于传统问题的状态中解放出来。这不是对已经提出的各种解决方案进行批评,而是提出一个关于在当前科学和社会生活条件下传统问题所具有的*真实性*问题。"①我们能提供比这种说法更好的证据,以证明进行哲学反思的社会学类型的动机的存在吗?新的社会问题仿佛将摧毁长久的哲学问题的恰当性!

谁不会对社会政治领域取得的进步感到欢欣鼓舞呢?谁不会自由地承认现有的社会秩序存在明显的不完善呢?谁不会同情孤苦无依的穷人、受苦受难的寡妇、无家可归的孤儿、年迈体弱的老人、无名无姓的无数人间饿殍呢?为什么这会导致任何人沉迷于这样一个徒劳的希望:在这个短暂的一系列事件中,可以通过对广大的宇宙机制的人为操控的工具达到一个不再有任何贫困、悲哀和苦难的人的阶段,并且当人们达到这个阶段时,可以通过不断生来享受它的新人类的理智活动,永远维持它并不断对它进行改进?毫无疑问,这里有一种关于生活的哲学,没有任何思想深邃的哲学家能够掌握这种哲学。接受这种哲学,意味着承认实在的世界尚未发现并且静静地进入一个梦幻的领域。桑塔耶那博士说过,带有神学动机的哲学"处于戏剧性地创造体系的领域和与或然性无关的神话的领域"。但他承认,与实用主义那样带有社会学动机的哲学相比,它丝毫不会显示出更多的此类特点。关于这两种哲学,他说:"如果一个人说月亮是太阳的姊妹,另一个人说月亮是太阳的女儿,那么,问题并不是哪个概

---

① 《创造性智慧》(*Creative Intelligence*),第 5 页,标题为"复兴哲学的需要"(《杜威中期著作》,第 10 卷,第 4 页)。重要的是斜体字并非我写的,而是杜威写的。

念更有可能,而是两个概念是否都有深刻的意味。所谓的证据是事后想出来的,那时信仰和想象已经损害了结果。"①

我不能仿效桑塔耶那将这两类哲学放在同一层次上。我在前面指责享乐型动机和神学型动机是表面的。我坚持认为,社会学类型的动机比表面的动机还要糟糕,因为它有意回避重大的形而上学问题,仿佛它们不存在似的,并且在这样做时,它将那些随它远离现实的人带入想象的丛林中。享乐型动机与神学型动机在哲学上是富有成果的,但社会学型动机几近毫无成果可言。就我所知,它从未产生真正重大的哲学文献。詹姆斯在其《实用主义》(*Pragmatism*)的前言中承认,其中的一些观点已经在他自己的思维中被一种称为彻底经验主义的观点所代替。佩里(Perry)教授为在他死后出版的、以此为题的论文集所写的导言,澄清了这一事实。彻底的经验主义是新实在论——一种彻底的科学的哲学——的先驱。实用主义,一种带有社会学动机的哲学在其伟大的创立者的心目中是短暂的,这位创立者比其他人做了更多的事情来使它通俗化并使它流行起来。这是在整个哲学发展过程中,这个运动将会碰到的事件的预兆,因为任何受社会学动机支配的哲学带有死亡的印记。所有有限的社会秩序,不过是实在性的无限海洋中的浪花而已。我们应当从斯宾诺莎那里学习这一点。人的最高优点并不是创造一个更美好的世界的力量,而是认识这个现实世界,认识他所分享的现实的能力。

IV.

我在上面说过,对认识世界是什么不计功利的愿望本来就揭示了哲学的重大问题。我把这种深入到实在的内在本质中去的、纯粹不计功利的愿望称为哲学反思的科学动机,因为相同的动机推动一个理论科学家去从事他的特殊的实验研究。每个哲学研究者都知道,科学与哲学原本就是一起兴起的,一些特殊的学科只是随着人类知识的增长而渐渐脱离哲学的。因此,哲学被正确地称为"一切科学之母"。无论哲学与科学有什么样的区别(肯定有区别),两者一起兴起的事实恰恰证明从事哲学反思的恰当动机与科学研究的动机是相同的。那仅仅是一种要认识所有加以认识的东西的、不计功利和无法满足的愿望。

柏拉图和亚里士多德明白这一点。在向泰阿泰德(Theaetetus)列举涉及哲学的一些最深奥的技术性问题(杜威有些怀疑这些问题在现有社会生活条件下的真实性)

---

① 《学说的趋向》(*Winds of Doctrine*),第210页。

之后,柏拉图对苏格拉底说:"我怀疑你以前想到过这些问题。"

"是的,苏格拉底,当我想到这些问题时,我也大吃一惊!我想知道它们在大地上意味着什么。有些时候,我简直沉迷于对它们的思考。"

"我亲爱的泰阿泰德,我明白,当特奥多罗斯(Theodorus)说你是真正的哲学家时,他对你的本性具有真切的洞察,因为惊异是哲学家的感觉,哲学始于惊异。"①

亚里士多德很可能记住了这段话,当时,他这样写道:"就像在今天这样,在早期,人们是由于惊异而开始哲学研究的。他们首先对近在咫尺的问题表示惊异,继而渐渐上升到更为复杂的问题。……但是,感到困惑并满心惊异的人觉得自己无知……因此,如果人们为了摆脱无知而从事哲学研究,那么,显而易见的是,他们仅仅是为了求知而不是为了它带来的实际好处而追求智慧。一些事情的经过,也表明了这一点。因为,只有为满足生活的舒适和方便所需要的所有东西已经具备之后,人们才开始追求这种知识。那么,很清楚,我们是为了非外在的用途才追求这种知识。"②

现在,我们必须承认,满足仅仅为求知而求知的愿望带有非常快乐的体验。因此,很容易将科学型动机与享乐型动机混为一谈。但是,我们在这里面临享乐主义的著名悖论。如果我们想为得到快乐而求知,我们就不可能得到与认知经验相伴随的真正快乐。只有当我们为求知而求知时,才能合理地期望这种快乐会得到满足。因为任何外在的动机都会使人不易看到这个事实,以致我们只把实在的存在视为令我们快乐的东西,而不知道实在究竟是什么。这一批评甚至可以适用于保尔逊(Paulsen)所说的一段名言:"推动人们思考宇宙本性的最终动机,是获得有关他们自己生活的意义、根源和目的的结论的愿望。因此,所有哲学的起源和目的都应当到伦理中去寻求。"③

对哲学反思而言,为知识而知识是唯一适当而且有价值的动机,而且这就是科学的动机。哲学家就是这样一种人:他像泰阿泰德那样,想知道大地上的什么东西才是哲学问题的答案。他就是常常沉迷于对这类问题沉思的人。但这并不意味着,他故意为了精神的陶醉而沉思这类问题。这是因为,他仅仅生来就是那样。只要人还是人,只要他本性上具有无法满足的好奇心,就会有一些人献身于哲学的研究,即便他没有在那里找到特殊的快乐或缓解痛苦的方法,即便神学的教条完全丧失了它的吸

---

① 《柏拉图对话集》(*Plato's Dialogues*),卓维特(Jowett)译,第4卷,第210页。
② 《形而上学》,Ⅰ,2,982 b 12,译文摘自贝克维尔(Bakewell)的《古代哲学资料集》(*Source Book in Ancient Philosophy*),第217页。
③ 《伦理学体系》(*System of Ethics*),英译本,第3页。

引力,即便试图创造一个更美好的世界完全是徒劳之举。只要现实世界正给人们的心头笼罩可怕而神秘的迷雾,哲学仍会欣欣向荣。由于本性上具有聪明才智,只有当人的心灵洞透了这层面纱,他才会安定下来。

只有两种哲学——绝对唯心主义和实在论——怀有彻头彻尾的科学动机。从巴门尼德和柏拉图(他们为一方)、赫拉克利特、鲁西帕斯(Leucippus)和德谟克利特(他们为另一方),到当今著名的绝对唯心论者和实在论者,他们一直保持着各种细微的差别。如果实在论常常受到享乐型动机的诱惑,而绝对唯心论受到神学型动机的诱惑,如果两者有时又带有社会学类型的动机,那么,每一方都会自觉地回到鲍桑奎(Bosanquet)博士的伟大格言:"赞美宇宙或提升仁慈的满足感,并不是哲学的任务。"[1]根据我的判断,这句格言也包含同样重要的涵义:哲学的任务就是探测实在的无限海洋的深处,而人类的小舟在这个海洋中颠簸不已。

---

[1] 《个体的价值与命运》(Value and Destiny of the Individual),第 327 页。

2.
为一种无价值的价值论作辩护①

戴维·怀特·普劳尔(David Wight Prall)

对于皮卡德(Picard)先生最近的文章《价值与好处》(Value and Worth)②有两种异议,虽然杜威先生的文章《评价与实验知识》(Valuation and Experimental Knowledge)③给这篇文章提供了部分的支持,但我觉得,立即表达这种异议仍然重要。至于别的方面,我可以把理论交给更有能力把它作为整体去处理的其他人进行批评。

我的第一个异议是:皮卡德先生对价值与好处所作的区分并非价值领域内的区分,虽然这种区分有赖于一种十分明显的区别(我本应充分地谈谈这种区别,并且爽快地承认这种区别);我觉得,"好处"(worth)这个词不是一个适用于肯定并非价值(value)的东西的特别恰当的名称。这个步骤颇像给价值选择一个或多或少适当的定义,先选择一个案例(价值被归于这个案例,但定义却不适合这个案例),继而因这个案例恰恰不是价值的一种,而是或多或少与价值相似的某种东西而将此案例排除在外。为方便起见,我们把那个或多或少与价值相似的东西称为"好处"。事实上,如果任何好处真的并非价值的一种情形,那么,显而易见的,它也并不是一种好处。无价值的好处(non-valuable worth)在英语里是一个无意义的词语,因此,这个术语是皮卡德理论中一个严重的缺点;在一个术语产生大量混乱和不必要的争议的领域中,这种缺点尤其严重。

然而,除了找出使用有疑问的术语之外,我还要找出其他缺点。皮卡德先生说,

---

① 首次发表于《哲学评论》,第 20 卷(1923 年),第 128—137 页。杜威的回应,参见本卷第 20—26 页。
② 《哲学杂志》第 19 卷,第 18 期,第 477—489 页。
③ 《哲学评论》,第 31 卷,第 4 期,第 325—351 页(《杜威中期著作》,第 13 卷,第 3—28 页)。

他对他称之为"好处"的东西进行了反思。我假定,他还会说,它因此是反思的产物,是由反思造成的。我们在任何特定情况下对"好处"的承认,完全可以通过反思活动来说明,也就是说,它可以是认知过程的产物。但是,我们在认知过程中渐渐承认的东西,至少在皮卡德提到的情况下,不过是一种事实而已,并且这种承认可以采取事实判断的形式。经过反思,我们渐渐发现,某某行为、某某事物、某某个人现在是或过去是或将来是有价值的——当然是对某人有价值。这个某人是有意识的存在物,而在这个有意识的存在物与有价值的对象、行为或个人之间,现在存在、过去存在或将来存在那种我们称之为价值关系的关系。如果我通过反思承认一种行为在道德上是善的,或者承认一幅画在审美上是好的,我进行这种承认的认知过程与使这种行为成为善的或使那幅画成为美的过程并没有任何关系。这个行为之所以是善的,或者那幅画之所以是美的,是因为它进入了与某个主体(它在沉思中给那个主体带来了满足)的关系——与许多主体构成的整个社会的关系。也许,这些主体在他们的趣味、道德或审美方面,甚或在逻辑方面达成了一致。①

为了简明扼要,我们可以使用皮卡德先生提供的一些例子作为他主要做的那种区分的充分证据。他认为,在由佩里先生非常严格地加以阐述的那类价值论中,这种区分并未得到说明。皮卡德先生说,在这种理论中,"被定义为兴趣的情感-意志关系的内在价值,与我们在追问这些'好处'是否能得到辩护的问题时出现的内在价值,属于同样的实体"。② 这种理论"并未考虑可以出现在反思中的好处的补充因素",并因此"将情感兴趣与完全带有认识性的兴趣等同起来"③。对这种批评的回应,首先,在于显现出来的东西的实在性并未得到发现它的反思性认识的补充;其次,这种实在性在于,如果皮卡德先生所说的认知兴趣并非指对行为或认知对象的兴趣,整个认知兴趣压根儿就不是兴趣。在任何一种情况下,我们最好把这种兴趣称为动机-情感性兴趣或情感-意志性兴趣。我应当假定,除非这位纯粹数学家中的最纯粹者成为康德,否则,他就会享乐于他的认知过程或他的认知对象,而丝毫不会危害他的证明的严格

---

① 常被用来排除审美趣味的事例的那种根本分歧,在很大程度上是庸人的神话,或者是对艺术家向他们作品的特殊的强烈兴趣的误解。对细节的强烈兴趣以及对有关它的意见分歧的苦恼,或者至少对表达这些分歧的方式的苦恼,导致批评家们从尚未表现出来的趣味的基础方面寻找不一致性。斯达克·扬(Stark Young)在对该主题的最近讨论中说,正是在更大规模的真正的艺术家中,圣徒们的真正交流才可能被意识到。
② 《哲学杂志》,第19卷,第18期,第482页。
③ 同上书,第484页。

性或他的发现的有效性。

让我们看看皮卡德列举的例子:"我也许喜欢某一幅画,而我新近获得的审美趣味却对这幅画不以为然"。① 在此,显而易见的是,审美趣味并未获得②,或者那种趣味仅仅意味着感知那幅画满足了某种要求的能力。这的确纯粹是一个判断问题,并且这种判断是一个事实判断,而不是一个价值判断。但是,即便它是一个正确的判断,这幅画的审美价值仍然取决于这幅画符合要求,而不取决于观察者知道这幅画符合要求。这一点不会使那幅画的好处或价值成为客观的独立的东西,或者是以不同于主体-客体关系的方式构成的。因为标准当然是由某个人按照好恶而起草的准则,这种准则要么是起草者本人的准则,要么是他试图满足或确定其好恶的某个人的准则。符合标准(任何受过严格训练的人都可以注意的客观事实)意味着这样一种事情:当这个将其喜好作为标准的主体出现时,这个主体会喜欢那幅艺术作品,喜欢那幅画。这个艺术品,这幅画,对他来说马上就具有了价值。它实际上会符合他的真正的趣味。③

我觉得,对皮卡德先生的其他例子——厌恶"好的"音乐的例子,要进行同样的分析,但我要用它来评论杜威对这个阶段的相关主题的贡献。它是杜威先生最感兴趣的工具价值,参照这种价值,他通过出色地澄清一些问题加强了他的论证——可以确立这样一种价值观念的地位的论证;这种价值观念是由一种他认为属于逻辑活动和实验活动的活动产生的,他把这种活动称为评价判断。但是,他为他的理论找到了具有内在价值的显然很难说明的例子(比如,音乐的例子),这些例子特别具有启发性;并且,他用这些例子来证明他的分析。④ 他说,在这些例子中,就像在所有评价中那样,我们首先必须作出这样一个近似的判断:"为使一个完全的最终判断成为可能而采取某种行动是好的,或者是更好的。"⑤我们不妨看看这个例子,在这个例子中,提

---

① 《哲学杂志》,第19卷,第18期,第484页。
② 这是杜威在我们已引用的那篇文章中的观点,第350页(《杜威中期著作》第13卷,第26—27页):"我们遵从习惯和社会期望而作出判断行为,但我们在内心里意识到,我们正在进行一种多余的仪式。这种判断是虚假的,并不是真实的。因此,对以下事实感到奇怪是没有根据的:判断并不决定情感驱动性态度。"
③ 根据模式形成自己趣味的人,逐渐采纳了首先适用于其他人的标准。但是,他们常常最终喜欢上了"有高雅趣味"的东西。他们的趣味是培养出来的,是真正后天获得的;并且,它也许是高雅的趣味。然而,训练在大多数时候表现在感觉的鉴别力方面,而不是像杜威先生主张的那样在评价判断方面。
④ 《评价与实验知识》,第350—351页(《杜威中期著作》,第13卷,第26—27页)。
⑤ 同上书,第350页(《杜威中期著作》第13卷,第27页)。

出的完全的最终判断是:这个特殊的"好的"音乐是好的,但我现在并不喜欢。这个最终判断应成为一种受情感推动的新态度(这的确是我的态度)的记录,我实际上获得了这个记录。它应当成为我的真正新颖的趣味的实际部分,这个趣味的获得本身是那个"近似判断"的结果,该判断的对象或内容就是我要采取的行动。这个近似判断将成为刚刚提到的评价型判断:"为使一个完全的最终判断成为可能而采取某种行动是好的,或者是更好的。"

与以前相比,杜威先生似乎不太有兴趣证明。从逻辑理论的观点看,这并非新型的判断或特殊类型的判断。但是,他仍然坚持认为,它恰恰是那个理性的逻辑过程,正是它使真正新的事件成为理性经验的一部分。有人假定理性本身作为一种存在物,就像自然界的其他事物那样,是自然的、没有理性的。对这种人来说,将这种特殊的评价行为称为逻辑的甚或理性的行为并不重要。使那种活动适合理性的生活,导致对任何活动的反思。而评价作为一种活动,几乎不会被自然主义者视为本质上的逻辑活动。只有论述,才会有那种特点。这些问题就像所有以存在为目的的问题一样,并且像杜威先生所指出的那样,属于形而上学问题。但是,拿已经提供的例子——音乐的例子来说,应该作出什么样的判断,应当采取什么样的行动呢?当我达到了承认音乐是好的状态并且想得到这种判断,但不是把它作为杜威先生所说的伪装的东西,而是作为我自己实际喜好的记录,我应当作出什么样的、以行为为对象的"近似判断"或系列的判断呢?

下述文字似乎是对这种情况下发生的事情的清晰说明。我自问,我应当如何才能渐渐喜欢好的音乐,因为我已经承认这支音乐是好的,尽管它现在对我来说并不悦耳动听。这样,我会说,我最好听更多的音乐,或者我最好学习和声学,或者我最好学习演奏小提琴,因为这些都是人们借以渐渐喜欢上好的音乐的行为。我采取的那些行为,要求对环境采取慎思的态度。对我喜欢的东西,对适合我的能力的方面等等,确实存在怀疑;只有当我已经达到这种慎思的结果,这种怀疑才会烟消云散。这种慎思本可以涉及对我的全部心力的运用,但只有在这种慎思结束时,我才会使这种判断本身——"近似判断"符合要求。然而,在我的活动的这一点上,眼下讨论的价值不会显示出来。事实上,如果它显示出来了——这在我看来,是对事实非常可靠的经验说明——作出判断将会是漫长的因果系列中的一个环节,而在它结束时将会出现一种价值情境。这种情境既是由判断造成的,也是由眼睛、耳朵和其他器官的各种活动造成的,由小提琴和琴弓、也许还有钢琴和琴键的各种活动造成的,也许还由大量其他人和事物的各种活动造成的。在所有这些结束时出现一种情境,在这种情境中,我作为主体,通过耳朵并凭借新发展起来的各种联系,愉快而满足地沉思着,这些东西与以前不活跃的或者说不协调的大脑皮层,与以前不合意地(unacceptably)印在大脑皮层的音乐的声音,建立了那样的联系。音乐的价值就出现在这种关系的形成过程中。没有这种情境,它就不会发生;而且,如果没有这种情境,我们就绝没有把握说我喜欢音乐;如果没有这种与某个主体一同出现的情境,就没有把握说音乐是好的。

所以,这个过程的最后阶段并不是判断,而是沉思和欣赏。这个阶段构成了另一种意义上的价值,它完全不同于下述意义上的价值,在那里,价值情境是由"近似的"评价判断构成,由实践判断构成:我最好听听音乐,或者学习音乐,或者随便碰到的任何东西。我们承认,假如没有判断,价值情境本不会出现。判断是通向情境的因果链条的一环,但判断并不能构成情境,就像小提琴并不构成情境,或者像我在受教育过程中听到的音乐不能构成情境,或者像任何其他因果链条中的任何其他任何环节也不能构成情境一样。我本可以作出这种判断,因为我想渐渐重视好的音乐,它本可以有助于把我的心灵置于一种在我渐渐享受训练之前有必要处在的那种状态;正是通过那种训练,我最终学会了欣赏好的音乐。这一判断乃是不断出现在理性存在物的心灵中的那类判断的一个例子。但是,我没有发现有什么理由说,它要么构成了享乐,要么构成了价值。杜威先生会说,这里指的不是此种价值,而是仅由这一判断构成的特殊类型的价值。然而,我总是发现,由于杜威先生的所有价值观念具有确保将它们纳入"价值"一词之下的共同因素或特点,我们可以表明它们是在受情感驱动的关系中构成的,而这种关系构成了直接的价值。皮卡德先生只想将特殊的实体确定为好处,我在这里试图否认好处是价值的一种形式,或者说,如果它是价值的一种形式,我想将它纳入"情感驱动"理论之下。在这种情况下,杜威先生似乎没有给皮卡德先生的立场提供帮助。正如成千上万其他的事物和活动所做的那样,评价判断有助于显示价值,有助于把我提升到能够作出实际评价的程度。但我不能发现,研究这种判断对理解价值特别重要,或者对学会公正评价特别重要。因为显而易见的是,甚至杜威先生意义上的评价也是令人偏爱的,并且偏爱作为真正的新经验源于以前的经验,正如新事物来源于旧事物。因为一种价值理论在新的评价出现时,发现以前的判断都是陈旧的,这种价值理论就会否认怀疑的实在性或可能性的实在性——坚持这一点,就像坚持认为把过去作为过去凸显出来一样,否认一种真正新的东西,也即将来能够产生于过去或者事实上产生于过去。

佩里先生的价值理论断定的东西是:价值观念出现了,它们是真正的新东西。我觉得,根据主体的能力是否突出,根据他在特殊领域的训练是否全面,它们会变得要么令人满意,要么令人不满意。恰恰不是在被称为价值判断的特殊判断领域的训练,而是在科学事实领域以及在艺术原理和独特性方面的训练,使得慎思得以进行的行为令人感到满意。但这种行为始终是偏好或喜好,决不像杜威先生所具有的那样,是"理智的、逻辑的或认知的行为"①。所有研究和教育的目标就是获得鉴赏力,即在我们所有的经验领域里正确和适当地喜好的能力,但可以肯定,休谟对必然联系的讨论足以让我们相信,只有既有的经验才能确立对于事实(如鉴赏力与它在心灵史中形成过程的关系)的知识。杜威先生似乎反过来坚持认为,我们是通过一种先天的逻辑,通过在实践判断中进行的逻辑评价过程而进展到我们的价值观。没有人需要怀疑,个人的价值观是通过它们在个人历史的存在而决定的,而个人历史的一部分是其严格意义上的精神生活,甚或是他的逻辑生活。但是,构成价值的行为也是一种非理性偏好的行为。它是生活和生存的一部分,而不是辩证法的一部分。因此,我们对于它与它之前的原因、与判断的或其他的原因的现实联系的知识,仅仅是随事后的反思一起出现的。价值观并不是在判断中构成的,尽管它们只是在一种关系中构成的。在大部分情况下作出判断的心灵,则是这种关系的一方。

正如杜威所言,在这一基础上的批评,的确是对非理性偏见的事后说明。既然非理性的偏见恰恰是人类的偏好,我们还有什么要问呢?就道德标准而言,除了有知识和辨别力的人在想象出来的理想或在沉思状态中喜爱的东西之外,除了我们因此确信所有人都喜欢的东西(尽管它们被充分阐明了)之外,杜威先生的"应当喜欢"还指什么意思呢?

从上面的讨论可知,在我讨论的那些情形中,杜威先生的理论为皮卡德先生所说的"用处"(worth)②提供了一种辩护。尽管这种辩护并不成功,但它将它们作为特殊的价值观念来辩护。这与皮卡德先生对它们的看法相距甚远。因为皮卡德先生使"用处"完全不同于价值(value),使之成为判断或认知在没有任何建构性的情感兴趣的情况下所认可(acknowledge)的东西。杜威先生则认为,"用处"是理性献给价值的一个贡品③,我明白,这意味着,就价值的某些情况而言,他承认价值就是好处。对这个问题的反思,并未揭示皮卡德先生给我自己以前的讨论造成的那种困惑;相反,它表明我对于使认知要对事实(它渐渐承认这些事实)负责提出了真正的异议。正如皮

---

① 《评价与实验知识》,第335页(《杜威中期著作》,第13卷,第13页)。
② 在《杜威中期著作》第13卷的中译本中,"Worth"一词译为"值得",我们以为译成"用处"似更恰当,故这里译作"用处"。——译者
③ 《评价与实验知识》,第351页(《杜威中期著作》,第13卷,第27页)。

卡德先生极不情愿地指出的那样,承认存在着特殊的价值这一事实,并不意味着确立了构成价值的关系。然而,它意味着承认这种关系已经建立,或者现在正在建立,或者将会建立,或者可能建立。这种承认就是我在这些涉及"用处"的事例中所发现的一切。就皮卡德先生所作的清楚说明而言,这些有关"好处"的事例显然要么不是价值,要么是被认可的价值,但这是人们在认可时感受到的价值。这种认可就是价值理论家们不断在作出的那种认可。比如,这时人们会告诉你:从有机体的观点看,价值会出现于作为向外的兴趣的基础的活动中心产生之时。① 皮卡德先生肯定没有断定他对有关价值的这种事实的反思性认可构成了此处的一个"用处",我们可以说,在那里,阿米巴虫进入了一种关系,这种关系构成了一种直接的价值。他注意到的非批判性假设②在我自己的事例中,至少是一个经过深思的结论。

为进一步为这种"非批判性"理论作辩护,且让我表明它是如何处理形式结构的标准的。皮卡德先生勾画了这种结构,是为了使他的区分更为清楚,也就是说,表明内在用处(worth)并不是由与构成直接价值的利益关系相同的利益(interest)关系构成的。他将一种关系,即价值关系称为二价(dyadic)关系,而另一种关系是三价关系并构成了"用处"。二价关系是我正在捍卫的关系,我把它作为唯一的价值关系,我不必对它展开进一步讨论。但是,皮卡德先生说"一种用处-关系有三项:个人、被判断的对象或行为、被判断的对象涉及的对象或行为"③。在对内在用处的判断中,可以作这样的参照:A 是靠自身成为"有用处"的。这是只有通过反思才会出现的用处,是高于任何直接价值的补充用处;而当用处呈现出来时,这种直接价值常常是消极的。在三价关系中的三项是:(1)作判断的个人,他承认这样的事实:A 是有用处的;(2)被判断的对象,即 A;(3)在这个判断中,A 所指涉的对象,在这个事例中指 A。A 是有用处的,也就是说,是靠自身而有用处的。这是皮卡德先生的分析,而不是我的分析。但我并未发现,可以由此得出在这种情境中涉及任何用处。这个判断是不正确的,是错误的。A 也许不是在任何意义上有用的。我认为它是有用的,这肯定不会使 A 有价值。为什么它应当使之有用——要么在本质上有用,要么作为一种手段呢?事实上,如果 A 坦率地说是 B 的手段,并且这种事例是具有辅助价值的事例,皮卡德先生发现它与内在有用性具有同样的三边(triadic)关系,那么,这种三边关系(如果它保持

---

① 参见皮卡德:《价值、直接的与贡献的价值》(*Values, Immediate and Contributory*),第 42 页。
② 《哲学杂志》,第 19 卷,第 18 期,第 482 页。
③ 同上书,第 488 页。

这种关系的话)只是一种判断而已。第一项是作出判断的个人,第二项是 A,第三项是 B。按皮卡德先生的分析,A 是作为原因而与它发生关联的。更简单地说,作出判断的个人与两项即 A 和 B 发生关联,并且与在实际上将 A 和 B 联系起来的普遍者发生关联。作出判断的个人,还与由 A 和 B 构成的复合体发生关联,与将它们联系起来的关系发生关联。这个判断是通过"A 引起 B"这种形式来表达的。当我们将任何东西作为手段时,我们的确可能作出这种判断,并且在这种情况下至少要涉及三项。但同样清楚的是,我们也许会在判断方面犯错误,就像我们在对上述的内在有用性作出判断时会犯错误一样。因此,A 也许没有丝毫价值。这类情形也可以是:判断"A 引起 B"是正确的,并且 A 没有价值。因为结果可能是:我们的目的 B 是我们所不喜欢的,因此,手段 A(我们正确判断它是 B 的一个原因)没有价值。按皮卡德先生的看法,A 在这两种情况下都有用处;如果情况的确如此,那么,"用处"完全没有价值。因此,至少是语言的一个独特用法将用处与一个对象必须具有的东西等同起来,因为我们要么错误地认为它与它并非其原因的东西有因果关系,要么错误地认为它实际上与其联系的那种东西(当它不是其原因时)是有价值的。

347　　我的讨论并不试图涵盖皮卡德先生涵盖的所有领域,更不用说驳斥他的价值论了。它只是试图表明,他认为属于我的非批判性假设的东西,也就是被我视为要清楚阐明的论点的组成部分的东西,以致可以得到普遍的接受。我也觉得,它提供了非常充分的理由来排除对 worth 一词的建议性用法,即把它作为标准价值。对这么多人来说,或者对这么长的时间来说,这要么属于真正的价值(过去或现在),以致它已经渐渐被视为标准,虽然人们不一定感受到它就是价值;要么不是价值,而是断定某个东西或其他东西应当被赋予价值,或者断定某人或其他人认为它有价值或希望人们认为它有价值。1921 年 12 月,佩普(Pepper)博士在哲学联合会宣读过一篇文章,但该文没有发表,而皮卡德先生引用过那篇文章。① 我认为,那篇文章的建议与其是说"内在用处是在判断中或通过判断构成的",还不如说是他所说的标准价值(皮卡德先生的内在用处并且是三边的用处)实际上根本不是价值。用 worth 表示这个绝对不是价值的东西,在我看来意味着放弃现代价值论提供给伦理学的主要澄清手段之一。换言之,价值是一回事,符合是另一回事。因此,人们发现,义务伦理学、清教伦理学、形式伦理学、康德伦理学无权谈论"道德的用处"这个概念,也无权谈论除"行为的符合"(conformity)之外的东西。如果我说话可以不那么严格且仍然不被人认为坚持社

---

① 《哲学杂志》,第 19 卷,第 18 期,第 485 页。

会心灵的神化的话,这种符合的价值是在这样一种关系中构成的,在这种关系中,社会是按行为的实际表现来观察行为模式的;社会对这种行为模式的好恶,取决于社会是把它看作对文明大厦的美化还是丑化。这种喜好将各方(有社会心灵的个人和深思熟虑的行为)结合起来的那种关系构成了行为的善,即它的道德价值、它的内在的用处,或者应当说,必然带有审美性质的用处或价值。

　　我的第一个异议到此结束。我的第二个异议仅仅是,皮卡德先生显然把他引用的那段话中的 *disinterested*(非功利的—译者)误读为 *uninterested*(无兴趣的、冷漠的—译者)。他把那段话作为我对一种区分的无意识说明,而他认为我应当作出这种区分。但是,如上说述,这在我看来,要么是无关的,要么是错误的。①

　　我觉得,相当清楚的是,非功利性的关注不仅可以是"我们在讨论情感关系时谈到的那种兴趣",而且在典型意义上就是那种兴趣——它就是那种兴趣的类型本身。无论如何,从康德以降的美学家们都是这么认为的。说它缺乏情感色彩或在本质上并不是特殊的情感色彩,这会成为对康德、克罗齐、鲍桑奎、桑塔耶那和贝尔先生的奇怪批评。基督教神秘主义是不是无功利的,在一定程度上乃是一个问题,但在他们的视野中并不缺少情感色彩。人们通常同意,在对审美对象的典型静观中,情绪的内容、喜好(更不用说爱、钦佩、崇拜)乃是无功利态度的重要特征,我甚至应当说是其构造型特征。

---

① 《哲学杂志》,第19卷,第18期,第480页。

3.
时间、意义与超越性①

阿瑟·O·洛夫乔伊(Arthur Oncken Lovejoy)

1. 昨天的靠不住的未来

我非常感谢杜威教授精心撰写的长篇评论②,通过这篇评论,他给我为《批判实在论论集》(*Essays in Critical Realism*)撰写的文章增色不少。杰出的哲学家们并不总是同样乐于与他们的批评者们一起进入这个行列,并直接和逐步地加入与批评家们的争论。因此,杜威先生的两篇论文勇敢地表明了对真理的哲学探求概念的信念。正是这个概念,使它存在于本质上具有社会性和合作性的理智实验过程之中;在那里,所有哲学论题、论证和区分被形形色色的人们投入了探索性和分析性讨论的蒸馏器中。我确实没有发现,在目前情况下,人们已经为达成现实的一致取得了重大的进展。但这毫无疑问是一个结果,在经过对观点独一无二的交流之后,人们几乎没有料到这一结果。同时,杜威先生的文章在我看来,为更加清楚地揭示分歧的性质、根据和原因作出了很大的努力。我希望,连续的讨论不仅可以进一步澄清这些问题,而且可以澄清它们所涉及的重要的哲学问题。

毫无疑问,要提醒读者了解那些问题是什么。在论及杜威先生的文章中,我

---

① 首次发表于《哲学杂志》,第19卷(1922年),第505—515、533—541页。杜威的回应,参见本卷第27—41页。
② 《并无一元论或二元论的实在论》,《哲学杂志》,第19卷,第309—317、351—361页,该文在此简称为 R. M. D.;《批判实在论论集》简称为 E. C. R.《杜威中期著作》,第13卷,第40—60页和第443—481页)。

试图特别证明下面两个观点:(1)所有实践性知识或工具性知识至少包含和要求"描述性知识",即通过现有质料再现不出场的东西;(2)"从实用方面看,知识必然不断地熟悉各种实体,这些实体在存在方面超越了认识经验"。我引用过我们有关回顾和期待的各种判断,把它们作为这类超越性指称(reference)最简单、最不易引起怀疑的例子,因而把它们作为一个关键性的实例。对大多数人来说,其中最明显的是我们"意指"一些实体并且知道这些实体,它们并不是在人们认识它们时直接在经验中给予的,因为它们并未成为现存世界的一部分。在为刚刚提到的一般观点与有关过去的判断的个别例子作辩护时,我感到有必要反驳杜威先生所表达的一些观点;这些观点在我看来,偏离了他自己的实用主义学说的真正逻辑。虽然不乏语言的含混,他似乎主张在确实的判断中意指的对象或已知的对象是必须"被直接经验到"的——从字面上看,这一断语意味着不可能有间歇性的认识,不可能在另一个时刻了解某一个时刻的经验。事实上,就关于过去的知识的特例而言,杜威先生已经在他的"直接经验主义原则"指引下,走向了明确否认它的不可能性的地步。① 由于过去的对象超越了认识它的经验,由于它"永远过去了、消失了",杜威先生在很多段落里都极不情愿地承认,我们可以说过去本身已经"被认识"或"被意指"了。正如我以前主张的那样,这种悖论事实上是通过否认已知对象的超越性来摆脱认识论的二元论的尝试的必然结果。

杜威先生回答的第一部分似乎重新证实,甚至强化了同一个悖论。因为它的论证导致了这样一个论断:"现在或未来构成了对过去的判断的对象或一般意义"②;在回顾性的判断中,"实际被意指的东西即判断的对象是前瞻性的"③;"过去的事件并不是这类命题的意义"④。既然他像他认为的那样,已经抛弃了知识的超越指称的这个假定的关键例子,杜威先生作出结论说,他已经证明"放弃关于神秘的超越性认识论是可能的"。由于后面要提到的那些原因,当我怀疑这些命题是否意味着它们所说的内容时,我应该首先假定它们会做到这一点。我也会重审杜威先生的论证,把它作为对它们已经尝试过的证明。

---

① 例如,参见 E.C.R. 第 42—44、52—54、63—71 页(《杜威中期著作》,第 13 卷,第 449—450、457—462、466—473 页)。
② R. M. D. ,第 313 页(《杜威中期著作》,第 13 卷,第 45 页)。
③ R. M. D. ,第 314 页(《杜威中期著作》,第 13 卷,第 45 页)。
④ R. M. D. ,第 312 页(《杜威中期著作》,第 13 卷,第 43 页)。

1. 第一个论证在于争辩。只有当被判断的过去的事件成为一种正在关注的对象(具有可直接观察到的影响)时,判断和知识才有可能。但我假定,以斜体字①加以强调的这个命题没有人会否认。很明显,现有信念的基础就是现有的基础。我今天能为昨天的事件的判断提供辩护的证据就是今天存在的证据,而不是昨天存在的证据。我也没有看到有人反对将这个自明之理变成杜威先生的下述命题:"对于过去事件的判断的真正对象可以是"(就可以在科学上证实的判断而言,我甚至应当补充"必须"两字)"一直延续到现在和未来的过去事件"。既然我们不把过去的事实看作现在可以认识(在认识的通常意义上)的东西,而这些事实没有留下现在可以发现的痕迹或现实的见证,那么,我们可以恰当地说,有关过去的任何真正的得到证实的知识的完整对象乃是有直接影响或间接影响的过去,这种影响仍在现在存在着(记忆就包含在这种影响中)。换言之,与现在的连续性(通常是因果连续性)无可否认地成了"已知的过去事件"这个表达式的意义的一部分,但这个部分并不是整体。正是基于这样简单的区分,杜威先生的第一个论证失败了,因为争论的问题仅仅与一个关于已经过去的过去的判断的整个对象的那个部分有关。杜威先生似乎假定,当表明任何有效的已经证实的回顾性判断至少包含对现在和未来的内在指称,我们就会减轻其对过去第一指称的所有逻辑关切。这就像一个天文学家在观察到一颗星星的光谱中既有红色又有黄色时,应当对自己说:"这个红色显然只是与黄色相联系的红色。因此,在我对星星的研究中,如果我只考虑黄色而忽略仅与红色相关的问题,那也够了。但是,正如杜威自己的表达式必然反复承认的那样,过去的指称即现在的认知经验的一个根本方面仍然存在;与此同时,存在的是为眼下正在讨论的我的论文的那个部分的争论作辩护。

2. 然而,杜威先生试图通过区分"对象"和"题材",为他的哲学仅仅关注回顾性判断的指称的现在和未来部分作辩护;他最终试图使他的案例有赖于将"这种一般的和必不可少的区分用于那类判断"。他所说的"题材",是指任何探究中的"既有意见"、已知的事物或被认为已知的事物,以便可以从它们那里得到在探究的、一开始并不知道的他物的知识。"对象"就是那个他物。在探究成功结束时,那个"他物"成了一个"已知的事物"、一种"既有的意见"。因此,在法庭上,裁决包含着对象,包含被意

---

① 中文版中改为楷体字,下同。——译者

指的事物。展示的证据和应用的法律条文提供了题材。这种区分本身并非无懈可击,尽管我们本可以找到形成更鲜明对比的词语来表达它。但是,杜威先生将它用于"分析对过去的判断"的方式,在我看来,真是显得非常奇怪。在这种判断中,他恰恰将"过去事件的性质"与"题材"等同起来,因为它"被要求对现在或未来作出合理判断",后者因此"构成了判断的对象或真正意义"。因此,"关于下述观点没有什么强制或矛盾的东西:在所有这类情形下,实际被意指的东西即判断的对象是前瞻性的"。①Q. E. D. 古生物学家会吃惊地发现,当他试图确定某种已成化石的动物与旧石器时代的人同时存在时,他的探究"实际被意指的东西",他在结束时所达到的判断的"对象或真正意义",并不是已经灭绝许多世纪的有机体,也不是现有的化石遗留物,而是某种"未来的"东西。至于那种对成了刑事法庭的特定对象的过去事件的判决,杜威先生以前将他的区分用于这些判决的做法,现在显然不仅需要修改,而且需要颠倒。比如,根据验尸官的验尸,被调查的"过去事件的性质"乃是死者的死亡方式,因此是调查的"题材"。按杜威先生的定义,这一点构成了此一案例中的"既有的意见"。而"呈上来的证据"——尽管只在杜威先生论文的前几行里被归类为题材——必须根据结论从那个类中排除掉(因此,也要从"既有的意见中排除掉),并且被描述为"那个调查无法达到的目标"!

因此,杜威先生为了表达这种"必不可少的区分"而以单独一页纸的篇幅颠倒了自己的术语的意义。这一点是如何发生的呢?经过分析,就可以了解混乱的根源。如果他坚持他原来的定义,下面这一点本可以显而易见:在对过去事件的性质或实在性的探究中,"既有的意见"包括"题材",必定像他本人在其他段落中反复提到的那样,由现有的材料——目击者的证据、化石的性质和情形组成。因此,"对象"至高无上的地位本会落到这一探究所涉及的过去事件的地步。然而,这个结果与杜威先生的重要观点恰恰相反,因此,另一种区分似乎无意中代替了原来的区分,而相同的两个术语留下来表达它。实际上,新的区分似乎运用了"对象"一词的双重意义。在原来的区分中,这个词仅仅意味着在判断中被指称的东西。现在它意味着目的或兴趣,它引导人追问以下判断所回答的问题:"目的是意图的实现吗"。所以,正如杜威先生所说明的那样,如果我问自己昨天是否寄出了那封信,我的调查的"目的"就是得到现

---

① R. M. D. ,第 313、314 页[13:45,46],斜体是我加的。这里所使用的对象和题材的区分,看起来似乎仅仅是《达尔文对哲学的影响》第 61 页中使用的"指涉"(reference)和"内容"(content)的另一种措辞,二者用于相同的目的。参阅我对此的评论,见 E. C. R. 第 67 页[13:469]。

在或未来的兴趣问题的答案,比如,"其他人与我本人之间的事态是什么?""他的信是否收悉?邮件封上了吗?是否做了约定或作了保证呢?"当然,调查或判断的"对象",即展开调查或作出判断的"目的"(在此词的这个意义上说),不可否认始终是现在或未来。在做任何事情时,我的目的、我的意图的实现必定与做那件事同时或后于做那件事。但是,用"object"的这层意义代替前一层意义具有不正当性,这一点不必指出来。然而,只有通过这种无意识的双关语,杜威先生才给出了与他的结论很可能相似的东西,这个结论就是"判断的对象始终是将要出现的对象"。

当我们回到他原来对对象的唯一相关定义——"对过去事件的判断的真正对象就是联系到现在和未来的过去事件"①——从判断的整个"真正对象"中挑出一个部分,即现在和未来部分,并把它仅仅用于"对判断的对象的真正意义"、对"实际被意指的东西"的赞赏性描述,这样做显然不仅武断而且荒唐。其荒唐性当然在于这样的事实:如果将任何部分单独挑出来优先对待,那么,那恰恰是杜威先生在他最终的结论中拒绝承认的部分。正如他的语言表明的那样,判断毕竟是"对于过去事件的判断"。换言之,包含在他看作这类判断的整个对象的东西中的现有事实和未来事实,在逻辑上说,肯定是认识过去事实的工具。的确,当反思指向其他问题时,过去的事实一旦被认识,就可以在随后成为证明他物的手段。但是,听任这一混淆过去的事实与未来的事实在原来的、实际上带有回顾性探究中分别起到的逻辑作用,就会陷入杜威先生本人告诫我们要加以提防的谬误中——不能正确地将在逻辑理论中出现的区分和关系放在它们的时间情境中","把一个方面的主要的特点归到另一个方面,得出一个混淆不清的结论"②。在得出 A 杀死 B 这个回顾性的结论后,法庭也许会继而得出一个前瞻性的结论:A 应当交陪审团来裁决。毫无疑问,如果杜威先生坚持使用他的双关语,在前一轮调查中,法庭的"目的是要决定 A 是否要交陪审团进行裁决"。但是,这并不改变这样一个事实:在审判期间,法庭的职能在于回顾;对裁决(主要是一群人的任务)与执行(通常是另一群人的任务)的区分则意味着,前者构成了对过去发生的事情的断定,后者则包含着对将要发生的事情的低概率的断定(在美国,法庭就是如此)。如果只能说服实用主义著作家们掌握裁决与执行之间的区分,那么,他们就会发现,他们的批评家们为什么会在其论著中发现时间范畴令人困惑的持久混乱。

让我们简单地概括一下。杜威先生试图为这一观点作辩护:在对过去的判断中,

---

① R. M. D.,第 311 页(《杜威中期著作》,第 13 卷,第 45 页)。
② 《实验逻辑论文集》,第 1 页[10:320];在 E. C. R.,第 78 页[13:479]中被引用。

"实际被意指的东西,即判断的对象,是将要出现的"由两个论证构成:(a)他发现任何回顾性判断的"真正"对象,亦即整个对象,如果被看作是可以证实的,则包含现在和未来的事实,而这些事实乃是它的证实的手段。这是真的,但是无关的。这类判断的对象也包含过去的事实。这些事实并未因它们与现在的联系而丧失其过去性。我的论文所提出的问题恰恰与它们有关。(b)他的其他论证则变成了以"判断的对象"这个表达式的一种意义代替另一种意义——以"意图的实现(它促进判断的形成)"这种意义代替"在逻辑上由判断指称的事物或事件"这种意义。判断的指称的"未来性"的证明,是以前一种意义为基础的;但结论却被不正当地转换为后者。因此,两种论证都失败了。昨天之为昨天,不可还原地外在于今天,从存在上看超越了所有现有的思维和认知,而这些思维和认知与它相联系,与所有现有的、直接经验到的材料相联系,直接经验到的材料提供了关于它的详尽证据。所以,杜威先生事实上丝毫没有"排除超越性的机制和认识论的二元论机制",或者表明(在这个论证要求的意义上),"即使在关于最久远的地质学上的过去的判断中,我们绝对不必回避可以在将来和现在加以考虑的事件"①。

3. 然而,刚刚引用的句子值得我们停下来考察一下。因为它完美地说明了某种难以表述的意思,在我看来,这种意思强烈地体现了整个论证的特点。读者将会发现,在解释这个句子时,一切取决于我们给"未来和现在加以考虑"这些词所赋予的意义,并且这些词也许包含两种意义之一。它们会非常自然地被理解为"能在未来和现在被人想到"。如此理解的话,这个句子体现了两种最无害的自明之理。不可否认的是,"即使在关于最久远的地质学上的过去的判断中",我们决不能"回避一些事件",它们可以成为现在或未来思想的对象。但在这里,现在或未来恰恰是思想,而不是思想的对象。因此,照此理解的话,这个句子与它的语境无关。它决不等于似乎被认为与其同义的命题,即"实际被意指的东西即判断的对象是前瞻性的"。因此,为使它适合语境,读者的心灵很可能将刚刚提到的未来性或现在性从思想转移到对象。照此理解,这个句子就与之有关,但是也成了最突出的矛盾。就我所知,从意义和指称的材料的这种快速而巧妙的转移(当然是无意识的转移)中,这个论证对杜威先生或其他人来说,必定获得了它可能随意拥有的任何趣味和可能性。正是这个模糊命题的矛盾意义,给它以趣味以及新颖性和重要性的外观。也正是它那习以为常的意义,给它以真理性和自明性的外观;事情的一个目的,或处于迅速变化中的两个目的,可能

---

① R. M. D.,第 316 页(《杜威中期著作》,第 13 卷,第 48 页)。

会像争论的诠释所要求的那样,转向实用主义令人困惑的批评。恰恰是意义的这种不知不觉的转移,在某种程度上,使杜威先生的下述主张变得可以理解:关于他的主要观点,"没有什么强制的东西或矛盾的东西"。如前所述,如果在它的那些词语的自然意义上理解,一个回顾性判断"实际被意指的东西"是将要出现的——这个命题就像哲学家曾经写到的那样,乃是明显的和古怪的悖论。不过,根据人们常常建议的某些限定(那些限定,事实上颠倒了这种意义),它的确不是悖论,而是一种老生常谈。该陈述的被限定的意义似乎是已经讨论的那种意义,即在关于过去的判断(就那个判断可以设想为可以证实而言)至少暗中意指的那些东西中,包含现在的和将要出现的经验材料。但是,有一种语言在加速替代这种简单的无可指责的陈述,按英语口语的惯用规则,这种语言表明,在这种判断中唯一的"实际被意指的东西"是现有的或将要出现的事物。这里要重申的是:第一个命题的真理性掩盖了第二个命题的矛盾性,而在相互补充时,第二个命题的矛盾性给第一个命题的真理性提供了陌生的氛围,提供了深刻的和激动人心的启示的氛围。

我认为,现在这场讨论的困难的真正核心就在这里。我确信,正是将一个模糊命题的两种意义作为相等的和可以互换的意义来对待的方式,给实用主义者造成了已经发现摆脱旧困境的新方式的幻觉;无论如何,应当告诉他,正是这一点,使他的推论对某些读者来说,成了最令人困惑和难以言表的东西。① 既然已经阐明了这一点,我就敢希望,杜威先生会面对上述区分并明白地告诉我们,在这两种完全不同的东西中,他究竟想选定哪一种:(a)显而易见的悖论,即在对过去事件的判断中,唯一"实际被意指的东西"就是未来或"将要发生的事情"——"我们所能想到的对过去不折不扣的否定",一位与我进行哲学通信的人就是这么表达他对杜威先生意思的理解的;或者(b)耳熟能详的老生常谈,即我们形成了与过去实际发生的事件相关的判断。但是,仅就过去的事件与作为证实手段的现有存在物或未来存在物发生因果关系时,这些判断才能构成可以证实的知识;并且,我们在判断中的动机总是某种现有的兴趣。两难选择迫使杜威先生要么抛弃复合命题的一个部分,要么抛弃另一个部分;正是这类复合命题,构成了他的实用主义形式。如果他选择第一种意义,就会因此否认他本人常常作出的这种明显观察,其大意是,"对过去不带感情的和不偏不倚的研究,是有幸确保感情成功的唯一选择";如果他选择第一种意义,他通常还会不仅否认对常识的初步信念,而且会否认经验科学方法的必要前提。如果他选择他的含糊命题的第

---

① 已注明的对"对象"意义的使用,是另外一个恰当的例子。

二种意义,就会(正如已经充分表明的那样)面临这个判断的过去对象(如果他喜欢这个措词的话,面临这个判断的对象的过去部分)在存在上的外在性,而这种外在性已被确认无疑。因此,这个认识论的二元论的例子仍然是不可动摇的,它是以回顾性判断的特定对象(the object)或某个对象(an object)的过去性(pastness)为基础的。必须补充的是,即便提出了他关于这些判断的争论的更极端情形,涉及超越性的主要问题仍然不会受到重大影响。因为"将要出现的"对象就像过去的对象一样,显然是超越的对象。简言之,杜威先生试图做的一切,是以一种超越性形式代替另一种超越性形式。

4. 杜威先生在他的第一篇论文的结尾发动了反击。他指责我(显然还扩大到批判实在论者)陷入了"主观主义"①,他宣称自己的实用主义(尽管不是所有形式的实用主义)摆脱了这种主观主义。这种所谓的主观主义主张这样的观点:既然我们的回顾性判断意指过去,但实际上并不包括和拥有过去,那么,对他们的有效性信念,对它们所指称的过去的存在的信念,则包含或明或暗的非逻辑的信心(faith)的因素。在反思的任何特定时刻,他的记忆的证据是任何人拥有的关于经验事实的唯一证据,但这些事实超越了直接呈现的感觉材料。而记忆的证据本身无法在经验上得到证实。可以想象,我的全部回忆也许都是幻觉。我们无法证实它们不是幻觉,因此,对它们的一般可信性的信念是一种本能的和实际上必要的、无法证实的假设。我始终假定,这一点是得到普遍接受而又重要的自明之理,但杜威先生拒绝这一点。真正的实用主义"决不会孤立地看待行动者的需要或习性,并把它们看作对意义的有效性的信念的基础"。与实在论者软弱地屈服于"本能的倾向"相反,这位实用主义者严格地坚持"逻辑证实"。

如果杜威先生真的找到了走出这一思想的古老死胡同的出路,如果他找到了证实昨天的实在性和回顾本身的有效性的严格"逻辑"手段,他肯定会对哲学作出重大的贡献。但是,即便他做出了这一发现,这一发现也未能在他的论文中显示出来。在他提出的三种看法中,没有一种证明了这种证实的可能性。(a)他显然认为,那些否认可以严格证实对真实的过去的一般信念以及记忆的一般可信性(正如它时时刻刻

---

① 没有必要详细评论杜威先生对我的观点的断言,即我的观点——二元论或一元论的实在论——意味着孤立的、自我完成(self-complete)的东西是真正的知识的对象。"孤立的"过去事件指的是对于现在而言它们是外部的;它们并不是孤立的,并且实在主义者也并不是在孤立的意义上否认其"与过去和将来的联系"。杜威先生在此[第315页末尾(13:47)]攻击一个假想的对手,之所以搞错方向,原因在于他未能在逻辑特性与缺乏因果关联之间作出区分。

都存在的那样)的人,必须将逻辑一同抛弃,并且仅仅根据"其本能倾向"来决定他们会相信和拒绝什么样的有关过去的特殊判断。但是,这种事情决没有随之而来。经验信念的逻辑系统的结构是非常明显的。我们首先假设,或者暗中假定过去存在过,我们现在的记忆构成了关于它的知识,除非因为它们可能发生某些相互冲突。那样,我们会发现,这些记忆可以表现出那些被记忆的事物之间继起和共存的某些普遍的规则性。由此,我们得出关于自然界的惯常秩序的观念。最后,我们将与这种秩序发生冲突的记忆内容作为虚假的东西加以拒绝,把我们现在对以前回忆的结果的记忆悬置起来的任何内容作为可疑的东西加以拒绝。但是,就像努力反思自身信念的逻辑基础的任何其他人那样,这位实用主义者很少能回避作出这种初步假设的必要性。

(b)然而,杜威先生似乎假定,通过"说明关于过去事件的知识",他已经回避了作出这种初步假设的必要性——关于过去事件的知识大概再一次涉及以下命题:在这种知识中,实际被意指的东西是"将要出现的"。但我们必须要么再一次在字面的悖论的意义上来理解这个命题,要么在限定的不言自明的意义上来理解这个命题。在前一种意义上,它意味着我们决不会意指任何过去的事件,因而也决不会以任何过去的事件作为我们认识的对象。这样一种主张几乎不会有利于下述观点:关于过去的知识"在逻辑上是可以证实的"。正如我们已经看到的那样,在限定的意义上,这个命题意味着我们事实上可以借助现有的记忆-印象和感觉材料来认识过去。但是,这个命题并未说明现有的存在如何构成了对过去的存在的真正的"逻辑证实"。(c)最后,杜威先生以人们熟悉的实用主义语言告诉我们,对过去的信念"可以通过它的结果来证实或否定"。然而,这是这位实用主义者最应当摆脱的错误的另一个例子。所有人都会犯这个错误,将一个阶段的经验的特点与另一个阶段的经验的特点混为一谈。当前一种信念的结果出来时,那种信念"已经过去并且永远消失了"。除非凭借对经验的信心,我们后来怎么能知道以前的信念曾经存在过,而这些东西乃是那种信念的结果。杜威先生丝毫没有说明这一点。

杜威先生对有关过去判断的看法的大部分内容已被人们视为历史现象,我在此已经对他的观点进行了批评,但我觉得,他的观点的大部分内容只是认识论的唯心主义的余孽在发挥作用的表现,是实用主义尚未清除的错误的理智主义的表现——它们表达了一种朦胧的感受:没有什么东西应当被视为不是直接给予的、实际呈现的、在现场完全得到证实的"已知的"东西。相反,对批判实在主义者来说,我们的所有知识(超越了单纯的感觉内容)都是一种外贸活动、一种贩卖土地的活动,而贩卖者并不住在这些土地上,但他们可以从那里将大量商品不断地带到家里,到处堆得满满当当。像所有这类贸易一样,它首先需要某种信念上的冒险,在大多数人那里,这种冒险属于本能;而在进行反思的人那里,这种冒险属于审慎的和自觉的行为。

II. 杜威先生的第三条道路

从杜威先生最近在这本期刊①发表的文章题目看,他的主要目的是为了证明一种并无一元论、也无二元论的第三种实在论。在杜威教授看来,在他第二篇文章中,他已经充分地讨论了支持这个观点的原因。下面,我将要讨论这篇文章。

1. 第一个恰当的问题是这样一种第三条道路在逻辑上是不是可信的,即其他两种(species)实在论是否在类(genus)上穷尽了可能性。关于这个问题,杜威先生也没有忽略。他发现——"由于一种普遍地对排中律无批判的使用"——我过快地假定了"一元论的实在论与二元论的实在论之间的区分,已经穷尽了可能性;但除此之外,还有多元论的实在论……那些作为意义或意指他物的事物是无限多样的,它们的意义也是无限多样的,就如冒烟意味着火,香味意味着玫瑰,不同的气味代表了不同的事物……如此等等,以至无穷"②。这种说法就好比有人论证把特定的整数分为奇数和偶数还不能穷尽,因为"还存在着电话号码"。换句话说,正如杜威先生的论证所展示的,他所说的"多元论"的实在论,是通过一种与一元论的实在论和二元论的实在论区分具有根本区别(fundamentum division)的方式得到的。一元论的实在论指的是在认知经验中,感知和思维中的已知对象无须经过复写或"表象"(representation)总是同时出现;二元论的实在论指的是在认知过程中否认已知事物的这种普遍的直接呈现,并主张知识的对象,至少像在某些情况中所展现的那样,可能不局限于知识的内容。因此,第二个理论直接就是第一个理论的否定,这个二分法是完全的;③就此问题所涉及的原则而言,没有其他可能的实在论的观点了,即要么是对象和内容的普遍同一,要么是对象和内容的不同一。杜威先生的"多元论"并不在这两种区分之外,它可能只是上面所提到的两类之一的亚种。当然,认识论上的二元论并不要求任何人

---

① 《并无一元论或二元论的实在论》,第21卷,第309—317、351—356页;此处引作R. M. D.,(《杜威中期著作》,第13卷,第40—60页)。
② R. M. D.,第356页(《杜威中期著作》,第13卷,第54—55页)。
③ 当然,一个人可能是有某些假定知识的(例如思维对象)二元论的实在论者,也可能是有另一些知识(例如感觉对象)的一元论的实在论者。但是,这并不改变对这两种理论作出区分的意义——正如这与杜威先生对"多元论"的多样化的评论无关一样。换句话说,对于任何已知的对象,一个实在论者必定要么是一元论,要么是二元论。将二元论应用到任何对象上,与"一元论的实在论"这一术语通常所理解的含义是相矛盾的。

否认"不同的香味代表着不同的东西",或者甚至"一个事物既代表某物,也可能代表它物,乃至具有无穷的多样性"。"二元论的实在论"并不像杜威先生的对照所暗示的那样,意味着宇宙中只存在"两种东西"的理论。

事实上,杜威先生自己的观点才是认识论上的二元论,"知识"这个词是一个意义,如果在另一个意义上使用就是一元论的。杜威先生告诉我们,"推理或反思无论在什么情况下起作用",他也"不会在一种逻辑或理智的意义上将任何东西称作知识,除非它们确实起作用——很明显,被其他实体所指示、表征和表象的对象的中介是存在的"。这是一种很明显的二元论。但是,他补充道,"在知识这个词最完整的意义上,"它需要"最终到达对象","指示和表征在直接显现的东西中得到了证实和确证"。直到这一点完成,我们才能"宣称我们有知识"(尽管这个知识和上面所引用的"知识"一词的定义略有差异),而不是有知识自身。因此,很明显,这里真实为我们所知的对象——尽管它是从"先验的中介"中获得其"认知状态的"——需要被"直接经验";很明显,我们都是认识论上的一元论。但是,利用"知识"这个术语的两种含义,并不能表明杜威先生所质疑的分离被穷尽了。当他在任何一个(any one)含义上使用这个术语的时候,他对知识的解释都将落入这个对立面的一面或者另一面,甚至在这两种含义的帮助下,他也从来没有成功地为我们提供一个认知(knowing)第三种方法的例子。

大体上,杜威先生的文章中充满了认识论的二元论。对那些构成我们大部分科学和所知事物的"知识"——他不仅仅承认而且坚持——不是在判断它们的时候直接出现的,而是通过"替代物"(surrogates)出现的。毕竟,地质学家不是"直接经验"已经灭绝了的动物,甚至"最终"也不可能直接经验。但是,杜威先生的本质观点是这种认识论的二元论并不意味着一种身心二元论(psycho-physical dualism)。他试图表明,这种"替代物"不是像"观念"、"精神状态"这类的心理实体,而仅仅是其他的客观"事物"。

2. 为了理解他提出这个论点的理由,我们很有必要考察一下他对"意义"一词的评论,在我看来,这是第二篇文章最有意义的部分。斯特朗(Strong)先生最近说过,"意义的问题非常恰当地将我们带入了事物的基础"①。杜威先生很明显赞同这一点。他写道:"在理智经验中,意义是典型的事物,它们是每一个逻辑推理的核心。"但是在我看来,他对这个最重要概念的处理却完全是含混不清的,有时候还是前后矛盾

---

① 《心灵》(Mind),1922年1月,第71页。

的;并且在很大程度上,与我那篇收入《批判实在论论集》的文章的主题毫无关系,而那篇文章正是他所回应的文章。尽管他没有明确地进行区分,但在他的论证中,我们可以发现"意义"三种不同的含义。

(a) 文章中关于这个词最常见和最明确的含义是,"意义"指的是事实和存在者(existents)之间因果性或其他蕴涵着的关系或"功能"。在经验中,当一个事物的存在或者表现能够为有效地推论出他物的存在或经验性的发生提供基础,那么,这一事物就"意味着"他物。因此,我们可以知道冒烟"意味着"火,香味"意味着"花朵,地震仪指针的摆动"意味着"远处的地震。在这个意义上,杜威先生注意到,意义和它们所意指的事物同样是客观的;但它们(意义)不是物质的,也不是"在任何心理学、二元论的存在论意义上"的精神。① 事实上,在这种联系中,杜威先生愿意承认"精神的"这个词是一个哲学词汇,但仅仅是在一种新的含义上,即在它被设想成"正在作为其他不存在事物之替代品的功能"这个范围内,"精神的"一词指示任何实体(例如,一个物质实体)。但是,这种词源学上的承认,并不意味着对象拥有意义仅仅是由于某种精神或认知者的活动;因为他告诉我们:"一事物与另一事物的关系、联系或中介",在一定程度上,"是知识的主题的一个基本特征"②。或者,正如杜威先生在更早时候写过的一篇文章中所说:"意义是内在的","它们没有工具性或有效性的功能,因为它们根本没有任何功能。在关于情境中对象之性质的意义上,它和红与黑、硬与软、方与圆有同样多的性质。"③因此,我们的确很难发现这一点是如何与他不断重复的评论相协调的,因为他一直在评论只有当物质的东西"涉及一种反思性的探究"——只有当我们"询问它们代表或意味什么","并且当我们断定它们意指或支持某个特定结论的时候"——它们才"获得"了一种并非内在具有的再现能力,或者"履行一种再现的功能,尽管从它本身的存在来看,它不是一个再现"④。幸运的是,我的目标根本不是试图在杜威先生对这一点的论述中使其保持和谐一致。

公正地说,从这里,我们可以很清楚地看到,在意义的第一种含义上,意指之物与

---

① R. M. D.,第358页(《杜威中期著作》,第13卷,第57页)。
② R. M. D.,第354页(《杜威中期著作》,第13卷,第52页),原为斜体字。
③ 《实验逻辑论集》(*Essays in Experimental Logic*),1916年,第17页(《杜威中期著作》,第10卷,第330页)。"情境"一词指的是"随反思而来的情境"。如果这意味着,除非它们已经被反思,否则对象将根本不会拥有"意义",这个句子就暗含着一种更加主观的意义的概念。但是,文章的上下文似乎暗示,在此处,杜威先生使用一种实在主义的而非观念论的,或者"直接经验主义者"的风格在写作。
④ R. M. D.,第352页(《杜威中期著作》,第13卷,第50页)。

所指之物都是物质实体,它们之间的关系也不必然是相似性,并且"意义"自身也不是心理的或物质的,而是一种"共有的特征或本质"。①

(b) 但是,一处注脚给了我们"意义"的第二个定义:"当然,根据我的理论,从存在上来说,它们是在任何情境中涉及一种认知关系的活动(operations)"。② 我假定,这些活动不是本质,而是由认知主体(或者,如果他更倾向于用理智动物这一表述)在时间中进行的确定活动;并且在其他一些地方,我们被明确告知它们是物质性的。③ 然而,在杜威现在的论证中,这个定义似乎没有被特殊地使用。

如果现在这两种含义是杜威先生作为与认知的经验相关的"意义"一词仅有的分类,那么,对任何"在判断过程中作为术语的心理的或精神的"表现,都可以从他所承认的前提中得到,这一点是毫无争议的。因为在一种情况下,这两个因素(意味之物与所意味之物)被描述为客观的物质事物,而第三个因素则明显地被当作一种真正中立的或逻辑的实体;而在另一种情况下,所有三种因素都被描述为物质的。然而,在杜威先生推理的特定地方,还存在着"意义"的第三种含义,并且也只有这种含义的"意义"与杜威先生反对我的那些结论有关。

(c) 在这些文章中,杜威先生意识到,无论何时只要思想发生,那么必然就有一些东西是"不在场的在场者"(present-as-absent),此时"意义"的第三种含义就出现了。这明显并不符合对意义的第一种解释。在那个解释中,他告诉我们,"有些东西的存在是不容置疑的"。我们说"烟",这(*this*)就意味或代表了"某个不在场的东西,比如火"。但是很明显,这个例子假定了烟不是不在场的在场者,因为它就在那里,是一种直接的感觉材料。正如杜威先生自己注意到的一样,火更可能如预期一样,是"不在场的在场者"。④ 如果火"在场"了,或者出现了,那么在场的火——也不像在第一个解释中一样是烟——意味着或代表了不在场的火(当然,不在场的火也以某种方式与此相关,否则就没有推理的必要了)。因此,在意义的这种含义中,意指物和所指之物的关系必然是有相似性的,至少在模式或关系的图式上有相似性。很明显,火不能仅仅是由于那些在经验中对不是火和不像火,以及并非不在场之物的出现,就能变成在场者,或者不在场的在场者。它必须具备火,而非烟的特点,并且指向一个并非

---

① R. M. D.,第 357 页(《杜威中期著作》,第 13 卷,第 55 页)。关于一位实用主义者令人惊讶地诉诸逻辑实在论这一点,我在下面还将说到。
② R. M. D.,第 358 页,注脚 9(《杜威中期著作》,第 13 卷,第 57 页,脚注 3)。
③ E. L.,第 14 页(《杜威中期著作》,第 10 卷,第 328 页)。
④ R. M. D.,第 354 页(《杜威中期著作》,第 13 卷,第 53 页)。

时间的现在或者空间的地点,"在任何情境下,这种认知都涉及"火。当然,这仅仅是日常观念或形象的二元论概念,它们可以"再现"(re-present)不在场的对象,因为它们在某种程度上相似或者复制了它们。总之,关于从在场的烟推论出不在场的火这一点,只要杜威先生承认,这绝非像那些完全无知之人认为的那样是完全的在场,①那么,他就赞同了某种类型的呈现论的二元论(presentative dualism)。至少当杜威先生写下这些词句的时候,他必然暂时性地认识到了这样一个事实:为了构建一种关于不在场的火的知识,只有烟的在场是不够的,作为在场经验内容的火必定也以某种方式被认识了;因此,真正的火确实不在场,这也可以说成火不能亲自(in propria persona)在场,而必定是被某种代表火的东西(deputy-fire)的再现,即一种真正的"替代品"。

阻止杜威先生注意到第三种意义的二元论含义的原因,明显是我在以前的文章中指出的那样一种混淆——一种在某个具有两种或以上意义、含混不清的术语或命题之间摇摆的倾向,并以其中的一种意义为基础去反驳从另一种意义中得到的不受欢迎的结论。以目前的例子来说,他似乎将"意义"的第一种和第三种含义看作是可以互换的,因此可以表明作为界定的第一种含义不会引起任何遭到反对的二元论后果,但他却没有看到第三种含义的后果。事实上,杜威先生关于第一种含义说的所有东西不仅仅同我所提出的具体问题毫不相关,而且和通常所说的认知经验无关。一个物体"客观地"或"内在地"指向另外一个物体,与对这个指向的理解并不是一样的。"现实地出现的东西,事物(res),比如烟和岩石"就其极限而言,最多只能客观地意味"与其在有同样存在秩序的其他事物,比如火,或者地质上的动物";但在这样做的同时,并不能据此推测已经灭绝的动物或灭了的火同它一起共存或者再现了。这样的一种含义只有在反思性有机体的意识领域,同时被给予了"实际上存在的事物"和那些并非实际上存在的事物的"表象",它在经验的时候是物质性的非存在(non-existent)。一个现实的岩石自身并不令人想起已经灭绝的恐龙,眼前的烟雾自身也不会令人想起山外燃尽的火焰。

3. 那么,这种涉及认知本质的"意义"的认识论上的二元论,是否导致了一种身心二元论呢?在我看来,一个实在论者就此问题追求一种肯定的答案,而杜威先生对这个问题的原因说得很简短,但并不正确:"关于任何物质性的东西,作为不在场的在场或不在场的在场者是不可能的,这是对物质实体的承认。"在我的使用中,"物质的"

---

① R. M. D.,第 354 页(《杜威中期著作》,第 13 卷,第 53 页)。

一词指的是经验中任何不可质疑的内容,这种经验不是在被分配到物质世界时才同时被构建起来的。然而,杜威先生对这个论证的异议,是基于它难以保证"在物质的和精神的之间假定一种完全的分离"。似乎我对排中律的热衷再次成为我不幸的根源,它使我无视"越来越多的人认为特定的实体在精神的和物理的这个区分之外",并且它使我"通过暗示,断言所有的意义、关系、活动体系、功能,以及像数学实体这样的事物等等,都变成了精神的"。除非我"解决了本质问题,以及所蕴含的物质和精神完全分离的问题,并且除非其他大多数非实用主义者都被驳倒",杜威先生才觉得有资格"把问题留在这里"。

关于排中律的问题,我恐怕我是一个根深蒂固的瘾君子($habitué$),因为我发现自己非常确信在这个问题的论证上,对它们的区分是完全的。坦率说,杜威先生对它的批判,在以下三个方面是毫不相关的:

(a) 本质问题和我所讨论的问题是完全无关的,即很明显,它涉及的是在时间中特殊的具体存在者这一范围。在这个范围内,在逻辑上可以很好地作出物质和精神的完全区分——并且,这对那些纯粹逻辑实体的"中立性"原则毫无偏见。此时此地在我意识中呈现出来的具有广延属性的特定经验内容,要么属于、要么不属于物理科学"公共"的空间序列,由此热力学的公式可以应用到整个系统。我的研究唯一不得不解决的问题是:在我们的经验中是否有这样具体的特殊物,其特征妨碍它们进入物理世界。如果真的有这种东西存在的话,它们的非物质状况也不能证明它们只可能是"本质"。因此,对它们的精神特征——在此意义上的界定——的论证仍然完全不受杜威先生对逻辑实在论者反对(Macedonian cry)的影响。

(b) 此外,杜威先生似乎假设有一类据称具有精神特征的特殊事物,但精神特征并不是它们的"意义"(在他使用这个词的意义上)。就目前的论证来说,意义可能是和任何人认为它那样的"中立"——如果它仅仅是两个具体事物存在着的逻辑关系。在二元论的观点来看,精神实体主要涉及的是它意味的东西——而不是"意义",必然也不是所意味的东西。换句话说,它代表的是不在场的真实对象的观念。这与杜威先生归于作为不在场的在场者的地位是一样的;很明显,这也不仅仅是本质。

(c) 最后,在阅读杜威先生最后一篇文章之前——我本应想到在一篇尤其致力于从实用主义观点来检验的文章里,它完全没有必要讨论逻辑实在论。因为我之前假定了没有任何原则比这一点更加不同于他们的观点了。但现在,我却糊涂了,我不确定杜威先生是如何真正地依靠这一点的。他的很多语言都似乎暗示一种独立存在的逻辑实在的领域这种信念。但是,我却再次被指责为求助于排中律的庇护!无论杜威先生是不是一位逻辑实在论者,如果他是,那么可以确证的是我们全部大大地修改了实用主义关于意义的概念和在学理上的相似性;然而,正如他所表明的,在此处讨论的特殊问题的地位却始终没有被触及。如果他不是,那么将其引入讨论使人联想起,这是为了分散注意力而提出的不相干的论点。因为我相信,在哲学辩论中不可能有这样一种被普遍接受的礼仪:在考察一个特定哲学学派的观点之前,首先要反驳他们所不持有的观点才能批评。

因此,我非常遗憾,我无法在这些文章中表达本人对杜威先生大量的赞同意见。我将从他的文本中挑出一句在我看来既真实又真正具有"实用主义特征的"话。他写道:"对以往的想象性的恢复,是成功地走进未来必不可少的条件。"① 在这样一句简单的话中,绝妙地包含了构成我们行为生活和情感生活之基础的跨期认知(intertemporal cognition)的四种真理。将其还原成完整的和正式的陈述,这个耐人寻味的句子暗示了以下四个命题:(a)如果人们由理智的指导冒险进入未来,那么,他就需要知道真正"以往"的东西。这是一种基本范畴的混乱,以及对一种必不可少的实践理性假设的否定。说这种知识的对象——它告诉我们的相关事实——就像唯一的"期望",或者甚至就是现在唯一的期望。(b)然而,以往一定要以某种方式"恢复",即如果它是作为一种指导进一步探究或指导未来的行动,那么就要将其带入现在的思想。它的特征和它们的关系,或者它们这种东西作为一种考虑"走进未来"的方式去分析和审查,那么,它就一定要现实地先于此时此地的行动者。(c)然而,这些恢复是"想象性的",而不是精确的和物质性的。因为物质性存在的以往之物是永远不可能恢复的。记忆不能起死回生,历史也不能再建巴比伦。在有些范围和秩序内,除了在场的物质对象外,以往之物的特征得到了恢复——即是在"想象"的领域内。(d)因为作为我们过往知识对象的那些东西是以往之物,并且至少它们中的一些是物质性的存在,而我们现在相信我们能够理解它们的特征和关系的那些事物是在场的和想象的,从存在上说,这两类事物不能被看作同一种东西。在世界上任何真正的具体个别事物的目录中,它们构成了明确的一项。

当然,这四种常识的真理甚至给了我们一种完整的跨期知识理论。然而,它们帮人们制订了达到它的方法,并且它们包含了使任何这种理论和任何理性的实践逻辑必须确认的基本事实或必要假设。如果杜威先生严肃地反思他自己这句真理所隐含的内容的话,我禁不住想,他将找到接受他在最近一系列论文中所反对的那些结论,

---

① 在 E.C.R.,第 53 页(《杜威中期著作》,第 13 卷,第 458 页)中已有引用。

即我们作出判断真正地"意味着"过去,而不仅仅是"期望";相应地,认识论的二元论的原则——认知经验现有的内容和由经验所"意指"的不在场的对象是两种实体,而不是一种实体——是不可避免的;如果它作为一种在实践上提供不在场之物信息的可行方式起作用,那么在场的内容一定在某种程度上复制了它的特征,或者复制了这些东西之间的关系-模式;因此,"在判断过程中承认精神或者心灵作为一个术语"就是必要的,并且现在学习过去的事物或其他不在场的事物特征的方式是间接的,这种方法的有效性并不能在直接经验中得到证实而只能被假定,因为如果我们在现在运用理智来规划未来,那么必须相信这种东西的存在。

4. 一条关于杜威教授知识论的评论[①]

斯特林·鲍尔·兰普雷希特(Sterling Power Lamprecht)

撰写这篇文章的理由仅仅是基于这种猜测:公开讨论个人困难可能会导致公共问题的澄清。我只想就一点进行说明,最近它帮我更好地评价了杜威教授的知识理论。尽管从课堂上和出版物中,我从杜威教授的讨论中学到了很多,但我经常对某些内容有些疑惑。我发现,这种疑惑在阅读他的新文章《并无一元论或二元论的实在论》时又再次出现。[②] 我相信,其他的批评家在评论杜威教授的理论时也遇到了同样的困难。但是,他们对杜威理论的攻击,我不能全部赞同。因此,我打算对那些使我疑惑的内容进行仔细地考察,特别是同最近那两篇关于实在论的论文内容相联系。如果我不得不说的那些内容不新颖,也许,我对杜威教授哲学观点大部分的赞同会使这一点比之前正式的论述更清楚。我相信,杜威教授将同意我所说的东西。因为我非常确信,我的疑惑是由于术语方面的差异。如果这个假定是正确的,那么,这种对术语方面的差异的澄清就不仅仅对我有益,而且会对其他人有用。

首先,我希望说明我完全赞同杜威教授很多重要的内容。我将不会同他的批判者们争辩这些内容,而只是在此处对其表示赞同。我们的知识理论应当从那些特殊的、具体的知识所发生的地方产生合理的普遍性[第360页(《杜威中期著作》,第13卷,第59页)]。这个过程"使具有所谓超越能力的各种心理状态的认识论架构变得没有必要"[第351页(同上,第50页)];在知识过程中涉及的二元论,仅仅存在于数据和意义之间[第358页(同上,第57页)];精神不是一种心理存在,而是某事物意味

[①] 首次发表在《哲学杂志》,第20期(1923年),第488—494页。杜威的回应,参见本卷第27—41页。
[②] 《哲学杂志》,第24卷,第12期和13期(1922年6月)(《杜威中期著作》,第13卷,第40—60页)。我这篇文章中的所有引用都来自这两篇文章。

着其他事物的功能[第358页(同上,第57页)];直到在将来的事实中,通过发展它们的意义和在试验中验证了它们,我们才能说已经检验了我们的假设,才能恰当地说我们知道——在我看来,这种联系都是有道理的。杜威教授已经向我充分表明:包括批判的实在论者在内的所有二元论者,除了一种主观的愿望和信念,他们不可能在任何其他基础上获得知识,并且我们应该"抛弃关于神秘的'先验'的认识论理论,以各个事件的客观的时间性联系为基础来处理问题"[第316页(同上,第48页)]。在我看来,他说的"多元论的实在论"是唯一经验事实的真理。

将这种经验的分析方法应用到关于过去的知识,我们会发现,我们关于过去的问题经常是"本质上不可回答的",因为它们涉及一个"与现在仍然可以直接观察到的结果有着持续关联的事件"[第311页(同上,第43页)]。其他的问题,在它们所涉及的事件继续活动的程度上,是可以回答的。因为虽然我们无法知道布鲁图斯(Brutus)在刺杀凯撒(Caesar)的那天早上吃了些什么,但我们可以知道布鲁图斯参加了刺杀凯撒的阴谋,或者太阳系曾经是一团星云,或者五大湖(Great Lakes)是冰河时期活动的结果。假设是每个事件都会留下的某些线索,只要我们足够敏锐就能够发现它们。假设并不完全能够被经验所证实,它更是被如下的断言所规定:与经验所展示的相比,世界应该是一个更高的统一体系。有一些事情,我们知道;另一些事情,我们不知道——尽管由于认识论上的二元论,在每种情况下,这种不可能是一种实践上的而非理论上的。在涉及过去的知识中,我们依靠现在和将来的事实去验证。现在和将来的事实是我们仅有的,或者可以直接接触到的事情,因此,只有它们将假设转变成认知为真的结论。因此,用杜威教授的话来说:"只要意义完全关于过去并处于过去之中,它就无法为了知识而得到恢复"[第311页(同上,第43页)]。

在杜威教授完成经验的知识理论时,他总是说一些我希望在接受之前重新表述的说法。因为与我恰当地看待"知识"一词的范围相比,他将"知识"这一术语限定在一个更加狭窄的范围内。他不但将知识限定在认知过程(knowing-process)中(但不包括我们由此积累的信息),而且限定在那些面向未来或意味着未来的认知过程中。后一种限制是我所不取的,因为面向未来的认知过程和那些面向过去或意味过去的其他过程是如此相似,以至于同样的术语在两种过程中是同样有利的。我和杜威教授的差别只是术语上的,但术语并非都是琐事,因为它通常会泄漏大量重要哲学观点上的局限。在我看来,杜威教授的术语表明他完全忽略了精神的恰当定义所至关重要的某些本质内容。

通过引用杜威教授最近文章中的章节并对其进行评论,我也许可以最好地表明本人在批评杜威教授术语时所要表达的意思。"在这样的情况下(涉及过去的事件),知识的**对象**是一个包括过去-现在-未来的事件序列或连续体"[第351页(同上,第49页)]。或者再次:"包含过去的知识在逻辑上就是关于过去的知识,这种过去乃是'与现在和未来联系着的过去'"[第309页(同上,第40—41页)]。并且又一次:"对过去事件的判断的真正对象就是联系到关于现在和未来的过去事件。由此,后者就构成了关于过去判断的对象或者真正意义。"[第313页(同上,第45页)]

现在我暂时将不会质疑在许多例子中通常所说的知识,确实和杜威教授在上面这些段落中所说的完全一致。如果杜威教授希望分离这个过程,并将其称作知识,并且拒绝将"知识"的名字应用到其他通常也可以落在知识名下的类似过程,那么,他为什么不这样做,并没有什么理由。在哲学中,术语是非常不固定的。当然,狭义地限定一个模糊的和模棱两可的术语的意义(因为这个术语在历史中可能意味着很多事情),并且清晰和仔细地保持一个确定和精确的含义,也没有什么好谴责的。只是对读者和批评者来说,记住杜威教授赋予这个术语的含义是非常必要的——而这是他的读者和批评者很少能够做到的事情。在论及过去之时,我们通常都是为了指导现在。我们试图依据一个比直接呈现出来的更大的情境去展开一个行动的计划。从过去中,我们能得到教训,它对现存力量的本质有影响。因此,过去是与我们关于现在和未来判断相关的内容。许多人在研究历史时①的态度和律师回顾之前司法判决的态度是非常相似的,他们希望在之前的判例中找到在现今这个输赢未定的官司中可以获得有利判决的申辩。杜威教授在连续的事实中,在生长的事实中,在经验关联的事实中,主要关心的是运用过去的材料,通过现今的重构进入一个更好的未来。在处理"作为关涉到特定过去的现在和未来"的过去,他自然发现了知识的对象。他对知识的描述和他所选择的事实看起来完全相吻合。

我发现,杜威教授关于知识的分析对其他过程是不恰当的,虽然那些过程通常也落在知识的名称之下,并且和他所描述的非常类似。这并不意味着他的理论是一个错误,他对其他的过程也作了解释,并且将它们与他所称作知识的过程相联系。但是,我希望将"知识"这个术语运用到所有的科学研究过程中,在科学研究过程中,我们试图发现过去发生的事是为了其自身的兴趣。历史中的很多研究都是这种类型,

---

① 托尼(Tawney)教授对 J·H·罗宾逊的引用大意是:历史是研究"人们如何变成其所是,并且如何相信其所行"的学问,这是一种典型的实用主义学派看待历史研究的方式。他们将历史研究当作在处理当今问题时所引起兴趣的刺激。比较《哲学杂志》,第21卷,第15期,第41页。

它们也被杜威教授所定义的知识领域中排除了出去。在这些例子中,它们和杜威教授所考虑的那些例子一样真实,我们无法知道过去,除非它为现在和未来留下了线索。但是,我们通常试图知道的东西并不是关涉到某个特定过去的现在和未来,而是关涉到现在和未来的某个过去。在这里,知识的对象既不是现在和未来,也不是过去-现在-未来的连续体,而是曾经真实、现在变成历史的过去,因为它已经离我们远去了。过去恰好是作为被我们从或多或少连续的人类和自然史中选择出来的那些清楚项目。我自己关于过去的一些判断,"仅仅是尽可能作出恰当的关于现在的判断这个过程的一部分"[第312页(同上,第44页)],它们中的大部分都不是这一类东西。因为尽管我对社会变革很感兴趣,而且过去是作为关于现在建议的一个来源,我也对过去因其自身之故而感兴趣。因此,我认为,过去并不能和它的联系相分离,也不是一个无关项,而是作为除了其遗产对现在和未来有价值之外的某种东西存在。我倾向于认为,这种关于过去的兴趣是伍德布里奇(Woodbridge)教授乐于称赞的,因为他在他的《历史的目的》(*Purpose of History*)中的第一句话就是:"严肃的历史研究是心智成熟的某种特征。"有时候,我恐怕杜威教授也会认为我对于历史的兴趣是由于性格上的缺陷。但是,在我反思性的描述中包括这个过程,也不是一个错误。如果杜威教授拒绝赞美用于探究的知识的术语,在探究中,意义是涉及现在和未来的过去,那么就必须创造出一些其他的词来表明这个过程是真实发生的。

我看不出任何理由将第二种过程——我们成功地运用现在和未来作为判断过去真正意义的内容——从知识中排除出去。如果我们承认第二个过程,我们的知识理论依旧是试验的,我们依然没有在事实和意义之间产生任何二元论。我们能够理解过去是自然的奇迹之一,但它不过是一个奇迹,正如我们能够意欲任何事情一样。如果,我们对"知识"这一术语采用一种比杜威教授更宽泛的含义,将会有一个略微不同的知识定义。在他的定义中,有一些他包括其中的东西对我们来说,可能就是特定重要知识种的属差(differentia)。

采用如下这种立场应该并不困难:在很多知识的例子中,我们提到现在和未来是判断的内容,而过去是判断真正的对象。至少,对一个多元论的实在论者来说,在此处应该是没有任何困难的。杜威教授也可以说,对于一个一贯的二元论者,在自然界中关于过去事件判断的意义不能被证实,因为二元论者被局限于只有心理状态才是唯一的直接数据,因此,没有办法去验证一个指向精神之外的东西。但是,二元论中的错误不是认识到我们经常意指过去,而是假定了在精神之外的过去事件和通过精神状态在心灵中验证之间的一个巨大的认识论的和形而上学的鸿沟。多元论的实在论者不会遇到这种辩证难题。我们发现,世界是一个由大量规则、次序为特征的世界。我们发现,我们可以依靠自然的统一性。世界主要是一个连续的世界,同样的前事会导致同样的后果,事件是时间序列中的瞬间。我们不能就其所是地解释世界:它可能是反复多变的,以致永远也不能将任何过去的陈述当作是任何未来。但正由于自然是统一的——如何(how)统一是一个开放的问题——我们可以通过现在和未来知道过去。在很多情况下,我们的判断将现在和未来当作工具使用,但我们的判断却意指过去。尽管为了知道,我们需要考虑现在和未来;但通过他们,我们的确知道了过去。现在和未来,作为手段是必不可少的,但在逻辑上只是辅助性的。现在和未来可能是所有知识情形暂时的顶点,但它们在逻辑上只是很少一部分的顶点。没有什么能比杜威教授自己的词句更能表达现在和过去通常作为一种方式来验证意指过去的判断:"如果是这样的情况,那么是那样的结果。我们来察看'那么是那样的结果'能否在经验中现实地得到呈现。在由此发现被假设性地要求的东西,并且能确定只有'如果是这样的情况'才隐含着它的程度上,我们能够作出明确的肯定。"[第 359 页(同上,第 58 页)]

在第二种我所选择称作知识的东西,在验证过程中没有任何区别,因为我们在此不得不坚持现在"作为关于过去的推论的基础"的重要性[第 315 页(同上,第 47 页)]。这里的差别仅仅是在判断意义的指示方向上的差别。但是,因为我们的世界在很大程度上是有秩序和规则的,并且过去、现在和未来只是这个主要连续的系列事件的一部分,因此,没有什么可以证明现在和未来比过去更加有用。与看和触摸不同,思想能够并经常穿透遥远的空间和时间。思想插上清晨的翅膀,并且居留在海洋之极。自然的连续性在现在中保留了过去的遗产,思想在验证的过程中产生真正的知识。

总之,我的目的是同情地理解杜威教授达到知识理论的正确方法、对特定知识情形详细描述的精准;之后指出他理论的一点局限,或者说一点需要补充的忽略。

5.
我们应该加入国际联盟吗①

阿瑟·O·洛夫乔伊

先生：在美国舆论似乎明显转向加入国际联盟的某种措施时，杜威教授用他的知名度和影响力反对这个计划，并且明确反对在这个时候"采取任何特定的步骤加入国际合作"。然而，什么是杜威证明其结论最有分量的论据呢？

杜威先生观察到国联不是、也不可能像其热情的鼓吹者所想象的那样，是一个纯粹和神圣的东西。成员之间也不会突然就消除它们的野心和及其互相之间的仇恨。"在欧洲每个相互角力的集团"，都可以在日内瓦的国联大会上找到自己的代表；会议中也不能免于公开的摩擦、隐蔽的派系斗争和阴谋诡计。总之，它们一点也不像国会（Congress）的会议。此外，国联缺少权力，某些（杜威先生用了明显过度的修辞"全部"）"重要的战后问题"并不掌握在国联手中，而是掌握那些在正式执行《凡尔赛条约》的委员会手中。最大的两个欧洲国家还被排除在成员国之外。因此，现在的国联还不具备真正的广泛性或代表性。

所有这些观察都是对的，但它们并不是决定性的，因为在很大程度上，它们几乎和主要议题无关。这个议题可以分解成三个完全明确的和彻底的实际问题：（1）国联的存在，是否有明显的倾向可以或有助于制造这种倾向来消弭有可能发生在欧洲的战争？（2）美国参加国联是否有助于增强这种倾向？（3）如果是这样的话，这种优势在大大抵消了其所带来的对利益的威胁之后（如果还有更重要的利益的话），是否比欧洲的和平更加重要？这些问题，就像所有真实的公共政策议题一样，是收益多少的问题，是相对优势和相对劣势的问题。杜威先生不面对这些本质问题，不尝试在这两

---

① 首次发表于《新共和》，第34期（1923年），第138—139页。这篇文章是为了回应杜威的《我们应当加入国际联盟吗》一文，参见本卷第78—82页。杜威的第二次答复，参见本卷第83—86页。

者可能的结果中进行公平地估算,而在大多数时候满足于自己指出了目前国联的某些特定的不完美和局限、在国联中作代表的政府的不完美和局限,以及美国人性格的不完美和局限。事实上,他部分地陷入了纯粹的讽刺。他评论道:"我们将自己作为普遍的仲裁者——操纵者——所有都会好(all will be well)的观念是极其幼稚的。"当然,这是很幼稚的。但凡对人类事物有任何经验的人,谁会想象任何已经建立的组织是为了"所有都会好"?问题是,由于国联,一些事情是否能够变得更好,某种特定的危险——威胁欧洲的最严峻危险——是否不能突然和完全消除,而是明显地并且也许逐步地变得没那么尖锐。杜威先生持有一种比国联的支持者更幼稚的观点,他甚至还对此进行了夸大,发现现实不符合如此产生的急需的理想,也不可能符合这一理想。他对我们的指责与国联的创建毫无关联。

毫无疑问,杜威先生对这个严肃之事简单而随意的推理方式主要是由于他一再重申的这个假设:对国联的可能用处的信念只能源于"不易加以论证的情感"。这是"新心理学"对公众讨论的实践进行简化方法的一个有趣说明(我是否可以顺带这样评论一下)。现今,如果你发现(当然,你会一直发现)那些与你意见相左的人的观点伴随着情感,那么就可以得出结论说,除了情感,这些观点没有任何其他的基础。因此,提供的论证应该是纯粹的"理性化",不必严肃地对待它们。你在答复它们时,也无须拘泥于逻辑(当然,这也需要假定你自己的信念是纯粹理智的产物,而这个观点是新心理学可能无法提供的)。因此,杜威教授很容易对付表面上理智、实则情绪化的人,例如大法官塔夫特、前主席艾略特(Eliot)、现主席罗威(Lowell)、吉尔伯特·穆雷(Gilbert Murray)教授、威斯康特·格雷(Viscount Grey)和罗伯特·塞西尔勋爵。他并未注意到这些人和其他著作家一些熟悉而又确定的论证,这些论证旨在表明,不管国联如何触及人类的不完善,它都能够在欧洲产生强有力的稳定性影响;并且由于美国的参与,它能够在更大程度上发生影响——杜威也没有注意到这样一些显而易见的事情:国联已经就三起极其危险的争端达成了和平的解决方案,国联保护了阿尔巴尼亚免受入侵,避免了可能出现的一场新巴尔干战争(Balkan war),防止了奥地利的经济崩溃;并且,由于休斯的加入,国联为维持常设国际法庭提供了可能的机构。总之,对我将其作为第一个本质问题而提出来的东西,杜威先生根本就没有加以论证。这虽然是第一个问题,但却是具有决定性的问题。如果国联的真正企图是——如果它将来不断增强这种企图——促进欧洲的和平,那么,支持美国加入国联的假定就会变得具有压倒性。剩余的问题也只有与这个假定相联系,才能得到恰当的讨论。

事实上，关于美国参加国联一事，是不可能脱离这个基本问题进行考虑的，它实际上与那个问题不可分割。杜威先生确实给出了论证。他问：如果加入国联，那么我们要同谁"合作"？我们合作的目的又是什么？当然，答案是很容易的，我们将同其他成员国为了合约(Covinant)上的目的进行合作，也仅仅是为了这个目的而进行合作。但是，有人提出异议说，现在的成员国之间各持己见，并且经常在追求相互冲突的目标；因此，在实践上，我们应该就每一个具体的议题同某些集团合作，反对另外一些集团——例如，在关于赔偿数额的问题上，我们要么同"法国及其卫星国"站在一起，要么同英国站在一起，因为它们之间的观点相冲突（我们也要记得，杜威先生在其他地方曾告诉我们："战后所有重要的问题都不在国联的掌控之内"）。的确，在人类所创立的所有组织中，有时必须要"站队"(take sides)，这是不可避免的。但是，置身于任何组织之外的个体是不可能在塑造事件上起任何重要作用的，而他本来至少可以投票反对其他人的观点；这对国家来说同样适用，就像一个国家，由于某些不容否认和确定的遗憾之事——提议无法达成全体一致，就被阻止参与国家间的协商一样。然而，真正的问题是，这个特殊组织所处理的问题是否在我们的能力范围之内，以及是否涉及我们自己的利益。如果答案是肯定的，那么，我们就应该参加，并且同那些愿意和我们合作的人就某些措施进行合作。对他们和我们来说，这些措施对世界和平和秩序有所贡献。

但是，杜威进一步反对美国加入国联的一个明确的理由是：我们不适合国联，也不能为其作出任何贡献。"我们无知，毫无经验更易被情绪而非信息和洞见所控制"，那么，"仅有此能力的我们，能够为谁服务呢？"在此，杜威先生再次陷入了"不可能主义者"(impossibilist)的风格，陷入了一种道德理想主义者的徒劳。杜威先生似乎在论证，因为我们美国人是有很多缺点的人，在国际事务中应该避免承担责任。对这个问题的回答，毫无疑问，我们和其他人一样，毕竟我们都是人；此外，我们又碰巧是世界上最强大和最安全的国家，极少卷入欧洲国家世代传承的仇恨，因此，这使得我们能够更加客观地对待国联的审议；作为一个毋庸置疑的事实，在过去，我们已经表明比其他国家更加热心于国际争端的和平解决。在国际上谦逊是一件很好的事情，但当它达到国家意志的丧失(national abulia)时就不是什么好事了。对杜威先生关于我们不适合在世界全体理事会中发挥积极作用的断言，恰好与一位明智的当代政治研究者的评论相反。一位非美国出生、也没有在美国受教育的门罗(W. B. Munro)教授在最近一期《大西洋月刊》发表了一篇文章，说华盛顿会谈"清楚地表明，就目前来说，想要在影响人类和平这一最重要的问题上达成国际共识，唯有在一个条件下才有可能,即美国已经做好准备提供动力和指引。除此之外,在任何其他条件下显然都不可能实现。"如果这一表述接近真实的话,美国就面临很大的机遇,它的责任也是很明白的;而拒绝其在人类现今所面临主要问题上承担责任的结果,可能并且非常有可能造成不可估量的灾难。

6.
美国应当加入国际法庭吗[①]

曼利·奥特墨·哈德森(by Manley Ottmer Hudson)

第一部分

尊敬的斯特朗主席,一位论派平信徒联盟的教友们,女士们和先生们:我假定你们今晚出席这个大会的事实,以及一神教俗世信徒联盟留出这部分时间来讨论一个与美国外交政策相关的问题这一事实,证明在你们心中有坚定的决心:美国人民永远也不会忘记第一次世界大战的教训。我们大多数人在1917年和1918年中所持有的那些希望、理想和信念正在迅速消退。我担心,随着时间的流逝,存在着放弃我们曾经持有的决心的危险,这个决心就是由于悲惨的大屠杀,我们希望能够在我们自己方面就解决战争问题而取得进步。在数年前,我们当中的很多人就认为,人类历史会以某种方式重新开始。我们当中的很多人认为,战争的结束将标志人类努力的一个全新开始。但是,正如我们今天所见,战争结束将近五年了,我们却不得不说:这柄恐怖的达摩克利斯战争之剑仍然高悬在我们所有宗教努力的头上,高悬在现代文明所有的建设工作的头上。

新的政治机构

在我看来,解决战争问题的方法不仅仅要求重估我们的国民生活和价值观念,正是通过这些价值观念,我们的国家思维才得以产生;也不仅仅要求我们加快国际良知的普及,它还需要一种政治机构和政治制度的改进,凭借它,我们希望后辈们可以避

[①] 首次发表于《基督教的世纪》,第40期(1923年),第1367—1370页。来自一份得到批准的哈德森和杜威于1923年5月21日在波士顿"一位论派平信徒联盟"辩论的速记笔记。杜威就此问题的演讲和回应,参见本卷第87—104页。

免我们刚刚所遭受的苦难。因此,建立某些可以世代相传的国际组织的问题,创建国际机构的问题,构建某些国际制度的问题,在我们建设国际关系的现有努力中占据了相当重要的位置。

我可能无法使你们相信我已经尽量低估了政策的重要性,以及为研究这种政策所需的国家心理学的重要性。但在目前的形势下,我想坚持机构的重要性,有了这类机构,我们的后代就可以免于诉诸武力来解决他们的争端,而诉诸武力已经使我们陷入一种徒劳的努力和无益的浪费。正是出于这种精神,我向美国总统建议:美国应该支持常设国际法庭。因为我假设我们在座的所有人都会同意,如果在未来要建立任何世界性的国际组织,如果将创立任何国际机构,那么一定要包括国际法庭。在我看来,现在已经到了人们不仅仅在原则上支持国际法庭的时候了。如果一个人有任何的影响力,如果他能做的不仅仅是反对这种努力,那么,他就有必要非常肯定他所支持的国际法庭。

我们的历史态度

事实上,对任何熟悉最近美国政治史的听众来说,了解常设国际法庭是一件非常简单的事。因为假如有关我们的外交关系的单一观念在美国的政治思想中占有恒久的地位,那么,这个观念就是:在任何争端出现之初,国际争端就应当依据法律由常设法庭的法官进行裁决。无须回溯太久,就在50年前,大卫·杜德利·菲尔德(David Dudley Field)发表了国际法大纲,勾勒了这样一个法庭的计划。在1897年,麦金利(McKinley)总统第一次就职讲演的时候,他说,美国在其历史中始终一贯的事情之一,就是支持建立用司法解决国际争端的机构。我认为,你们可能会同意麦金利总统从美国历史中得出的这个结论可能稍微有点夸张。但我认为,他支持对美国思想进行这种解释是件很幸运的事,因为正是在麦金利总统的第一届任期内,美国在1899年派代表参加了第一次海牙和平会议(Hague Peace Conference)。你们可能会记得,美国代表在会议上的部分提议就是要致力于建立一个常设仲裁法庭。

我无须同你们一道回顾美国代表在这次会议中努力所获得的成功,也无须回顾1899年设立在海牙的常设仲裁法庭的性质。我认为,我们对美国政府支持仲裁法庭的这部分历史都同样熟悉,并且这是我们最近历史中光彩的一页。美国政府向海牙仲裁法庭递交的同墨西哥的"虔敬献金案"(Pious Fund Case)是仲裁法庭的第一个案例,巧合的是,海牙仲裁法庭审理的最近一个案件也是美国政府递交的关于挪威和美国的最近争端。

仲裁法庭

在24年的时间中,我们利用这个常设仲裁法庭很成功地解决了18起不同的国际争端。尽管这个记录并没有达到1899年创立仲裁法庭时的期望,但我认为,由于这个记录,我们现在将海牙仲裁法庭的工作看作一个完全失败的例子是不公正的。在当时,人们感到常设仲裁法庭的困难,就像感受到神圣罗马帝国的困难一样。伏尔泰不是曾经说过,神圣罗马帝国的困境在于它既不神圣,也不是罗马人,又不是一个帝国吗?因此,我们也可以说,1899年的常设仲裁法庭既不是常设的,也不是法庭,更不是用于仲裁的恰当机构。因为事实上被我们称作常设仲裁法庭的这个东西,只是一个专门的法官小组,只是一份名单——今天,它已经由130多个名字所构成——由同意仲裁的争议双方从中选出法官当仲裁者坐下来进行仲裁。

当然,现在很多美国人已经理解,甚至在第一次海牙会议的时候,这个法庭就是完全不恰当的。在1907年第二次海牙会议进行之前,在美国已经有一场声势浩大的运动要求另设一个常设仲裁法庭与海牙仲裁法庭并立。这个常设仲裁法庭是由常设法官构成的,他们随时准备审理案件;并且随着时间推移,逐渐建立一套法律和司法体系。所以,在1907年第二次海牙会议上,美国代表遵照如特(Root)先生的指示,提议要建立另一个这样的法庭。在第二次海牙会议中,他们得到了英国代表和德国代表热情而全面的支持。尽管第二次海牙会议成功地制订了一个常设仲裁法庭的计划,但正如它所称的那样,它并没有就这个法庭选择法官的方法取得一致。例如,在第二次海牙会议上,圣多明各(San Domingo)的代表说,无论在什么情形下,圣多明各政府都不会同意建立一个圣多明各和英国没有同等代表权的国际法庭。这是我们在1907年碰到的障碍,这个障碍阻止我们在当时建立一个常设的国际法庭;直到1914年世界大战开始,它仍然妨碍这一法庭的建立。

现有法庭的起源

在战争结束后,我们自然应该重新实施第二次海牙会议建立新法庭的这个计划,即建立常设国际法庭的计划。但和平会议并没有尝试重建它,在会议上唯一提出这个建议的代表是意大利,意大利的这个计划是严格遵从1907年海牙会议的结果。但是在1919年,和平的压力如此之大,以至于这项工作被推后。直到1920年,国联大会成立法学家委员会才重新规划成立常设国际法庭的计划。

我需要提醒你们的是:如特先生是1920年夏天在海牙成立的法学家委员会的成员之一,正是他建议委员会考虑以1907年海牙会议的规划作为基础。如特先生还提出了摆脱僵局的办法,这种僵局妨碍人们在早期海牙会议时为建立法庭所作的努力。

在现代世界中,我们在国际组织作出了各种努力,但经常在那里碰到国家平等的政治原则与强国的霸权之间的冲突。当时在海牙开会的法学家委员会,在近代史上第一次成功地达成妥协,使我们可以克服这个冲突。当然,这个妥协是在国联大会和委员会建立的过程中达成的。因此,建议成立法学家委员会的如特先生,也提议新国际法庭法官的选举应该得到国联这两个机构的信赖,因为它们的组成体现了国家平等和强国霸权的成功妥协。

国联的独立性

1920年夏天,在海牙的法学家会议成功地就国际法庭的计划达成一致,并且附有一些修正条款,这个计划很快就被国联大会和委员会批准了,这些我就不详细叙述了。但我要提醒你们注意——我追溯这段历史,是为了能够为我们的判断提供一个共同的基础——我要提醒你们注意的是,国联大会和委员会并不是通过他们自己的条例来成立这个新的常设国际法庭的。他们只是同意法庭的章程。他们制订了章程的框架。而且,他们制订了独立而明确的条约,对建立新法庭的最终步骤和形式上的要求作了规定。所以,今天的法庭不是国联大会任何正式条例或章程的产物,在公开发表的内容上没有支持建立法庭的这种条例和章程。它拥有自己独立、明确和单独的条约,这个条约由46个不同的国家签订于1920年12月的日内瓦。

我希望将这一点讲清楚,因为这对我后面论证的部分是很有必要的。建立常设国际法庭的协议不是由国联的书面契约所产生的。它不是《凡尔赛条约》的一部分,而完全是一个独立的文件,完全依赖于附属其上的签字的效力。46个国家已经签了这个协议,迄今为止,其中的35个国家已经批准了这个协议。在1921年12月举行了法官的选举,尽管这涉及一个非常复杂的机构和程序,但进行得非常成功。正如你们所知道的,在国际法领域,我们国家最伟大的国际法学家约翰·巴塞特·摩尔(John Bassett Moore)先生被选为法庭的法官之一。在一年前,法庭举行了第一次会议以考虑任何提交至法庭的问题;在这一年的时间里,我们已经成功地在这个新的常设国际法庭公布了四种不同的意见。

法庭的运作

我希望花点时间来解释一下到目前为止提交到这个法庭的这些问题的内容。已经提交到国际法庭的问题有七个。前三个涉及国际劳工组织(international labor organization)的组织机构。因为国际劳工组织是按《凡尔赛条约》而成立的,所以这些问题或多或少都不涉及超出《凡尔赛条约》就此部分进行特定解释的国际法,但这些都是考验许多人耐心的问题,是激起很多人情绪的问题,特别是在欧洲的工会。新法庭公布的第四个意见,涉及在英国和法国就突尼斯和摩洛哥的国籍法而产生的争端中出现的一些问题的本质。这个意见是在今年2月公布的,因为这个意见在美国被我的一些出版界的朋友所误会,所以我将就此问题稍作解释。

这个问题是:英国和法国的争端是否涉及国际问题,即它究竟是一个应该由国际法处理的问题,还是一个应该根据国际法由法国国内司法系统和法庭处理的问题。在突尼斯和摩洛哥的一些英国公民发现,他们突然被赋予了法国国籍;并且作为法国公民,他们被迫要在法国军队服兵役。英国政府认为,这是对现存条约的侵犯,并希望得到仲裁。但法国政府却认为,这里不涉及国际问题。英国争辩说,有大量涉及外国人在突尼斯和摩纳哥的地位的条约和条约体系,它将这个问题国际化。并且在今年2月公布其意见的时候,这个观点最终为国际法庭所接受。我也顺带注意到,在对这个问题进行裁决时,在常设国际法庭的法国法官也投票反对法国政府的争辩。

国籍问题的豁免

现在我将澄清一个存在于我的那些编辑《纽约先驱报》(*New York Herald*)的朋友们头脑中的一个误解。例如,他们说,如果美国支持常设国际法庭,那么,这种涉及突尼斯-摩洛哥国籍的意见可能意味着国际法庭可能处理我们同日本的国籍问题,即使我们不同意它这么做。我相信,任何律师看了今年2月公布的意见,都不会采取这种观点。法庭非常小心地指出,国籍问题通常不会被纳入国际法的范围。它也非常小心地指出,在突尼斯和摩洛哥碰到的是特殊情况,因为这两块领土都是受法国保护的保护国,但它们在成为法国的保护国之前就已经同英国发生了国际义务。因此,我认为没有丝毫的根据支持这样一种意见,即这个涉及突尼斯-摩纳哥国籍的裁决不可能威胁到美国。

当法庭下个月15日开会时,将会有三个问题要讨论,如果不是五个问题的话。我之所以说五个,因为我认为,在法庭开会之前,可能有另外两个问题会被提出来。三个确定的问题如下:

第一个是关于基尔运河(Kiel canal)的自由问题,这涉及对《凡尔赛条约》条款规定的解释。这个案子并不像其他案子那样,是应国联委员会的要求而提交裁决的。它是由于英国、法国、意大利和日本同德国之间对抗时发生的案子。这个案子也是由常设国际法庭掌握的强制司法权的例子;因为在《凡尔赛条约》上,德国和盟国同意关于条约的这个特定部分的问题先提交常设国际法庭解决。有时候,人们可能会对德国人如何看待这件事心存疑虑,但在前几天,当对这个案子进行听证时,德国法官瓦尔特·舒克因(Walther shucking)被任命审理此案。我相信,现在我们可以说,德国人完全愿意解决关于基尔运河的问题。

保护少数族裔

下一个提交到法庭的问题涉及保护在波兰的德国少数族裔。少数族裔问题是美国的一位论派平信徒非常感兴趣的问题,在欧洲则是保护少数族裔的语言和人种问题。我相信,你们最近已经派了两个代表团到特兰西瓦尼亚(Transylvania)调查那里一神教信徒的情况。当你们的代表团到那里时,他们将调查罗马尼亚人是否执行他们在巴黎签订的保护特兰西瓦尼亚的少数族裔的人种和宗教信仰的条约。在我看来,涉及这些少数族裔的条约构成了我们国际法的一个新的部分,这是巴黎和会充满希望的一个标志,但在美国却很少受到关注。

我是否需要稍微回顾一下保护少数族裔的历史呢?你们还记得,当黑山、保加利亚和罗马尼亚建立的时候,在1878年,柏林议会制订了一个非常详细的条款,让德国来保护人种和宗教群体,这是一个非常详细和恰当的条款。例如,有一个非常清楚的条款来保障这些领土内所有人口的宗教自由。结果如何呢?结果就是在柏林议会休会后的几年内,罗马尼亚完全无视这个协定的条款。例如,在1902年,国务卿海逸(Hay)曾代表美国政府向所有柏林条约的缔约国表达了对在罗马尼亚的犹太人处境变得非常糟糕的强烈抗议。比如,他说,虽然犹太人在罗马尼亚生活已经超过三百年了,但当他同一个可能终身生活在罗马尼亚的犹太人交谈时,犹太人依然被罗马尼亚法律划为侨民;并且作为侨民,他在罗马尼亚不能拥有一寸土地。这就是犹太人在1902年的境遇。换句话说,很明显,罗马尼亚正在违反柏林会议所制订的保护宗教上的少数族裔这一恰当的条款。那么,海逸先生的抗议及其完全失败的原因是什么呢?这仅仅是因为:在1902年的世界,从1878年到1902年再到1904年的世界,当这种事情发生的时候,并没有国际组织来处理它。例如,罗马尼亚宣称,它的那些对犹太人不公的行政法规也全部能涵盖在柏林条约的意思之内。在没有国际法庭之前,这种问题就无法得到解决。

必要的机构

在巴黎和会上,当与波兰、罗马尼亚及其他各个新兴国家签订少数族裔条约的时候,这已经是历史了。我之所以详细阐述这一点,因为这与一位论派平信徒的利益相关;这尤其引起我的关注,因为我是签订少数族裔条约委员会的美国成员。在巴黎,我们说:"仅仅制订保护人种和宗教共同体的恰当条款是不够的,当问题出现时,还必须有某种常设的国际机构来解决。"因此,我们为所有的少数族裔条约——它们是单独的条约——提供了向国联委员会上诉的权利,并且可以就某些特定事件向常设国际法庭提起诉讼。

当国际法庭下个月15日开会的时候,它将碰到一个同波兰签订少数族裔条约的问题。这个问题是这样的——为了判断这个机构在保护少数族裔方面的益处,我想,我们最好在头脑中都清楚这个事情。你们知道,德国人在战前就不遗余力地要将波兰普鲁士化,派了一些殖民者到波兰的领土上;有一些殖民者被分配了小农场,这些农场的权益归属在战前并没有完成。在战争中,德国政府也没有完成这件事。事实上,在1918年停战协议签订之前,它们都没有完成。因此,波兰政府现在认为,它们并没有义务尊重这些德国少数族裔的农庄。这些德国少数族裔向国联委员会提起上诉。国联委员会认为,这个问题是一个涉及特殊少数族裔条约意义的问题,值得仔细调查。因此,国联委员会将这个案子移交到常设国际法庭来征求意见。

法庭已经成功了

如果在我们现代世界中没有这样一种机构,那么,所有这些详细地用以保护少数宗教和人种的条约体系将变成什么样子呢?例如,我们用以坚持保护特兰西瓦尼亚的一位论派平信徒的基础将会变成什么样子呢?在我看来,如果没有像常设国际法庭这种机构,这些条约根本就没有希望得到尊重。

国际法庭将要在6月处理的第三个问题也是关于保护少数族裔的问题,是关于依据芬兰和苏联签订条约的条款保护居住在东卡雷利亚(Karelia)的芬兰少数族裔的问题。我认为,在未来的几周内,很可能还有两个案子要提交国际法庭处理:一个问题涉及保护在波兰的德国少数族裔,一个问题涉及保护特兰西瓦尼亚的马扎儿人(Magyar);这并不是特指特兰西瓦尼亚的宗教问题,而是指在其领土上剥夺马扎儿人土地的问题。

这是可以追溯的记录。在我看来,这些简史现在已经足够美国人民作出判断了。一个国际法庭已然存在。我们已经成功地克服了1907年的障碍,已经成功地通过国联大会和委员会来成立法庭。我们已经成功地拥有了遍布世界各地的46个不同的成员国同意建立国际法庭的协议。我们已经成功地选举了国际法庭的法官,并且在一年内积极运作。因此,美国总统很自然应该提议美国人民成为这场运动的一部分。当然,如特先生已经在法学家委员会服务了。尽管还没有发薪水,来自美国的约翰·巴塞特·摩尔法官作为国际法庭的一员,已经就任了。国际法庭的成员国全部来自构成国联的52个国家。但是,总统坚持认为,这个法庭和它所从事的工作必须有我们的道德影响力作后盾,在我看来,总统提出这项建议的条件已经令人满意。

让我们看看国务卿休斯提出的条件:第一,美国不会根据这一法案而加入国联。

我毫不怀疑,你们当中的大多数人会和我一样,为他必须附加这个条件而感到遗憾。

第二,在国联大会和委员会选举法官的时候,美国将拥有同等的声音。这一点在看我来完全合适。

第三,美国将支付国际法庭花费的合理份额,但具体的数额由美国国会决定。当然,拿其他所有国家来说,它们支付的费用都是法庭一致同意的预算。就我们而言,这个由国会单独决定。但为了避免你们担心我们的钱会通过日内瓦的腐败之手,我要补充的是:当我们采用哈丁总统的提议后,美国的支票将不通过任何日内瓦或它的任何渠道,直接到达国际法庭的登记员手中。

休斯先生的第四个条件是,除非我们同意,否则,国际法院的章程不得变更。在我看来,这也很合宜。

如果现在就是这样的情况,为什么这不是一个完全清楚的主张呢?将这个议题放到美国思想史上来看,如果美国有什么对外政策方面举国一致的事情,那么,这就是其中的一件。

司法权的问题

让我与你们一起花点时间来回顾一下,在过去几个月中,对美国加入常设国际法庭这一行动的两个主要异议。我提醒你们,这个问题并不是突然出现在美国人民面前的。常设国际法庭的章程在两年半前就摆在美国面前了。美国律师们对这个章程的批评几乎是众口一词,但它并没有对设立国际法庭提出重大异议。但最近提出了两个异议。第一个异议是国际法庭并没有强制性,或者正如某些人愿意用的术语那样,没有积极的司法权(affirmative jurisdiction)。就我个人来看,对于国际法庭没有它应有的积极的司法权,我深表遗憾。但是,它已经在三类事务上具有了很大的积极的司法权。在建立国际法庭的协议上有一个非强制条款:在任何接受这个条款的国家之间,国际法庭就所有涉及法律性质的争议都具有强制司法权。不包括任何强国在内,已经有 20 个国家接受了这个条款。

其次,现在已经存在大量类似少数族裔条约之类的国际惯例和国际条约,它们都赋予了国际法庭以解释权、应用权和强制司法权。第三,有一些国家已经签订了双边条约,将强制司法权赋予了国际法庭。捷克斯洛伐克和奥地利就签有这样的协定,捷克斯洛伐克和波兰所签的协定就属于第二种。如果我们相信上周的报纸,那么,奥地利和匈牙利最近签订的条约就属于第三类。

通过这些方式,国际法庭已经具有大量的强制司法权。我希望国际法庭还有更多的强制司法权,就我个人而言,我希望看到美国也接受这个建立国际法庭时形成的非强制性条款，尽管我对参议院能够通过这个提案非常悲观。因此，我认为，对于那些过分强调强制司法权的重要性的人来说，这个异议有点太简单。毕竟，强制司法权的条款并不会自我执行，并且我认为，我们中的任何人如果仅仅因为国际法庭没有过多的强制司法权而反对加入国际法庭，那么，这是一个巨大的遗憾。

国际法庭和国联

我听到的第二个异议是——顺便说一下，我在美国的这个地方（波士顿地区）从来没有听到过这个异议，但我偶然在那些阅读《芝加哥论坛报》（Chicago Tribune）的人们中听到过这类异议，因此，它还没有变成国际新闻（笑声和掌声）。并且有人告诉我，这种异议在爱达荷州（Idaho）的某些城市很流行（笑声）——常设国际法庭以某种方式与国联捆绑在一起，因此，如果美国支持了常设国际法庭，那么，它就支持了国联。

现在事实是什么呢？我已经解释了常设国际法庭建立的历史。现在的国际法庭和国联有三种联系。第一，预算。国际法庭的预算构成了国联预算独立的一个部分。我已经对你们解释过，美国该如何采取行动而无须让我们的任何钱流入日内瓦。

第二，法官的选举。当然，我们在过去30年尝试建立这样的一个常设国际法庭而没有成功，因为我们找不到满意的方法来解决法官选举的问题。今天，我们发现了这样的方法，对美国来说，当国联大会和委员会开始选举的时候，我们只需要派出我们的代表同他们坐在一起，我们无需受国联盟约的束缚，而是作为法院章程所列的选举团体出席选举。

国联和国际法庭的第三个联系，是国联的大会和委员会可能会约请国际法庭咨询意见。上周五在圣路易市（ST. Louis）的一次演讲中，参议员博哈尝试坚持这种观点，因为国联的大会和委员会可能会不时邀请国际法庭咨询法律问题，这在某种程度上意味着，如果美国支持了常设国际法庭，那么就要为国联所做的所有事情负责。当然，即使这一行动是由总统提议的，博哈先生也完全忽略了约翰·巴塞特·摩尔法官并不是作为美国政府的代表坐在那里的这一事实。这恰恰是我们极力要摆脱的观念。他坐在那里，是因为所有国家的代表选举了他。因此，我认为，完全没有这种危险：仅仅因为国际法庭的裁决为国联提供咨询意见，美国就将受到国联政策的煎烤。

如果美国拒绝加入

我希望自己能够多用一些时间来处理其他异议。但是，我最后要向你们这些朋友提出如下的问题：如果今天美国拒绝采取总统提出的这个行动，那么将会发生什么？如果美国拒绝采取这个行动，世界上其他国家那些一直到美国寻找自由主义的人将会怎么看待美国？当然，我承认，我不太知道其他国家的人们内心是怎么想的，但我的确与一些积极致力于推进世界和平的组织的人有联系。如果美国拒绝采取这种行动，我完全知道这些人可能会觉得他们无法指望从大西洋这边得到任何帮助。我很清楚地知道，美国拒绝向促进世界和平的方向迈出的这小小的一步，可能在国外被看作是美国完全放弃了它在国际事务中扮演的角色。

我要让你们相信，我没有过分强调这一步的重要性。我认为，这是他们邀请我们走的一小步。我认为，单凭这一步是不够的，它完全无法满足现在世界的需要。我谴责美国人采取这一步骤，听任这一步骤哄骗他们，使他们对我们没有外交政策反倒感到安心。我认为，我们首先需要一种外交政策，并且这种政策应当处理今天正在将世界各个民族撕裂开来的严重问题。我认为，还必须注意那些我们将来可能要处理的国际事务的方法。就我而言，除非我们发展现有的这些国际机构，否则就看不到我们还有什么希望逐步摆脱战争。我认为，加入国联是必不可少的第一步。但我认为，只有这一步是不够的。除了常设国际法庭之外，我们还需要就那些在法律范围内法官无法处理的争端进行调解、调整和妥协的程序。我要提醒你们：美国人民的赞同，以及参议院对美国总统提案进行咨询和批准，是朝我们帮助创造一种处理世界事务更合理方法迈出的必不可少的第一步。

第二部分

主席先生：我当然不会就这类主题与杜威先生辩论。杜威先生曾经是我的老师和导师，我从未见他在人类努力的功效上丧失热情、智慧、勇气和信念。我认为很清楚的是，杜威先生和我的立场相距甚远。正如杜威先生所言，我和他都认为现在世界上最大的恶就是战争体系。如果今晚我们对解决这个问题的方法有不同看法，那肯定是源于我的比较狭隘的性格和思维过程。我必须通过考虑特定的情境，通过筹划如何希望看到我们这个时代的世界能够符合那些特定的情境来研究这个问题。我更希望你和我这一代经历了这场糟糕战争的人，朝着使世界摆脱战争的方向取得进展。

在我看来，这种进展是可以做到的，并且就在我们的掌控之内。它完全不依赖美国人民的政治哲学的整体面貌，也完全不依赖世界其他各国人民的政治哲学的整体面貌。如果我们美国人和其他国家的人能像杜威先生一样看待这个事情，那么，我只会非常高兴。（掌声）然而，我觉得，这样一种人们思想的完全变革是很难立刻实现的。因此，我很乐意关注我们手边立刻能做的工作——我将不再把这一工作称为一步(笑声和掌声)——立刻可以做的建立国际机构的工作;这个工作,可以在我们手上传递十年,还可以再向下传递数十年。

不是最好但仍然是最佳

你们和我出生在美国,美国一开始就有国会和最高法院。我花了不少时间在这两个地方同人争吵(笑声)。然而,我毫不怀疑,它们是我们所生活的这个世界上最有用的机构。它们仅仅是在一个多世纪之前,由于人们尽心竭力和明智的努力才出现的。我们现在无须回忆它们的产生过程。我们也不会认为,在马萨诸塞州与纽约州的最近争端中,它们必须先由马萨诸塞的法庭审理。对我们来说,直接上诉到最高法院已经成为习惯。我希望,我们的下一代人以及之后所有世代的人都能够类似地处理国际问题,直接诉诸常设国际法庭。这不是你我所能设计出来的最好的法庭,但就目前而言,它却是遍布在地球上 46 个国家所能赞同的最佳方案(掌声)。

我也希望,我们的下一代能够有一个用于协商、将全世界所有的公共问题都拿到台面上进行讨论和会谈的国际组织。我深受如下事实的感染——我恐怕杜威先生并没有被感染:在你我所处的时代,世界上代表不同宗教、说着不同语言、属于不同人种的 52 个国家在今天都支持这样一种程序,但我并没有听到,赞同宣布战争为非法的人说美国应该支持它。

我能很快地谈一下杜威先生的计划中的三个论点吗?我赞同他所说的我们现今所处的情形非常紧急,我们迫切需要一些理智的手段来解决战争问题。我也很同意他说的,我们应该抓住任何能够提供缓和形势的权宜之计。我很高兴杜威先生花费时间支持宣布战争为非法运动。我也很乐于见到战争被宣布为一种犯罪。我希望我们都能尝试将其实现。从我个人来说,作为一名律师,我并不像杜威先生那样在法律制订后对法律的颁布满怀信心(笑声)。从我个人来说,我发现很难相信,仅仅因为国际会议的一个法令就能够消除过去数个世纪存在于人们思想中的习惯。因此,我发现自己无法像杜威先生那样,对他们的提议保持信心。然而,我认为这是一个很好的提议,我希望看到战争被看作是犯罪。

我感到遗憾的是,杜威先生和我那些与他合作的朋友们几乎不关心世界上 52 个国家最近所作的重要努力,宣布在某些明确的和特定的情形下的战争为非法。国联在其盟约里面用最清楚的条款规定了:如果任何国家在国际社会尚未关注其争端,并且尽最大努力解决其争端之前就被他国所侵略,那么,这场战争就是非法的。这恰是现今存在的情形,这是世界上 52 个国家作出的最重要的努力。然而,我那些致力于推动参议员博哈提案的朋友讲起话来,就好像根本没有这回事。正如你和我都很轻易看到的那样,他们仅仅看到了目前国联所面临的巨大困难。正如你和我都很轻易看到的那样,他们仅仅看到目前欧洲所遭受的创伤。但是,我认为,他们没有足够公正地对待世界上其他国家那些认真的、思想开明的人们促进战争非法化的努力。

国际法

杜威也接受了参议员博哈的决议。此时,正如我所理解的那样,杜威先生的计划的第二部分要求制订一部国际法典。恐怕我也无法相信,我们在为世界起草一份完整而恰当的国际法条例方面能突然取得重大的进展。恐怕我也无法充分信任当今世界上那些从事国际法工作的人,因为我内心完全相信,如果我们把他们召集起来,他们不会花太多的时间制订战争法典。恐怕我也不敢充分地让我那些从事国际法的同事相信,他们自己能为未来起草完整而适当的法典。

但是在我看来,确实存在一种编辑国际法法典的更好办法——我们现在正在采用的这种办法。在过去三年半的时间里,我们已经通过国联的各种机构完成了不少于十六例的国际劳工协议、关于运输自由的巴塞罗那协议。具体有关于水运自由的巴塞罗那协议、关于禁止买卖妇女和儿童的协议、关于强制实行保护少数族裔语言和宗教的条款、关于保护迁移人口的授权令。我还可以列举国际法中其他的成就和贡献。在我看来,这种行之有效的法典编纂方法才是值得我们付诸努力的。然而,今天在这里大谈国际法典编纂的我的朋友们,却从来不提眼下正在发生的这个进程。

一个真正的法庭

很清楚的是,关于参议员博哈决议案的第三部分并没有清楚地阐明一个真正的国际法庭是什么样子。我们现在的这个法庭是消耗了极大的精力、辛劳和心力才得以建立的。难道世界上的人们为了另设一个不见得会比这个法庭更好的法庭而抛弃这个法庭吗?或者我们是否可以说,我们将采用这个法庭,并且不断将它向更加积极的司法权的方向推进,直到它作为真正的最高法庭能够满足这个世界的需要?在我看来,这恰恰是问题的所在。

在杜威先生的三点建议中,我完全赞同他对待这个主题的精神。我完全赞同他所说的将战争宣布为犯罪的好处,我甚至不要求我自己去问由谁来惩罚这种犯罪。我认为,即便我知道这种犯罪不可能被惩罚,宣布战争为犯罪也是有益的。在这一点上,杜威先生已经强调了它的重要性,我不想再补充什么。

关于他们计划中的另外两点,我只是简单地提请他们注意:现在世界上正在发生的事情和1920年的世界有所不同。1920年,国联协约充满了形式主义和揣测;而在1923年,经过三年的努力,国联和常设国际法庭已经取得了稳定的和不断的进展。

你们可以看到,杜威先生处理这个主题的方式比我更具有普遍性。我总是被迫将自己的注意力放在那些更具体的问题上,因此,我丝毫不怀疑我可能由此没有注意到现今问题某种更重大的意义。

斯特朗主席:现在请各位来宾稍微保持耐心,麻烦请迎宾员快速收集问题(写问题的纸条由迎宾员收集)。你们表现得很慷慨(笑声)。当迎宾员收集更多的问题之时,我们让杜威教授先回答一两个问题吧,免得杜威教授会随时从台上溜走。①

斯特朗主席:问题实在是太多了,你们自己可以看到,让发言者回答这些问题中的一小部分都是不可能的。因此,我想,如果杜威先生再回答一两个问题之后需要休息一下的话,我们请哈德逊(Hudson)教授回答一两个问题,然后我们就不得不结束了。

哈德逊教授:有些问我的问题是关于常设国际法庭判决的约束力。关于这一问题,我将与杜威先生所说的内容相联系。我收到的问题是:

和海牙常设仲裁法庭相比,常设国际法庭有哪些优势?

常设国际法庭的主要优势在于,它由支付了年薪、一直在待命解决案件的11位法官和4位代理法官组成,在接到通知的两三周之内,就能够召集他们开会。在旧的常设仲裁法庭,人们必须从一大群法官中挑选出仲裁官,这个过程需要花费很多时间和精力。此外,常设仲裁法庭的法官只是在不同的仲裁案件中才出现,他们的工作没有连续性,而这一点对建立国际法的法理学体系却是必不可少的。的确,有一些法官经常被常设仲裁法庭选为仲裁法官——例如奥地利的拉马西(Lammasch)先生。但是,一般说来,旧的常设仲裁法庭每一次判决都是一件新事,并不得不一次次重新开始。这个新的常设国际法庭的优势在于,它有一个固定的和长久的人员安排。此外,它还有一个巨大的优势,就是可以任免司法机关去处理那些由于大量不同的国际条约而产生的解释问题。

我的另一个问题是:

为什么国联不履行职能去解决希腊—土耳其的争端?

---

① 杜威对问题的回应,参见本卷第100—102页。

我不知道这是不是杜威先生提到过的六场战争之一。

杜威教授：是的。

哈德逊教授：这是其中之一吗？

杜威教授：是的，肯定是。

哈德逊教授：难道在你看来，没有任何人谴责国联或者常设国际法庭不去处理希腊和土耳其的争端，不是有点糟糕吗？自从希腊加入世界大战之后，希腊和土耳其就一直处于战争之中。它们之间也没有任何和平条约。它们曾经签过一个条约，但立即被土耳其的掌权者所否定。这场激烈的战争是由于大量不同的问题所引起的，并且在过去的六个月中，我们在洛桑(Lausanne)一直都试图就这些问题进行磋商。当然，为了解决这些问题，我们不得不用到那些杜威先生所不喜欢的政治机构。那些政治家们已经理解了这些问题，其中有一些问题是极其复杂和困难的，但我毫不怀疑通过在洛桑的外交斡旋，大量的交易正在反复地进行。但是，现在谁又能打保票说法官能够依据现存的国际法应对这样一个错综复杂的形势呢？我可不会说可以。

还有人问我，常设国际法庭是否与国联没有什么紧密的关联，以至美国无须加入国联就可以支持它。我认为，我已经很清楚地表明，这不是我的观点。常设国际法庭是根据一个独立的、不同的条约建立的。因此，它并不依赖国联的盟约或《凡尔赛条约》。它的预算是国联预算的一个独立部分。在我看来，以这样一种集资要经济得多。此外，我们可以这样说：国际预算中多少应该由洪都拉斯支付，多少应该由法国支付，这是一件非常难以决定的事情。事实上，国联在支出的分配上已经证明，这是一件很困难的事情。因此，在建立常设国际法庭的时候，"我们不再建另一个收钱和分配钱的机构，我们将用已经有的这个机构"。每年给海牙而不是日内瓦寄一次汇票，这丝毫不会牵涉到美国是否加入国联。

至于选举法官，我认为，当国联的大会和委员会作为选举机构选举法官的时候，我们派一个代表去参加；在选举结束之后，我们则撤回代表，这完全是可能的。有人问我，多长时间选一次法官。每九年选一次法官，下一次选举是在1930年。因此，你们可以看到，还有好几年才会面临派代表去日内瓦选举的问题。①

---

① 杜威对这个问题的回应，参看本卷第102—104页。

7. 战争的非法化①

沃尔特·李普曼

I.

在战争期间,人们逐渐相信,在未来阻止战争的方法就是要迅速地联合所有的力量同德国式的国家开战。早在1914年9月的时候,西奥多·罗斯福就力主建立一个他称之为反对"非法国家"的国际武装力量(international posse comitatus)。随后,"实现和平联盟"(League to Enforce Peace)的塔夫特(Taft)先生、参议员洛奇(Lodge)和其他一些人也提出了同样的主张。在1916年春,威尔逊总统转向了这样一种观念:一场侵略战争不仅仅涉及一个国家及其受害者,而且涉及所有的文明国家;因此,对一个国家的侵略就是对所有国家的侵略,这种破坏和平的行为以后应该由统一的和平力量进行解决。正是在这种思想和情感的背景下,芝加哥的一位律师列文森提出了他关于"宣布战争为非法"的提案②。

政治领袖在不同的党派阵营中并没有分裂,两百万的美国军人加入了法国战场,他们没有任何人对欧洲的牵累表示厌恶。列文森先生满有把握地假定,美国在1918年3月所做的事情可以在另外一场侵略事件中再次发生。因此,列文森先生自然在舆论的旋涡中争辩说,如果按国际法,将战争本身宣布为应该受到惩罚的罪行,那么就加强和阐明了有关实现和平联盟的罗斯福—塔夫特—洛奇—威尔逊理论。因此,

---

① 首次发表于《大西洋月刊》,第132期(1932年),第245—253页。杜威对这篇文章的回应,参见本卷第115—121、122—127页。
② S·O·列文森,《战争的法律地位》,发表于《新共和》(1918年3月9日);可参见杜威的《道德和国家的行为》(Morals and Conduct of States),发表于《新共和》(1918年3月23日)。

所有国家就没有必要保持中立,也就拥有了不可质疑的权利和义务去加入一场反对德国式的国家的战争。列文森先生的观念与现在正发生的事情相比,似乎毫无新鲜之处。因此,带着这种情绪,他仅仅为"以战止战"这种广为接受的理论找到了一个形象化的名称。

当然,这种观念也被威尔逊总统带到巴黎去了。但是,直到国联协约第一稿付梓一年之前,列文森的观念尚未广为流传。最近过世的参议员费兰德·C·诺克斯(Philander C. Knox)在一次演讲中重新传达了这一观念,但其含义却遭到了彻底改变。列文森创造这一新词在于阐明实现和平联盟的目的,而这一观念现在却被国联所替代。诺克斯先生被看作参议院最具有不妥协精神的领袖、所有参议员最勇敢的向导,以及他们最聪明的顾问。他不满于那些对威尔逊总统的计划纯粹毁灭性的攻击。他承认需要一个替代品,所以在列文森先生的帮助下提出了一个新的计划。他认为,和平应该基于如下这一观念:战争应当被宣布为一种国际犯罪。

1919年3月,在参议员诺克斯的第一次演讲中,"战争非法化"仍然同实现和平联盟这一观念相关。诺克斯先生明确反对国联,但他在需要"签约国的力量强制实行"国际法庭的裁决和奖励这一"宪政"(constitution)的基础上,继续讨论建立"一个联盟","通过武力、经济压力或其他手段对付那些不情愿的国家"。然而,在几个月之内,随着美国人对国联和所有使用武力条约的反对浪潮不断增大,诺克斯先生和列文森先生改变了他们的观点。在提出他们"宣布战争为非法的计划"时,他们不仅仅把国联(the League)丢在了一边,也将任何联盟(a league)都抛弃了,并且剥夺了国际法庭有任何权力去强制实行其裁决。

参议员诺克斯过世之后,战争非法化运动似乎被人们暂时遗忘了。哈丁总统曾在华盛顿会议的开幕式上提到过它,但并未采取任何行动。在参议员博哈采取这一口号和观念之初,他就成为这个有组织的运动的政治领袖。博哈先生提倡"宣布战争为非法",并且反对常设国际法庭。

我们发现,当国联未出现的时候,这一观念是为了增强联盟;但当国联存在的时候,它却被用来反对联盟。当常设国际法庭出现之前,这一观念被用来提倡国际法庭;现在当常设国际法庭存在的时候,它却被用来反对常设国际法庭,并且提倡建立另外一个尚未存在的法庭。

II.

因此,作为政治史,这一观念与完美的不妥协记录相联系。但我认为,这种联系是个人的和偶然的。这仅仅是由于参议员诺克斯在他对国联的攻击中采用了这一观念。因为从罗伯特·塞西尔(Robert Cecil)勋爵开始,那些国联的拥护者们就致力于找出一种方法来界定战争,以及宣布战争为非法。从伊莱休·鲁特(Elihu Root)先生开始,那些现存国际法庭的支持者们也希望宣布战争为非法。这一观念从罗伯特·塞西尔勋爵嘴中说出来与从诺克斯先生嘴里说出来同样恰当,从鲁特先生嘴里说出来与从参议员博哈嘴里说出来也同样恰当。这仅仅是阻止战争因为美国参议院永不妥协的政治而产生的意外,参议员将"战争非法化"等同于积极反对现有的每一个阻止战争的机构。

我们可以从参议员博哈的观点中判断这种联系有多么的偶然!根据记录,博哈先生不止一次地反对加入国联,因为这种超国家的组织将会摧毁我们的国家主权。但是,这种关于国联的信念阻止博哈先生运用他那雄辩的口才嘲笑现有的国际法庭,因为它没有任何权力就所有的国际纠纷进行裁决!因为关于国家之间的纠纷,世界大会还没有形成任何有权威的法条!博哈先生明确反对超国家的思想,与他要求以美国联邦最高法院为模型建立世界最高法院(Supreme Court of the World)的思想相安无事;而如果博哈先生的类比真的意味着什么,那么,这个世界最高法院就有巨大的权力来处理国家之间的纠纷,这也包括废除包括美国国会在内的所有议会法案的权力!

这种如此非逻辑的观点,只可能是一种政治意外。战争非法化和传统不妥协的哲学之间没有任何的必然联系。它们之间只有很深的矛盾,这种矛盾如此之深,以致产生了这种奇观:博哈先生在反对超国家的同时却要求建立超级法庭,由超级会议来制订超级法规。然而,我们却不得不在这种背景下将战争非法化作为一种世界和平的计划加以讨论,这一计划是由那些国联和现有法庭永不妥协的反对者提出来的。我们在此处并不考虑那种类似于罗伯特·塞西尔勋爵和鲁特先生所构想的通过现有国际组织解决战争非法化问题的建议。我们主要面对的是美国的战争非法化运动,这一运动是由那样一些人倡导的,那些人不仅仅同国联和国际法庭,并且同类似于华盛顿会议这种任何一种国际大会作斗争,并继续同它们作斗争。

对那些希望加入博哈先生的战争非法化运动的人来说,路是笔直的,但门却是狭窄的。试图使战争成为一种犯罪的观念,属于那些所有观点类似的人们。但作为政治标签的"战争非法化",现在却是一种支持世界和平的包罗万象之计划的名称。从任何角度来看,它们从根本上就具有差异,并且在行动上彼此敌对。

III.

博哈废除战争的计划具体体现在1923年2月14日通过的参议员441号决议。这个计划有三个部分:第一部分是形成一个普遍的条约,使战争"在任何国家的法律下都是一种公开的犯罪";并且,"这一正式的赞同或条约约束"每一个国家"都起诉和惩罚其国际战争的发动者、煽动者和受益者"。

第二,"在国家间平等和正义的基础之上创立和采用国际法规,扩充和增补法规,修改法规以及推进它的实施"。

第三,有必要"以司法来替代战争",或者"(如果通过对现存法庭部分的调整和修改),一个国际法庭在其形式或本质上,在其关于我们主权国家争端的审判权上,是模仿美国联邦最高法庭的,那么,这样的法庭就拥有积极的司法权,可以依照规定的法条或者条约去审讯和裁决所有纯粹的国际争端"。

在博哈看来,这就是消除战争的方案。在他看来,这个方案可以做到国联和国际法庭都无法做到的事情。在战争非法化的提倡者看来,这个方案给出了有效的许诺。他们不仅坚定地反对美国加入国联,而且恰当地支持哈丁总统加入国联的提案。他们说,要么采用这个方案,要么什么都没有,除此之外,再无他法结束战争。

从根本上说,他们所依赖的不是国际法庭和法条,而是"宣布战争非法"的条约。他们相信这个口号有力量激起人类对战争的厌恶,并且使其具体化。他们相信,战争是一种犯罪这一宣言可以使和平主义在全世界合法化,并且剥夺战争的正当性和权威性。由此,战争的发动者不得不成为因良知而拒服兵役者(conscientious objector),和平主义者将得到法律、秩序和保守主义的庇护。一旦这种爱国主义和法律的价值得到根本反转,那么,战争几乎不可能被组织起来,因为和平主义将成为所有国家权威的道德。

由此,我们主要处理的就是一种道德上的斗争,支持彻底地裁军的道德。如果这种宣传成功了,保护和平的机构可能也就不是必需的了,因为就如其支持者所论证的那样,这种宣传自身就将摧毁战争的意志。一旦国家之间不再希望打仗,保持和平就变成了一件容易之事。因此,除了那些抱有不同目的的人,这个计划的提倡者在他们的方案中很少考虑、也很少强调建立一个新的国际法庭和一套新的国际法规。

然而,在人们普遍承认他们是如此激进的和平主义者,以致摧毁了他们惯常地将自己的安全和国家命运相联系的爱国主义法条之前,他们可能需要非常仔细地咨询博哈先生保持和平的机构。我认为,如果首先在道德上,然后在物质上,他将引导人类裁军,那么,他将不得不证明他的国际法庭和法规能够有效地阻止战争。人们将会非常仔细地检查这套新的法规和这个新的法庭,因为这使得他们将在毫无军事能力的状况下生活。

IV.

通常说来,要激起很多听众谴责战争远比说服他们赞同法律原则简单得多。人们同意战争是一件可怕之事,是一种犯罪;但他们在固定边界、脱离权、革命权、原材料控制、入海通道、少数族裔的权利、关税、移民、殖民地状况和财产权方面,可不会轻易地达成一致。用博哈先生的话来说,他们在什么构成了"纯粹的国际冲突"这一点上很难达成共识。公正地说,人们全体一致反对战争,全部表示热爱"平等和正义";但是,在关于什么是平等、什么是正义的问题上却争吵不休。他们在那些理应决定重要议题的普遍原则上发生分歧,而在对普遍原则下特殊事件的事实解释上分歧更大。

边界应该由民族来决定,还是由经济地理来决定?爱尔兰是否可以从大英帝国脱离?乌尔斯特(Ulster)是否可以从爱尔兰脱离?三个郡是否可以从乌尔斯特脱离?是否允许革命?是否允许国外的力量帮助革命?不发达国家的自然资源是否应以当地人认为合适的方式拥有,或者说欧洲国家和美洲国家是否有权占有它们,以及这些权利该如何分配?那些封锁其他国家出海通道的国家是否对那些陆地国家的人们负有责任,它们是否应该将其主权仅仅限制在它们的港口和铁路上?民族和宗教上的少数族裔,不论是在波兰的德国人还是在密西西比的黑人,他们是否被任何国际法的规则所保护?关税是不是一个"纯粹的"国内问题?应用于国外船只的禁酒令是不是一个国内问题?殖民地是否有权起义?墨西哥是否可以没收美国的石油财产?美国政府是否可以查封国外船只上的烈性酒?

现在,当参议员博哈提议创建一套国际法准则以替代战争时,如果他真的意味着什么的话,那么一定意味着建立一套可以覆盖以上所有问题的法律规则。那么,由谁来制订这样一套法规呢?博哈先生的提案并没有告诉我们这一点。诺克斯—列文森计划需要一个世界大会来执行这一件事,其他的支持者则说需要一些专家和法官的会议来做这件事。他们都很少尝试去描述如何建立这套规则。这一点在涉及创造国际法和法典编纂的时候根本就不被考虑。

但"创造"(creation)一词可能是英语中最大的一个词。"基于平等和正义"创造一套规则来制订法律权威,用以裁决涉及国家间的主要纠纷。现有的国联主要就是在做这件事。无论博哈先生是否喜欢这个名称,他的计划都包含设立一个世界的立法机构。创制法规的大会不得不制订影响所有现存政府和民族命运的法律。它将不得不就那些触及它们的政治独立性、它们的自由、它们的权力、它们的威望、它们的经济机会和它们的尊严的问题进行立法。

轻易地谈论制订一个国际法规,要么是一种徒劳的空谈,要么是在政治中所能想象到的最为惊人的提案。在人类的历史中,它首次要求创立一个真正的世界立法机构。因为如果这套法规不想仅仅成为虚伪的遁词,那么也许没有任何一个国际大会可以制订它。人们可能希望它就像第一届美国国会在其第一次会议期间就创造一套美国国内法一样。答案是否定的:用博哈先生提案里的话说,这个世界大会可能不得不集会、再集会;并且不断地扩充法规,增补法规,修改法规,推动法规的实施。

这个世界立法机构不可避免地将代表现在的内阁和外交部门。让我们这样说,是否有任何人能够想象这样一个政府,它居然不牢牢抓住能够立法影响国家边界的代表团?因此,借用杜威先生的术语来说,想通过没有"政治联合"的"法律合作"来管理世界,这完全是不可能实现的希望。如果法院有可以应用的法律的话,那么就一定存在立法者。立法者是政治家。他们大部分时候都被他们选民的压力、他们自己的雄心和习惯,以及个人的理想所左右。让博哈先生问问自己,他是否已经做好准备委托库尔兹(Curzon)勋爵、休斯先生、彭佳来(M. Poincaré,亦译彭加勒——译者)、巴伦·卡托(Baron Kato),或者其他任何他认识的人来制订这样一套法规。让他问问他自己,他是否认为美国参议院将批准的每一部法规,世界其他国家的议会也会批准。

无须预言就可以知道,如果他能够说服世界建立这样一套法规,那么,博哈先生和他最忠实的追随者将会被当作不妥协的对手而不被认可。如果他们达到了这个目的,或者说当他们达到这个目的的时候,他们可能会憎恶它。因为在形成法规的同时,这一代人创制的任何法规都不得不使现状合法化。我们难以想象,英国、法国、日本或美国会就一系列的特定原则达成一致意见,而这些原则会损害他们的帝国,损害门罗主义(Monroe Doctrines),或者损害他们所宣称的战略要求。这一点是毫无疑义的。我从1919年3月1日参议员诺克斯提议战争非法化的原始讲话中引用一段:"在这样一套法规下,凡是涉及门罗主义的政策都无须仲裁,在任何美国的边界之内,或者任何美国宣布受到保护和发展的地方,我们的保守政策,我们的移民政策,我们驱逐外国人的权利,击退入侵者的权利,保持陆军和海军建设的权利,或者建设加煤站的权利,我们在巴拿马运河(Panama Canal)或边境地带建筑要塞的权利,依照财产权和公民权区别对待本国人和外国人的权利,以及其他具有这类性质的事情。"

参议员诺克斯说,我们不必要求仲裁这些问题。换句话说,我们宁愿发动战争,也不放弃我们的立场。

如果任何人愿意,他也可以把这个叫做"战争非法化",但我很怀疑一个外国人可能会将其称为在诺克斯看来会干涉美国利益、需要和天命的那些战争的非法化。如果让其他50个国家也拟定这样一份他们宁愿战争也不愿仲裁的问题目录,那么,你将宣布为非法的战争数量不会引人关注。

V.

这个计划的提倡者们喜欢说那些由军备、联盟、威信外交和战略优势构成的"战争体系",它们本来就依赖战争是"合法的"这一事实。由于战争非法化的倡导者们依据在提议将各种各样的战争合法化这一事实,我上面的分析是否正确也就变得无关紧要。依据诺克斯—列文森计划:"战争应该被限定在法规之内,对现实的或者正在逼近的进攻的防卫权是一定要保留的。"此外,参议员博哈的提案似乎还证明了解放战争的合法性。如果你现在有权为你所说的自由而战,并且由于你认为这是一场正在迫近的攻击而发动战争,那么不将它认为必要和所希望的战争合法化的外交部一定是个愚蠢的外交部。在这个方案下,唯一非法的战争就是公开宣布侵略的战争。其实,根本就没有这种战争。甚至1914年德国发动的战争,都可以容易地被打扮成为了防御日益逼近的俄法军事同盟的攻击。

在战争非法化容许下进行的战争,并不局限防御边境线上的侵略。如果真是这样的话,那么,这个计划的支持者可能会同意将每一起国际纠纷都诉诸仲裁。但正如我们所见,参议员诺克斯从来没有这样做的打算。他列出来的无须仲裁的纠纷单包括了美国可能会涉及的所有真正的重要的纠纷,包括了所有同日本的争端、同拉丁美洲的关系问题、我们整个的经济政策、我们全部的战略和军事系统,以及其他"保护和发展这个国家可能需要"的事情。参议员博哈尽管没有那么具体,也极其明确地反对仲裁那些重要的问题。他用以排除这些问题进入司法程序的方法,是否认它们是"单纯的国际争端"。当然,国家间的争端依然是争端,因为你选择不将它们叫做国际争端。如果你觉得我很严重地伤害了你,那么不会因为我告诉你管好自己的事情而息怒。

在理论上,博哈关于宣布战争为非法的计划,包括了宣布战争为非法的法规和制订管辖所有政府间关系的法规。它也包含了一套从法规和法院管辖中退出的保留权,因为即便不是全部的政策,法院管辖的大部分政策都会造成争端。最终,在防范这些主要排除法院管辖和法条的政策中,通过使某些战争合法化,这个提案去除了战争非法化的本质。

换句话说,博哈先生所建议宣布为非法的那些战争都只能被描述为"单纯的国际的战争"。他提议宣布为非法的那些战争都只是理论上的战争,而没人实际去做,因为所有现实中的战争都是由于主权的冲突和国内的利益所导致的。一种并不涉及或看上去不涉及国内安全、国内利益或者争端者的国内自尊的"纯粹国际争端",是根本不值得担心的。甚至在这个邪恶和好斗的世界中,这样一种毫无害处、不涉及利益之争的冲突通常不会引发战争。仅仅依据这种冲突来宣布战争是非法的,简直就是无中生有。因此,除非一个人说他准备提交任何影响世界和平的争端去裁决,否则就是在编造他想要宣布战争为非法的。一位精心守护美国主权的、毫不妥协的参议员只能玩弄概念,他永远也不会真正地理解它,也不会真正地相信它。

VI.

我们现在要探究像战争非法化这样如此深刻地表达一种人类渴望的观念是如何变得含混不清和毫无成果的。我认为,这个问题的答案可以在博哈的提案中找到。在提案中,他说:"人类文明中的精英分子已经发现解决人类争端两种值得注意的方法,即法律和战争"。法律对博哈先生来说,意味着司法程序;而在我看来,他的这种概括完全是错误的。除了法律和战争之外,人类文明中的精英分子还发明了其他解决争端的方法。他们发明了外交、代表制政府、联邦制、斡旋、调停、友好地介入、妥协和会谈。在法庭内的司法程序是和平的唯一方法,这一观念完全不切实际。在他的日常生活中,博哈先生参与了调节爱达荷州和其他州之间的冲突,参与了资本和劳工之间的调停,以及农场主集团、制造业者和银行家之间的调停。假如他相信替代战争的唯一方法就是诉诸法庭,那么,他不可能在一个像美国参议院这种非司法机构浪费自己的才能。他要么成为一个法官,要么在法官面前进行辩论。

然而,他和其他许多值得尊敬的人一样,都相信实现国际和平的唯一方法就是"创制一个司法替代物来取代战争"。这一信念正是战争非法化的基础。当你从事创制司法替代品的实际工作时,正如诺克斯先生和博哈先生所发现的一样,你会发现你不能,或者说你无法设计一种能涵盖所有争端的国际法规,也没有任何法庭能审判所有的争端。因此,你可能会痛苦地发现,你希望宣布战争为非法,但却不能宣布那些你感觉被迫进行的战争为非法。

你会发现，很多的争端是你的司法替代物无法涵盖的。它们是所有争端中最重要的，因为它们恰恰关涉到人们最乐意为之斗争的关键利益。这个困难是根本性的，并且任何想通过单纯的司法替代物来宣布战争为非法的计划都无法避免这个困难。如果你真诚地想要废止战争或最小化战争，那么，这些边缘的、非司法性的争端就一定会占据你关注的中心。

随着国际法的成熟，这些争端中的某些争端也可能由司法解决。但是，在我们可以预见的未来，那些最危险的大量争端都是法规和法庭无法处理的。正是由于这些问题，我们需要外交，通过会谈、妥协、讨价还价、好的外交官，以及通过武力威胁（我想，这是最后的方式），用这些方式来解决。在考虑如何通过提倡战争非法化来真正地保留完全发动战争的权利时，人们可能会毫不羞愧地承认武力在外交中的作用。

他们的论证的主要谬误在于拒绝承认外交对那些导致战争的争端的必要性，而这些争端无法在他们的法规和法庭内解决。因为，如果外交是保持和平的一种必要方法，那么，任何不提供外交手段来废止战争的计划都不可能是一个有效的计划。并且，如果外交的方式是必要的，那么对这种方式的变革，也就是人类最急迫的需求之一。

因为如鲁特先生所言，"外交方式"是处理那些直接的、急迫的和具有危险性的危机的一种必要方式。在这种情境下，没有任何其他方法能阻止灾难发生。争辩、劝说、解释、消除误会、关于优势及障碍的建议、调停、妥协、给未来的约定，以及那些外交工作最终需要的深思熟虑——所有这些都可以用来处理当下的严峻形势。司法程序的缓慢过程并不适宜处理这种急迫事件。

鲁特先生此外还考虑了司法程序不可避免的腐败，那么，这将成为作出主要政治抉择的一种负担。因为，博哈先生的法庭中的法官如果被要求裁决没有现成法律可以应用的问题，那么，他们要么必须制订一个法律，并由此立法；要么在法律的伪装之下，进行政治交易。因此，博哈先生并不能消除政治的牵累。他是在与现实世界政治的纠缠中提出他所设想的国际法庭。其结果是：法庭可能充满了政治的恶，而外交手段则像打官司一样笨重而迟缓。

这个结论也可以由博哈提案中的另一个引人注意的表述得到佐证。它宣称我们的最高法院有效地维持了各州之间的和平。如果这是真的，那么在过去的135年中，美国的行政部门和国会都在起什么作用？参议员博哈真的认为我们的最高法院存在于一个政治真空之中，它在美国历史中调节各部分、各群体和各阶层的争端吗？因此，当他开始考虑事实的时候，就不能再继续认为一个处于真空中的国际法庭能够维持世界的和平。

但是，博哈先生并没有完全考虑事实。在他的提案中，他说，这将是一个以美国的最高法院为模型的"真正的"国际法庭。博哈先生抱着宏大的愿望来做这样一件事。我们可以武断地判定这一点，因为只要太阳还升在天空，我们就能看到从爱达荷州来的不妥协的参议员在论证海牙九个法官应该拥有同样的权利宣布议会或国会通过的法律无效，正如我们的最高法院可以宣布各州的立法机构颁布的法令无效一样。

VII.

博哈先生并不是真的在推进一项能够经得起分析的实际的计划。他打了一个通行的比喻，而且是一个有些不太贴切的比喻，就像它之前的那个"以战止战"的比喻一样，只是简要地表达了对战争的厌恶，但并不直接导向任何有组织的结果。顺带提一下，尽管他在这个讨论中没有任何一个部分利用了情感，但这个比喻所激发的情感却是为了阻止我们加入现有的这个国际法庭，很可能也是我们这一代仅有的国际法庭。我们再次见证了由于混乱的观念而造成高尚情感受挫的悲剧后果。

再一次，一个极好的、必须普遍流行的抱负又与派系偏见和派系政治相互纠缠。再一次，我们看到了那些希望建立普遍信心和合作的人们拒绝进行最小程度的合作，这种壮观和令人鼓舞的景象再次受到了撒旦的诱惑。这真是太可惜了。因为如果博哈先生和他的朋友们严肃对待世界合作的理想，并且理解它的困难，那么，他们将不会无视 50 个主权国家已经就某件事达成一致的巨大价值，尽管这件事情和现存的国联和国际法庭一样是有缺陷的。如果博哈先生真的带着他一直持有的不妥协的习惯热爱他所持的合作理想，那么，他将会希望促进而非摧毁现在已经存在的合作。因为只有通过实践，合作才能成为一种习惯；也只有当合作成为一种强有力的习惯时，人们才愿意作出最终使战争非法化所需要的那种巨大的牺牲。但事实上，正如博哈的伙伴从一开始就已经做的那样，他们告诉世界：人们必须满足我们的条件，否则就什么也没有；必须依照我们的原则合作，否则就什么也没有。他们给世界传达的，恰恰是战争非法化最需要的宣布其为非法的。

我们也不能对人类说："在美国总统的领导下，让我们带领你们加入国联；在美国律师理智的领导下，让我们带领你们和显然收到祝福的两个政党一起加入常设国际法庭。现在你们加入了它们，而我们还在外面，让我们再带领你们退出国联和国际法庭。当你们退出我们带领你们加入的国联和国际法庭后，我们保证带领你们进入一个更好的法庭,同时也可能进入另外一个国家联盟。"

当参议员在否决现有国际法院的时候,我们正在为自己赢得一个轻浮的名誉。当我们下次再定期向审慎的外国政府提出建议的时候,他们可能会直率地问这个年轻人的意图是不是严肃的和高尚的。

8.
关于土耳其教育的预备报告的电报稿[①]

君士坦丁堡
美国大使馆
美国高级委员会
1924年9月23日

华盛顿
国务卿
阁下，
先生：

  我很荣幸在此附上一份将要送交公共教育部长瓦塞弗·贝尔（Vassif Bey）的初步报告，这个报告是由哥伦比亚大学的杜威教授完成的。杜威教授权威的报告将在准备好之后，递交给土耳其政府。

  正如国务院所意识到的，杜威教授在过去的两个月，在土耳其研究应当如何提高土耳其的教育系统。他在君士坦丁堡待了三周，去安哥拉（Angora，安卡拉的旧称——译者）待了两周，然而在9月18日结束参观之后又待在君士坦丁堡。土耳其的报纸将杜威教授的使命看作是公共教育部的顾问，并期待从他身上得到一系列的奇迹。直到最近，在杜威教授从安哥拉回来之前，报纸开始宣布对他不利的新闻；他发现情况如此糟糕，以至于不能保持其顾问身份。他发表了一份声明，澄清他作为顾问留在土耳其是绝对没有问题的；并且到土耳其仅仅是为了研究情况，并就相关的情况提供建议。毫无疑问，公共教育部知道，杜威教授的行程和他的费用是由查尔斯·R·克兰先生支付的，并且邀请是由西法·贝尔（Sefa Bey）先生发出的，他是瓦塞

[①] 这封信和杜威的《关于土耳其教育的预备报告》一起由美国驻君士坦丁堡的大使罗伯特·M·斯科特（Robert M. Scotten）发给美国国务卿查尔斯·伊文思·休斯，收在华盛顿特区的国家档案馆外交分支。杜威的报告参见本卷第301—307页。

弗·贝尔之前的公共教育部部长。很明显，土耳其的报纸并不知道这些情况。

我认为，可以很公正地说，杜威教授离开土耳其是抱着一种对未来土耳其教育相当悲观的情绪。他认为，只要实施任何理论的手段还像现在这样有缺陷，那么讨论教育理论就没有多大的价值。现在土耳其教师每月的工资是从20土耳其里拉（约合10美元）到50土耳其里拉（25美元）不等，而且没有终生教职。教师可以在无须警告且无须明显理由的情况下，被从土耳其的一个地方转到另一个地方。教职也没有任何尊严和地位。由于这些原因，招收新教师变得越来越困难。此外，整个教育行政都被严重的官僚作风所妨碍。例如，在君士坦丁堡，不经过数十人组成的委员会的授权，没有任何一所学校可以支出超过12美元的花费。委员会的滥用，造成了修葺校舍这种紧急的事情也要等上数月。

当一种新的教育计划被执行后，杜威教授相信，这个计划至少需要持续五年以上。只有经过足够长的一段时间，教育政策的延续性才能得到保障。

杜威教授非常痛苦地感到土耳其教育系统极端的中央集权化。现在的教育部长是一个完全无能且自以为是的"沙皇"（Czar）（这并不是杜威教授的表达，但我相信，他会同意这个词的精确性），他从不在有待解决的教育行政问题上花费任何努力。他现在甚至还尝试着控制教师组织，这导致了君士坦丁堡的代表团从安哥拉的教师大会上离开——通过这个由部长赞助的计划，或多或少地废除了城市教师的自治组织。

在安卡拉的时候，杜威教授三次访问了公共教育部的部长；他非常愿意回答杜威教授的问题，但却绝不急切地接受杜威教授的建议。很明显，部长在头脑中对于土耳其的教育有他自己的计划，并且对这位由其前任留下来的顾问所持的观点并没有特别的兴趣。在另一方面，君士坦丁堡热烈欢迎杜威教授的到来。报纸，特别是由泽凯丽亚·贝尔（Zekeria Bey）为代表的《共和国报》（*Djoumhouriet*）和由侯赛因·德加哈德·贝尔（Hussein Djahid Bey）为代表的《泰南报》（*Tanine*），直言不讳地表彰和赞扬杜威教授的使命的重要性。伊散·贝尔（Ihsan Bey），师范学校的校长，大学教授和校长和君士坦丁堡的老师们，对杜威教授的观点不同程度地有了一个理性的了解。

总之，我感觉杜威教授在极大程度上进行了一次令人愉快的旅行。迄今为止，杜威教授的报告对土耳其的影响恐怕为零。除非土耳其的本地人转变其对浮夸理论的信仰，通过现实的和持续的努力达到某种实践的和平易的结果，否则根本不可能取得任何进步。从教育部现在的行政能力来判断，我们可以说，在达到对理论的信念、现存的不安定得以消除以及绝不完美但却持续存在并起作用的现实得到改变之前，土耳其还有很长的路要走。

很荣幸与您通信,阁下。

您忠实的侍从

罗伯特·M·斯科特(签名)

向美国高级委员会负责的大使一等秘书

9.
关于现今哲学界对经院哲学的态度的通信①

前言

为了弄清楚现在哲学界对经院哲学的态度,圣路易大学的塞勒斯汀·J·斯蒂纳(Celestine J. Steiner)先生给美国许多著名的世俗学院和大学的哲学系发了一封信,请求他们表达观点。施泰纳先生的信及其收到的回复如下。

1923年11月1日

亲爱的博士:

我之前在圣路易大学的哲学研究所发了一篇名为《现今哲学界对经院哲学的态度》(The Present Attitude of the Philosophical World towards Scholastic Philosophy)的文章。在我的印象中,在我们自己的院系之外,经院哲学体系似乎遭到了很多不利的批判。因此,我想知道造成其如此不受欢迎的原因,以及饱受批评的究竟是它的内容、精神(这是使理性和教条达成和谐的努力)抑或其方法。

我并不是想通过争论找到一种解决这一困难的方法,而是真诚地希望通过弄清特定哲学权威的观点而发现真相。我已经查阅了与这个主题相关的众多书籍和教育论文。然而,我还是相信通过诉诸活着的权威对这个问题的真实状况的说明,将会产

---

① 来自圣路易大学哲学系档案室,圣路易大学在密苏里州的圣路易市。杜威的回应,参见本卷第318—319页。

生更令人满意的结果。

我硬着头皮向您提出这个要求,给您增添了麻烦。然而,这个问题的重要性及其对您公正判断的信念,使我愿意冒着被您斥责的风险而给您写信。

无论您提供何种信息,都将被严格地限制在哲学研究所这个圈子内。因此,我向您保证:没有您的同意,绝不会公开。如果凭您的经验,您能够就这个主题提供任何相关的书目,我将感激不尽。

我向您保证:您回复中的每一个字不仅会得到我个人的感激,而且会得到圣路易大学哲学研究所的感激。

您真挚的朋友
塞勒斯汀·J·斯蒂纳

文本研究资料

文本说明

战争的非法化以及美国加入国际联盟的提案是杜威在1923到1924年间关注的中心议题,目前的这一卷涵盖了这一时期的著作。尽管他对这几个主题特别有兴趣,仍然撰写了大量关于宗教、哲学、法律、土耳其局势以及教育的文章。《杜威中期著作》(1899—1924)的最后一卷,即第15卷,包含了杜威在1923到1924年间所有著名的作品。在这40篇文章中,有29篇是论文,除了2篇以外,其他文章的首次刊出都是在期刊上;而另外的2篇论文,有一篇是《纽约时报》专题文集的一部分,另一篇则是1923年哥伦比亚大学朝会的小册子。剩余的著作包括4篇书评、一篇"社会制度与道德研究"课程班的教学大纲、对土耳其教育的报告与建议,以及5篇各种性质的文章。

该卷中有19篇仅以一种形式留存,它们或是印刷版,或是打印版,或是复印本,因此这里只能以复印本的形式提供。还有21篇是杜威在世时再版过一次或两次的,所以提供了从多种权威版本中进行选择的可能。但是,这21篇中有18篇是以文集的形式再版的,比如《苏俄印象与革命的世界:墨西哥—中国—土耳其》、《人物与事件》、《现代世界的智慧》以及《今日教育》,它们很少有杜威的评论介入,因此有3篇论文提供了可供真正挑选的复印本。对这3篇论文,需要进行详细讨论。虽然剩余的篇目不存在复印本的问题,但对它们的评论有助于阐明杜威在1923年和1924年的写作习惯与活动。

这些论文是按主题而非严格按年代顺序来编排的,它们可以分为四大类:讨论宗教、哲学或心理学的有8篇;关注国家面临的战后问题的有8篇;有4篇观察报告来自他的土耳其之旅;还有9篇是关于教育的,包括在哥伦比亚大学所作的被广泛发表的演讲。虽然关于教育的论文有3篇是在1922年秋天写的,但是直到1923年和1924年才得以发表。

在这两年里,杜威为《哲学杂志》写了3篇论文以答复其他哲学家的文章。1923年3月29日的《传统、形而上学与道德》,回应了罗宾逊的一篇文章;1923年11月8日的《价值、喜好与思想》,回应了戴维·怀特·普劳尔的一篇论文;1924年4月10日的《对哲学讨论的一些评论》,是始于1922年期刊上与阿瑟·O·洛夫乔伊交流的继续。

《对哲学讨论的一些评论》也回应了斯特林·鲍尔·兰普雷希特的评论,刊登于《哲学杂志》1923年8月30日。除了这一已经出版的回复,杜威在1924年3月的一封信中,对李普曼抗议道:

> 如果我凭借年龄而沉溺于个人观点,我或许会更多地认识到这个事实,即很少有哲学作者会主要地为了获得对方的观点和看看从中能学到什么而阅读其他人的著作,而这种态度对个人发展来说是很有限制的……从你的话里,我感到,我受到对于知识过程的兴趣的影响,而不是因为知识对象本身;是就改革而言,而不是为了发现你所接受的传统的、仅仅以你自己的方式所收集的偏见。①

1915至1935年,杜威定期在《新共和》上发表文章,1923—1924年是中间阶段。在1923年1月24日的《一个病态的世界》里,杜威叙述了国家对于健康问题的意识。在1924年冬天和夏天期间,杜威将他当下的关注离开了取缔战争的问题,为《新共和》写了三篇文章;1924年2月6日的《基础主义》一文,处理的是关于宗教的原教旨主义的问题;1924年4月2日的《科学、信念与公众》继续讨论了关于原教旨主义者的争议;1924年4月30日的《康德诞辰两百年祭》则是为纪念康德诞辰两百周年而作的。

杜威在1923年3月和10月之间,关于公众问题发表了7篇文章。其中的6篇出现于《新共和》:2篇关于美国对于加入国际联盟的提议,4篇关于战争的取缔。这一组里的第7篇文章,一篇关于国际关系的文章,也提到了取缔战争,发表于《外交》。所有这些文章都收录于由约瑟夫·拉特纳编的《人物与事件》(纽约:亨利·霍尔特出版公司,1929年)。虽然当国际联盟在1918年被提出时,杜威是它的支持者;但是,到

---

① 杜威致兰普雷希特的信,1924年5月4日,纽约哥伦比亚大学巴特勒图书馆。

1923年,他强烈反对国家加入国际联盟,因为它被《凡尔赛条约》所控制。在《新共和国》的第一篇文章里,1923年3月7日的《我们应当加入国际联盟吗?》里,他给出了反对美国加入国际联盟的理由。阿瑟·O·洛夫乔伊对此的评论刊登于1923年3月28日的《新共和》,紧跟在杜威的《回复洛夫乔伊的〈我们应当加入国际联盟吗?〉》之后。除了再版的《人物和事件》,杜威的第一篇文章部分地重印于约瑟夫·拉特纳编写的《现代社会的理智》一书中,作为"国际合作"章节的第一部分。

杜威对国联的失望,部分是源于国联未能在国际上取缔战争。关于这一看法的早期陈述,出现在1921年的小册子《取缔战争》的序言中,这是最近组织起来的取缔战争美国委员会的一份出版物,而这个委员会是杜威长期的朋友——芝加哥律师列文森所构想的。①那本小册子以及5篇收录在这一卷里的相关文章——其中一篇在《外交事务》中,另外四篇在《新共和》中,都成了该委员会为获取对取缔战争的广泛赞同而进行的大量活动的基石。

关于战争非法化的这些文章中的第一篇《伦理与国际关系》,发表于1923年3月15日的《外交事务》。杜威曾向列文森透露,《外交事务》的编辑曾经对这篇文章提过要求:"他们给我定了主题。但是我打算写些取缔战争的事情。"②因为杜威在这篇文章中的学术性语调和方法,列文森预定了仅有"一打复本……它们只给'有教养的人'阅读"。③

然而,4篇发表于《新共和》的关于战争非法化的文章,涉及面非常广泛。其一,发表于1923年3月21日的《政治联合还是法律合作》,支持了威廉·E·博哈参议员于1923年2月14日引入的决议,支持以战争非法化为原则指导美国的外交政策。很快,看了杜威的文章之后,列文森向他致电报说:"你的第21篇文章在我们委员会中将广泛流传重印,祝贺并且感谢。"④列文森马上给了他"广泛"一词特殊的意义:他为杜威文章的2万份复制本做了准备。⑤

《政治联合还是法律合作》出现后不久,杜威为《新共和》起草了第二篇文章,他将

---

① 列文森,《战争的非法化》(芝加哥:美国战争非法化委员会,1921年)[《杜威中期著作》,由乔·安·博伊兹顿(卡本代尔:南伊利诺伊大学出版社,1983年),第13卷,第416页]。亦可参见《杜威中期著作》,第2卷,第388—392,122—126页中的《道德和国家行为》。
② 杜威致列文森,1923年3月20日,列文森论文专辑,约瑟夫·拉特纳图书馆,芝加哥大学。
③ 列文森致杜威,1923年4月27日。
④ 列文森致杜威,1923年3月19日。
⑤ 列文森致杜威,1923年3月28日。

其取名为《世界的平息与法律(战争)的取缔》①。然而,《新共和》的编辑将文章的题目改为《如果战争是非法的》,刊登在1923年4月25日的刊物上。列文森将这篇文章称为"智慧和有效的",并迅速地复印了2万份在委员会里散播。②

《新共和》上关于取缔战争的第三和第四篇文章,都回应了沃尔特·李普曼在《大西洋月刊》8月号攻击取缔战争运动的文章。③ 李普曼在此文中的立场,代表了他在1923年3月18日《纽约世界报》(New York World)社论中对此运动支持的一种反对。关于社论,李普曼告诉杜威:《外交》将他"转变"到杜威的观点。④ 受到李普曼关于战争非法化运动评论的惊讶和刺痛,杜威在《新共和》上发表了两篇回应,列文森称其为"巧妙的和毁灭的"⑤:1923年10月3日的《战争的非法化不是什么》和1923年10月24日的《战争与战争法规》。这一次,列文森提议发送4万份复制本。⑥

美国战争非法化委员会在一本16页的小册子里,以《战争非法化:它是什么和不是什么,对于沃尔特·李普曼的一个回应》(芝加哥,1923年)为名,发行了杜威的两篇文章。以这种新的形式,《战争的非法化不是什么》成了《关于战争非法化的错误观念》的第一部分,而第二部分保持了它原来的题目《战争与战争法规》。对这两篇文章的再版,约翰·海恩斯·霍姆斯(John Haynes Holmes)、纽约的一位论派平信徒牧师首先向列文森建议:将它们(文章)称为"有更多的证据表明,杜威的思想与我们现在的世界很不相配"。霍姆斯附加道:"我希望你的委员会能够为了普遍的散播,以某种方法将李普曼和杜威的文章刊登于同一个小册子。"⑦列文森坚决主张《新共和》在杜威同意的情况下发布复制本的校样,因为他希望他们带着"最大的担忧和效力"。⑧

列文森在《战争的非法化不是什么》里发现的一个错误——以"法律"这个词代替了"战争"——在小册子的印刷中被修正(120.32),在第二篇文章的127.13那里被作为一个印刷错误,"它"应该读作"是"。这本小册子删去了第一篇文章的最后一段,在那里,杜威说他没有完成对李普曼文章的讨论并在之后继续下去;在小册子第二部分的122.22,对这篇文章的提法从"文章"变成了"论文",另一个提到它的"在这些栏目

---

① 杜威致列文森,1923年3月30日,参见本卷"文本注释"。
② 列文森致杜威,1923年4月27日。
③ 沃尔特·李普曼,《战争的非法化》,参见本卷第404—417页。
④ 杜威致列文森,1923年4月25日。
⑤ 列文森致杜威,1923年10月2日。
⑥ 列文森致杜威,1923年10月6日。
⑦ 列文森致杜威,1923年10月4日,引用来自霍姆斯的一封信。
⑧ 列文森致杜威,1923年10月27日。

里"在127.3处被删去了。这三处修改在复印本中被保留了下来。

在1923年5月21日的波士顿召开的一位论派平信徒联盟会议上,杜威计划在国际法庭上反对哈佛法学院的哈德逊。他在4月给博哈参议员写信说:"我预计在聚集了一位论派平信徒联盟之前,于5月在波士顿与哈德逊进行一次辩论。官方的教徒组织似乎着迷于国际联盟,而我认为是从他的听众开始的。"①杜威在5月早期写信给列文森说:"我忘了说我5月21日在波士顿的讲演。我希望能在本周为了你的建议和评论寄一个复本。"②杜威和哈德逊已经在3月互相反对,当哈德逊在外交政策联合中作为发言人,在午间讨论中谈到"国际正义的永恒法庭:美国应该加入吗?",杜威加入了随后进行的广泛讨论。③

虽然辩论在5月进行,但讨论直到10月才发表。文章在《基督教的世纪》里分三部分出现,在"美国要加入国际法庭吗"的标题下发表。一篇社论认为,哈德逊公开的讲话表明,对这些印刷出来的文章进行速记报道是有所拖延的,但是继续说:"然而,这一拖延没有影响到最终的相关探讨。相反,当时的事件使辩论中的探讨更加及时。"④杜威的讲话是这三部分的第二部分,紧跟着包括了他们对于观众提问的回答的第三篇文章。

在他最后的说明里,杜威给出了列文森的姓名和地址作为取缔战争的信息的来源。在辩论发表之后,列文森告诉杜威:

> 许多对我们的小册子和其他文献资料进行参考的人,似乎都详细地阅读了《基督教的世纪》,以作出判断……要知道,所有的力量都决定了,应该有4万份关于这两篇文章的整理过的副本,构成了对于沃尔特·李普曼的回应。请根据你自己的需要来整理你的想法。⑤

目前的版本省略了14篇发表在《基督教的世纪》上的文章的副标题,他们是:88.2-3,88.38-39,89.27-28,90.26-27,91.13-14,92.16-17,93.9-10,93.38-39,94.39-40,95.28-29,96.16-17,97.20-21,98.10-11,以及99.2-3。在96.8,

---

① 杜威致博哈,1923年4月19日。威廉·E·博哈文集,华盛顿特区国会图书馆。
② 杜威致列文森,1923年5月8日。
③ 《外交政治联合新闻公报2》(1923年3月16日)。
④ 《基督教的世纪》,第40期(1923年10月11日),第129页。
⑤ 列文森致杜威,1923年11月3日。

100.32,101.13,101.30,以及103,7的括号里引用的"笑声",还有在97.9和98.17中引用的"掌声"都从文本中删除了。虽然文章上编辑的眉注注明了它是由速记报告复印下来,并经过参与者的校正和批准;但是,杜威对大写细节所缺乏的关注,通过对抄写员参考国联、最高法庭以及国会的文献进行校正而得到了弥补。这种改变与其他所有修订一样,被列在校勘表之中。

在1924年5月29日,约翰·杜威航行到卡尔斯巴德(Carlsbad如今的卡洛维法力,捷克斯洛伐克)和君士坦丁堡。① 他到土耳其的旅行是应公共教育部长塞法·贝尔的邀请,对土耳其的教育系统进行调研并给出改进的建议。他对土耳其作两个月访问的发起人和资助者都是查尔斯·R·克兰,此人是美国在君士坦丁堡的女子学院的委托理事会主席,并曾经身为美国对土耳其委托管理的行政长官。② 杜威对土耳其教育的评估始于在君士坦丁堡停留的三个星期,然后到安卡拉访问了两个星期,最后于9月中旬返回君士坦丁堡。③

杜威从土耳其回来以后,在《新共和》的四篇文章里报告了他对在土耳其人生活中发生的变化的看法。第一篇文章日期为"1924年8月,君士坦丁堡",1924年9月17日以"神权国家的世俗化"为题发表。接下来的三篇文章,很可能是他回到美国以后才完成的——1924年10月15日的《安卡拉,新首都》、1924年11月12日的《土耳其的悲剧》和1924年12月3日的《土耳其的外国学校》。前三篇文章由《新共和》在美元系列书籍中,以"苏俄和革命世界的印象:墨西哥—中国—土耳其"再版(纽约:新共和出版公司,1929年),而所有的四篇文章均收入《人物与事件》。

在几年前的一封信里,克兰敦促富兰克林·D·罗斯福总统会见约翰·杜威。克兰表明,他对杜威感兴趣:

> 研究世界上许多方面的教育事务,因为我认识到了他对于奋力达到革命性事物的人们的伟大智慧和同情,他非常有助于对于他们想要的东西指出一条道路,

---

① 杜威致列文森,1924年5月10日。同时,在一本赠送的书里,德怀特(H. G. Dwight)的《新旧君士坦丁堡》记录了这次旅行:"致约翰·杜威和艾丽丝·杜威/1924年夏/5月29日/自劳伦斯·摩尔/航行中"(约翰·杜威论文专辑,南伊利诺伊大学,卡本代尔分校,莫里斯图书馆)。

② 阿瑟·贝宁顿(Arthur Benington),《对大英帝国增长的威胁》,《纽约世界报》1923年4月8日,来自对查尔斯·R·克兰的采访。克兰是芝加哥的银行家,也是阀门及配件设备制造商。他曾是威尔逊总统在巴黎和会上关于东方事务的顾问,在1920年被任命为驻华大使。

③ 罗伯特·M·斯科特致国务秘书,1924年9月23日,外交部,国家档案,华盛顿特区(本卷第418—420页)。

而不是疯狂地奔跑。他的观点是俄国、莫斯科、中国和土耳其教育系统的基础。①

杜威先前未发表的"初步报告",当他还在土耳其的时候就在准备之中了。他那六页的备忘录记录了国家预算对于教育的拨款。

杜威之后准备了一份限定在 30 页内的报告,并在回到美国之后,将它发给了土耳其的公共教育部长。② 这份《关于土耳其教育的报告和建议》首次在 1939 年发表于土耳其,并再版于 1952 年。③ 这份报告于 1960 年首次由土耳其教育部研究和测量局以英语出版,标题为《约翰·杜威报告集》(The John Dewey Report)。1960 年出版的文章是打印原本的复制本。④ 这本册子里的《关于土耳其教育的报告和建议》复本,来自哥伦比亚大学哥伦比亚藏品的打印原本的一个复制品。

在 1923 年至 1924 年之间,杜威发表了九篇文章探讨教育的各个方面。三篇演讲 1922 年 9 月发表于布里奇沃特和马萨诸塞州的第五届国立师范学校会议上;在之后的两年里发表于《综合科学季刊》,它们是《教育的社会目的》(1923 年 1 月在会议发表的公开讲演),以及 1923 年 3 月的《教育的个性》和 1924 年 3 月的《任课教师》。

在 1923 年 3 月 11 日和 18 日,《纽约时报》刊登了《学校为什么目的而存在》两个部分的讨论:

> 该问题由卡耐基教育促进基金会提出。在近期的一篇报道中,它认为,学校脱离了他们真正的功能和从事的课程,他们承担了太多的开支,以致公立教育被置于危险之中。⑤

八位主要的教育者接着回应了《纽约时报》提出的五个问题:你相信学校应该教

---

① 克兰致罗斯福,1937 年 2 月 2 日,富兰克林·D·罗斯福文集,富兰克林·D·罗斯福图书馆,海德公园,纽约。
② 这一背景信息见于《约翰·杜威报告集》(安卡拉:教育部研究和测量局,1960 年),第 2 页。
③ 土耳其版本首次于 1939 年发表于伊斯坦布尔,另一个版本在 1952 年发表于伊斯坦布尔。
④ 《约翰·杜威报告集》,前言第 1 页。教育董事会主席的私人图书馆里有一个打印本,其中,为了 1960 年出版,借给教育部研究和测量局的那一页遗失了。遗失的信息从 1952 年土耳其的版本移动到 1960 年的英文本。
⑤ 《学校为什么目的而存在》,《纽约时报》,1923 年 3 月 11 日。《正在增长的教育费用》一文是对卡耐基教育促进基金会进行评议的文章,它是《总统与财政部长第十七次年度报告》(纽约,1922 年),第 93—117 页,以"担忧公立学校毁于开销"为题,发表于 1923 年 2 月 26 日的《纽约时报》。

授什么？你感到学校在这方面成功了吗？哪些"装饰边"你会去掉？你觉得美国今天最大的教育需求是什么？①

杜威的下一篇文章《学校为什么目的而存在》分析了3月11日讨论会的回应，并且评论了其他教育者的观点。那篇发表于报纸上的文章是目前版本之前唯一出现过的杜威的文章。

《新学生》是全国学生论坛杂志，于1922年作为在哈佛大学、普林斯顿大学和芝加哥大学进行的学生会议的结果被整理出来，并发表于1922年4月至1929年6月之间。当奥柏林学院的道格拉斯·哈斯克尔（Douglas Haskell）于1923年成为编辑后，他将杂志早期所关注的战争与和平、历史与社会问题的范围扩大到了艺术、文学、哲学和教育。② 哈斯克尔搜索了来自读者的关于学院生活每个方面的文章，他解释道："我们不再相信美国的大学会给予它的学生以某种教育，但是仍旧相信它可能使他们在美国大学里为自己找到某种教育。"③ 杜威，可能是受编辑之邀，对这个问题于1923年11月17日提供了一篇文章，题为"使教育成为学生事务"。这篇先前只出现过一次的文章，在这里被作为复制本出现。

来自哥伦比亚大学图书馆收藏的、1923年杜威为哲学系编写的教学大纲的油印本，用作《大纲：社会制度和道德研究》的范本。这一文件只打算在课堂使用，并没有被杜威打印出来。大纲的风格常常是不一致的，并且许多引用是不完整的。为了避免模棱两可，一些形式或习惯上的改变遍及了这个大纲，通过规范大纲的形式、参考资料和缩写来遵循明显的主要模式。大纲里所有的参考资料都被查找出来，并且全部的引用包含在杜威参考资料的一览表里，从而使得除了以下几种改变之外，没有必要扩大大纲给出的参考资料：(1)大纲的一般形式被规范化了。(2)书的标题被规范为一个缩短了的形式并且以斜体字表示；书的标题的缩写扩大了。(3)日记的标题被

---

① 八位投稿者和他们文章的题目是：哈佛荣誉校长查尔斯·W·艾略特(Charles W. Eliot)，《官能训练是主要目标》；美国教育委员长约翰·J·泰格特(John J. Tigert)，《国家应该在教育上投入更多》；纽约教育主管威廉·L·埃廷格(William L. Ettinger)，《使教育董事会独立》；新社会研究学院詹姆斯·哈维·罗宾逊(James Harvey Robinson)，《我们的知识必须被重新综合》；纽约区域主管威廉·麦克安德鲁(William Mcandrew)，《公民行动更多，个人行动更少》；教师学院教育研究协会乔治·斯特雷耶(George D. Strayer)，《基础性的艺术必须被理解》；菲律宾研究院校长艾尔弗雷德·E·斯特恩斯(Alfred E. Stearns)，《我们最需要的是更好的公民》；纽约罗切斯特教育主管赫伯特·威特(Herbert S. Weet)，《学校必须有机会赶上》。
② 乔治·拉维卡(George P. Rawick)，《介绍》，《新学生》1—4卷，1922—1925年(韦斯特波特：格林伍德出版公司再版，1970年)。
③ 《新学生》，第3卷(1923年10月20日)，第1页。

缩写,并以斜体字表示;当标出页码的时候,日记中引用的"卷"被删除。(4)日记的标题或作者的名字被"同上"所代替,并且当模棱两可之处出现的时候,就"同样的日记"来表示。(5)当作者的姓出现在参考资料里的时候,它就被省略,除非在首字母被代替的时候;作者的名字被规范为以上部和小写的字母来表示。(6)卷号在有必要的地方,从罗马数字变成了阿拉伯数字,页码前加上"p."或"pp."(7)句号在有必要的地方出现,在声明和缩写的结尾,比如 f., ff., esp.;句号和收尾的括号在有必要的地方被调换。

在1923年,杜威为F·马赛厄斯·亚历山大的《对个体建构性的有意控制》(纽约:E·P·达顿出版公司,1923年,第 xxi—xxxiii 页)撰写了导言。这一卷是对于亚历山大的《人的高级遗传》的续篇,杜威在1918年对此写过介绍。① 回顾亚历山大1923年的著作是对于他基本理论的某种怀疑。例如,威斯康星大学的心理学教授约瑟夫·贾斯特罗(Joseph Jastrow)评论杜威的导言说:"不考虑导言中的批评意味,人们不可能压抑一种可观的怀疑,即是否在目前的例子中赞赏是有根据的。"② 博伊德·博德(Boyd H. Bode)的回顾描述了亚历山大的观点,他写道,杜威可能在他那"歌功颂德式的导言"里正确地说了:

"亚历山大先生证明了一种涉及人类行为控制的新的科学原则,与在过去对于外在自然领域发现的任何原则一样重要。"……然而,那些不像约翰·杜威教授那样有鉴别眼光的读者可能不会同样地感受到。③

当杜威的导言发表之后,英国的出版商将"分析的"改为"分析",而那些带"- or"的词语——要旨、偏好、行为——改成了"- our"的形式。现在这一卷中的一些词语都遵循杜威的美式用法。

杜威是第一位在发表于《自由民》上的一封信《为了文化》(1923年3月21日)上签字的人,为的是奥地利和德国科学救援协会,这是一个自1920年之后支持奥地利和德国人科学工作的组织。1月,弗朗兹·博厄斯(Franz Boas)写信给杜威说道:"有

---

① 纽约:E·P·达顿出版公司,1918年(《杜威中期著作》,第11卷,第350—352页)。
② 约瑟夫·贾斯特罗,《科学还是宣传》(Science or Propaganda),《国家》,第118期(1924年),第235页。
③ 博德,《人类的身体和心理行为》(Body and Mind in Human Conduct),《新共和》,第38期(1924年),第12页。

可能作出这样一个普遍的诉求,即美国科学家为德国人提供援助的时代到来了。"①

土耳其回来之后,杜威于1924年加入了进步党运动,支持罗伯特·M·拉福莱特(Robert M. Lafollette)作为总统的第三方候选人。1924年10月23日,《纽约时报》的一篇文章《杜威支持拉福莱特》报道了杜威对拉福莱特的支持,并注意到杜威将作为主要的演说者出现在拉福莱特当晚的聚会上。选举之后,列文森仍旧促进杜威对战争非法化的态度,他写道:"我认为你的情感摇摆朝向了拉福莱特这边,以至于你另一个亲密的朋友一时被处于搁置之中。现在,大量的努力停止了,我希望你再回到我这边来。"②

1923年11月,圣路易斯大学的哲学毕业生塞勒斯汀·斯蒂纳写了一封信给24位著名的美国哲学家和一位新的英国哲学家,就目前学院派哲学的态度向他们提问。③ 杜威先前未发表的回复,被命名为《对于繁琐哲学的观点》。

杜威在第五十届华盛顿特区国家社会工作会议上发表的论文,是这一卷中三篇文章之一,比其他版本更加权威。杜威似乎考虑到了他和曼利·哈德逊于1923年5月21日晚上在波士顿的辩论,重要得足以修订他在华盛顿的讲演;《华盛顿邮报》在5月21日报道了杜威计划在5月22日星期二上午的会议上演讲,替代当晚例行会议上的演讲。④

一个特殊的主题在5月16日到23日每天的会议上被探讨。"现代社会的学校和它对生活的培养"是杜威发表了他的论文《学校作为发展儿童社会意识和社会理想的手段》那一天的主题。可能存在两个权威的文本:《国家社会工作会议纪要》,华盛顿特区1923年5月16日—23日(芝加哥:芝加哥大学出版社,1923年,第449—453页(CSW)和《社会力期刊》(1923年9月,第513—517页)(JSF)。一条关于9月的JSF的记录表明了杜威的文章首次出现在那本期刊上,声明这篇论文将"与其他重要的贡献一起发表于年度学报上"⑤。1923年《国家社会工作会议纪要》的扉页和版权页表明,CSW在10月,由芝加哥大学出版社出版了。出现在《国家社会工作会议议程》上的论文的作者们,没有机会为了发表而改进或修正他们的演说。国家社会工作

---

① 博厄斯致杜威,1923年1月8日,弗朗兹·博厄斯文集,费城美国哲学社会学图书馆。
② 列文森致杜威,1924年11月19日。
③ 詹姆斯·科林(James Collins),圣路易斯大学哲学系,致乔·安·博伊斯顿,1968年2月23日,卡本代尔:南伊利诺伊大学,杜威研究中心。
④ 《社会会议笔记》,《华盛顿邮报》,1923年5月21日。
⑤ 《社会力期刊》,第1期(1923年9月),第623页。

会议通过的章程要求主席宣布:

> 所有的演说者应该提交论文、演讲记录,或者其他有助于目前在会议上的官方发言人准备"议程"的资料……在演讲中对"议程"进行详细的概述,应该允许向主席要求并获得"议程"编辑的支持。①

发表的次序和杜威缺乏对 CSW 文本的编辑控制,要求 JSF 为目前的版本提供一个复本。

本卷中三篇文章中的第二篇是具有更多权威性的文本,《逻辑方法与法律》发表于《哲学评论》第 33 卷(1924 年 11 月),第 560—572 页(PR)和《康奈尔法律季刊》第 10 期(1924 年 12 月),第 17—27 页(LQ)。文章以后刊登于杜威选集《哲学和文明》(纽约:明顿·鲍尔奇出版公司,1931 年,第 126—140 页),其中也包含杜威后期少部分关于此文的修正。

1922 年夏,杜威应法学院院长哈伦·斯通(Harlan F. Stone)之邀,赴哥伦比亚大学作了关于法律中的逻辑和伦理问题的课程。② 目前 PR 中对"这些演讲"(67.24)修订的参考,显示出《逻辑方法与法律》很可能是基于那个课程的材料。

虽然文章在 PR 中出现得比 LQ 早,杜威无疑预示过,这篇文章首先是为了 LQ 的,以 PR 的脚注,它被"同时地发表……承蒙《法律季刊》(LQ)编委会的好意"(65n.1—2)为证。然而,PR 和 LQ 之间广泛而大量的文本的区别指出,它们不是从同一个文本印刷出来的。不仅是在这两个文本中共计 192 处的差别,范围太大以致不能包括编辑的改动;而且,这些改动的实质显示它们是为 LQ 而作的,而不是在 PR 发表之后或者独立于打字稿被寄给 LQ 之前。例如,上面提到 PR 里的"这些演讲"成了 LQ 里的"这个演讲",这个改变不会是相反地作出的。杜威在 LQ 中的引用是正确的,但是在 PR 的版本里却充满了错误;两个出现于 LQ 的脚注,没有出现在 PR 的版本里;一页涉及 LQ 的脚注页没有出现于 PR。修正过的引用和增加的脚注参考,

---

① 《国家社会工作会议纪要》,华盛顿特区,1923 年 5 月 16—23 日(芝加哥:芝加哥大学出版社,1923 年),第 554—555 页。
② 埃德温·W. 帕特森(Edwin W. Patterson),《杜威的法律推理和评价理论》,见约翰·杜威《科学哲学家和自由》(*philosopher of Science and Freedom*),悉尼·胡克(Sidney Hook)编(纽约:日暑出版社,1950 年),第 119 页。

当然可能是"大学生法律学者"为 LQ 所作的一种修正,而不是杜威作的。① 不考虑这些修正的来源,它们都明显是独立地为 LQ 所作的。

另外,在两个文本中的大量实质性变动的例子,显示出一种从 PR 到 LQ 的渐进发展。70.6－10 的句子在 LQ 中被改进,通过以"减少"替换"抵制"(70.8)和以"社会"替换"公众"(70.9)。PR 中的许多短语在 LQ 中被简化了:LQ 中"它们之间的任何连接",来自 PR(71.17)中"它们中的任何联合无论'逻辑'可能是什么";LQ 中"他们在进入后指望得到的结果",来自 PR(73.34－35)中"他们在进入之前,在安全上可能希望的结果";LQ 中"大量的法律决议",来自 PR(76.12)"一系列持续的关于直率而猛烈力量之主张的普遍原则的法律讨论";以及 LQ 中"成长的现象和主题",来自 PR(76.38)的长短语"主要联系作决定的智力引导的现象和它成长的主题"。

杜威无疑很容易能得到《逻辑方法与法律》(这些演讲)的基本材料,可以假设他为这篇文章准备了一个打字版和复本;根据它的发表日期,其中之一发给了 PR,而另一个在一个月之后发表于 LQ 之前被他作过大量的修改。很可能 PR 的打字版是在 1924 年夏之前被寄出的,因为杜威和他的妻子在 5 月末航行到欧洲和土耳其,直到 9 月末还没有返回。② 不顾 11 月 14 日《康奈尔每日太阳报》上的积极评论,LQ 的第一页"现在正在印刷中的东西将于下周出现",这一页——杜威文章里的——直到 12 月才出现。然而,如果第一页真的是于 11 月中旬"在印刷中",杜威就不会有足够的时间为了它在 LQ 上的出版来修订 PR 的单行本,这一情况支持了关于打字稿和复本的假设。当然,LQ 表面上出版的拖延,也允许杜威在 LQ 版本上作足够的修改,而不涉及之前出版于 PR 上的草稿。

考虑到这一出版的历史,对于目前编撰的版本选择必须是 PR 的,这更接近杜威的手稿或打字稿带有偶然地从 LQ 并入首版文本的大量实质性的修改。然而,很少有例外的是,LQ 上的大量修改被作为目前版本的复本修订所接受。虽然这是可能的,甚至是很可能的,对于引用的修改 68.27,68.29,68.30－31,69.16－17,69.17－18,69.18－19,69.29,69.31,以及 69.32－33,69n.1 和 69n.2 处附加的参考,是 LQ 工作人员的工作,在这里,它们也是被认可的修正。

总体说来,PR 里的附属例子比 LQ 里的更体现杜威的特点。在 89 处 PR 和 LQ

---

① 《通过选举扩大法律季刊董事会》,《康奈尔每日太阳报》(Cornell Daily Sun),1924 年 11 月 14 日。文章列举了六位杰出的法学院的年轻人被选入编辑董事会。
② 杜威致列文森,1924 年 5 月 10 日,以及斯科滕(Scotten)致国务卿,1924 年 9 月 23 日。

之间的附属的变化之中,41条在复本的修订中被采纳,大部分与文本的实质性修改有关。

1923年9月26日,周三,杜威在哥伦比亚大学的公开课上发表了年度学术演讲,讨论"文明与教育中的职业化"的主题。本卷里的三篇文章,有一篇以上可能是权威的文本,这一演讲提出了最复杂的文本问题。讲话被临时以米色的纸张印刷为一本单封面的7页的小册子(15.2×22.9cm)。另外,他的演讲发表于《哥伦比亚校友新闻》,第15期(1923年10月12日),第31—32页;《学校与社会》,第18期(1923年10月13日),第421—424页;《艺术与科学协会双周期刊》,哥伦比亚大学(1923年11月9日),第iii—vi页;《全国教育协会期刊》,第12期(1923年12月),第397—398页;并且被收录于《明日的教育》,约瑟夫·拉特纳编辑(纽约:G·P·普特南出版公司,1940年),第178—183页。

最初,文本的形式可以被分成两类。第一类包含三个哥伦比亚的出版物——小册子(P)、《哥伦比亚校友新闻》(AN),以及《艺术与科学协会双周期刊》(FB)。以一小册子(P)形式发表的演讲,代表着最接近杜威原始手稿的文本并且被作为复本。AN仅有5处较小的地方与P不同,继之FB有4处:AN中的"numbers"而不是"number"(193.11),以及"the pursuit"而不是"pursuit"(196.15);"for"替代了AN中的"on","or"替代了FB中的"on"(194.33);在AN和FB中,"interests which"替代了明显的错误"interests to which"(195.51),"values"替代了"value";FB中变短的标题是"文明和职业化"(193.1)。两本期刊都修正了P中4处排字上的错误:"affect"(194.28),"recources"(194.26),"phase"(196.27),"bread"(197.3)。AN与P和FB在20个次要方面有所不同;FB与P和AN有4处不同;AN和FB在10个次要方面与P有一样的不同;AN和FB与P在1处各有不同。AN里的5处次要方面不同——大写的"Middle Ages"(196.4),"University"(197.28),和插入的三个副标题(193.16-17,14,18-19,195.29-30)——没有在P或FB中出现。AN里的这些变化没有出现于其他文本,显示出它们可能是编辑上的错误。证据显示AN和FB独立地源于P,都不是权威的。

第二类文本由发表于《学校和社会》(SS)和《N.E.A.期刊》(NEA)的修订版本所组成。1940年在《明日的学校》中重印的文章源自SS,未得到授权并且没有相关的编辑讨论。然而,检查SS和NEA,显示出一个复杂的文本情况。为了发表在SS和NEA上,演讲被彻底地修改了,它们互相之间与复本一样有实质上的不同。可能杜威为每个期刊修订了P的不同版本,但是发表于SS上的P里的51处实质性修改也出现在 NEA 的版本里。这两本期刊在这些版本中同时发生的东西太多了,以致不可能是偶然的,并显示这些文本不是独立地从 P 中产生的。同样,这些文本不可能源自 P 的 AN 或 FB。

SS 的出版日期是 10 月而 NEA 的出版日期是 12 月,这表示杜威在 SS 的印刷版上标注了排版要求并提供给了 NEA 的印刷者。如果能够证明杜威在他为 NEA 准备版本之前就有了 SS 的版本,按照时间顺序,排在之后的 NEA 文本就是源自 SS 的,并且代表他最终的内涵。① 然而,这类推理的可能性被 NEA 中大量与 P 相同、与 SS 不同的文本所排除了:不可能在为 NEA 准备印刷复本时,杜威修改了 SS 的版本以恢复 P 中 27 处实质性的文本,而这些被发表于 NEA 上的文本与 SS 上的文本是不同的。SS 的一条来源记录表明,文章是公开课上的演讲,但 NEA 没有提到这篇文章的来历。

SS 和 NEA 在来自 P 的 51 处实质性修改中的共同之处,和 27 处 NEA 和 P 之间的实质性文本与 SS 的对立,指出两个修改的文本都辐射状地独立于一个共同丢失了的文本,而不是 P。这一编辑的情况首次被弗雷德森·鲍尔斯(Fredson Bowers)在《多样的权威:对于复本的新问题和观点》中进行了分析。②

假设对于这些文件传输的最好解释是:杜威修改了原始的打字稿,或者,更可能的是小册子的复本,并且从这一完成了的复本中一个新的打字稿(TMs)被准备好了,包括打字机直接打印件(TMs^a)和复写纸印出件(TMs^b)。在之后对 TMs^a 的修订中,杜威为了文章的印刷,将其作为复本发给 SS。公开课后,杜威的文章三周内每周一次发表于 SS,其中的间隔没有为细节的修订提供足够的时间。稍后,没有记录下他在 TMs^a 中作的修订。杜威为了将其发表于 NEA,独立地修订了 TMs^b。在这一假设下,在 SS 和 NEA 中的实质性修订具有同等的权威,没有一个文本被认为独立地代表了杜威对这篇文章的最终修改。

SS 和 NEA 之间的一致作为对于 P 的反对,能够被假设为对新的修订自 P 的打字版的反映。在 SS 和 NEA 出现实质性变化的地方,杜威在打字稿的新的打字机直接打印件和复写纸印出件上所作的独立修改的类型和范围,能够通过与 P 比较而得到。SS 在 18 处地方与 P 一致而与 NEA 不同。另一方面,NEA 与 P 在 27 处地方一

---

① 这一原则被弗雷德森·鲍尔斯在《文本的校勘原则和程序》中描述过(《杜威中期著作》,第 1 卷,第 354—355 页)。
② 《文献、文本和编辑论文》(夏洛茨维尔:弗吉尼亚大学出版社,1975 年),第 447—487 页。

致而 SS 与它和 P 在那里却又实质性的不同。因此,只有 SS 或 NEA 才有的实质性变化必须被估计到。在发展目前的折中版本中编辑上的问题,不是副本的一个选择,原则上必须是 P 的,最接近杜威(原稿)的文件;与此相反,在 SS 和 NEA 之间以同等的权威进行选择,以保证新的文本能够包括最大数量的杜威的修正。

在具有辐射性权威的文本中,任何实质性的改版都不许被认为是权威性的,除非它们被证明不是如此。如果这样,SS 中唯一的实质性的文本或者 NEA 中唯一的实质性修改必须被认为是杜威想要改变来自 P 的 TMs。根据辐射性权威的原则,实质性的修改必须被接受,除非存在值得相信的理由,或者证明它们是编辑上的修正。

在 SS 和 NEA 中,一些在它们各自中是唯一的实质性修改,可能被认为是编辑上的修正。《学校与社会》由杜威的亲密合作者詹姆斯·麦基恩·卡特尔(James McKeen Cattell)编写,他似乎认为,在将文章准备印刷的过程中,有一些编辑上的责任。一些独立的修改出现在 SS 中,比如在 193.16,对于"sport"的使用代替了"sports";在 194.36,"stands out"代替了"stand out"。后一个例子是杜威对于主语和动词在数上的一致性的偶然错误的典型。这两个变化出现于 SS 但没有出现在 NEA 上,而这些例子与 P 上的一致,这表明任何一个在从 P 中准备 TMs 的时候都没有被改变。这些可能也被加在 SS 可能的编辑的修改里,193.11 的"numbers"修改为"number",而这在 NEA 中被不同地修改为"a great number"。从 197.26"much of past"到"so much of the past of"的重述,被认为是 SS 的编辑想要使杜威的行文变得更为通顺。SS 中进一步的编辑干预的证据,与 194.36-37,195.2-3,195.39-40,196.11-12,196.34-35 和 197.29-30 的章节混合在一起,其他的文件则遵循 P 的段落格式。当 196.11-12 的段落混合到一起,在 196.12"An"被插入到"imagination"之前。这个更动是编辑的更动,但被拒绝了。

虽然出现于 NEA 大部分独立的实质性修改被杜威的修订所接受,196.15 在"pursuit"之间加上"the",以及 197.6 在"ultimate"前加上"the",由于不是杜威的写作风格而没有被采用。

在这些具有辐射性权威的文本中,SS 中另外 22 处唯一的实质性修改,以及 NEA 中 16 处唯一的实质性修改,被作为权威而接受。这两个权威因此合并入这些方面,以保障从未存在过但事实上显示了杜威所作的每个唯一修改的文本,虽然是在不同的时间里。这些合并通过独立的修改,在文章公开的句子上有所显示。在 SS 里,"standing"被改为"ranking"(193.4),而"if"改为了"when"(193.4)。在 NEA 里,这些措词没有被改变,但是更加确定的词语"professional"被"latter"所替代(193.4)。目前的文本反映了 SS 和 NEA 中的改变,因为它们不能被必然地归功于一位编辑。

之前的例子显示了来自辐射性文本的唯一看法的合并。然而,当 SS 和 NEA 中一个实质性的文本与来自 P 的有所不同时,编辑的问题是要解决这一关于权威的问题。P,SS,NEA 的文本在 8 处互不相同。在对于同一点上的两个修正的冲突之间,必须提供"上级(或基本的)发展"原则作为编辑判断的指引。① 根据鲍尔斯,权威修正的普通测试是编辑对于作者最终内涵的估计,一般来说,展示为来自更早版本的后一版本所表现出来的修正。在这 8 个例子里,即使是 NEA,也不是来自 SS。逻辑就会是同样的,如果它能够表明,当杜威进行 NEA 的修改时,他就意识到了 SS 的文本,这样,最终的内涵就毫无疑问了。但是,因为在 NEA 里,他没有意识到自己在 SS 里所作的修正,与时间次序无关,而且"最终内涵"是在两个冲突的权威修正中进行选择的一个重要标准。如果这是可能的,人们就必须基于文本的基础性变化作出判断。基础性变化的原则是导致一个权威内涵的估计,并且致力于产生出最终内涵的条件:一个期刊有来自 P 的更基础性的变化,这一改变被作为杜威的最终内涵所接受,并盖过另一个接近 P 的期刊的文本,因此是一个次要的修改。

例如,SS 和 NEA 中 195.3 - 4 的句子独立地被修改于 P,它开始于"因为它不是新的实践的或职业的教育;它总是……"。在 SS 中,"It is thus"被替换为 P 中的"For it is"(195.3)。在 NEA 的修正中,句子更多地被改写为"职业教育不是新的;它已经……"。来自 NEA 更为成熟的文本被刊登于此。

相似的修改文本出现于 195.14 - 17 的句子中。P 中的短语"just at it has"(195.16)可能被修改为 TMs 中的"as it has also",但是 SS 中的"as"进一步被改为"while",而 195.17 的"new facilities"被改为"facilities"。基础性改变原则指出了在这些句子中,对于 SS 修正的认可。在另一句子中,它假设出现于 P 和 NEA195.28 中的词"studies"在 SS 中被删除了,因为在 195.29 中接近"studies"。在 NEA 中,句子被改写了,保留了一开始的"studies"(195.28);但是,第二个"studies"变成了"ones"(195.28),"latter"变成了"liberal studies"(195.29)。在这些句子中,再一次地,来自 NEA 更成熟的文本被接受了。在 P 中 196.11 - 12 的句子中,"我们最终的信仰必须是对于创造人性(humanity)的内在的诉求,当思想被促使与它们联系在一起的时候","humanity"被改为 SS 中的"the human mind"。杜威必须保留措词上的麻烦并

---

① 弗雷德森·鲍尔斯,《"一些哲学问题"的文本》,载《一些哲学问题》(*Some Problems of Philosophy*),《威廉·詹姆士的著作》(剑桥,马斯:哈佛大学出版社,1979 年),第 265—266 页。

且在NEA中删除整个句子,这里的删除是根据他的内涵所做的。

大部分对于复本次要的修改,最后直接来自实质性的修正或那些对于如此修正的接近。P、SS和NEA中57处次要的修正,16处SS和NEA共有的修正,与目前文本的修正是一致的,因为它们必须反映TMs的文本从而才可以是杜威自己的修改。例如,在关联到实质性修正的195.27,195.31,196.14,197.26中,逗号被移走或添加;根据已知的杜威的用法,在194.20,196.19和196.32中改变了词的拼法。SS和NEA中的五个例子里,它们互相之间的变化和P中的变化是一样的,三个文本被接受自SS,两个接受自NEA。在NEA中出现的、在SS(194.5-6)中的"however"前后缺少了的逗号,更多地是根据杜威的文风来判断的;SS(197.30)中"labelled"一词的拼写根据这一版本的复本被接受,而不是NEA中的"labeled";P中的一个分号变成了SS(197.32)中的一个句号,代替了NEA中的破折号。两个拼写变化的例子导致对NEA文本的接受:"tendencies"(196.24-25)在SS中被拼错了,而"well being"(197.22)在这一点上的实质性修改中遵循了更优先的复本拼写。其他的SS和NEA中的次要修改,被认为是编辑干预的结果并由于赞成复本而被拒绝了。

文本注释

446　92.6　"和平与战争法"］　这个题目还没有被修订为正确的形式"战争权利与和平",因为那会改变杜威打算在此强调的重点。除此之外,在参考格劳秀斯版本时,杜威似乎习惯于颠倒"战争"与"和平"。比方说,在他未发表的1927年的阅读书目列表"法哲学读物"中就是如此。他用"法律"而不是"权利"一词,这可能反映了1625年版本的前言,题为"关于战争与法律的三本书的前言"。这部作品以"战争权利与和平"为题,出现在杜威参考书目的列表中。

120.32　战争］　列文森于1923年10月写的信,引起了杜威对这个错误的注意。这个错误可能并非《新共和》周刊引起的,而是杜威自己犯下的,因为他早前提及另一篇《新共和》上的文章,其标题为"世界的平息与法律的(战争)取缔"(1923年3月30日)。杜威致列文森的信,载《列文森论文集》,芝加哥大学雷根斯坦图书馆特藏书)。

180.32-14　阶级——］　在这一行的开头使用了"民众和阶级"的措辞,这导致印刷者重复了原来第10行的一个错误,那一行同样以"民众和阶级"开头并且结句于"个别地"。目前的版本以"而不是个别地导致了"取代重复的那一行的其余内容。

(叶子译,汪堂家校)

校勘表

对引入范本的实质用词和偶发拼读的校勘被记录于以下列表中,只有后面描述的正式内容方面的变化除外。每一范本词项在该词项的校勘表的开头列出。就以前只出现过一次印刷体的词项而言,范本内容的缩写不出现在该表中。左边的页-行数出自现行版本;除页首标题外,所有印刷行数都包括在内。方括号左面的字符出自现行版本。括号后面是第一次出现校勘的原文出处的缩写。W 表示 Works(著作),即现行版本的著作,并且用于在此所作的首次勘误。对限于标点法的勘误来说,波纹线表示与括号前面的词相同的词。补注号表示缺了一个标点符号。

我们已经彻底做过形式上或细节上的许多变化,这些变化是:

1. 著作和文章的标题采用斜体;文章和著作的章节加了括号。著作和文章的标题已经列出,在必要的地方,做了扩充。

2. 我们已使杜威的文献资料形式一贯:卷数用大写的罗马字,后面是出版日期;章节用阿拉伯数字标注;对缩写作了规范化处理。

3. 从词项到杜威的脚注,上标数字均循序排列;星号仅用于编者注。

4. 如果单引号里没有被引用的内容,就改为双引号。如果必要,会有开头和结尾的引文标记。

括号前面是杜威对一些词的已有拼法,下面的拼法是编辑对它们所作的规范化处理:

centralized] centralised 280.35
centre(s)] center 63.21, 88.20, 91.14, 144.2, 275.29, 275.31, 275.36, 276.7, 276.12, 276.21, 279.16, 290.14, 305.28

cooperate (all forms)] coöperate 12.18, 27.25, 30.2, 152.17 – 18, 156.38 – 39
cooperate (all forms)] co-operate 88.15, 179.5, 181.8
coordinated]co-ordinated 315.28, 315.33 – 34
disorganization]disorganisation 258.7
naïvely] naively 146.14
organizations] organisations 281.11 – 12, 284.14
preeminent] preëminent 9.12 – 13
readaptation] reädaptation 224.2
reenforces] reënforces 50.20 – 21
role]rôle 145.36, 147.26, 219.19
show (all forms)] shew 308.28, 312.26, 312.33
so-called]socalled 264.4
subject-matter] subject matter 287.34
while]whilst 310.37, 311.4, 311.6, 312.24

《基础》

范本首次发表于《新共和》，第37期(1924年)，第275—276页；重刊于《人物与事件》，约瑟夫·拉特纳编(纽约：亨利·霍尔特出版公司，1929年)，第2卷，第453—458页(CE)，此处作了引用，两个勘误首次出现。

3.25　　　　　　became] CE; become
5.30　　　　　　Protestant] CE; protestant

《康德诞辰两百年祭》

范本首次发表于《新共和》，第38期(1924年)，第254—256页；重新发表于《人物与事件》，约瑟夫·拉特纳编(纽约：亨利·霍尔特出版公司，1929年)，第63—68页(CE)，第449页，标题为"康德"，此处作了引用，三个勘误首次出现。

8.26　　　　　　"all-destroying";] CE; "~;"
8.28　　　　　　foundations] CE; foundatons
9.33　　　　　　proffered] CE; proferred

《传统、形而上学与道德》

范本首次发表于《哲学杂志》，第20卷(1923卷)，第187—192页。

14n.1　　　　　　29 – 41.]W; 29 – 42.
19.24　　　　　　its]W; it

《价值、喜好与思想》

范本是唯一一次发表,载于《哲学杂志》,第 20 卷(1923 年),第 617—622 卷。

20.25	*Worthless*]W; 'Worthless'
21n.1	128 – 37(1923).]W; 128 – 136(1922).
22.36	of violins]W; violins
24.30	motor-affective]W; ~ˬ~
24.38	value-quality]W; ~ˬ~

《对哲学讨论的一些评论》

范本是唯一一次发表,载于《哲学杂志》,第 21 卷(1924 年),第 197—209 页。

27.8	without]W; Without
27.12 – 13	Meaning and Transcendence]W; Transcendence and Meaning
27.18	D.T.K.] W; N.T.K.
28.13	reasonsˬ] W; ~,
28.29	311[13:43];]W; 311:
28.38	*etc.*,]W; ~.;
28.39	events";(p.317[13:49])]W; events"(p.317);
30.15	to to-day]W; to-day
30.23	*etc.*]W; ~ˬ
31.3	490]W; 491
31.12	knowledge,"*etc.*]W; knewledge, *etc.*"
32n.5	Metaphysics,]W; ~ˬ
32n.5	Morals,"]W; ~,ˬ
33.16	judgments]W; events
33.20	pp.512 – 13]W; p.513
34.38	a"simple]W; "a simple
35.4	"*includes*]W; ˬ~
36.34	order,]W; ~ˬ
36.38	continuum]W; continum
38.13, 23	R.M.D.,]W; [*not present*]
38.17	Lovejoy.).]W; ~ˬ).
39.22	'a future]W; ˬ~
39.22	function.']W; ~.ˬ
39.32	latter.).]W; ~ˬ).

《伦理与国际关系》

范本首次发表于《外交》,第 1 期(1923 年),第 85—95 页;重刊于《人物与事件》,约瑟夫·拉特纳编(纽约:亨利·霍尔特出版公司,1929 年),第 2 卷,第 804—814 页

(CE)。此处作了引用,唯一的一次勘误系第一次出现。

55.6   Christendom]CE; Christendon

《逻辑方法与法律》

范本首次发表于《哲学评论》,第33卷(1924年),第560—572页)(PR)。勘误采自该文刊载于《康奈尔法律季刊》(1924年10月)的版本,以及收入《哲学与文明》(纽约:明顿·鲍尔奇出版公司,1931年),第126—140页(PC)。

65.2   conduct,]LQ; ~ ∧
65.2   viewed,]LQ; ~ ∧
65.2   sorts:]LQ; ~.
65.3   in]PC; on
65.6   its]PC; of
65.14   old story]LQ; story
65.16   on]LQ; upon
65.22   sort of case]LQ; type of conduct
66.3   rational,]LQ; ~;
66.5   between]LQ; among
66.9   in which]LQ; when
66.9   they]LQ; the procedures employed
66.12   or]LQ; nor
66.18   a decision or a deliberate]LQ; a deliberate decision or
66.20   to take even]LQ; even to take
66.22   mathematical,]LQ; ~ ∧
67.4   his decision]LQ; a decision
67.4   farmer]LQ; the farmer
67.14   "practical man,"]PC; 'practical man,'LQ; 'practical'man ∧
67.19   propositions which]LQ; propositions that
67.20   sience;]LQ; ~,
67.20   that relations]LQ; relations that
67.21   operations]LQ; the operations
67.21   of reaching]LQ; reaching
67.24   this article]LQ; these lectures
67.25   generality]LQ; of generality
67.26   but is]LQ; but
67.29   that particular]LQ; the particular
67.34   logical systems]LQ; a logical system
67.35   whether of crime,]LQ; as of
67.36   torts] LQ; of torts
67.36   with their]LQ; in effecting the
67.38   they]PC; it
67.38   are]PC; is

67.39	last]LQ; the last
68.3	data in reaching conclusions,]LQ; data
68.4	draw]LQ; perform their
68.15	first occurs]LQ; occurs
68.15	kind of natural]LQ; natural
68.27	a conflict]LQ; conflict
68.29	results,]LQ; ~;
68.30–31	unjust]LQ; unfair
68n.1	*Papers*, p.50.]LQ; *Papers*.
69.3	fact]LQ; facts
69.16–17	logic. And]LQ; logic, and
69.17–18	certainty and for repose]LQ; repose and certainty
69.18–19	generally]LQ; in general
69.19	illusion."²]LQ; illusion."
69.24	formed]*stet*PR; forced
69.25	stability-feelings which have]LQ; stability. Such feelings have
69.29	logic:]LQ; ~;
69.31	intuitions]LQ; considerations
69.31	policy, avowed or unconscious, even]LQ; policy, even
69.32	fellow-men]LQ; ~˄~
69.32–33	have had]LQ; have
69.34	governed."³] LQ; governed."
69.35	equivalent with]LQ; equivalent to
69.36	tradition]LQ; traditions
69n.1	²*Ibid*., p.181.]LQ; [*not present*]
69n.2	³*The Common Law*, p.1.] LQ; [*not present*]
70.7	this discussion;]LQ; the discussion,
70.08	reduce]LQ; counteract
70.09	shall facilitate]LQ; facilitate
70.9	social]LQ; public
70.15	a logic]LQ; logic
70.24	that what]LQ; that
70.24	procure is]LQ; procure
70.31	prior and given]LQ; given
70.33	It]LQ; Stated in legal terms, it
71.1	idea]LQ; general idea
71.6	The]LQ; The only
71.6	the syllogism]LQ; it
71.16	material]LQ; subject-matter
71.17	or]LQ; nor
71.17	connection between them] LQ; combination of them however 'logical' it may be
71.27	unified]PC; single
71.27	treating cases]LQ; treating,

452

	71.27-28	consequences]LQ; consequences, cases
	71.30	the]LQ; the the
	71.36	inanimate]LQ; animate
	71.37	*find*]LQ; [*rom.*]
	71.37	of]LQ; both of
	71.39	some]LQ; a
	72.2	or which]LQ; or
	72.6	situation]LQ; whole situation
	72.7	*form*]LQ; [*rom.*]
	72.15	selection of rules]LQ; rules
	72.16	this]LQ; such a
	72.16-17	of scientific method]LQ; for logical thinking
	72.17	too precommitted]LQ; precommitted
	72.18	and partisan]LQ; desired
	72.18	conclusion... model] LQ; conclusion; it is therefore not a standard of true inquiry
	72.20	being made here]LQ; here being made
	72.21	from]LQ; with
	72.22	conclusion]LQ; indications
	72.22	indicates]LQ; supplies
	72.23	proceeds]*stet* PR; proceed
	72.25	As soon as]LQ; Once
	72.27	the conclusion]PC; and the conclusion
	72.32-33	the exposition]LQ; expositions
	72.34	therein]LQ; herein
	72.34	those]LQ; that
	72.40	is reached,]LQ; has been reached;
	73.1	now determinate]LQ; determinate
453	73.1-2	implications]*stet* PR; implication
	73.4	that it will]LQ; as to
	73.4	a rule]LQ; the rule
	73.8	sense;]LQ; ~:
	73.8	of abstraction, generalization,]LQ; generalization, abstraction,
	73.10	his]LQ; one's
	73.11	use]LQ; have continued to use
	73.12	impression, feeling;]LQ; dumb impression;
	73.13	decisions]LQ; conduct
	73.14-15	reason,... it]LQ; reason, and were not satisfied till they got an exculpation and explanation
	73.16	reaching... way]LQ; arriving at a decision
	73.18	dicta,]LQ; dicta which will be
	73.19	authority]LQ; power
	73.19	a rational]LQ; rational
	73.20	statement which formulates]LQ; statement, formulation of

73.20	exposes connecting.]LQ; of connecting,
73.21	logical.]LQ; ~,
73.22	stimulus and temptation]LQ; temptation and stimulus
73.23	come in]LQ; are introduced
73.24	the personal element]LQ; personal and local elements
73.25	while at the same time]LQ; while
73.26	an impersonal,... form] LQ; an objective, rational and impersonal form
73.27	surrender]LQ; abandon
73.27	actually yielded]LQ; led to
73.28	for it forms]LQ; forms
73.29	an illusion]LQ; the illusion
73.29	certitude]LQ; certainty
73.30	force]LQ; force in the same direction
73.32	legal consequences]LQ; consequences
73.33	specific transactions]LQ; transactions
73.34	assuming]LQ; incurring
73.34 – 35	count upon in entering]LQ; hope to enjoy in security, before they enter
73.35	given course]LQ; course
73.36	This]LQ; It
73.38	confusion of]LQ; confusing with each other
73.39	with]PC; and
74.4	flow... necessity]LQ; flow
74.5	premisses]LQ; premisses with formal logical necessity
74.6	rules]LQ; the rules
74.13	to judge]LQ; in judging
74.17	substantive]LQ; substantial
74.19 – 20	certainty of expectation]LQ; certainty
74.24	gamble]LQ; chance
74.25	the judges]LQ; judges
74.26	which is supplied]LQ; supplied
74.30	assurance]LQ; definiteness
74.31	It]LQ; The amount
74.31 – 32	pretty uniform]LQ; uniform
74.32	when]LQ; where
74.33	the channels]LQ; channels
74.34	when new]LQ; new
74.35	relationship]LQ; relations
75.3 – 4	at the very best]LQ; entirely
75.4	some ambiguity]LQ; ambiguity
75.7	must]LQ; will
75.7	to claim]LQ; the claim
75.14	particular case, so that shrewd]LQ; new case. Shrewd

454

	75.14	enterprising]LQ; enterprizing
	75.14	are]LQ; are thus
	75.15	wind⌃]LQ; ~,
	75.15	trust]LQ; to trust
	75.16	get off]LQ; go
	75.21	first]LQ; first sight
	75.22	abandoned⌃]LQ; ~,
	75.22	it must be a]LQ; there must be adopted a
	75.23	*antecedents*]LQ; *premisses*
	75.24	one of deduction]LQ; of demonstration
	75.24	For]LQ; General principles, for
	75.25–26	inquiry... can]LQ; inquiry, can
	75.29	applied to]LQ; set to work amid
	75.29	and new]LQ; and required to yield new
	75.30	results have to be achieved]LQ; results
	75.33	and]LQ; and needs and
	75.36	entrenched]LQ; the entrenched
	75.40	hypotheses,]LQ; ~⌃
	76.1	in application]LQ; when applied
	76.6	a multitude]LQ; the mass
	76.7	estate]LQ; state
	76.8–9	became hindrances and annoyances] LQ; had become annoyances and hindrances
	76.9	new methods, use]PC; methods, use LQ; use
	76.9	steam,]LQ; ~⌃
	76.10	emerged]PC; showed themselves
	76.11	freedom]LQ; of freedom
	76.11	of contract]LQ; in making contracts
	76.12	mass]LQ; consistent series
	76.12	decisions]LQ; decisions in which gradually the principles were laid down with increased naked and drastic force
	76.14–15	analysis ... order]LQ; the requirements of a particular state of affairs, needed
	76.15	orderly methods in behalf]LQ; a greater measure
	76.16	turn]LQ; their turn
455	76.20	import⌃]LQ; ~,
	76.24	towards]LQ; toward
	76.24–25	"social justice,"]LQ; ⌃~,⌃
	76.26	the]LQ; these
	76.29	conceived]LQ; treated
	76.30	to the]LQ; experimentally to
	76.30	in which]LQ; as
	76.30	are employed]LQ; actually obtain,
	76.31	go]LQ; go mainly

76.32	not be allowed to]LQ; not
76.33	and become]LQ; so as to become
76.35	formally absolute]LQ; absolute
76.37	recur then]LQ; now recur
76.37	conception.]LQ; ~,
76.38	phenomena, subject]LQ; phenomena, primarily connected with intelligent guidance of making decisions, and that it is subject
76.39	recur]LQ; shall recur
77.1	significant for]LQ; important in
77.2	practice]PC; practise
77.2	indeed not]LQ; not, indeed,
77.3	universal principles]LQ; principles
77.4	kind]LQ; development of the kind
77.6	reforms]LQ; reform
77.6	social]LQ; of social

《美国要加入国际法庭吗?》

范本系首次发表,出自经过修改和批准的速记报告,发表于《基督教的世纪》,第40期(1923年),第1329—1334、1368—1369、1370页;重刊于《人物与事件》,约瑟夫·拉特纳编(纽约:亨利·霍尔特出版公司,1929年),第2卷,第650—665页,标题是"我们应当加入哪个国际法庭?"(CE),收入《现代世界的智慧》(纽约:现代文库,1939年),第511—525页,标题是"国际法与战争体制"(IMM)。此处加以引用,三个勘误系第一次出现。

88.21	have]CE; had
88.27	Allies]W; allies
92.10	Conference]W; conference
92.34; 101.1	Supreme Court]W; supreme court
93.12	the Hague Tribunal]W; The Hague tribunal
93.14; 95.4, 16, 34, 38; 96.3, 9; 102, 18, 21, 23(2)	League]W; league
94.19	Senate]W; senate
95.14	League of Nations]W; league of nations
95.17	Clarke]W; Clark
95.38	Tribunal]W; tribunal
96.13; 102.15	Treaty]W; treaty
99.21	frequent.]CE; ~
100.5	League of Nations] IMW; league of nations
101.6, 11, 14	Congress]W; congress
103.18	As]W; An
103.18	how]W; now

《如果战争是非法的》

范本首次发表于《新共和》,第 34 期(1923 年),第 234—235 页;重刊于《人物与事件》,约瑟夫·拉特纳编(纽约:亨利·霍尔特出版公司,1929 年),第 2 卷,第 672—676 页(CE)。此处作了引用,两次勘误系第一次出现。

110.15	rivalries,]CE; ~∧
110.21	this is]CE; this

《战争的非法化不是什么》

范本首次发表于《新共和》,第 36 期(1923 年),第 149—152 页。一个勘误采自本文重刊版,该版是小册子《战争的非法化:它是什么和不是什么》(芝加哥:美国争取战争非法化委员会,1923 年)的第一部分,第 3—10 页。那个部分的标题是:"关于非法化的两个错误观念"(OW)。

*120.32   war]OW; law

《战争与战争法规》

范本首次发表于《新共和》,第 36 期(1923 年),第 224—226 页;重新发表的文本系小册子《战争的非法化:它是什么和不是什么》(芝加哥:美国争取战争非法化委员会,1923 年)的第二部分,第 10—16 页(OW)。此处加以引用,一个勘误系第一次出现。

122.29	superstate]W; super-state
127.13	is]OW; it

《神权国家的世俗化》

范本首次发表于《新共和》,第 40 期(1924 年),第 69—71 页。勘误采自本文重刊版,载《苏俄和革命世界:墨西哥—中国—土耳其印象》(纽约:新共和出版公司,1929 年),第 220—234 页(ISR)。

129.15	Great]ISR; great
130.1	cat's-paw]ISR; catspaw
130.3	Pan-Islamism]ISR; Pan-islamism

《安卡拉,新首都》

范本首次发表于《新共和》,第 40 期(1924 年),第 169—170 页。勘误采自本文重刊版，载《苏俄和革命世界：墨西哥—中国—土耳其印象》（纽约：新共和出版公司，1929 年），第 208—219（ISR），曾收入《人物与事件》，约瑟夫·拉特纳编（纽约：亨利·霍尔特出版公司，1929 年），第 1330—1334 页（CE）。

134.23	foothills]ISR; foot hills	
134.25	farming";]ISR; ~;"	
135.16	nowhere]ISR; no where	
135.38	well as]ISR; well	
136.5	Sea]CE; sea	
136.29	well-cut]ISR; ~˄~	
136.30	well-laid]ISR; ~˄~	
136.34	well-set-up]ISR; ~˄~˄~	
137.6	feverish,]ISR; ~;	

《土耳其的悲剧》

范本首次发表于《新共和》，第 40 期（1924 年），第 268—269 页。两个勘误均采自它的重刊版，载《苏俄和革命世界：墨西哥—中国—土耳其印象》（纽约：新共和出版公司，1929 年），第 197—207 页（ISR）。

141.33-34	˄seventies]ISR; '~
142.18	all,]ISR; ~˄

《在土耳其的外国学校》

范本首次发表于《新共和》，第 40 期（1924 年），第 40—42 页；重新发表于《人物与事件》，约瑟夫·拉特纳编（纽约：亨利·霍尔特出版公司，1929 年），第 1 卷，第 346—351 页（CE），标题为"美国与土耳其"。

146.12	is]CE; it
147.35	and … service]CE; and service

《学校作为发展儿童的社会意识和社会理想的手段》

范本首次发表于《社会力量杂志》，第 1 期（1923 年 9 月），第 513—517 页（JSF）。勘误采自它的重刊本，载《全国社会工作会议公报》，华盛顿特区，1923 年 5 月 16—23 日（芝加哥：芝加哥大学出版社，1923 年），第 449—453 页（CSW）。

150.31	won't]W; wont
151.36	creating.]CSW; ~,
152.32	Ku Kluxism]CSW; Kukluxism

154.18	old-fashioned]CSW; ~‸~
155.3, 36	Old World]W; old world
155.7	difficulty]CSW; difficully
155.15	communities]CSW; community
155.16	have]CSW; has
155.28	them,]CSW; ~‸
156.7	or]W; and
156.8	naïve]CSW; naive
157.21	than]CSW; then

《教育的社会目的》

范本是唯一的一次发表，载于《综合科学季刊》，第 7 期(1923 年)，第 79—91 页。

158.22	into]W; in to
158.25	that]W; that which
159.21	Old World]W; old world
163.13	of]W; af
168.16	met its]W; met it
169.9	am,]W; ~.

《教育中的个性》

范本是唯一的一次发表，载于《综合科学季刊》，第 7 期(1923 年)，第 157—166 页。

174.32	itself]W; iself
174.35	pupils']W; pupil's

《任课教师》

范本是唯一的一次发表，载于《综合科学季刊》，第 7 期(1923 年)，第 463—472 页。

180.1	CLASSROOM]W; Class Room
*180.13-14	classes ... the]W; classes than it is to deal with them individually.
181.28	wherein]W; wher-/in
182.8	belongs.]W; ~,
183.16	telescope?]W; ~‸
183.37-38	matter]W; mater

《学校为什么目的而存在》

范本是唯一的一次发表，载于《纽约时报》，1923 年 3 月 18 日。

| 192.24 | Superintendence]W; Superintendents |

《文化与教育中的职业精神》

范本是一个 7 页的单行本,系杜威 1923 年在哥伦比亚大学开学典礼上发表的讲演(P)。勘误采自它的重刊版,载于《学校与社会》,第 18 期(1923 年 10 月 13 日),第 421—424 页(SS),以及《全国教育协会杂志》,第 12 期(1923 年 12 月),第 397—398 页(NEA)。本勘误表也是三个文件的历史校勘。

193.4	ranking]SS;standing NEA, P
193.4	when]SS; if NEA ,P
193.4	professional]NEA; latter SS, P
193.6	state of affairs]SS, NEA; estimate P
193.7	idea]SS, NEA; fact P
193.8	activity]SS, NEA; activity is subservient P
193.9 – 10	game, is subservient]SS, NEA; game, P
193.11	a great]NEA; large SS, P
193.11	number]P, NEA; numbers SS
193.13	schools]SS, NEA; schools of this country P
193.16	sports]P, NEA; sport SS
193.19	art⌃]SS, NEA; ~, P
193.19	colleges⌃]P, SS; ~, NEA
193.21	every]SS, NEA; any P
193.22	presents to the observer]SS, NEA; presents P
193.24	theology⌃]P, SS; ~, NEA
193.24	the branches]SS,NEA; branches P
193.26 – 27	undergraduate]SS, NEA; regular collegiate P
193.27	so arranged]SS, NEA; arranged so P
193.27	work in]SS, NEA; the work of P
193.28	schools…effect]SS, NEA; schools, and, in affect are P
193.29	Hence there is]SS, NEA; It is not to be wondered at that there should be P
193.32	modes]SS, NEA; the modes P
194.1	Although]NEA; I, for one, should not wish to deny that SS, P
194.2	future, a consideration] NEA; future. I think, however, that a consideration SS; future. I think however that a consideration P
194.2	their]NEA; its SS, P
194.4	two-fold]P, SS; twofold NEA
194.5 – 6	class, which however was not]SS; class, which, however, was not NEA; class that was not however P
194.6	idle class, for it]NEA; idle class. For the leisure class SS, P
194.7	affairs,]P, NEA; ~⌃ SS
194.12	taste and interests]NEA; taste and interest SS; taste P

194.15	affairs,]P, SS; ~—NEA
194.16	door-yard]P, SS; dooryard NEA
194.20	role]P; rôle SS, NEA
194.21	business men]P, NEA; businessmen SS
194.22	but this]SS, NEA; and this P
194.25	state]P, SS; State NEA
194.26	resources]SS; NEA; recources P
194.26	had]SS, NEA; did P
194.28	class‸]P, NEA; ~, SS
194.29	up‸]P, NEA; ~, SS
194.31	professionalism‸]P, SS; ~, NEA
194.33	for the]SS; or NEA; on P
194.36	stand]P, NEA; stands SS
194.37	[¶ Large]P, NEA; [*no* ¶]~ SS
194.37	money‸]P, SS; ~, NEA
194.39	chance and the means] NEA; chance, the means and good hope SS, P
195.2-3	least. [¶ Vocational] NEA; least. It is thus not practical or vocational SS; least. [¶ For it is not practical or vocational P
195.3	is not new; it]NEA; which is new; that SS, P
195.4	education]SS; training NEA. P
195.6	indenture]SS, NEA; indenture as an apprentice, P
195.6	or by]NEA; and by SS, P
195.9	appears then to be]SS, NEA; appears to me then P
195.12	decline]SS, NEA; decline in power and prestige P
195.15	interests]SS, NEA; interest to P
195.16	past the]SS, NEA; past their main P
195.16	pre-occupation... also]SS; pre-occupation of the masses, as it has also NEA; pre-occupation, just as it has P
195.17	facilities]SS; new facilities NEA, P
195.19	professionalism in education]SS, NEA; professionalism P
195.20	wholly desirable]SS; desirable NEA, P
195.23	getting]SS, NEA; now getting P
195.23	most ideal]SS; ideal NEA, P
195.25	outlook‸]P, NEA; ~, SS
195.26	higher]SS, NEA; higher, and not much lower P
195.26-27	schooling... instruction.]SS; schooling at all and much lower instruction. NEA; schooling. P
195.27	ratio‸]SS, NEA; ~, P
195.27-28	professional studies]P, NEA; professional SS
195.28	gained so much]SS; gained NEA, P
195.28	ones,] NEA; studies‸ SS; studies, P
195.29	liberal studies] NEA; latter SS, P
195.30	historic]SS, NEA; historic and social P

195.30	is] NEA; is , it seems to me, SS, P	
195.30	ground]SS, NEA; reason P	
195.31	believing,]SS, NEA; ~ˬ P	
195.32	transitoryˬ]P, SS; ~, NEA	
195.33	rapid] NEA; very rapid SS, P	
195.33	Social transition]SS, NEA; transition P	
195.33	natural, as was said,]SS; natural NEA, P	
195.35	ownˬ]SS, NEA; ~, P	
195.37	obtaining success]SS, NEA; success P	
195.39-40	it? [¶] Meantime] NEA; it? Meantime SS; education? [¶] Meantime P	
196.1	purpose,]P, NEA; ~; SS	
196.4	Middle Ages] W; middle ages NEA, SS, P	
196.4	were]SS, NEA; were wholly P	
196.5	schools,]SS, NEA; ~ˬ P	
196.5	cannot]P, NEA; can not SS	
196.8	liberal and]SS, NEA; liberal, P	
196.10	culture,]P, SS; ~ˬ NEA	
196.11-12	industry. [¶]Imagination] NEA; industry. Our ultimate faith must be in the intrinsic appeal which things of the mind make to the human mind when the mind is brought in contact with them. An imagination SS; industry. Our ultimate faith must be in the intrinsic appeal which things of the mind make to humanity when the mind is brought in contact with them. [¶] Imagination P	
196.13	a power]SS, NEA; power P	
196.13	values]SS, NEA; value P	
196.14	offerˬ]SS, NEA; ~, P	
196.14-15	if, at first,]SS, NEA; ~ˬ~ˬ P	
196.15	traits]SS; things NEA, P	
196.15	pursuit]P, SS; the pursuit NEA	
196.16-17	for the sake of]SS; for NEA, P	
196.19	breed]SS, NEA; breed in time P	
196.19	whole-hearted]SS, NEA; wholehearted P	
196.20	devotion, ... emerges] NEA; devotion, till from the training of the professional that emerges SS; devotion, till there shall emerge P	
196.21	all the interests]SS; the spirit NEA, P	
196.23	believeˬ howeverˬ]P, SS; ~, ~, NEA	
196.24-25	hope... tendencies] NEA; hope of a future transformation of professional tendenices SS; hope P	
196.27	word]SS, NEA; phase P	
196.30	it,]P, NEA; ~ˬ SS	
196.31	activities]SS , NEA; things P	
196.32	subject-matter]SS, NEA; ~ˬ~ P	

196.33 – 34		question after all]SS; question NEA, P
196.34		which]P, SS; whch NEA
196.35		[¶]A school]P, NEA; [no ¶]A school SS
196.35		engineering.] P, SS; ~, NEA
196.37		it]SS, NEA; that much P
196.37		tool or device]SS; device NEA, P
196.37 – 38		for material success, and]P, NEA; and SS
196.38		its principles]SS; principles NEA, P
196.40		nor] NEA; or SS, P
197.1 – 2		In other words, the more]SS; The more NEA, P
197.2		inquiry.]SS; ~, NEA, P
197.2		and]SS; the more NEA, P
197.3		surer]SS, NEA; more likely P
197.3		broad]SS, NEA; bread P
197.4		be the product]SS, NEA; result P
197.6		ultimate]P, SS; the ultimate NEA
197.6		application in practice]SS; application NEA, P
197.6		view]SS, NEA; mind P
197.6		be to]SS; be NEA; be treated as P
197.7 – 8		more widely]SS, NEA; widely P
197.14		Our] NEA; I think our SS, P
197.14		offense]SS, NEA; offence P
197.16 – 17		present tendencies,]P, SS; ~. NEA
197.18		consideration]SS; academic consideration NEA, P
197.18		philosophy and history,] SS; philosophy, history, NEA; philosophy, history. P
197.18		the]SS; of the NEA, P
197.19 – 20		co-workers]P, NEA; coworkers SS
197.22 – 23		well being, while the] NEA; wellbeing, while the SS; well being. The P
197.23		cannot]P, NEA; can not SS
197.25		ours,]SS, NEA; ~; P
197.26		did]SS, NEA; did so P
197.26		think,]SS, NEA; ~. P
197.26		much of past]P, NEA; so much of the past of SS
197.27		common]SS, NEA; mutual P
197.28		any and every]SS, NEA; every P
197.28		university,]P, SS; ~. NEA
197.29 – 30		scientific thinking. [¶]When] NEA; scientific thinking, that is of free and disinterested thinking. When SS; scientific thinking, that is of free and disinterested thinking. [¶] When P
197.30		teaching,]P, NEA; ~. SS
197.30		labelled primarily] SS; labeled primarily NEA; primarily labelled P

197.31	professional,]P, NEA；~∧SS	
197.31	love]SS；end NEA, P	
197.32	amateur professional：]SS；~—NEA；~；P	
197.33	unites]SS；unite NEA, P	
197.33	seriousness,]SS, NEA；seriousness and P	
197.33	purpose∧]P, SS；~, NEA	
197.33	skill]SS, NEA；the skill P	
197.34	with]SS, NEA；to P	

《使教育成为学生的事务》

范本是唯一的一次发表，载于《新学生》，第3期(1923年)，第1—2页。

199.1　　　　　　fruitful]W；fruit-/full

《人文学院的前景》

范本首次发表于《独立》，第112期(1923年)，第226—227页；重新发表于《今日教育》，约瑟夫·拉特纳编(纽约：G·P·普特南出版公司，1940年)，第184—189页(ET)。此处加以引用，以下勘误系第一次出现。

200.15　　　　　 ultraconservative]ET；ultra conservative
201.9　　　　　　well-nigh]ET；well/nigh

《人文学院及其敌人》

范本首次发表于《独立》，第112期(1924年)，第280—282页；重新发表于《今日教育》，约瑟夫·拉特纳编(纽约：G·P·普特南出版公司，1940年)，第190—197页(ET)。此处加以引用，以下勘误系第一次出现。

205.7　　　　　　 Old World]ET；old world
205.30　　　　　 Church]ET；church
205.30　　　　　 State]ET；state
206.31　　　　　 well-nigh]ET；~∧~
206.34-35　　　　exaggeration,]ET；~∧
207.28　　　　　 infringements]ET；infringments
209.32　　　　　 prevalence]ET；prevalance

《中国与西方》

范本是这篇评论唯一的一次发表，载于《日晷》，第74期(1923年)，第193—196页。

215.4, 20; 216.1, 3; 217.15, 21, 24, 27, 30, 34, 37; 218.8, 14　Mr.]W; ~∧

对《怀疑论与非理性信仰：一种系统哲学的导论》的评论

范本是这篇评论唯一的一次发表，载于《新共和》，第 35 期（1923 年），第 294—296 页。

219.1-2	*Introduction to a System of Philosophy*]W; *An Introduction to Realms of Being*
219.14	life,]W; ~∧
221.7	that]W; that that

对《意义的意义：关于语言对思想影响的研究，以及对符号学的研究》的评论

范本是这篇评论唯一的一次发表，载于《新共和》，第 39 期（1924 年），第 77—78 页。

223.1	*Study*]W; *Story*
223.23	psychology]W; pyschology
224.27	included);]W; ~),
225.10	essay]W; essays
231.1-3	*Introductory*:/A. Scope and Method/[¶] Social] W; INTRODUCTORY: SCOPE AND METHOD/A. [¶]Social
231.25	static∧]W; ~,
231.25	standard),]W; ~)∧
231.34	*and Development*]W; [*not present*]
232.38	Lévy-Bruhl]W; Levy-Bruhl
233.26	Hegel]W; Regel
233.29	Natural Law]W; Law of Nature
234.21	is]W; in
234.22	Nature∧]W; ~.
234.26	see∧]W; ~,
236.5	contacts,]W; ~∧
236.10	Is]W; is
236.17	unitary]W; unitaru
236.21	phase;]W; ~,
236.38	sustenance:]W; ~;
238.3	comforts]W; conforts
238.7	delinquency]W; delinquincy
239.16	with(i)]W; (i) with
239.29	*Individual*]W; Mind
239.31	*and Historical*]W; [*not present*]
239.32	MacIver]W; Maciver

240.12	*Morals in Evolution,*]W; [*not present*]
240.18	*Instinct*]W; Evolution
240.23	*Rationalism*]W; Nationalism
240.24	*Theology;*]W; Theology.
240.24	*between*]W; of
240.30	*Ethics,*]W; Ethics˄
241.28	incident]W; incidents
242.21	Vol.2,]W; [*not present*]
242.21	Oppenheimer]W; Oppenheim
243.9	"Self-Reliance"]W; ˄Self-reliance˄
243.14	*Pure*]W; Past
244.19	metaphysical]W; Metaphysical
244.29	meanings˄]W; ~,
245.3	*Public*]W; [*not present*]
245.13	*proposed*]W; [*not present*]
245.18	*Solidarité*]W; Solidanté
245.36	up]W; upon
246.5	choice,]W; ~˄
246.7–8	discussion]W; discusssion
246.17	algebraic]W; elgebraic
246.19	and]W; add
247.12	occurring]W; occuring
247.33	"kinetic,"]W; 'kinectic',
248.17	so-called˄]W; ~—
248.20	Santayana]W; Santyana
248.25	divisions:]W; ~,
248.28	energies,] W; ~;
249.38	life-habits;] W; ~,
251.2	ranking,] W; ~˄
253.33	occupation:] W; ~;
254.7	The] W; the
254.25	first, of money;] W; ~˄~,
254.26	transportation;] W; ~,
256.4	promises,] W; ~˄
256.10	harmony,] W; ~;
256.19	important.)] W; ~.˄
257.23	work)˄] W; ~),
257.23	laborers:] W; ~˄
258.15	interdependence] W; inter-/pendence
258.30–31	*an Acquisitive*] W; Industrial
259.2–3	transportation] W; transpuration
259.3	important˄] W; ~,
259.38	tended] W; tendered
260.8	employers'] W; ~˄

467

261.28	Phases]	W; Plases
263.12	*Wealth* :]	W; Wealth,
264.21	Vol. 2]	W; Vol. I
264.26	effected]	W; affected
266.18	15]	W; 19
266.18	Pecuniary]	W; Social
266.26	12]	W; 15
267.30	Activity.")]	W; ∼.∧
268.29	intellectually.]	W; ∼,
269.9	*price*∧ *System*]	W; Price-System
269.18	*Some of Their Historical*]	W; some of their Historic
269.19	Halévy]	W; Halevy
269.19	*La Formation du radicalisme philosophique*]	W; Le Radicalisme Philosophique
269.24	*Doctrines*]	W; Theories
269.30	*Interests*;]	W; Interests∧
269.30	*Business*]	W; Industrial
269.31	*Civilisation*]	W; Civilization
269.32	Patten,]	W; ∼-
270.1	rather than]	W; rather
270.17	consent]	W; con-sent
271.3	public]	W; Public
271.27	*Nature in*]	W; nature and
271.33	*Essays*]	W; Essay
271.35–36	*Studies in the Problem*]	W; Problems in the Theory
271.40	H. Adams]	W; Adams
272.1–2	Oppenheimer]	W; Oppenheim
272.12	Public]	W; [*not present*]
272.13	d'*État*]	W; d'Etat
272.14	*Mediaeval*]	W; Medieval

对《或然性、爱与逻辑：哲学论文》的评论

范本是这篇评论唯一的一次发表，载于《新共和》，第 39 期（1924 年），第 136—137 页。

272.14	*of*]	W; in
272.18	*Age*]	W; Ages
272.20	*Ideas*]	W; Ideals
272.20	*Some Great Mediaeval*]	W; some great Medieval
272.23	"Attack]	W; ∧Attacks
272.25	Höffding]	W; Hoffding
272.26	"L'État"]	W; ∧L'Etat∧

272.26-27　　　　H.C. Adams] W; Adams

《大纲:社会制度与道德研究》

范本是1923年杜威提供给哲学系作教学大纲的油印品,不是他自己打的字,现藏于纽约,哥伦比亚大学图书馆,哥伦比亚大学专藏文献。

《关于土耳其教育的报告与建议》

范本是打字稿的副本,现藏于纽约,哥伦比亚大学图书馆,哥伦比亚专藏文献。

279.36	school] W; schools
281.34	cotton-raising] W; ～∧～
283.8	kind] W; king
285.38	money,] W; ～∧
285.39	lire,] W; ～∧
285.40	repairs∧] W; ～,
287.34	are] W; is
288.18	normal school] W; normal
288.23-24	pedagogic] W; pedagogue
290.9	selected] W; selscted
291.13	studies] W; students
291.15	While] W; Thile
292.5	scholars] W; scholaros
292.5	take care] W; take
294.23	with] W; in

《关于土耳其教育的预备报告》

本报告的底本系尚未出版的打字稿复印本,现藏于华盛顿特区国家档案馆外交分馆。

301.1	PRELIMINARY REPORT] W; A./PRELIMINARY REPORT.
301.21	have been] W; have
301.29	"teachers'] W; "～"
302.20, 27	travelling] W; traveling
304.17	they should] W; should
305.1	people's] W; peoples'
305.5	which] W; with
305.39	agriculture] W; agricultues
306.11	*Summary*] W; -B-/SUMMARY
307.1	Sending] W; For sending
307.6	playgrounds] W; play-grounds

《为了文化》

范本是这封信唯一的一次发表,载于《自由人》,第 7 期(1923 年),第 38—39 页。

316.30　　　　　Allan] W; Allen

《关于经院哲学的声明》

范本是杜威致斯蒂纳信件的副本,但经过重新打字。此信尚未出版,现藏于密苏里州,圣路易市,圣路易大学哲学系档案室。

318.4　　　　　2nd.] W; ~,
318.8　　　　　thought] W; though

行末连字符列表

Ⅰ. 范本表

以下是编辑给出的一些在范本的行末使用连字符的、可能出现的复合词：

12.18	cooperation	200.12	bond-serf
43.23–24	autosuggestion	200.16	preoccupation
43.34	preoccupation	209.32	scape goat
56.2	lawgiver	224.26	four-fold
79.36	post-war	244.16	self-love
93.29	non-legal	258.25–26	non-ethical
93.32	non-legal	260.31	non-political
110.6	thorough-going	275.23	cooperate
120.37	briar-patch	296.14	subject-matter
165.19–20	predestination	303.17	text-books
170.12	jellyfish	308.22	psycho-physical
183.34	text-book	314.2	pre-existing
198.32	subject-matter	314.6	psycho-physical

Ⅱ. 校勘文本表

在本版的复本中，被模棱两可地断开的、可能的复合词中的行末连字符均未保留，但以下的除外：

10.25	first-hand	131.9	anti-clericalism
15.28	subject-matter	196.26	by-product
30n.4	to-day	200.30	base-line
32.35	self-contradictory	201.18	self-interest
34.27	self-contradictory	223.8	first-class

38.27	subject-matter	242.7	over-partisan
48.24	wide-spread	247.1	subject-matter
51.26	tax-payers	262.31	Good-faith
60.40	pre-condition	278.16	semi-medical
63.9	self-contradictory	281.34	silk-worm
78.29	red-blooded	296.12	non-governmental
88.21	war-mongers	316.12	co-operation

引文中实质用词的变化

杜威以各种方法再现了资料来源,从记忆性的复述到逐字逐句的引证都有;有些地方完整地引用资料,有些地方只提到了作者的姓名,还有些地方完全省略了文献资料。

杜威在引号中对实质用词的改变被认为非常重要,足以保证这一特殊列表的可靠性。引号中所有的资料已经查到,已被明显强调或者重申的资料除外。杜威的引文已经过核对,必要时作了校勘。

除了校勘表中注明的必要更正之外,所有引文按均它们在范本中的原状一一保留。假如有排印方面的错误,恢复原文的实质用词或偶发拼读上的变化被作为著作(W)校勘标注出来。杜威像那个时期的许多学者那样,不关心形式方面的精确性,引文中的许多变化很可能出现在印刷过程中。比如,将杜威的引文与原文进行对比,可以显示有些编辑和排字人员将所印材料和杜威本人的材料作了印刷方面的个性化处理。因此,在本版中,原文的拼写和大写一律从旧。

杜威常常改动或省去所引材料的标点符号,当这种改动或省略有实质性的含义时,我们便恢复原文的标点。在校勘表中,我们已标明了那些变化。杜威常常并不表明他已省略他所引用的材料。被省略的短语出现在本表中。省略一行以上,便用中括号注明。原始材料中的斜体字被作为实质用词对待。杜威省略或补充的斜体字,在这里已经注明。杜威的引文与包含这些引文的上下文的出处之间的差异,如数字或时态的变化,此处没有注明。

这一部分使用的形式旨在帮助读者确定杜威究竟是直接引用了原始资料还是仅凭记忆引用这些资料。本部分的标注方法遵循以下格式:本版行-页数后面是词条,然后是括号。括号后面是原文形式,然后是作者姓名、取自杜威的参考文献目录的简化原文标题,以及原始文献的页-行参考,全都加上了括号。

《传统、形而上学与道德》

14.8	This] This essay (Robinson, "Types of Motivation," 38.15) [*Middle Works* 15:333.29]
15n.8	would] would also (Dewey, "Recovery of Philosophy," 6.5) [*Middle Works* 10:5.9]
18.27-28	under...science] [*ital.*] (Robinson, "Types of Motivation," 38.19-20) [*Middle Works* 15:333.34]
19.26	toward] towards (Royce, *Modern Philosophy*, 1.21)

《价值、喜好与思想》

22.36	eyes, ears,] eyes and ears (Prall, "Theory of Value," 131.40) [*Middle Works* 15:342.23]
23.3	music] the music (Prall, "Theory of Value," 132.5) [*Middle Works* 15:342.31]
23.6	situation] situation itself (Prall, "Theory of Value," 132.12) [*Middle Works* 15:342.38]
25.32	A valuation] The valuation (Prall, "Theory of Value," 132.37) [*Middle Works* 15:343.24]
26.28	a subject's] the subject's (Prall, "Theory of Value," 133.9-10) [*Middle Works* 15:343.39]

《对哲学讨论的一些评论》

27.27	toward] towards (Lovejoy, "Time," 505.15) [*Middle Works* 15:349.17]
28.38	judgments] judgment (Dewey, "Realism," 316.5) [*Middle Works* 13:48.5]
29.3	and future] or future (Dewey, "Realism," 314.28) [*Middle Works* 13:46.20]
30.21	shiftings of meaning] shifting of meanings (Lovejoy, "Time," 512.5) [*Middle Works* 15:356.21-22]
30.21-22	reasonings] reasonings, to some of his readers, (Lovejoy, "Time," 512.31-32) [*Middle Works* 15:357.16-17]
31.36	fault of] fault in my (Lamprecht, "Theory of Knowledge," 492.16) [*Middle Works* 15:375.19]
33.10	these] these two (Lovejoy, "Time," 512.35) [*Middle Works* 15:357.20]

33.18	serve] can serve (Lovejoy, "Time," 513.2) [*Middle Works* 15:357.29]
34.7	object and objective] objective and object (Dewey, "Realism," 314n.1–2) [*Middle Works* 13:45n.5–6]
35.10	meaning] [*ital.*] (Dewey, "Realism," 311.8) [*Middle Works* 13:42.21]
35.12	locus] [*ital.*] (Dewey, "Realism," 311.10) [*Middle Works* 13:42.23]
36.22	solely] [*rom.*] (Lovejoy, "Time," 507.24) [*Middle Works* 15:351.30]
36.22	part] [*rom.*] (Lovejoy, "Time," 507.24) [*Middle Works* 15:351.31]
36.23	is] [*ital.*] (Lovejoy, "Time," 507.25) [*Middle Works* 15:351.32]
36.34	of] [*ital.*] (Dewey, "Realism," 309.29) [*Middle Works* 13:41.1]
36.34	future] the future (Dewey, "Realism," 309.30) [*Middle Works* 13:41.1]
37.32	about] [*ital.*] (Dewey, "Realism," 312.31) [*Middle Works* 13:44.9]
37.34–35	illustrative] the illustrative (Dewey, "Realism," 312.26–27) [*Middle Works* 13:44.5]
37.36	better to pursue,] better, (Dewey, "Realism," 312.28) [*Middle Works* 13:44.7]
38.11	knowledge. It] knowledge. How far is the distinction a general one? It (Dewey, "Realism," 313.6–7) [*Middle Works* 13:44.28]
38.11	introduced] one introduced (Dewey, "Realism," 313.7) [*Middle Works* 13:44.28–29]
38.12	discussion] the discussion (Dewey, "Realism," 313.8) [*Middle Works* 13:44.29]
38.13	of logical] by logical (Dewey, "Realism," 313.8–9) [*Middle Works* 13:44.30]
38.19	judgments] analysis of judgments (Dewey, "Realism," 313.22–23) [*Middle Works* 13:45.4–5]
38.38	no] not (Dewey, "Realism," 314.3) [*Middle Works* 13:45.26]
39.13	episode of a past event] instance of a past episode (Dewey, "Realism," 314.9) [*Middle Works* 13:45.33]
39.27	object] [*ital.*] (Dewey, "Realism," 314.36) [*Middle Works* 13:46.29]
39.27	future] present or future (Dewey, "Realism," 314.37) [*Middle Works* 13:46.29]
40.12	includes,] includes and requires, (Lovejoy, "Time," 505.25–26) [*Middle Works* 15:349.28]
40.13	non-present] not-present (Lovejoy, "Time," 505.26–27) [*Middle Works* 15:349.29]

《逻辑方法与法律》

69.29	actual life] life (Holmes, *Common Law*, 1.8)
69.30	times] time (Holmes, *Common Law*, 1.9)

《美国要加入国际法庭吗？》

94.20	power] power for the enforcement of its decrees (Borah, *Congressional Record*, 3605.2.18)
94.22	open,] open and (Borah, *Congressional Record*, 3605.2.20)
94.22	investigations,] investigations and (Borah, *Congressional Record*, 3605.2.20)
94.23	force of an enlightened] power of enlightened (Borah, *Congressional Record*, 3605.2.21)
95.9	higher] better (Hughes, "Permanent Court," 88.8)
95.9	it] the obligation (Hughes, "Permanent Court," 88.9)
95.11	merely one] simply that (Hughes, "Permanent Court," 88.10)
95.11	tribunal] arbitral tribunal (Hughes, "Permanent Court," 88.10)

《战争的非法性不是什么》

116.15	employed] employed in order (Lippmann, "Outlawry," 246.1.41) [*Middle Works* 15:406.1]
117.12	withdraws] withdraw (Lippmann, "Outlawry," 251.1.6) [*Middle Works* 15:413.3]
117.12–13	competency] competence (Lippmann, "Outlawry," 251.1.7) [*Middle Works* 15:413.3–4]
118.32	fails to] does not (Lippmann, "Outlawry," 252.1.31) [*Middle Works* 15:414.38]
120.11	in last analysis] in the last analysis, I believe, (Lippmann, "Outlawry," 252.1.17) [*Middle Works* 15:414.29]

《中国与西方》

215.12	noisy,] noisy, gay, (Russell, *Problem of China*, 12.23)
215.16	the leisure] leisure (Russell, *Problem of China*, 13.2)
215.18	information] endless information (Russell, *Problem of China*, 13.4)
215.24	slow and sedate] sedate and slow (Russell, *Problem of China*, 13.16)
215.27	the patient] that patient (Russell, *Problem of China*, 14.12)
215.28	was communicated] had communicated itself (Russell, *Problem of*

	China, 14.12 – 13)	
215.29	all through] throughout all (Russell, *Problem of China*, 14.14)	
215.32	sad] their sad (Russell, *Problem of China*, 14.23)	
216.29	happiness and] happiness, or (Russell, *Problem of China*, 6.17)	
216.29	living] life (Russell, *Problem of China*, 6.18)	
216.30	prosperity] prosperity, and most of what we endeavor to secure for ourselves, (Russell, *Problem of China*, 6.29 – 30)	
216.30	be obtained only] only be obtained (Russell, *Problem of China*, 6.30)	
216.33	they secure] secure (Russell, *Problem of China*, 7.2)	
216.36	upon] on (Russell, *Problem of China*, 7.17)	

对《怀疑论与非理性信仰：一种系统哲学的导论》的评论

222.1	man] him (Santayana, *Scepticism*, 104.18)	
222.4	foreshadows. It] foreshadows. [...] It (Santayana, *Scepticism*, 104.22 – 26)	
222.5	the very] their very (Santayana, *Scepticism*, 104.27)	
222.5	existence of external things] existence (Santayana, *Scepticism*, 104.27)	
222.8	existence] instincts (Santayana, *Scepticism*, 104.31)	

《大纲：社会制度与道德研究》

239.32	psychic] psychical (Giddings, *Principles of Sociology*, 3.11)	
264.14	article] article in a market (Clark, *Distribution of Wealth*, 46.6)	
264.18	do] do to itself (Clark, *Distribution of Wealth*, 46.15)	
264.19	theory] theory, then, merely (Chapman, *Work and Wages*, 14.25 – 26)	
264.19	his wage] a wage (Chapman, *Work and Wages*, 14.27)	
264.20	his marginal] this marginal (Chapman, *Work and Wages*, 14.27 – 28)	
265.2	assuaging ... cravings] more urgent cravings assuaged (Chapman, *Political Economy*, 36.8)	
270.26	plus] [*ital.*] (Carlyle, *Works*, 23.16)	
270.26	the constable] a street-constable (Carlyle, *Works*, 23.16)	

杜威的参考书目

476 在杜威参考书目中的著作标题和作者名字已经得到更正和扩充,以与原著一一相符。所有的更正出现在"校勘表"中。

这个部分提供了杜威引用的每本著作完整的出版信息。当杜威提供一本参考书的页码时,他所使用的版本可以通过确认引文的位置而得到确切的辨识。相似地,杜威个人图书馆的藏书已被用于核实他对某个特殊版本的使用。此处列举的其他参考书的版本出自他可能用到的各种版本之一,或者根据出版的地点和时间,或者根据往来通信和其他材料,以及那个时候通常可以得到的图书,而那个版本很有可能是他用过的版本。

Adams, Brooks. *The Theory of Social Revolutions*. New York: Macmillan Co., 1913.

Adams, Henry. *The Degradation of the Democratic Dogma*. New York: Macmillan Co., 1919.

Adams, Henry Carter. *Economics and Jurisprudence*. New York: Macmillan Co., 1897.

Addams, Jane. *Democracy and Social Ethics*. The Citizen's Library of Economics, Politics, and Sociology, edited by Richard T. Ely. New York: Macmillan Co., 1902.

Anderson, Benjamin McAlester. *Social Value: A Study in Economic Theory, Critical and Constructive*. Boston: Houghton Mifflin Co., 1911.

——. *The Value of Money*. New York: Macmillan Co., 1917.

Andler, Charles Philippe Thèodore. *Les Origines du socialisme d'État en Allemagne*. Paris: F. Alcan, 1897.

Aristotle. *The Politics of Aristotle*. Translated by J.E.C. Welldon. London: Macmillan and Co., 1883.

Bagehot, Walter. *Physics and Politics*. International Scientific Series, Vol. 2. New York: D. Appleton and Co., 1890.

Baldwin, James Mark. *The Individual and Society; or, Psychology and Sociology*. Boston: Richard G. Badger, 1911.

——. *Social and Ethical Interpretations in Mental Development: A Study in Social Psychology*. New York: Macmillan Co., 1897.

Barker, Ernest. *Political Thought in England from Herbert Spencer to the Present Day*. New York: Henry Holt and Co., 1915(?).

Beard, Charles A. *The Economic Basis of Politics*. New York: Alfred A. Knopf, 1922.

Belloc, Hilaire. *The Servile State*. London: T. N. Foulis, 1912.

Bentham, Jeremy. *The Works of Jeremy Bentham, Published under the Superintendence of His Executor, John Bowring*. Vol. 3. Edinburgh: William Tait, 1843.

Boas, Franz. *The Mind of Primitive Man*. New York: Macmillan Co., 1911.

Bonar, James. *Philosophy and Political Economy in Some of Their Historical Relations*. New York: Macmillan Co., 1893.

Bosanquet, Bernard. *The philosophical Theory of the State*. New York: Macmillan Co., 1899.

Bourgeois, Léon Victor Auguste. *Solidarité*. Paris: A. Colin, 1912.

Brown, Ivor John Carnegie. *English Political Theory*. London: Methuen and Co., 1920.

Brown, William Jethro. *The Prevention and Control of Monopolies*. London: John Murray, 1914.

Bryce, James Bryce. *Modern Democracies*. New York: Macmillan Co., 1921.

Bullowa, Ferdinand Ezra M. *The History of the Theory of Sovereignty*. New York: William R. Jenkins, 1895.

Burns, Cecil Delisle. *Political Ideals, Their Nature and Development, an Essay*. London: Oxford University Press, 1915.

Carlyle, Robert Warrand, and Carlyle, Alexander James. *A History of Mediaeval Political Theory in the West*. 6 vols. New York: G. P. Putnam's Sons, 1903–1936.

Carlyle, Thomas. *The Works of Thomas Carlyle*. Vol. 8. New York: John B. Alden, 1885.

"The Carnegie Institution." *Science* 15(1902):114–115.

The Catholic Encyclopedia. Vol. 9. New York: Encyclopedia Press, 1913.

Cecil, Hugh Richard Heathcote. *Conservatism*. London: Williams and Norgate, 1913.

Chapman, Sydney J. *Outlines of Political Economy*. New York: Longmans, Green, and Co., 1911.

——. *Work and Wages*. Part 2. London: Longmans, Green, and Co., 1908.

Clark, John Bates. *The Distribution of Wealth: A Theory of Wages, Interest and Profits*. New York: Macmillan Co., 1899.

Coker, Francis William. *Readings in Political Philosophy*. New York: Macmillan

Co., 1914.

Cooley, Charles Horton. *Human Nature and the Social Order*. New York: Charles Scribner's Sons, 1902.

———. *Social Organization: A Study of the Larger Mind*. New York: Charles Scribner's Sons, 1909.

———. *Social Process*. New York: Charles Scribner's Sons, 1918.

———. "The Institutional Character of Pecuniary Valuation." *American Journal of Sociology* 18(1913):543–555.

———. "The Sphere of Pecuniary Valuation." *American Journal of Sociology* 19 (1913):188–203.

———. "Valuation as a Social Process." *Psychological Bulletin* 9(1912):441–450.

Croly, Herbert David. *Progressive Democracy*. New York: Macmillan Co., 1914.

Crothers, Samuel McChord. "The Honorable Points of Ignorance." In his *The Gentle Reader*, pp.153–166. Boston and New York: Houghton, Mifflin and Co., 1903.

Davidson, William Leslie. *Political Thought in England: The Utilitarians from Bentham to J.S. Mill*. London: Williams and Norgate, 1915.

Dewey, John. *Democracy and Education*. New York: Macmillan Co., 1916. [*The Middle Works of John Dewey*, 1899–1924, edited by Jo Ann Boydston, vol.9. Carbondale: Southern Illinois University Press, 1980.]

———. *Essays in Experimental Logic*. Chicago: University of Chicago Press, 1916.

———. *German Philosophy and Politics*. New York: Henry Holt and Co., 1915. [*Middle Works* 8:135–204.]

———. *Human Nature and Conduct: An Introduction to Social Psychology*. New York: Henry Holt and Co., 1922. [*Middle Works* 14.]

———. *Reconstruction in Philosophy*. New York: Henry Holt and Co., 1920. [*Middle Works* 12:77–201.]

———. "The Need for a Recovery of Philosophy." In *Creative Intelligence: Essays in the Pragmatic Attitude*, by John Dewey et al., pp.3–69. New York: Henry Holt and Co., 1917. [*Middle Works* 10:3–48.]

———. "Ethics and International Relations." *Foreign Affairs* 1(1923): 85–95. [*Middle Works* 15:53–64.]

———. "Realism without Monism or Dualism. I." *Journal of Philosophy* 19(1922): 309–17. [*Middle Works* 13:40–49.]

———. "Valuation and Experimental Knowledge." *Philosophical Review* 31(1922): 325–51. [*Middle Works* 13:3–28.]

———, and Tufts, James H. *Ethics*. New York: Henry Holt and Co., 1908. [*Middle Works* 5.]

Dicey, Albert Venn. *Lectures on the Relation between Law and Public Opinion in England during the Nineteenth Century*. New York: Macmillan Co., 1905.

Downey, Ezekiel Henry. "The Futility of Marginal Utility." *Journal of Political Economy* 18(1910):253–267.

Draper, John William. *History of the Conflict between Religion and Science*. New York: D. Appleton and Co., 1874.

Dunning, William Archibald. *A History of Political Theories*. 3 vols. New York:

Macmillan Co., 1902-1920.

Eldridge, Seba. *Political Action: A Naturalistic Interpretation of the Labor Movement in Relation to the State*. Philadelphia: J.B. Lippincott Co., 1924.

Emerson, Ralph Waldo. "Self-Reliance." In *Essays: First Series*. New and rev. ed. Boston: Houghton Mifflin Co., 1883.

Engels, Frederick. *Socialism, Utopian and Scientific*. Translated by Edward Aveling. Chicago: Charles H. Kerr and Co., 1908.

Figgis, John Neville. *Studies of Political Thought from Gerson to Grotius, 1414-1625*. Cambridge: At the University Press, 1907.

Follett, Mary Parker. *The New State: Group Organization the Solution of Popular Government*. New York: Longmans, Green, and Co., 1918.

Ford, Henry Jones. *The Natural History of the State: An Introduction to Political Science*. Princeton: Princeton University Press, 1915.

Freeman, R. Austin. "Some Ethical Consequences of the Industrial Revolution." *International Journal of Ethics* 33(1923):347-368.

Giddings, Franklin Henry. *The Principles of Sociology: An Analysis of the Phenomena of Association and of Social Organization*. New York: Macmillan Co., 1896.

——, ed. *Readings in Descriptive and Historical Sociology*. New York: Macmillan Co., 1906.

Gide, Charles, and Rist, Charles. *A History of Economic Doctrines from the Time of the Physiocrats to the Present Day*. Boston: D.C. Heath and Co., 1915.

Gierke, Otto Friedrich von. *Political Theories of the Middle Age*. Translated by Frederic William Maitland. Cambridge: At the University Press, 1900.

Godwin, William. *An Enquiry concerning Political Justice and Its Influence on General Virtue and Happiness*. 2 vols. London: G.G. and J. Robinson, 1793.

Goldenweiser, Alexander A. *Early Civilization: An Introduction to Anthropology*. New York: Alfred A. Knopf, 1922.

Graham, William. *English Political Philosophy from Hobbes to Maine*. London: Edward Arnold, 1899.

Green, Thomas Hill. *Lectures on the Principles of Political Obligaton*. London: Longmans, Green, and Co., 1911.

——. *Prolegomena to Ethics*. Edited by A.C. Bradley. Oxford: At the Clarendon Press, 1883.

Grotius, Hugo. *The Rights of War and Peace*. Translated by A.C. Campbell. London: M. Walter Dunne, 1901.

Halévy, Élie. *La Formation du radicalisme philosophique*. 3 vols. Paris: F. Alcan, 1901-1904.

Hayes, Edward Cary. *Sociology and Ethics: The Facts of Social Life as the Source of Solutions for the Theoretical and Practical Problems of Ethicas*. New York: D. Appleton and Co., 1921.

Hearnshaw, Fossey John Cobb. *The Social and Political Ideas of Some Great Mediaeval Thinkers*. New York: Henry Holt and Co., 1923.

Hegel, Georg Wilhelm Friedrich. *Lectures on the Philosophy of History*. Bohn's

Philosophical Library. Translated from the 3d German ed. by John Sibree. London: George Bell and Sons, 1881.

Hobhouse, Leonard Trelawney. *Liberalism*. New York: Henry Holt and Co., 1911.

———. *The Metaphysical Theory of the State: A Criticism*. New York: Macmillan Co., 1918.

———. *Morals in Evolution: A Study in Comparative Ethics*. 2 vols. New York: Henry Holt and Co., 1906.

Hobson, John Atkinson. *The Evolution of Modern Capitalism: A Study of Machine Production*. The Contemporary Science Series, edited by H. Ellis, vol. 25. New York: Charles Scribner's Sons, 1894.

———. *The Industrial System: An Inquiry into Earned and Unearned Income*. New York: Longmans, Green, and Co., 1909.

———. *Work and Wealth: A Human Valuation*. New York: Macmillan Co., 1916.

Höffding, Harald. *Morale: Essai sur les principes théoriques et leur application aux circonstances particulières de la vie*. Translated by Léon Poitevin. Paris: Schleicher Frères et Cie, 1903.

Holmes, Oliver Wendell. *Collected Legal Papers*. New York: Harcourt, Brace and Howe, 1920.

———. *The Common Law*. Boston: Little, Brown, and Co., 1881.

———. Lochner v. New York. 198 U.S. 45–76(1905).

Hughes, Charles Evans. "The Permanent Court of International Justice." In *Proceedings of the American Society of International Law, April 26–28*, pp. 75–89. Washington, D.C., 1923.

Hume, David. *A Treatise of Human Nature*. Edited by T. H. Green and T. H. Grose. Vol. 2. London: Longmans, Green, and Co., 1898.

Huxley, Julian Sorell. *The Individual in the Animal Kingdom*. New York: G. P. Putnam's Sons, 1912.

Ireland, Alleyne. *Democracy and the Human Equation*. New York: E. P. Dutton and Co., 1921.

Janet, Paul Alexandre René. *Histoire de la science politique dans ses rapports avec la morale*. 3d ed. Paris: F. Alcan, 1887.

Jenks, Edward. *The State and the Nation*. New York: E. P. Dutton and Co., 1919.

Labriola, Antonio. *Essays on the Materialistic Conception of History*. Chicago: Charles H. Kerr and Co., 1904.

Lamprecht, Sterling P. "A Note on Professor Dewey's Theory of Knowledge." *Journal of Philosophy* 20(1923):488–494. [*Middle Works* 15:371–377.]

Laski, Harold Joseph. *Authority in the Modern State*. New Haven: Yale University Press, 1919.

———. *Political Thought in England from Locke to Bentham*. New York: Henry Holt and Co., 1920.

———. *Studies in the Problem of Sovereignty*. New Haven: Yale University Press, 1917.

Lecky, William Edward Hartpole. *History of the Rise and Influence of the Spirit of Rationalism in Europe*. Vol. 2. Rev. ed. New York: D. Appleton and Co., 1870.

Levinson, Salmon O. "The Legal Status of War." *New Republic* 14(1918):171-173. [*Middle Works* 11:388-392.]

Lévy-Bruhl, Lucien. *La Morale et la science des moeurs*. Paris: F. Alcan, 1903.

Lilly, William Samuel. *Idola Fori: Being an Examination of Seven Questions of the Day*. London: Chapman and Hall, 1910.

Lippmann, Walter. *A Preface to Politics*. New York: M. Kennerley, 1913.

———. "'The Outlawry of War.'" *Atlantic Monthly* 132(1923):245-253. [*Middle Works* 15:404-417.]

Lovejoy, Arthur Oncken. "Pragmatism *versus* the Pragmatist." In *Essays in Critical Realism: A Co-operative Study of the Problem of Knowledge*, by Durant Drake et al., pp. 35-81. London: Macmillan and Co., 1920. [*Middle Works* 13:443-481.]

———. "Time, Meaning and Transcendence." *Journal of Philosophy* 19(1922):505-515,533-541. [*Middle Works* 15:349-370.]

MacIver, Robert Morrison. *Community: A Sociological Study*. London: Macmillan and Co., 1917.

Mackenzie, John Stuart. *An Introduction to Social Philosophy*. Glasgow: James Maclehose and Sons, 1890.

Maine, Henry Sumner. *Popular Government*. New York: Henry Holt and Co., 1886.

Mallock, William Hurrell. *The Limits of Pure Democracy*. London: Chapman and Hall, 1918.

Marx, Karl, and Engels, Frederick. *Manifesto of the Communist Party*. Authorized English translation. Edited by Frederick Engels. Chicago: Charles H. Kerr and Co., 1902.

Merriam, Charles Edward. *History of the Theory of Sovereignty since Rousseau*. New York: Columbia University Press, 1900.

Mill, James. *Essays on Government*. London: E. Wilson, 1839.

Mill, John Stuart. *Considerations on Representative Government*. London: Parker, Son, and Bourn, 1861.

———. *On Liberty*. New York: Henry Holt and Co., 1859.

———. *Principles of Political Economy*. The New Science Library, vols. 12-13. New York: J.A. Hill and Co., 1904.

———. *The Subjection of Women*. Philadelphia: J.B. Lippincott and Co., 1869.

———. *A System of Logic, Ratiocinative and Inductive; Being a Connected View of the Principles of Evidence and the Methods of Scientific Investigation*. New York: Harper and Bros., 1850.

Mitchell, Wesley C. "The Rationality of Economic Activity." *Journal of Political Economy* 18(1910):97-113,197-216.

Nock, Albert J. "The State." *Freeman* 7(1923):320-321, 344-347, 368-369, 393-394,416-417.

Ogburn, William Fielding. *Social Change with Respect to Culture and Original*

Nature. New York: B.W. Huebsch, 1922.

Ogden, C. K., and Richards, I. A. *The Meaning of Meaning: A Study of the Influence of Language upon Thought and of the Science of Symbolism*. New York: Harcourt, Brace and Co., 1923.

Oppenheimer, Franz. *The State: Its History and Development Viewed Sociologically*. Translated by John M. Gitterman. Indianapolis: Bobbs-Merrill Co., 1914.

Ostrogorski, M. *Democracy and the Party System in the United States: A Study in Extra-constitutional Government*. New York: Macmillan Co., 1910.

Overstreet, Harry Allen. "Conventional Economics and a Human Valuation." *Journal of Philosophy, Psychology and Scientific Methods* 12(1915):281–292.

Patten, Simon Nelson. *The New Basis of Civilization*. New York: Macmillan Co., 1907.

———. *The Theory of Prosperity*. New York: Macmillan Co., 1902.

———. *The Theory of Social Forces*. Philadelphia: American Academy of Political and Social Science, 1896.

Peirce, Charles S. *Chance, Love, and Logic: Philosophical Essays*. Edited by Morris R. Cohen. New York: Harcourt, Brace and Co., 1923.

Perry, Ralph Barton. "Economic Value and Moral Value." *Quarterly Journal of Economics* 30(1916):443–485.

Plato. *The Republic of Plato*. Golden Treasury Series. Translated by John Llewelyn Davies and James Vaughan. New York: Macmillan Co., 1897.

Pollock, Frederick. *The History of the Science of Politics*. New York: J. Fitzgerald, 1883.

Pound, Roscoe. *An Introduction to the Philosophy of Law*. New Haven: Yale University Press, 1922.

Prall, David Wight. "In Defense of a *Worthless* Theory of Value." *Journal of Philosophy* 20(1923):128–137. [*Middle Works* 15:338–348.]

Richard, Gaston. *La Question sociale et le mouvement philosophique au XIX siècle*. Paris: A. Colin. 1914.

Richards, I. A., and Ogden, C. K. *The Meaning of Meaning: A Study of the Influence of Language upon Thought and of the Science of Symbolism*. New York: Harcourt, Brace and Co., 1923.

Rickaby, Joseph John. *Political and Moral Essays*. New York: Benziger Bros., 1902.

Ritchie, David George. *Natural Rights: A Criticism of Some Political and Ethical Conceptions*. London: Swan Sonnenschein and Co., 1895.

Robinson, Daniel Sommer. "The Chief Types of Motivation to Philosophic Reflection." *Journal of Philosophy* 20(1923):29–41. [*Middle Works* 15:323–337.]

Ross, Edward Alsworth. *Social Control: A Survey of the Foundations of Order*. New York: Macmillan Co., 1901.

Royce, Josiah. *The Spirit of Modern Philosophy*. Boston: Houghton, Mifflin and Co., 1892.

Russell, Bertrand. *Political Ideals.* New York: Century Co., 1917.

——. *Principles of Social Reconstruction.* London: George Allen and Unwin, 1916.

——. *The Problem of China.* New York: Century Co., 1922.

——. *Proposed Roads to Freedom: Socialism, Anarchism and Syndicalism.* New York: Henry Holt and Co., 1919.

——. *The Prospects of Industrial Civilization.* New York: Century Co., 1923.

Santayana, George. *Scepticism and Animal Faith: Introduction to a System of Philosophy.* New York: Charles Scribner's Sons, 1923.

Schneider, Herbert Wallace. *Science and Social Progress: A Philosophical Introduction to Moral Science.* Lancaster, Pa.: New Era Printing Co., 1920.

Seligman, Edwin Robert Anderson. *The Economic Interpretation of History.* New York: Columbia University Press, 1902.

Shotwell, James T. *The Religious Revolution of To-day.* Boston: Houghton Mifflin Co., 1913.

Simkhovitch, Vladimir G. *Marxism versus Socialism.* New York: Henry Holt and Co., 1913.

Solovyof, Vladimir S. *The Justification of the Good: An Essay on Moral Philosophy.* Translated by Nathalie A. Nuddington. New York: Macmillan Co., 1918.

Spencer, Herbert. *The Man versus the State.* London: Williams and Norgate, 1892.

——. *The Principles of Ethics.* Vol. 2. New York: D. Appleton and Co., 1914.

——. *The Principles of Sociology.* Vols. 1 and 2. New York: D. Appleton and Co., 1877, 1882.

——. *Social Statics.* Abridged and rev. ed. New York: D. Appleton and Co., 1897.

Stephen, Leslie. *The English Utilitarians.* 3 vols. New York: G. P. Putnam's Sons, 1900.

Sumner, William Graham. *Folkways: A Study of the Sociological Importance of Usages, Manners, Customs, Mores, and Morals.* Boston: Ginn and Co., 1906.

Sutherland, Alexander. *The Origin and Growth of the Moral Instinct.* Vol. 1. London: Longmans, Green, and Co., 1898.

Swain, Joseph Ward. "What Is History?" *Journal of Philosophy* 20 (1923): 281–289, 312–27, 337–349.

Tarde, Gabriel de. *The Laws of Imitation.* Translated by Elsie Clews Parsons. New York: Henry Holt and Co., 1903.

Tawney, Richard Henry. *The Sickness of an Acquisitive Society.* London: George Allen and Unwin, 1920.

Trotsky, Leon. *Dictatorship vs. Democracy: A Reply to Karl Kautsky.* New York: Workers Party of America, 1922.

Tylor, Edward B. *Primitive Culture: Researches into the Development of Mythology, Philosophy, Religion, Language, Art, and Culture.* 3d ed., rev. 2 vols. London: John Murray, 1891.

U.S., Congress, Senate, *Congressional Record,* 67th Cong., 4th sess., 1923, 64, pt. 4:3605.

Veblen, Thorstein. *The Engineers and the Price System.* New York: B. W. Huebsch, 1921.

———. *Imperial Germany and the Industrial Revolution.* New York: B. W. Huebsch, 1918.

———. *The Place of Science in Modern Civilisation and Other Essays.* New York: B. W. Huebsch, 1919.

———. *The Theory of Business Enterprise.* New York: Charles Scribner's Sons, 1904.

———. *The Theory of the Leisure Class.* New York: Macmillan Co., 1899.

———. *The Vested Interests and the Common Man.* New York: B. W. Huebsch, 1920.

———. "The Limitations of Marginal Utility." *Journal of Political Economy* 17 (1909):620–636.

Wadia, Ardeshir R. "The State under a Shadow." *International Journal of Ethics* 31(1921):319–337.

Wallas, Graham. *The Great Society: A Psychological Analysis.* New York: Macmillan Co., 1914.

———. *Human Nature in Politics.* London: A. Constable and Co., 1908.

Westermarck, Edward Alexander. *The Origin and Development of the Moral Ideas.* 2 vols. London: Macmillan and Co., 1906–1908.

White, Andrew Dickson. *A History of the Warfare of Science and Theology in Christendom.* New York: D. Appleton and Co., 1896.

Wilde, Norman. "The Attack on the State." *International Journal of Ethics* 30 (1920):349–371.

Willoughby, Westel Woodbury. *An Examination of the Nature of the State: A Study in Political Philosophy.* New York: Macmillan Co., 1896.

———. *The Political Theories of the Ancient World.* New York: Longmans, Green, and Co., 1903.

———. *Prussian Political Philosophy: Its Principles and Implications.* New York: D. Appleton and Co., 1918.

Windelband, Wilhelm. *An Introduction to Philosophy.* Translated by Joseph McCabe. London: T. Fisher Unwin, 1921.

Wundt, Wilhelm Max. *Ethics: An Investigation of the Facts and Laws of the Moral Life.* 3 vols. London: Swan Sonnenschein and Co., 1897–1901.

索 引[1]

Abdul Hamid, 130, 145, 阿卜杜勒·哈米德
Absolute Idealism, 337, 绝对唯心主义
Acropolis: 雅典卫城
    comparison of Angora with, 135, 雅典卫城与安卡拉相对比
Acts: 行为
    conformity of, 347, 行为的符合 motor-affective, and judgments, 22, 情感驱动的行为和判断; motor-affective, and value, 21, 339 - 340, 情感驱动的行为和判断, See also Judgment, 也可参看判断; Value, 价值
Affecto-motor theory, 343, 情感驱动理论
Albania, 380, 阿尔巴尼亚
Alexander, F. Matthias: F·马赛厄斯·亚历山大
    contrasted with Coué, 45 - 46, 同库埃相比较; Dewey explains method of, 308 - 315, 杜威解释了马赛厄斯的方法; See also Couéism, 也可参看自我暗示法
Allies, 129, 联盟; and Permanent Court of International Justice, 390, 联盟和永久国际正义法庭; role of, in peace time, 106 - 107, 联盟在和平时期的作用
American Committee for the Outlawry of War, xiv, 103, 美国战争非法化委员会; See also Levinson, Salmon O., 也可参看萨蒙·O·列文森
Anatolia, Turkey, 134, 137, 139 - 140, 146, 293, 土耳其的安纳托利亚
Angora, Turkey, 128, 134, 135, 418, 419, 土耳其的安卡拉; compared with Constantinople, 136 - 138, 与君士坦丁堡相比较; location of, 136, 安卡拉的位置
Appreciation: 评价
    Prall and importance of, 26, 340, 343, 普劳尔和评价的重要性
Arbitration: 仲裁
    role of, in preventing war, 124, 仲裁在阻止战争时的作用; See also Hague Tribunal, 也可以参看海牙法庭
Arbitration, Permanent Court of See Hague Tribunal, 永久仲裁法庭, 参见海牙法庭
Aristotle, 200, 335, 336, 336n, 亚里士多德
Armenians: 亚美尼亚人
    schools of, in Turkey, 144 - 145; 在土耳其的亚美尼亚人的学校; stimulated toward independence, 148, 受独立的激励; in Turkey, 132, 139 - 141, 142, 147, 在土耳其受独立激励
Art: 艺术
    and judgment, 340, 艺术和判断; Turkish schools for, 295, 土耳其艺术学校
Art as Experience, x, 《作为经验的艺术》

---

[1] 本索引中每个条目后所附的页码为英文原书页码, 即本书边码。——译者

Asia,125,亚洲

Asia Minor,136,139,144,小亚细亚

Atlantic Monthly,xvii,115,381,《大西洋月刊》

Augustus,135,奥古斯都

Austria,93,123,316,380,394,402,奥地利

Auto-suggestion,43,44,自我暗示；*See also* Cure 也可参看治疗

Bacon, Francis,318,327,弗朗西斯·培根

Baldwin, William A.,187,威廉姆·A·鲍尔温

Balkans,139,143,巴尔干半岛

Barcelona, Spain：西班牙，巴塞罗那
　　labor conventions at,400,西班牙巴塞罗那劳工大会

Belgium,xviii*n*,比利时

Belief：信仰
　　fundamentalism and,7,基础主义和信念；
　　need for reason in,51,信仰中需要理性

Bell, Clive,348,克莱夫·贝尔

Bergson, Henri,11,亨利·柏格森

Berkeley, George,332,乔治·贝克莱

Berlin, Germany,德国柏林
　　Congress of 1878 at,390,391,在德国柏林1878年的国会；Treaty of,391,柏林条约

Black Sea,136,黑海

Bolsheviks,215,布尔什维克

Bolshevism,202,217,布尔什维主义；*See also* Liberal college, intellectual freedom in 同样可以参看人文学院，在人文学院中的理智自由

Borah, William Edgar,94,96,110,395,405,406,威廉·埃德加·博哈；on international controversies,409-410,412,413,博哈论国际争端；Lippmann on Senate resolution of,119,416-417,李普曼论参议院的博哈决议；opposition of, to League of Nations,xv,406-407,博哈反对国联；opposition to Senate resolution of,xvi-xvii,108,反对参议院的博哈决议；plan of, to outlaw war,412-413,博哈关于战争非法化的计划；Senate resolution of,xvi,85-86,92,105-106,109,113,117,118,399,400,407-408,410,412,413,414,415-416,参议院的博哈决议

Bosanquet, Bernard,337,337*n*,348,伯纳德·鲍桑奎

Bosphorus,135,292,博斯普鲁斯

Boston, Mass.,xvii,87*n*,麻省的波士顿

Bradley, Francis Herbert,222,弗朗西斯·赫伯特·布拉德雷

Bridgewater, Mass.,xxiii,158*n*,170*n*,180*n*,马萨诸塞州的布里奇沃特

Brusa, Turkey,139,140,土耳其的布鲁萨

Bulgaria,390,保加利亚

Bulgarians,140,147,保加利亚人

Burke, Edmund,9,埃德蒙特·伯克

Caesar, Julius,33,尤利乌斯·凯撒

Caliphate,128,129-130,131,哈里发

Carnegie Foundation,226,卡内基基金会；annual report of,190,卡内基基金会的年度报告

Carus, Paul,227,保罗·卡鲁斯

Cecil, Edgar Algernon Robert,88,95,380,406,407,埃德加·阿尔加农·罗伯特·塞西尔

Chance, Love, and Logic,xxvi,226-228,《或然性、爱与逻辑》

Chicago Tribune,395,《芝加哥论坛报》

China,215,216,217,218,中国

Christian Century,xvii,《基督教的世纪》

Christians,108,140-141,142,147,148,基督徒

Christus oder antichristus,330,《基督与反基督》

Church：教会
　　controversy in,5,6,7,11,在教会中的争

论;modernist group in,7,教会中的现代派;opposed to Darwin's evolutionary theories,47-48,教会反对达尔文的进化论;and secular ethics,54,教会的和世俗的伦理学;and state in European universities,205-206,欧洲大学中的教会和国家;and state related to social groups,240,同社会团体相联系的教会和国家;and state in Turkey,128,130,132,土耳其的教会和国家;in western Europe,128,西欧的教会

Cilicia,136,西里西亚

Citizenship,158-159,公民权;need for education in,160-161,需要公民权教育;role of education in,190,教育在公民权中的作用

Clark, John H.,95,约翰·H·克拉克

Cleveland, Ohio,192,俄亥俄州的克里夫兰

Cognition,338-340,344-345,认知

Cohen, Morris R.,226,227,228,莫里斯·R·科恩

Collected Legal Papers,68,68n,69,《法律论文集》

Columbia University, xxiv,193n,哥伦比亚大学

Common Law, The,69,69n,《普通法》

Common sense:常识
  as animal faith of Santayana,221,作为桑塔耶那的非理性信仰的常识;Lovejoy on,369,洛夫乔伊论常识;in making decisions,65,作决定时的常识

Communication:交流
  as defining social group,239,作为特定社会团体的交流

Comte, Auguste,11,333,奥古斯特·孔德

Conduct:行为
  thinking versus instinct in,65,66,在行为中思想对本能

Congress,国会;See U. S. Congress,参看美国国会

Consciousness:意识
  negative versus constructive,44,否定性的意识对建设性的意识;related to Alexander's method,308-309,314,和亚历山大方法相关的意识;and social philosophy,233-234,意识和社会哲学

Constantinople,君士坦丁堡;Turkey,128,129,131,132,134,135,139,144,290,418,419,420,土耳其的君士坦丁堡;Angora compared with,136-138,安哥拉和君士坦丁堡相比较;location of,136,君士坦丁堡的位置

Constantinople, University of,292,君士坦丁堡大学

Constituent:成分
  related to quality,24-25,342-343,345,和质量相关的成分

Constructive Conscious Control of the Individual,308,308n,《对个体建构性的有意控制》

Consumption,消费;productive,251,253,261-263,267-268,生产性的消费;subordination of distribution to,268-269,从属于消费的分配;See also Social philosophy,也可参看社会哲学

Coolidge, Calvin, xv,卡尔文·柯立芝

Copernican theory,314,哥白尼理论

Corfu,123,科孚岛

Coué, Émile,45,爱弥儿·库埃

Couéism,43,44,45,自我暗示

Court,法庭;See World Court,参看国际法庭

Crane, Charles R.,297,419,查尔斯·R·克雷恩

Criterion:标准
  function of, in social philosophy,238-239,239-240,社会哲学中标准的功能;nature of,238,标准的本质;See also Group 也可参看群体;Social philosophy,也可参看社会哲学

Croce, Benedetto,348,贝纳戴托·克罗齐

Crookshank, Francis Graham, 223, 弗朗西斯·格拉汉姆·克鲁克谢克
Crothers, Samuel McChord, 173, 萨缪尔·麦克德·克罗瑟斯
Culture: 文化
 need for, in education, 196 - 197, 教育中需要文化
Cure: 治疗
 opposed to Alexander's method, 313, 与亚历山大方法相反的治疗; related to health, 43, 同健康相关的治疗
Curriculum: 课程
 development of, 183 - 184, 187, 191 - 192, 课程的发展; in Turkish education, 281 - 282, 290 - 291, 土耳其教育中的课程
Curzon, George Nathaniel, 411, 乔治·纳塔尼尔库尔兹
Custom, 231, 246, 习俗; as law in social structures, 269 - 270, 在社会结构中作为法律的习俗; political and legal implications of, 270 - 271, 习俗的政治和法律含义
Czechoslovakia, xviii*n*, 394, 捷克斯洛伐克

Damocles, 383, 达摩克利斯
Darwin, Charles Robert, 47, 查尔斯·罗伯特·达尔文
Decision: 决定
 logical theory related to, 66, 67, 与决定相关的逻辑理论
Democracy: 民主
 effect of, on religious and scientific controversy, 49 - 50, 民主对宗教和科学争论的影响; See also Religion, 也可以参看宗教; Science, 也可参看科学
Democritus, 337, 德谟克利特
Denmark, 278, 304, 305, 307, 丹麦
Descartes, René, 11, 勒内·笛卡尔
Des Moines, Iowa, 96, 爱荷华州的德莫内斯
Dialogues, 336, 336*n*,《对话集》

Diplomacy: 外交
 in international disputes, 414 - 415, 在国际争端中的外交; need for reform in, 118 - 119, 外交需要变革; See also Outlawry of war, 也可参看战争非法化; Politics, 也可参看政治
Discipline: 学科
 in Turkish schools, 294 - 295, 在土耳其的学校中学科
"Djoumhouriet", 420,《共和国报》
Dualism, xii, 361 - 362, 376, 二元论
 epistemological, 355, 358, 362, 363, 367, 370, 372, 认识论的二元论
Dualistic realism: 二元论的实在论
 compared with monistic and pluralistic realism, 361, 362, 362*n*, 一元论的实在论、多元论的实在论相比较的二元论的实在论; Lovejoy defines, 361 - 362, 洛夫乔伊对二元论的实在论的定义; See also Object of knowledge, 也可参看知识的对象

Economics: 经济
 as cause of wars, 111 - 112, 作为战争原因的经济; effect of, on education, 195, 经济对教育的影响; and international code of law, 125, 经济和国际法准则; philosophical theory of, 258 - 259, 经济的哲学理论; present state of, 254, 现在的经济情况; responsibilities of schools to, 155 - 156, 学校对经济所负的责任; as theory in individualism, 244, 在个人主义中作为理论的经济
Education: 教育
 change versus order in, 181, 187 - 188, 190 - 191, 208 - 209, 教育中的变化和秩序; for citizenship, 190, 公民权的教育; developing curriculum in, 183 - 184, 187, 191 - 192, 教育中不断发展的课程; development of Turkish, 275 - 276,

277,280-282,290-291,304-306,307,土耳其教育的发展; discrepancies between theory and practice in, 184-186,189,教育中理论和实践的不一致; and evolution, 50,162,教育和进化; funding of, 192,教育基金; importance of thinking in, 198-199,教育中思考的重要性; individuality in, xxiii, 170, 172-173,174,175,180-181,教育中的个性; and industry, 162-163,164-167,190,教育和工业; influence of social and economic changes on, 195,社会和经济变化对教育的影响; I. Q. tests and classification in, 182,教育中智商测验及其分类; isolation versus socialization in, 176-177,178,教育中的孤立对社会化; and leisure, 167-169,190,194-195,教育和休闲; liberal college in, 200-204,205-211,教育中的人文学院; and National Conference of Social Work,150-157,教育和全国社会工作会议; need for culture in, 196-197,教育中需要文化; philosophy of, xxiii,教育哲学; political 158-163,190,政治教育; professionalism in, xxiv, 193,194,195-196,197,教育中的职业精神; propaganda in, xxiv,教育中的宣传; public school, 164,公共学校; role of supervisor in, 186,教育中导师的作用; role of teachers in, xxiii-xxiv, 157, 161-163,166,169,182-184,186-189,教育中教师的作用; social aims in, xxiii, 158-159,教育的社会目标; and State Conference of Normal School Instructors, 158-189,全国师范教师大会; vocational, 165-166,195,职业教育

Egoism:自我中心主义
  as theory in individualism, 244,在个人主义中作为理论的自我中心主义;See also Social philosophy,也可参看社会哲学

Einstein, Albert, 154,阿尔伯特·爱因斯坦

Eliot, Charles W., xvii, 191,380,查尔斯·W·艾略特

Emergency Society for Germany Science and Art, 316,德国科学和艺术救援协会

Empiricism, 350,经验主义

Epicureanism, 326,伊壁鸠鲁主义

Epistemological dualism,认识论的二元论 See Dualism,参看二元论

Epistemological monism, 362,认识论上的一元论

Epistemology, 350,351,认识论

Erzerum, Turkey, 290,土耳其的埃尔斯伦市

Essays in Critical Realism, 27,349,363,《批判实在论文集》

Essence:本质
  Lovejoy on, 367-368,洛夫乔伊论本质; Santayana on, 219-222,桑塔耶那论本质

Esthetics, 22-23,339,340-343,344,348,美学

Ethics:伦理学
  in international relations, 53,61-62,国际关系中的伦理学; related to egoism, 244,与自我中心主义相关的伦理学

"Ethics and International Relations," xiii-xiv,《伦理和国际关系》

Ettinger, William L., 190,威廉姆·L·艾廷格

Europe, 120, 128,欧洲; compared with Turkey, 129,与土耳其相比较的欧洲; educational institutions in, 205,欧洲的教育机构; viewpoint of, toward League of Nations, 83-84,欧洲对国联的观点

Evolution:进化
  and anti-evolutionary campaign, 48-49,进化和反对进化的运动; as political issue in education, 162,在教育中作为政治话题的进化

Existence：存在
　　Kant on, 9 - 10, 康德论存在；Santayana on, 219, 桑塔耶那论存在
Experience：经验
　　cognitive, 40 - 41, 认知的经验；Kant on, 9 - 10, 康德论经验；in philosophic reflection, 332, 哲学反思中的经验；role of, in law, 69 - 70, 经验在法律中的作用；separation of realms in, 12, 经验领域的分离
Experience and Nature, x, 《经验与自然》

Far East：远东
　　versus West in China, 216, 在中国远东对西方
Field, David Dudley, 384, 大卫·杜德利·菲尔德
Finance：财政
　　administration of, in Turkish schools, 285 - 286, 土耳其学校中的财政管理
Finland, 392, 芬兰
Foreign Affairs, xiii, 《外交》
Foreign intrigue：
　　in Turkey, 130, 在土耳其的国外阴谋
France, xviii, xviii*n*, 106, 107, 109, 112, 129, 380, 411, 412, 法国；attitude of, toward League of Nations, 85, 法国对待国联的态度；and French schools in Turkey, 132, 145, 法国和在土耳其的法国学校；versus Great Britain on nationality laws, 388 - 389, 法国和英国关于国籍法的不同；interests of, in Turkey, 142, 146, 法国在土耳其的利益；U. S. historical feeling toward, 155, 美国对法国的历史情结
Freedom：自由
　　intellectual, 207 - 208, 理智的自由；*See also* Liberal college, 也可参看人文学院
Free Man's Worship, 327, 《自由人的崇拜》
Function：功能
　　in study of society, 247 - 248, 在社会研究中的功能；*See also* Social philosophy 也可参看社会哲学；Society, 也可参看社会
Fundamentalism, xiii, 基础主义；controversy in churches, 207, 47, 在教会中关于原教旨主义的争论；and intelligence, 7, 原教旨主义和理智，and modernism, 4 - 5, 原教旨主义和现代主义；revival of, 50 - 51, 原教旨主义的复兴
Fundamentals：基础
　　need for, 3, 对基础需要；in religion, 3 - 7, 宗教的基础
Future：未来
　　as verification of past, 35, 355 - 356, 作为过去之验证的未来；*See also* Judgment, 也可参看判断

Galata-Serail, 145, 加拉塔-塞瑞尔
Galileo, 47, 48, 伽利略
Geneva, Switzerland, 141, 403, 瑞士日内瓦；1920 Assembly at, 378, 388, 393, 1920 年国联大会在日内瓦召开
George, Henry, 261, 亨利·乔治
Germany, xviii*n*, 80, 81, 109, 112, 126, 316, 390, 412, 德国；basis for political unification of, 61, 德国政治统一的基础
God, 330 - 331, 332 - 333, 上帝
Grand National Assembly, 277, 大国民议会
Great Britain, xviii*n*, 英国；versus France regarding Tunis and Morocco, 388 - 389, 英国和法国在关于突尼斯和摩洛哥问题上的对立；and international laws, 106, 380, 386, 411, 英国和国际法；and Turkey, 129, 139, 英国和土耳其；U. S. historical feeling toward, 155, 美国对英国的历史情节
Great Chain of Being, The, xii, 《存在的巨链》
Great Powers, 139, 141, 142, 列强
Great War, *See* World War Ⅰ, 参看第一次世界大战

Greece, 123, 132, 希腊; difficulty of, with Turkey, 402, 希腊和土耳其关系的困境; schools of, in Turkey, 144 – 145, 在土耳其的希腊学校

Greeks:希腊人

in Turkey, 139 – 141, 在土耳其的希腊人; stimulated toward independence, 148, 希腊人受到独立的激励

Grey, Edward, 380, 爱德华·格雷

Grotius, Hugo, 55, 92, 雨果·格劳秀斯; effect of, on international laws, 54, 格劳秀斯对国际法的影响; on laws of nature and God, 56, 格劳秀斯论自然法和神法

Group:团体

characteristics of social, 239, 社会团体的特征; economic influences on, 240 – 241, 经济对团体的影响; relation of kinship to, 240, 血缘和团体的联系; relation of religion to, 240, 宗教和团体的关系; as social concept, 236 – 238, 作为社会概念的团体; See also Social philosophy, 也可参看社会哲学

Habit, 265, 习惯; See also Social philosophy, 也可参看社会哲学

Haeckel, Ernst Heinrich, 330, 恩斯特·亨里奇·海克尔

Hague, The, 401, 403, 415 – 416, 海牙

Hague Conference:海牙国际法庭

First, in 1899, 385, 1899 年的第一海牙国际法庭; Second, in 1907, 92, 386, 1907 年的第二海牙国际法庭

Hague Tribunal, 93, 95, 123, 385 – 386, 401, 海牙仲裁法庭; See also Arbitration 也可参看仲裁

Haidar Pasha, Turkey, 290, 土耳其的海达帕沙

Harding, Warren G., xv, 85, 397, 405, 华纳·G·哈丁; and World Court, 393, 395, 408, 华纳·G·哈丁和国际法庭

Harvard University, 228, 哈佛大学

Hay, John, 391, 约翰·海逸

Health:健康

consciousness of, 42 – 43, 对健康的意识; opposed to cure, 43, 与治疗相对的健康; of students in Turkey, xxii, 土耳其学生的健康; See also Cure, 也可参看治疗

Hedonism:享乐主义

as motivation to philosophic reflection, 325 – 328, 336, 作为激发哲学反思的享乐主义; See also Philosophy, 也可以参看哲学

Hedonists, 233 – 234, 享乐主义者

Hegelian School, 58, 60, 黑格尔学派

Heraclitus, 337, 赫拉克利特

Hibben, John Grier, 316, 约翰·格里尔·希本

History:历史

importance of, as knowledge, 374 – 375, 作为知识之历史的重要性; role of, in education, 195 – 196, 历史在教育中的作用; See also Education, 也可参看教育; Knowledge, 也可参看知识

Hobbes, Thomas, 60, 托马斯·霍布斯

Holland, 307, 荷兰

Holmes, Oliver Wendell:奥利弗·范德尔·霍姆斯

on conflict between logic and good sense in law, 68 – 69, 霍姆斯论法律中逻辑和善意的冲突; and syllogism, 70 – 71, 霍姆斯和三段论

Hook, Sidney, x, 悉尼·胡克

Hoover, Herbert Clark, 96 – 97, 赫伯特·克拉克·胡佛

Hudson, Manley Ottmer, 87n, 101, 102, 曼利·奥特墨·哈德逊; on advantages of World Court, 401 – 402, 哈德逊论国际法庭的优势; criticizes Dewey's view of international law, 398 – 400, 哈德逊批判

杜威关于国际法的观点;Dewey's debate with, xvii, 87 - 104,哈德逊和杜威的辩论;on hopes for World Court, 397 - 398,论国际法庭的希望;on U. S. Joining the World Court, 383 - 403,哈德逊论美国加入国际法庭

Hughes, Charles Evans, 85,380,393,411,418n,查尔斯·伊文思·休斯
  on proposed U. S. entry into World Court, 95,休斯论美国加入国际法庭的提议

Human nature, 246,256,人性

Human Nature and Conduct, x,《人性与行为》

Hume, David, 9,255,256,332,344,大卫·休谟 *See also* Society, 也可参看社会

Hungary, 394,匈牙利

Hussein Djahid Bey, 420,侯赛因·德加哈德·贝尔

Ihsan Bey, 420,伊散·贝尔

"In Defense of a *Worthless* Theory of Value", 20,21n,338 - 348,《为无价值的价值论辩护》

Independence:独立
  in social philosophy, 243,社会哲学中的独立
  Individual:个人
    antithesis of society and, 245 - 246,与社会个人的对立;*See also* Social philosophy, 也可参看社会哲学;Society, 也可参看社会

Individualism:个人主义
  defined in social philosophy, 242 - 244,社会哲学中界定的个人主义;economic, 244,经济的个人主义;egoistic, 244,个体的个人主义;political, 243,政治的个人主义

Individuality:个性
  Dewey's view on, 178,杜威关于个性的看法;in education, xxiii, 170, 172 - 173, 174, 175,180 - 181,教育中的个性;intellectual versus physical activity in, 174 - 175,178,个人的理智活动和身体的活动;I. Q. tests and, 182,智商测试和个性;isolation versus socialization in, 176 - 177,178,个性中的孤立和社会化;misapprehensions of, 171 - 172, 174, 175 - 176, 178, 对个性的误解;as originality, 173 - 174,作为原创性的个性;principles of, 170 - 171,个体的原则

Industry:工业
  education in, 190, 工业中的教育;educational aspect of, in Turkey, 276 - 277,土耳其工业中的教育观点;moral problem in, 266 - 267,工业的道德问题;need for social education in, 164 - 165,工业中需要社会教育;vocational education for, 165 - 166,为工业的职业教育

Influence of Darwin upon Philosophy, The, 352n,《达尔文对哲学的影响》

Instinct:本能
  in human conduct, 65,在人们的行为中的本能

Institutions, 231, 机构;*See also* Social philosophy,也可参看社会哲学

Instrumentalism, xii, 32n,工具主义;*See also* Object of knowledge,也可参看知识的对象

International cooperation:国际合作
  effect of foreign policies on, 80 - 81,外交政策对国际合作的影响;role of League of Nations in, 80,380 - 381,在国际合作中国联的作用;*See also* League of Nations,也可参看国联

International Court, *See* World Court,参看国际法庭

International Law:国际法
  codification of, xvi, 122 - 123,399 - 400, 407,410,国际法的法典编纂;Lippmann

on code of, 122-123, 410, 李普曼论国际法准则; and outlawry of war, 404, 414, 国际法和战争非法化; and Permanent Court of Arbitration, 401-402, 国际法和常设仲裁法庭; and Permanent Court of International Justice, xviii, 388, 389, 国际法和国际常设法庭; theoretical controversies in, 409, 国际法中的理论争辩

International relations, x, xi, 国际关系; background of laws of, 54-55, 国际关系的法律背景; influence of utilitarianism on, 58-59, 功利主义对国际关系的影响; laws of nature and, 55, 56, 自然法和国际关系; moral problems and, 53-54, 61-62, 道德问题和国际关系; outlawry of war and, xiv, 63-64, 112-113, 120-121, 战争非法化和国际关系; responsibility of schools in, 154, 在国际关系中学校所负的责任; U. S. policy in, 88, 384, 396-397, 国际关系中美国的政策

I. Q. tests, 181-182, 智商测试

Irreconcilables, 113, 119, 405, 406, 407, 不妥协的

Italy, xviii*n*, 146, 意大利

Jacks, Lawrence Pearsall, 85, 劳伦斯·皮尔萨·杰克森

James, William, 226, 227, 333, 335, 威廉·詹姆斯

Japan, xviii*n*, 217, 411, 日本; friction between U. S. and, 124-125, 日本和美国之间的摩擦

Jews: 犹太人
 in Roumania, 391, 在罗马尼亚的犹太人; in Turkey, 140-141, 在土耳其的犹太人

Journal of Philosophy, xii, 20, 27, 《哲学杂志》

Judgment: 判断

distinction between subject-matter and object in, 34, 区分判断中的主题和对象; of evaluation, 341, 评价判断; past, present, and future facts and, 28-29, 39, 355-356, 357, 358, 358*n*, 369, 375-377, 过去、现在和未来的事实与判断; Prall and existence of values in, 22-23, 23*n*, 26, 普劳尔和判断中存在的价值; prospective, 33, 39, 预期的判断; proximate, 23, 341-342, 大约的判断; retrospective, 37, 350-351, 352, 354, 356, 回顾性判断; of value in social phenomena, 231, 对社会现象的价值的判断; *See also* Object of judgment, 也可参看判断的对象

Kant, Immanuel, xiii, 13, 348, 伊曼努尔·康德; attitude of, toward past thought, 8-9, 康德对过去思想的态度; and empiricism, 9, 康德和经验主义; and existence, 9-10, 康德和存在; and moral freedom, 10-11, 康德和道德自由; as a revolutionary, 10, 11, 12, 作为一种革命的康德; and science, 10-11, 康德和科学

Karelia, 392, 卡雷利亚

Kato, baron, 411, 巴伦·卡托

Kellogg-Briand Pact, xviii, 凯洛格-布莱恩条约

Kemal, Mustapha, 137, 穆斯塔法·凯末尔

Kiel Canal, Germany, 390, 德国的基尔运河

Kirkpatrick, Edwin Asbury, 181, 182, 埃德温·阿斯布里·柯克帕特里克

Knowledge: 知识
 instrumental, xii, 41, 349-350, 工具性的知识; intellectual revolution in, 12-13, 知识中的理智革命; intertemporal, 369-370, 跨期的知识; as knowing-process, 16, 31, 373, 作为认知过程的知识; Lamprecht on Dewey's meaning of, 30-31, 兰普雷希特论杜威知识的意义;

Logical versus esthetic interest in, 31-32,对知识的逻辑兴趣与审美兴趣; Lovejoy on Dewey's meaning of, 33, 35, 362-363,洛夫乔伊论杜威对知识的想法; meaning as subject-matter of, 29-30, 364,作为知识题材的意义; of past for historical value, 31, 374-375,过去知识的历史价值; past, present, and future facts in, 28-29, 32, 35, 372, 375-377,知识中的过去、现在和未来; presentative, 40,表象的知识; transcendence in, 35, 350-351, 355, 358, 372,知识中的超越性

Knox, Philander Chase, 85, 117,费兰德·齐思·诺克斯
    and outlawry of war, 405-406, 411-412, 414,费兰德·齐思·诺克斯和战争非法化

Knox-Levinson plan, 410, 412,诺克斯-列文森计划

Koran, 131, 132,古兰经

Ku Klux Klan, 152,三K党

Labor:劳工
    conventions of, through League of Nations, 400,通过国联召开的劳工大会

La Follette, Robert Marion, xxiv*n*, 317,罗伯特·马里昂·拉佛勒特

Lammasch, Heinrich, 402,亨里奇·拉马西

Lamprecht, Sterling Power, xii, 30-32,斯特林·鲍尔·兰普雷希特; on Dewey's theory of knowledge, 27, 27*n*, 28, 371-377,兰普雷希特关于杜威的知识理论

Lansing, Robert, 105,罗伯特·兰辛

Lausanne, France, 78, 402,法国的洛桑

Law:法律
    developing code of international, 94, 122-123,发展出一套国际法规则; historical role of, 108,法律的历史作用; in international relations, xiv, 54, 90-91, 108-109, 111, 113-114,国际关系中的法律; as judicial substitute for war, 92, 116-117,法律作为战争的司法替代物; and liberty in liberal colleges, 202,在人文学院中的法律和自由; logical method in, 66, 67, 68, 69-70, 72-73,法律的逻辑方法; need for certainty in decisions of, 73-74, 75,在做法律决定的时候需要确定性; and outlawry of war, 62, 63-64, 99, 107-108,法律和战争非法化; and Permanent Court of International Justice, 89, 93-94,法律和永久国际正义法庭; rules of, 71-72, 74, 75, 76,法律的统治; in social philosophy, 42, 58, 62, 74-75, 234-235, 260-261, 271,社会哲学中的法律; syllogism in, 70,法律中的三段论

Laws, The, 19,《法律篇》

Laws of nature,自然法;*See* Nature,参看自然;laws of,参看某某的法

League of Nations, xi, xv, xviii, 100, 112, 115,国联; advocates of, versus Borah's resolution, xvi-xvii, 108,国联的支持者对博哈的提案; attitude of Europe toward, 83-84, 85,欧洲对国联的态度; attitude of France toward, 85,法国对国联的态度; connection with Treaty of Versailles, 84-85,国联和凡尔赛条约的关系; Covenant of, 95, 102, 107, 116, 380, 399, 403, 405,国联公约; Dewey's reply to Lovejoy on, 83-86,杜威对洛夫乔伊论国联的回应; international cooperation through, 78-80, 81-82, 380-381,通过国联的国际合作; Knox's opposition to, 405,诺克斯对国联的反对; Lovejoy on U.S. joining, 378-382,洛夫乔伊论美国加入国联; and Permanent Court of International Justice, 386-387, 393, 395-396,国联和永久国际正义法庭; propaganda for, 81, 105,国联的宣传

League to Enforce Peace, 404, 405; 实现和平联盟

Leisure: 休闲
　　education and, 190, 194 – 195, 休闲和教育; moral problems connected with, 168 – 169, 和休闲相关联的道德问题; role of, in citizenship, 167, 在公民权中休闲的作用

Leucippus, 337, 鲁西帕斯

Levinson, Salmon O., xiv – xv, xv*n*, xvi, xviii*n*, 62, 92, 103, 110, 116, 119, 萨蒙·O·列文森; and proposal for outlawry of war, 105, 404, 404*n*, 405, 列文森和战争非法化的提案; *See also* Outlawry of war, 也可参看战争非法化

Liberal arts, 200, 自由技艺

Liberal college: 人文学院
　　defined, 200 – 201, 人文学院的界定; influence of reactionary and scientific method on, 210 – 211, 保守主义者和科学方法对人文学院的影响; intellectual freedom in, xxiv – xxv, 201 – 202, 207 – 209, 人文学院中理智的自由; liberty under law in, 202, 人文学院在法律下的自由; obstacles to development of, xxiv, 203 – 204, 205 – 207, 208, 人文学院发展的阻碍; prospects for improvement of, xxiv, 210, 人文学院改进的前景; role of, 200 – 201, 203, 204, 205 – 206, 人文学院的作用

Liberalism, 自由主义
　　in politics, 396, 政治中的自由主义; in religion, 5, 6 – 7, 宗教中的自由主义

Libraries: 图书馆
　　in Turkey, xxi, 279, 302 – 303, 306, 土耳其的图书馆

Liking, 344, 喜爱; appetitive versus thoughtful, 26, 欲望的喜爱对理智的喜爱; and judgment as causal conditions of value, 20, 21, 23 – 24, 342, 作为价值因果条件的判断和喜爱;

Prall's view of contemplative, 24 – 25, 342 – 343, 普劳尔关于沉思的喜爱的观点

Lippmann, Walter, xvii, 115, 115*n*, 122*n*, 沃尔特·李普曼; on Borah's Senate resolution, 119, 李普曼引用博哈有关战争的决议; on code of international law, 122 – 123, 124, 李普曼论国际法法规; Dewey on article of, 115 – 121, 杜威关于李普曼的文章; lists causes for war, 126, 409, 李普曼论战争的非法化; on outlawry of war, 118, 404 – 417, 李普曼列举的战争原因; on self-defense and national policy, 117 – 118, 李普曼论自我防卫和国家政策

Literalists: 经学主义者
　　in religion, 5 – 6, 7, 宗教中的经学主义者

Literature: 文学
　　in Turkey, 278 – 279, 301, 306, 土耳其的文学

Lodge, Henry Cabot, xv, 404, 亨利·卡波特·洛奇

Logic: 逻辑
　　related to law, 72 – 73, 75, 和法律相关的逻辑; related to retrospective judgments, 359 – 360, 与回顾性判断相关的逻辑; as scientific method, 67, 68, 72, 作为科学方法的逻辑; as social and intellectual need, 76 – 77, 作为社会和理智需求的逻辑; theory of, defined, 66, 逻辑理论的界定

Logical realism, 368, 逻辑实在论

Lovejoy, Arthur Oncken, xii, xvii, 78*n*, 阿瑟·O·洛夫乔伊; Dewey's reply to, on League of Nations, 83 – 86, 杜威关于国联对洛夫乔伊的回复; Dewey's reply to, on theory of knowledge, 27 – 41, 杜威关于知识理论对洛夫乔伊的回复; on Dewey's view of realism, 361 – 370, 洛夫乔伊论杜威的实在论观点; on instrumental and transcendent knowledge, 27, 27*n*, 349 – 360, 洛夫乔伊论工具的和超验的知识; on U.S. joining League of Nations, 83, 83*n*,

378-382,洛夫乔伊论美国加入国联

Lowell, Abbott Lawrence, xvii, 380, 阿伯特·劳伦斯·罗威尔

Lusk laws, 153, 鲁斯克法

Lycées, 290, 大学预科; See also Schools, 也可参看学校; Turkish, 土耳其的学校

McAndrew, William, 190, 威廉·迈克安德鲁

Macedonia, 140, 144, 马其顿

Machiavelli, Niccolò, 60, 尼科洛·马基雅维利

McKinley, William, 384-385, 威廉·麦金利

Magyars, 392, 马扎儿人

Malinowski, Bronislaw, 223, 224-225, 布罗尼斯拉斯·马林诺夫斯基

Marginal utility, 264, 边际效用

Meaning: 意义

knowledge and functions of, 29-30, 364, 365-366, 367, 368; 意义的知识和功能; as physical operations, 364-365, 作为物理操作的意义; as relation between existents, 363-364, 364n, 作为存在者之间关系的意义; See also Knowledge, 也可参见知识

Meaning of Meaning, The, xxvi, 223-225,《意义的意义》

Mediaeval Scholasticism, 329, 中世纪经院哲学

Meliorism, 333, 社会改良学说

Memory: 记忆

related to retrospective judgment, 358, 359-360, 369, 和回顾性判断相关的记忆; See also Judgment, 也可以参看判断; retrospective 也可参看回顾的

Metaphysics: 形而上学

in inquiry, 18, 327, 331, 探索中的形而上学; in social philosophy, 244, 社会哲学中的形而上学

Metaphysics, 336n,《形而上学》

Mexico, 126, 385, 墨西哥

Middle Ages, 196, 中世纪

Middle schools, 中学, See Schools, 参看学校; Turkish, 参看土耳其的中学

Mill, John Stuart: 约翰·斯图尔特·密尔

criticizes Benthamite utilitarianism, 59, 密尔对边沁功利主义的批判

Milton, John, 326-327, 约翰·弥尔顿

Ministry of Public Instruction, 公共教育部; See under Turkey, 参看土耳其

Minorities: 少数族裔

protection of, 390-391, 392, 394, 保护少数族裔

Mohammedanism: 伊斯兰教

in Turkey, 128, 土耳其的伊斯兰教

Monism: 一元论

epistemological, 362, 认识论的一元论

Monist, 227,《一元论者》

Monistic realism: 一元论的实在论

compared with dualistic and pluralistic realism, 361-362, 362n, 与二元论的实在论和多元论的实在论相比较的一元论实在论; Lovejoy defines, 361, 洛夫乔伊对一元论的实在论的定义; See also Object of knowledge, 也可参看知识的对象

Monroe Doctrine, 411, 门罗主义

Montenegro, 390, 黑山

Montessori, Maria, 176, 玛丽亚·蒙台梭利

Moore, John Bassett, 388, 393, 395, 约翰·巴塞特·摩尔

Morals: 道德

development of code of, 62, 道德律的发展; duality of, in war, 63, 战争中道德的二元性; Hegelian doctrine of, 60, 黑格尔的道德学说; and laws of nature, 54-56, 道德和自然法; in social philosophy, 60-61, 238, 242-243 社会哲学中的道德; subject-matter of, 237-

238,道德的对象

Mores,风俗习惯;See Custom,参看习俗

Morocco,388-389,摩洛哥

Moslems,128,129,130,135,146-147,148,穆斯林

Motor-affective relation,25,343,348,情感驱动关系;See also Acts,也可以参看行动

Munro,William Bennett,85,381,威廉·博内特·门罗

Murray,Gilbert,380,吉尔伯特·穆雷

Music:音乐

 and judgment,22-23,341-342,343,音乐和判断

Mustapha Kemal,穆斯塔法·凯末尔;See Kemal Mustapha,参看穆斯塔法·凯末尔

National Conference of Social Work,150,150n,全国社会工作会议

National Education Association,185,全国教育联合会;Department of Superintendence in,192,全国教育联合会的监管部门

Nature,自然;laws of,233,234,258,自然法;compared with natural law,57,同自然法相比较的自然;in international relations,55,56,国际关系中的自然;in nineteenth-century thought,55,19 世纪思想中的自然;physiocrats and,256,重农主义者和自然;related to moral laws,54-56,和道德律相关的自然;related to reason in society,56-58,社会中和理性相关的自然

Near East,xviii,近东

"Need for a Recovery of Philosophy, The," ix,14,15n,17,18,333,333n,《哲学复兴的需要》

Neilson,William Allan,316,威廉·艾伦·尼尔逊

Neo-realism,335,新实在论

Neo-Scholasticism,329,新经院哲学

New Republic,xiii,xvii,xviin,xixn,xxv,115,339n,378,《新共和》

New Student,198n,《新学生》

New York Globe,45,《纽约环球》

New York Herald,389,《纽约先驱报》

New York Times,xxiv,190n,《纽约时报》

Nietzsche,Friedrich Wilhelm,330,331,弗里德里希·威尔海姆·尼采

Noblesse oblige,87-88,位高任重

Non-valuable worth,338,非价值的价值

Normal school:师范学校

 state conference of instructors in,xxiii,158-169,170-179,180-189,全国师范学校教师会议;in Turkey,286-287,305-306,土耳其师范学校教师的全国会议

Norway,385,挪威

"Note on Professor Dewey's theory of Knowledge, A,"27,371-377,《关于杜威教授知识论的评论》

Object of Judgment,350,351,352,判断的对象;as fulfillment of intention,33-34,353-354,355,作为意图之完全实现的判断对象;future action and,37-38,将来的行动和判断对象;past-present-future and,39,355-356,357-358,369,375-377,过去-现在-将来和判断对象;prospective,37,357,367,预期的判断对象;See also Judgment,也可参看判断

Object of Knowledge,29,30n,31,40,知识对象;inquiry about,35-36,关于知识对象的探究;integral continuum in,35,知识对象的完整连续体;Lovejoy's criticism of Dewey's,37,洛夫乔伊对杜威知识对象理论的批评;means of verification of,36,对知识对象进行验证的方法;in monistic and dualistic realism,361-362 在一元论的实在论和二元论的实在论中的知识对象;as temporal continuum,32,作为暂时连续体的知识对象;See also Judgment,也可参看

判断；Knowledge，也可参看知识
Occupations：工作
 economic restrictions on，253-254，对工作的经济限制；as process conditioning social forms，251-253，作为调节社会形式过程的工作；See also Social philosophy，也可参看社会哲学
Ogden, C. K., xxvi, 223-225；C. K. 奥格登
Optimism，326，乐观主义
Oregon：俄勒冈
 constitutional amendment in，153，俄勒冈的宪法修正案
Originality，独创性，See under Individuality，参看个性
Origin of Species，47，《物种起源》
Orphanages：
 in Turkey，292-293，在土耳其的孤儿院
Orthodoxy, xxiv, xxv，正统
Ottoman Empire, xix, 129, 139，奥斯曼帝国
Outlawry of war, xi, xiii, xv, xvi, xvii, xviii, 101-102, 109, 110, 317, 398-399，战争的非法化；Borah's plan for，88-89，412-413，博哈关于战争非法化的计划；economic considerations of，11-12，对战争非法化的经济考虑；effect of, on international relations，63-64, 120-121，战争非法化对国际关系的影响；and international diplomacy，99, 118-119，战争非法化和国际外交；as judicial substitute for war，116-117, 120，作为战争的司法替代物的战争非法化；as legal deterrent，62, 99, 107-108, 113-114, 127，作为法律震慑的战争非法化；Lippmann on，115-116, 117-118, 404-417，李普曼论战争非法化；moral dilemma in，111，战争非法化中的道德两难；origin of idea for，105, 404-406，战争非法化观念的起源；as political method of settling disputes，112, 119-120，作为解决争端之政治手段的战争非法化

Pacifism，408，和平主义
Pact of Paris, xviii*n*, xix*n*，巴黎公约
Panama Canal，411，巴拿马运河
Pan-Islamism，130，泛伊斯兰主义
Paradise Lost，326-327，《失乐园》
Paris, France，390, 405，巴黎，法国
Paris Peace Conference，391，巴黎和会
Paulsen, Friedrich，337, 337*n*，弗里德里希·保尔逊
Pax Romana，61，罗马帝国统治下的和平
Peace，380, 396，和平；U. S. responsibility toward，87，美国对和平的责任
Pedagogy，173，教育思想；See also Education，也可参看教育
Peirce, Charles Sanders, xxvi, 226-228，查尔斯·桑德斯·皮尔士
Pepper, Stephen C.，347，史蒂芬·C·佩普
Permanent Court of Arbitration，常设仲裁法庭；See Hague Tribunal，参看海牙仲裁法庭
Permanent Court of International Justice，永久国际正义法庭；See World Court，参看国际法庭
Perry, Ralph Barton，335, 339, 343，拉尔夫·巴顿·佩里
Persia，136，波斯
Pessimism，256, 326，悲观主义
Phillips, Harry Irving，45，哈里·欧文·菲利普
Philosophy, x, xi, xii, xiii, 323-324，哲学；hedonic motivation in，325-328，哲学中享乐主义的动机；metaphysical inquiry in，18-19, 327, 331，哲学中形而上学的探究；problems in interpretation of，28，在哲学解释中的问题；psychological and epistemological problems in，17-18，哲学中的心理学问题和认识论问题；relation of morals and，15, 18，哲学和道德的关系；

scholastic, 421-422, 经院哲学; scientific motivation in, 15,16,325,331-332,335-337, 哲学的科学动机; sociological motivation in, 14,15,15n,17,19,325,331-335, 哲学的社会学动机; theological motivation in, 325,328-331, 哲学的神学动机; traditional versus perennial problems of, 14-15,333-334, 哲学的传统问题和永恒问题

Physiocrats, 256, 重农主义者

Picard, Maurice: 莫里斯·皮卡德
  on distinction between worth and value, 338-339,343, 莫里斯·皮卡德关于值得和价值之间的区分; and esthetic taste, 340, 莫里斯·皮卡德和审美品味; worth according to, 344-347, 依据莫里斯·皮卡德的价值

Pious Fund case, 385, 虔敬献金案

Plato, 19,184,335,336,336n,337, 柏拉图

Pluralistic realism, 372,376, 多元论的实在论; compared with dualistic and monistic realism, 361-362,362n, 多元论的实在论和二元论的实在论以及一元论的实在论相比较

Poincaré, Raymond, 411, 雷蒙德·彭佳来, 亦译彭加勒

Poland, xviiin,390,391,392,394, 波兰

Political economy, 234-235, 政治经济学

Politics, ix, xi, xxiv, 政治; education in, 190, 政治中的教育; related to social aims in education, 158-159, 在教育中同社会目标相关的政治; in relation to custom, 271, 同习俗相关的政治; as theory in individualism, 243, 作为个人主义理论的政治; and war, 100,106,112,119-120, 政治和战争

Pollock, Frederick, 55, 弗里德里克·博洛克

Popular Science Monthly, 227,《通俗科学月刊》

Positivism, 333, 实证主义

Pound, Roscoe, 70, 罗斯科·庞德

Pragmatism, 226,227,333-334,357,358,360,368-369, 实用主义

Pragmatism, 335,《实用主义》

Prall, David Wight, xii, 大卫·怀特·普劳尔; criticism of Dewey's views by, 20-26, 普劳尔对杜威观点的批评; on liking and judgment related to value, 21, 普劳尔论和价值相关的喜好和判断; on value and worth, 338-348, 普劳尔论价值和用处; See also Judgment, 同样可参看判断

Premiss: 前提
  development of, in law, 71-72, 法律中前提的发展; as leading to decisions, 65-66, 作为导致决定的前提; supplied by syllogism, 70, 三段论所提供的前提; See also Law, 也可参看法律

Price system, 262,264, 价格体系

Pritchett, Henry Smith, 190, 亨利·史密斯·普理切特

Problem of China, The, 215-218,《中国问题》

Process: 过程
  economic and biologic, 248-251, 经济和生物的过程; function of, in study of society, 247,248,254, 社会研究中过程的功能; See also Social philosophy, 也可参看社会哲学

Professionalism: 职业精神
  in education, 193-194, 教育中的职业精神; role of history in, 195-196, 职业精神的历史作用

Professions: 职业
  roles of, in social life, 42, 在社会生活中职业的作用

Prohibition, 101, 禁令

Propaganda: 宣传
  in education, xxiv, 教育中宣传; for outlawry of war, 408, 宣传战争非法化;

pro-League, and European affairs, 81, 赞成国联和欧洲的事务的宣传; for U. S. participation in League of Nations, 105, 对美国参加国联的宣传

Protestantism, 47, 318, 新教

Psycho-epistemology, 17, 18-19, 心理学-认识论

Psycho-physical dualism, 367, 身心二元论

Ptolemaic theory, 48, 314, 托勒密的理论

Punch, 208, 《笨拙周报》

Purpose of History, The, 375, 《历史的目的》

Quest for Certainty, The, x, 《确定性的寻求》

Radical Empiricism, 335, 《彻底的经验主义》

Reading circles: 读书会
  in Turkey, 278, 287, 301-302, 在土耳其读书会

Realism, 337, 实在论; dualistic compared with monistic and pluralistic, 361-362, 362n, 二元论的实在论与一元论的实在论和多元论的实在论相比较的二元论的实在论; object of knowledge in dualistic, 361-362, 在二元论的实在论中知识的对象

"Realism without Monism or Dualism", 27, 349n, 371, 《并无一元论或二元论的实在论》

Reality, 18, 实在

Reason, 理性; See Nature, 参看自然; laws of *Reconstruction in Philosophy*, x, 参看《哲学重建的法则》

Reflection: 反思
  and cognitive process, 338-339, 反思和认知过程; See also Philosophy, 也可参看哲学

Religion, x, 宗教; European view of controversy in, 49, 欧洲人关于宗教的争论; institutional authority versus personal liberty in, 5, 宗教中制度的权威和个人的自由; scientific and theologial controversy in, 49-50, 宗教中科学的和神学的争论; and sickness, 42, 43, 宗教和病态; in Turkey, 128-130, 132, 土耳其的宗教

Renaissance, 196, 文艺复兴

Report and Recommendation upon Turkish Education, xixn, xx-xxiii, 《关于土耳其教育的报告和建议》

Republic, The, 19, 《理想国》

Richards, I. A., xxvi, 223-225, 理查兹

Robinson, Daniel Sommer, xii, 丹尼尔·萨玛·罗宾逊; on Dewey and philosophical problems, 14, 333, 333n, 335-336, 罗宾逊论杜威和哲学的问题; on philosophical reflection, 14-19, 323-337, 罗宾逊论哲学反思; on sociological interest and philosophical literature, 19, 罗宾逊论社会学的兴趣和哲学文献

Robinson, James Harvey, 192, 詹姆斯·哈维·罗宾逊

Robinson Crusoe, 178-179, 罗宾逊·克鲁索

Roman Catholic Church, 142, 146, 318, 罗马天主教会

Roman Empire, 135-136, 385, 罗马帝国

Roosevelt, Theodore, 404, 西奥多·罗斯福

Root, Elihu, 406, 407, 伊莱休·鲁特; and diplomacy, 415, 鲁特和外交; role of, in creating Permanent Court of International Justice, 386, 387, 393, 鲁特在创建永久国际正义法庭中的作用

Roumania, 390, 391, 罗马尼亚

Rousseau, Jean Jacques, 9, 244, 让·雅克·卢梭

Royce, Josiah, 319, 328, 329, 约赛亚·罗伊斯; on hedonic motivation to philosophy reflection, 325-326, 罗伊斯论哲学反思的享乐主义之动机; on philosophy, 19,

19n,罗伊斯论哲学;on Santayana,219,罗伊斯论桑塔耶那

Ruhr, Germany, xviiin, 78, 109, 123, 鲁尔区,德国

Russell, Bertrand, xxv – xxvi, 327, 伯特兰·罗素;on impact of Western civilization on China, 215 – 218,罗素论西方文明对中国的影响;on youth, 198,罗素论青年

Russia, 80, 81, 139, 141, 215, 392, 412, 俄国

S. *O. Levinson and the Pact of Paris*, xvn, xviiin,《S·O·列文森和巴黎公约》

Saint Joan, 128,《圣女贞德》

St. Louis, Mo., 395,圣路易市,密苏里州

San Domingo, 386,圣多明各

Santayana, George, xxvi, 248, 329 和 329n, 334, 334n, 348, 乔治·桑塔耶那;on separation of existence and essence, 219 – 222,桑塔耶那论存在和本质的分离

Scepticism and Animal Faith, xxvi, 219 – 222,《怀疑论与非理性信仰》

Scholasticism, 318 – 319,经院哲学

Schools: 学校
  cohesive role of, in society, 150 – 151,在社会中学校的凝聚力作用;responsibility of teachers in, 157,学校中教师的责任;social responsibilities of, 154 – 157,学校的社会责任

Schools, Turkish: 土耳其学校
  agricultural, xxii, 278, 土耳其的农业学校;archeology in, 291 – 292,学校中的考古学专业;construction and equipment of, xxi, 279 – 280, 306,学校的建设和设备;curriculum in, 281 – 282, 290 – 291, 292, 学校的课程;development of middle, 289 – 291, 305, 306,中学的发展;development of normal, 286 – 287, 305 – 306,师范院校的发展;discipline in, 294 – 295,学校的科目;educational literature in, 278 – 279, 301,学校中关于教育的文献;medical, 290, 294, 医学院;need for commission to study education in, 304 – 306, 307,学校中需要研究教育的委员会;need for demonstration equipment in, 302, 304, 306,学校需要演示设备;need for determining aims of, 275,需要决定学校的目标;need for developing art in, 295,学校中需要发展艺术;need for housing teachers in, 285,学校需要为教师提供住房;need for private, 295 – 296,需要私立学校;need for travelling inspectors in, 282 – 283,学校需要巡回督导员;organization of, xxi, 288 – 293, 304 – 305,学校的组织;physical structure of, 303 – 304, 306,学校的物质结构;play grounds of, 294,学校的操场;recommendations for elementary, 289,对小学的建议;related to health and hygiene, 293 – 294,与健康和卫生相关的学校;role of, in community, 275 – 276,学校在社区的作用;social service in, 292,学校的社会服务;teachers in, 284 – 285, 286 – 288,学校中的教师;vocational, xxii, 276, 278,职业学校

Schopenhauer, Arthur, 326, 330,亚瑟·叔本华

Schücking, Walther, 390,瓦尔特·许金

Science: 科学
  appeal for support of German and Austrian, 316,呼吁支持德国和奥地利的科学;common background of philosophy and, 335 – 336,哲学和科学共同的背景;continuity of organic development in, 48,科学有机发展的连续性;contrasted with social philosophy, 234,与社会哲学相对比的科学;versus inherited traditions, 11,和继承的传统相对的科学;in morals, 12,道德中的科学;opposed to religion, x, xiii, 47 – 48,

反对宗教的科学；related to Alexander's method, 311 - 313, 和亚历山大的方法相关的科学；superficial versus genuine, as cure, 44, 作为治疗的真正科学和肤浅的科学相对

Scotten, Rotert M.：罗伯特·M·斯科特
  on Dewey's visit to Turkey, 418 - 420, 斯科特论杜威对土耳其的访问

"Secularizing a Theocracy", xx,《神权国家的世俗化》

Sefa Bey, 419, 西法·贝尔

Self-hypnosis, 45, 自我催眠；See also Couéism, 也可参看自我暗示法

Serbia, 93, 123, 140, 塞尔维亚

Shaftesbury, Anthony Ashley Cooper, 9, 安东尼·阿什利·库佩·沙夫茨伯里

Shakespeare, William, 332, 威廉·莎士比亚

"Shall We Join the League of Nations?" xvii,《我们应该加入国联吗》

Shantung, China, 126, 中国山东

Shaw, George Bernard, 128, 乔治·伯纳德·萧伯纳

Sickness：病态
  society's consciousness of, 42 - 43, 社会对病态的意识

Skepticism, 326, 怀疑主义

Smith, Adam, 255, 256, 亚当·斯密

Socialism, 245, 社会主义

Social phenomena：社会现象
  historical character of, 235, 社会现象的历史特征；judgements of value in, 231, 社会现象的价值判断；and reflective valuation, 232, 社会现象的和反思性评价；See also Valuation, 也可参看评价

Social philosophy, 231, 232, 社会哲学；conservative versus liberal schools of, 234, 社会哲学中保守派对自由派；contrasted with social science, 234, 与社会科学相对的社会哲学；function of criterion in, 238 - 240, 社会哲学中标准的功用；history of economic, 254 - 257, 经济社会哲学的历史；individualism defined in, 242 - 244, 社会哲学中对个人主义的界定；problems in, 237, 240 - 241, 社会哲学的问题；social consequences of economic, 259 - 260, 经济社会哲学的社会后果；subject-matter of, 233, 社会哲学研究的主题；wants as psychological and actual in, 264 - 266, 社会哲学中作为心理的需求和现实需求的欲求

Social science：社会科学
  compared with physical science, 235 - 236, 与自然科学相比的社会科学；contrasted with social philosophy, 234, 与社会哲学相比的社会科学

Society：社会
  antithesis of individual and, 245 - 246, 个人和社会相对立；criticism of industrial, 257 - 258, 对工业社会的批判；defined, 239, 社会的界定；method of study of, 247 - 248, 对社会研究的方法；theories characterizing, 244 - 245, 对社会进行描述的理论；See also Social philosophy, 也可参看社会哲学

Sociology, 社会学；See Philosophy, 参看哲学；sociological motivation to, 社会学的社会学动机

Socrates, 70, 336, 苏格拉底

Source Book in Ancient Philosophy, 336, 336n,《古代哲学资料集》

Spencer, Herbert, 11, 256, 333, 赫伯特·斯宾塞

Spinoza, Benedict, 60, 221, 335, 本尼迪克特·斯宾诺莎

Spirit of Modern philosophy, The, 326, 326n, 328, 328n,《近代哲学的精神》

State Conference of Normal School Instructors, 158n, 170n, 180n, 全国师范学校教师大会

Stearns, Alfred E., 190, 阿尔弗莱德·E·斯特恩

Steiner, Celestine, J., 318,421,422,塞勒斯汀·J·斯蒂纳

Stevenson, Charles L., x,查尔斯·L·斯蒂文森

Stoicism, 326,斯多葛主义

Stoner, John E., xv*n*,约翰·E·斯多纳

Strayer, George D., 190,乔治·D·斯特雷尔

Strong, Charles Augustus, 363,363*n*,查尔斯·奥古斯都·斯特朗

Strong, Charles H., 100,102,383,401,查尔斯·H·斯特朗

Subconscious:潜意识

 conscious control and, 45,有意识的控制和潜意识

Subjectivism, 358,主观主义

Subject-matter:主题

 distinction between object and, 34, 38, 350 – 351,352,353 – 354,对象和主题之间的区分; in education, 187,教育的主题; inquiry and, 38,353 – 355,探究和主题; past event as part of, 39,351,过去的事件作为部分的主题; related to reason in law, 70,在法律中和理性相关联的主题; and retrospective judgment, 352 – 353,354,主题和回顾性判断

Sultanate, xx, 129,苏丹

Superstition, 330,迷信

Supereme Court, xvi, 92,398,406,408,415,416,最高法院

Switzerland, 307,瑞士

Syllogism:三段论

 as equivalent of logic, 69 – 70,作为逻辑同义词的三段论; as model for reaching conclusions, 70 – 71,作为达到结论模型的三段论; principle and fact in, 70,三段论中的原则和事实; Socrates in, 70,关于苏格拉底的三段论

Syria, 136,叙利亚

System of Ethics A, 337 and n,伦理学体系

Taft, William Howard, xvii, 380, 404,威廉·霍华德·塔夫特

"Tanine", 420,《泰南报》

Tawney, G. A., 374*n*, G·A·托尼

Teachers, ix, xi,教师; importance of, in education, 182 – 184;在教育中教师的重要性; need for freedom of, 186 – 187,教师需要自由; security and position of Turkish, 283 – 285,土耳其教师的保障和地位; training of Turkish, xxi, 286 – 288,土耳其教师的培训; treatment of Turkish, xxi – xxii, 283 – 286,土耳其教师的待遇

Teachers College, Columbia University, xxiii, 184,哥伦比亚大学的教师学院

Teaching, 教学; See Education 参看教育; Schools,参看学校; Teachers 参看教师

Theaetetus, 335,336,337,泰阿泰德

Theocracy,神权政治; See Turkey, 参看土耳其

Theodorus, 336,特奥多罗斯

Theology, x,神学; conflict of science and, xiii, 49 – 50,科学和神学的冲突; related to philosophic reflection, 328 – 331,和哲学的反思相关的神学

Thought:思想

 in determination of value, 26,决定价值的思想; failure of syllogism in, 71,思想中三段论的失效; importance of, in education, 198 – 199,思想在教育中的重要性; as improving state of liberal college, 210,作为提升人文学院状态的思想; versus instinct in human conduct, 65,在人类行为中和本能相对的思想; new versus old subjects in, 208 – 209,思想中新的和旧的主题相对; reactionary and scientific method in, 210 – 211,思想中保守的和科学的方法; related to retrospective judgments, 356,359,369,和回顾性判断相关的思想; restriction on, in universities, 207 – 209,在大学中

对思想的限制

Tigert, John J., 190, 约翰·J·泰格特

Time, 267, 时间

"Time, Meaning and Transcendence", 27, 349-370,《时间、意义与超越性》

"Tradition, Metaphysics, and Morals", 32n, 传统、形而上学与道德；

Traditionalists: in religion, 5,6,7, 宗教中的传统主义者

Transcendence, 350-351, 355, 358, 372, 超越

Transylvania, 390, 392, 特兰西瓦尼亚

Tunis, 388-389, 突尼斯

Turkey, xi, 土耳其; American schools in, 144,146,147, 在土耳其的美国学校; compared with Europe, 129, 土耳其和欧洲相比较; construction in, 136-137, 土耳其的建设; Dewey visits, xix-xx, 418-420, 杜威访问土耳其; diplomatic relations of U.S. and, 149, 土耳其和美国的外交关系; educational system in, xix-xx, 275-297,304-305, 土耳其的教育系统; foreign intrigue in, 130, 在土耳其的外国阴谋; foreign schools in, 132, 144-149, 在土耳其的外国学校; French schools in, 132, 145, 在土耳其的法国学校; health and hygiene in, 293-294, 土耳其的健康和卫生; Jewish population in, 140-141, 土耳其的犹太人口; libraries in, 279, 302-303, 306, 土耳其的图书馆; Ministry of Public Instruction in, xxi, 280-281, 285-286,307,418, 419-420, 土耳其的公共教育部; minority problems in, 139-143, 土耳其的少数族裔问题; orphanages in, 292-293, 土耳其的孤儿院; preliminary report on education in, 301-307, 关于土耳其教育的初步报告; reading circles in, 278, 287, 301-302, 土耳其的读书会; relations of, with Greece, 402, 土耳其和希腊的关系; religion and politics in, 128-129,130, 土耳其的宗教和政治; religious instruction in, 132, 土耳其的宗教教育; Sultanate in, 129, 土耳其的苏丹; theocracy of, 128, 土耳其的神权政治

Uniqueness: 独特性
in social philosophy, 243, 社会哲学中的独特性

Unitarian Laymen's League, xvii, 87n, 100, 383, 一位论派平信徒联盟

Unitarians, 390, 391, 392, 一位论派平信徒

United States, 126, 278, 284, 美国; friction between Japan and, 124-125, 美国和日本的摩擦; and international code of law, 411, 美国和国际法准则; and League of Nations, xvi, 78-79, 81, 美国和国联; and outlawry of war, 96-97, 美国和战争非法化; and Pact of Paris, xviii, xviiin, 美国和巴黎公约; responsibility of, in international affairs, 87, 396-397, 在国际事务中美国的责任; role of, in Permanent Court of Arbitration, 385, 在常设仲裁法庭中美国的作用; role of, in Turkey, 147, 149, 在土耳其问题上美国的作用; schools of, in Turkey, 144,146,147, 在土耳其的美国学校; and World Court, 393-394, 395-396, 402-403, 美国和国际法庭

U. S. Congress, xv, 101, 美国国会; and immigration, 124, 美国国会和移民; and World Court, 393, 398, 415-416, 美国国会和国际法庭

U. S. Constitution, 159, 160, 161, 美国宪法

U. S. Senate, 85, 397, 405-406, 411, 414, 417, 美国参议院

University, 大学; See Liberal college, 参看人文学院

Utilitarianism, 233-234, 功利主义; failure of, in international morality, 59-60, 61, 功利主义在国际道德上的失败; formation of, 57-58, 功利主义的形成; relation of,

to international affairs, 58 – 59, 功利主义和国际事务的关系
Utilitarians, 244, 功利主义者

Valuation: 评价
consequences of, on social groups, 231 – 232, 在社会团体中评价的结果; ethical, in social philosophy, 256 – 257, 社会哲学中伦理的评价; and proximate judgment, 341, 评价和直接的判断; of social phenomena, 231 – 232, 社会现象的评价; in social philosophy, 232, 263 – 264, 社会哲学中的评价
"Valuation and Experimental Knowledge", 338, 338n, 340n, 341, 341n, 344, 344n,《评价与实验知识》
Valuation-judgment, 25, 234, 343, 344, 评价——判断
Value: 价值
and affecto-motor theory, 343, 344, 价值和情感驱动理论; dyadic relation as, 345, 作为价值的双重关系; in economic theories, 268, 经济学理论中的价值; as esthetic worth, 347, 作为审美价值的价值; intrinsic, 339, 345 – 346, 内在的价值; motor-affective relations and, 339 – 340, 情感驱动和价值; Picard's distinction between worth and, 338 – 339, 皮卡德在值得和价值之间的区分
Value and Destiny of the Individual, The, 337n,《个体的价值与命运》
"Value and Worth", 338, 340, 340n,《价值与好处》
Value-quality, 20, 21, 24, 25, 价值-性质
Values: 价值
Dewey's definition of, 20, 杜威对价值的定义; human, in social philosophy, 263 – 264, 社会哲学中人的价值; Prall's view of, 26, 普劳尔关于价值的观点; as quality of things, 26, 价值作为事物的性质; relation of judgment to, 20 – 21, 价值和判断相关
Values, Immediate and Contributory, 345n, 价值, 直接的与贡献的价值
Value-situation, 24, 342 – 343, 价值情境
Valuing: 评价过程
role of judgment in, xii, 评价过程中判断的作用; as substitute for contemplative liking, 25 – 26, 作为沉思之喜爱替代品的评价过程; See also Liking, 也可参看喜爱
Vassif Bey, 418, 419, 瓦塞弗·贝尔
Versailles, Treaty of, xviii, 79, 80, 81, 91, 101, 105, 116, 123, 317, 378, 388, 403,《凡尔赛条约》; connection of, with League of Nations, 84 – 85,《凡尔赛条约》和国联的关系; connection of, with Permanent Court of International Justice, 96, 113, 390,《凡尔赛条约》和永久国际正义法庭的关系
Volga River, 215, 伏尔加河
Voltaire, Francois Marie Arouet de, 89, 205, 385, 弗朗斯科·马里·阿鲁埃·德·伏尔泰

War: 战争
arbitration as means of preventing, 124, 仲裁作为阻止战争的方法; averted by economic reorganization, 107, 通过经济的重组可以避免战争; duality of moral ideas in, 63, 在战争中道德观念的双重性; hidden causes for, 125 – 126, 战争中潜藏着的原因; judicial substitute for, xvi, 89, 92, 116 – 117, 407 – 408, 414, 战争的司法替代品; Lippmann's causes for, 126, 李普曼分析战争的原因; as opposed to war system, 90, 作为反对战争系统的战争; rules of, 92, 战争的规律; as the *ultima ratio* of states, 62, 作为国家间的最后手段的战争; *See also* Law, 也可参看法律; Outlawry of war,

也可参看战争非法化

"War and a Code of Law," xvii,《战争与战争法规》

War system, 89, 92, 95, 113, 397, 412, 战争体制; failure to eliminate, 98 – 99, 战争体制无法根除; as opposed to war, 90, 反对战争的战争体制

Washington, D. C., 150n, 华盛顿

Washington Conference, 78, 381, 405, 407, 华盛顿会议

Wells, H. G., 46, H·G·威尔斯

Weltanschauung, 325, 世界观

West: 西方

Russell on impact of, on China, 217, 218, 罗素论西方的影响, 西方对中国的影响

"What Outlawry of War Is Not", xvii,《战争的非法化不是什么》

Wilson, Woodrow, 78, 81, 95, 105, 116, 404, 405, 伍德罗·威尔逊

Winds of Doctrine, 329, 329n, 学说的风向

Woodbridge, F. J. E., 375, F·J·E·伍德布里奇

World Court, xi, xv, xvi, xvii – xviii, 85, 114, 116, 122, 125, 126, 405, 406, 407; 国际法庭; compared with Permanent Court of Arbitration, 385 – 386, 国际法庭和常设国际仲裁法庭相比较; and connection with League of Nations, 380, 393, 395 – 396, 和国联相关的国际法庭; first convening of, 388 – 389, 国际法庭的第一次集会; historical position of, 108, 国际法庭的历史地位; Hudson on U. S. joining, 383 – 403, 哈德逊论美国加入国际法庭; Hughes on U. S. joining, 95, 休斯论美国加入国际法庭; international law in, 91, 123 – 124, 国际法庭中的国际法; as judicial substitute for war, 89, 90 – 91, 作为战争之司法替代物的国际法庭; legal and non-legal disputes in, 93 – 94, 国际法庭中合法和不合法的争论; and minority treaties, 391 – 392, 国际法庭和少数族裔条约; modeled on U. S. Supreme Court, 92 – 93, 国际法庭以美国最高法院为模型; and nationality laws, 389, 国际法庭和国籍法; need for sanctions by, 94, 国际法庭的制裁需要; proposed plan for, 92 – 93, 386 – 387, 筹建国际法庭的计划; provisions of Borah's resolution for, 113, 博哈关于国际法庭提案的条款; and Treaty of Versailles, 96, 113, 390, 国际法庭和《凡尔赛条约》; U. S. relations with, 393 – 395, 396, 398, 国际法庭和美国的关系; versus violence and lawlessness in disputes, 89 – 90, 在辩论中, 国际法庭与暴力以及无法律的状况相对

World War Ⅰ, 50, 58, 126, 141, 383, 第一次世界大战; related to change in Turkey, 129, 土耳其的变化和第一次世界大战相关

Worth: 用处

according to Dewey, 345, 根据杜威的用处理论; according to Picard, 338 – 339, 344 – 345, 347, 根据皮卡德的用处理论; intrinsic, 347, 内在的用处; non-valuable, 338, 无价值的; triadic relation as, 345 – 346, 347, 作为无价值之物的三边关系; value of, as esthetic, 347, 作为审美价值的有用性价值

Y. M. C. A., 147, 217, 基督教青年会

Young, Ella Flagg, 188, 埃拉·弗拉格·扬

Young, Stark, 339n, 斯达克·扬

Zekeria Bey, 420, 泽凯丽亚·贝尔

译后记

本卷是《杜威中期著作》的最后一卷,也是内容比较庞杂的一卷。这一卷是杜威于1923年至1924年在报刊上发表的短文、论文和杂记的汇集,其中包括他在相关机构的讲话和讲演提纲。本卷的各个部分,基本上是按照时间顺序来编辑的。

全卷既有对逻辑问题的讨论,又有对道德问题、教育问题、法律问题和国际关系问题的讨论,当然,照例有对一般形而上学问题的讨论。但是,相对于其他著作而言,本卷更为关心战争和国际法问题以及教育问题。杜威对教育中的个性、教育的社会目的、任课教师的职责,以及对人文学院特点的论述,在今天仍然具有非常重要的意义。他在土耳其访问期间的所见所闻,以及对土耳其教育的思考和建议,对今天一些发展中国家如何发展教育也不无启迪价值。杜威对如何阻止战争发生所发表的一些看法,直指问题的症结并反映了他那强烈的道义精神。

此外,本书在一定的程度上,体现了杜威善于论辩的理论品格。编者除了收集杜威本人的论著之外,还在附录部分收入了杜威的论辩对手的文章。这种安排可以帮助读者更好地了解当时的理论热点与社会背景,以及杜威的思想在多大程度上受到论辩对手的刺激。

本卷的翻译是集体劳动的结晶。具体分工如下:汪堂家翻译本书第299页至360页,以及文本研究资料部分的"校勘表"、"引文中的实质用词变化"等;张奇峰翻译第360至420页,以及索引;叶子翻译正文部分的10余篇文章(篇后均有标明,张奇峰进行了审校,汪堂家作了复校),以及文本研究资料部分的"文本说明"和"文本注释";除上述说明以外,其余篇章均由王巧贞和张奇峰翻译。最后,由汪堂家负责统一审定全稿。在翻译过程中,承蒙华东师范大学出版社的编辑同志不断地鞭策和帮助,她们耐心地审读了译稿并提出了富有建设性的意见。在此,谨向她们表示由衷的感谢。由于水平有限,译文中恐有不当乃至错误之处,祈望读者和方家指正。

汪堂家谨识
2012 年 6 月 20 日

图书在版编目(CIP)数据

杜威全集.中期著作.第15卷:1923～1924/(美)杜威(Dewey, J.)著;汪堂家等译.—上海:华东师范大学出版社,2012.6
ISBN 978-7-5617-9590-3

Ⅰ.①杜…　Ⅱ.①杜…②汪…　Ⅲ.①杜威,J.(1859～1952)—全集　Ⅳ.①B712.51-52

中国版本图书馆CIP数据核字(2012)第137791号

国家社科基金重大项目资助(项目批准号:12&ZD123)
以及复旦大学"985工程"三期整体推进人文学科研究项目的资助(项目批准号:2011RWXKZD007)

杜威全集·中期著作(1899—1924)
第十五卷(1923—1924)

著　　者　[美]约翰·杜威
译　　者　汪堂家　张奇峰　王巧贞　叶　子
策划编辑　朱杰人
项目编辑　王　焰　朱华华
审读编辑　曹利群
责任校对　王　卫
装帧设计　高　山

出版发行　华东师范大学出版社
社　　址　上海市中山北路3663号　邮编 200062
网　　址　www.ecnupress.com.cn
电　　话　021-60821666　行政传真 021-62572105
客服电话　021-62865537　门市(邮购)电话 021-62869887
地　　址　上海市中山北路3663号华东师范大学校内先锋路口
网　　店　http://hdsdcbs.tmall.com

印　刷　者　常熟市华通印刷有限公司
开　　本　787×1092　16开
印　　张　29.5
字　　数　472千字
版　　次　2012年12月第1版
印　　次　2012年12月第1次
印　　数　1—2100
书　　号　ISBN 978-7-5617-9590-3/B·713
定　　价　98.00元

出 版 人　朱杰人

(如发现本版图书有印订质量问题,请寄回本社客服中心调换或电话021-62865537联系)